| 博士生导师学术文库 |

A Library of Academics by Ph.D. Supervisors

新时代的理论张力

杜黎明 著

光明日报出版社

图书在版编目（CIP）数据

新时代的理论张力 / 杜黎明著 . -- 北京：光明日报出版社，2024. 3

ISBN 978 - 7 - 5194 - 7868 - 1

Ⅰ. ①新… Ⅱ. ①杜… Ⅲ. ①中国特色社会主义—理论研究 Ⅳ. ①D616

中国国家版本馆 CIP 数据核字（2024）第 063226 号

新时代的理论张力

XINSHIDAI DE LILUN ZHANGLI

著　　者：杜黎明

责任编辑：许　怡　　　　责任校对：王　娟　乔宇佳

封面设计：一站出版网　　责任印制：曹　净

出版发行：光明日报出版社

地　　址：北京市西城区永安路 106 号，100050

电　　话：010-63169890（咨询），010-63131930（邮购）

传　　真：010-63131930

网　　址：http：//book. gmw. cn

E - mail：gmrbcbs@ gmw. cn

法律顾问：北京市兰台律师事务所龚柳方律师

印　　刷：三河市华东印刷有限公司

装　　订：三河市华东印刷有限公司

本书如有破损、缺页、装订错误，请与本社联系调换，电话：010-63131930

开　　本：170mm×240mm

字　　数：350 千字　　　　印　　张：19. 5

版　　次：2024 年 3 月第 1 版　　印　　次：2024 年 3 月第 1 次印刷

书　　号：ISBN 978 - 7 - 5194 - 7868 - 1

定　　价：98. 00 元

目　录
CONTENTS

绪 论

“观察负载理论”“观察受理论的‘污染’”。西方中心主义者或是依据其理论信条主观臆断中国经济社会现实，或是选择性地“观察”中国现实；要么对中国改革开放、中国特色社会主义建设取得的举世瞩目成就不以为然、视而不见，要么看到的尽是中国的问题，不时发出中国大厦将倾的危言耸听。究其原因，除了历史唯心主义的理论立场、对中国特色社会主义的敌视之外，深层次的原因在于他们所秉持信奉的理论过时，甚至是荒谬错误的。新时代作为人类历史漫长进程中的一个小片段，提出当今中国究竟处于人类社会形态变迁的哪一阶段、哪种形态的追问；新时代作为中国特色社会主义发展史的一部分，提出中国特色社会主义建设体现和遵循了怎样的社会发展规律的追问。新时代的理论张力，是从新时代中国特色社会主义建设实践出发，对新时代的理论创新和新时代中国特色社会主义的客观现实之间的关系进行实践批判，进而激发和释放的理论发展能力、理论扩张能力。正如马克思所言，“不是意识决定生活，而是生活决定意识①”；探究新时代的理论张力，从新时代的思想理论中透视出中国特色社会主义的现实，以中国特色社会主义现实来揭示新时代的思想理论；其最为核心和关键的任务在于运用从中国特色社会主义实践经验总结中提炼出的理论范畴，运用中国化时代化的马克思主义，运用习近平新时代中国特色社会主义思想，阐释和论证中国实践成就的成因，昭示和展望中国特色社会主义的美好明天。

一、研究新时代理论张力的缘起

时代是思想之母，实践是理论之源。新时代需要新思想、新理论，新时代也一定能够孕育新思想、产生新理论。新时代的历史使命崇高而艰巨，面临错

① 中共中央马克思恩格斯列宁斯大林著作编译局．马克思恩格斯文集：第 1 卷［M］．北京：人民出版社，2009：525.

综复杂的国际国内局势，新时代的伟大实践需要创新理论指导，新时代实现中华民族伟大复兴的历史实践经验总结为理论发展注入不竭的动力；在具体实践中贯彻落实习近平新时代中国特色社会主义思想，需要理论指导，这提出理论创新的需求。新时代的理论需求和理论供给之间的矛盾冲突，彰显新时代的理论张力；新时代推进马克思主义中国化、时代化，提出新的理论观点、理论主张的能力，是新时代理论张力的现实表现。激发和彰显新时代的理论张力，旨在论证“中国化时代化的马克思主义行”。

（一）新时代需要新思想新理论

思想和理论是区分民族特色、描述时代特征的重要依据。人类文明发展史上，每一个时代都有彰显其时代特征的思想和理论。马克思在 1842 年就提出“任何真正的哲学都是自己时代的精神上的精华”① 的著名论断。2016 年哲学社会科学工作座谈会上的讲话指出，“当代中国正经历着我国历史上最为广泛而深刻的社会变革，也正进行着人类历史上最为宏大而独特的实践创新。这种前无古人的伟大实践，必将给理论创造、学术繁荣提供强大动力和广阔空间。这是一个需要理论而且一定能够产生理论的时代，这是一个需要思想而且一定能够产生思想的时代”②。中国特色社会主义之所以进入了新时代，一个重要原因就是这个时代孕育了习近平新时代中国特色社会主义思想。新时代需要用新思想丰富自己的时代内涵，用新理论妆点自己的时代色彩，用新思想新理论指引成就历史伟业的社会实践。

新时代需要新思想新理论揭示实践成就的原因。实践是社会生活的本质，只有全面深入地理解社会实践，才能深刻认识和把握历史发展规律。实践尽管是引发马克思主义哲学革命的理论范畴，但对实践范畴的理论探索远未终结，马克思主义实践观是一个理论“富矿”。社会实践活动总是烙有深深的时代印记，一个时代的特征总是体现在这个时代的社会实践中，总结提炼实践经验，是发现和认识历史规律的基本途径。对实践活动的类型划分越全面越合理，越有利于总结实践经验和教训，揭示实践成就的原因，理解和把握历史规律。从不同维度、依据不同的基准，实践可以做出不同的类型划分。依据实践过程中意识主观能动性发挥程度、发挥方式的差异，实践大致可以分为两类：一是由在长期实践中形成的直觉驱动，主要靠感性认识牵引，实践要素配置的主观盲

---

① 中共中央马克思恩格斯列宁斯大林著作编译局．马克思恩格斯全集：第 1 卷［M］．北京：人民出版社，2006：220.

② 习近平．在哲学社会科学工作座谈会上的讲话［M］．北京：人民出版社，2016：12.

目性色彩较为浓厚，目标指向相对模糊的探索性实践；二是在成熟理论指导下，有完善的实践规划、目标指向清晰、实践要素优化配置程度高，稳步推进的理性实践。从实践要素配置变化大小的角度，既有沿袭旧模式、依照老方法，以习惯、风俗等驱动的路径依赖型实践；也有另起炉灶、运用新技术新方法，实践要素配置效率显著提高的创新型实践。依据实践活动中主导因素的差异，有旨在实现特定目标的目标导向型实践，也有旨在完成某项任务、履行某种使命的任务驱动型实践，还有旨在化解特定矛盾冲突、解决具体问题的问题倒逼型实践。依据实践活动频率，既有实践要素分析、实践结果成因分析难度大的一次性实践、偶发性实践，也有便于验证实践要素分析的科学性、实践结果成因分析合理性，可以多次进行的重复性实践。我国改革开放是一场广泛而深刻的变革，改革开放实践类型丰富，改革开放实践经验总结是一项复杂的系统工程。相较于对我国改革开放取得的实践成就的广泛共识，对实践成就原因分析判断则是众说纷纭，甚至是莫衷一是、缺乏共识。一些研究者总是执着于用西方理论阐释中国实践，当西方理论解释不了中国实践时，不是去反思运用的理论分析工具是否合理得当，理论分析的逻辑是否严谨，而是一味责怪中国实践“离经叛道”。新时代中国特色社会主义建设必然会取得让世界刮目相看，甚至是难以臆想的实践成就。讲好中国故事，揭示新时代实践成就的原因，呼唤新思想新理论。

新时代需要新思想新理论指导伟大实践。正如列宁所言，“没有革命的理论，就不会有革命的运动”①。习近平总书记强调，“当代中国的伟大社会变革，不是简单延续我国历史文化的母版，不是简单套用马克思主义经典作家设想的模板，不是其他国家社会主义实践的再版，也不是国外现代化发展的翻版，不可能找到现成的教科书。”②；中国特色社会主义是前无古人、今无比肩的伟大事业。新时代承载着实现中华民族伟大复兴、建成富强民主文明和谐美丽的社会主义现代化强国的历史使命，凝聚着占世界总人口五分之一的中国人民的美好生活期冀，肩负着给世界上那些既希望加快发展又希望保持自身独立性的国家和民族提供全新选择，为解决人类问题贡献中国智慧和中国方案的神圣使命。相较于改革开放时期“摸着石头过河”的改革实践，新时代强调顶层设计的全面深化改革实践更为复杂艰巨。如果说改革开放新时期还可以通过实践试错去

① 中共中央马克思恩格斯列宁斯大林著作编译局编译．列宁全集：第6卷［M］．北京：人民出版社，2013：23.

② 习近平．习近平谈治国理政：第二卷［M］．北京：外文出版社，2017：344.

纠正实践偏差、发现历史规律的话，全面深化改革新时代必须以对历史规律的正确认识指引社会实践。恰如恩格斯所言，“一个民族要站在科学的高峰，就一刻也不能没有理论思维”①；新时代更加重视也更加需要理论思维。新时代的全面深化改革实践更加讲究小心谨慎，更加强调万无一失；运用战略思维、创新思维、辩证思维、法治思维、底线思维对社会实践方案进行详尽的逻辑论证，确保实践方案的科学严谨，再按照实践方案稳步推进社会实践，是新时代的实践要求和显著特征。在历史转折、重大社会进步、社会形态变迁的紧要关头，理论对实践的先导作用至关重要。鸦片战争以来，无数仁人志士探寻国富民强、民族振兴的出路，结果总是在黑暗中摸索，艰苦求索但收效甚微。十月革命的伟大成就，让中国先进分子从马克思列宁主义的科学真理中看到解决中国问题的出路，马克思主义在中国的传播成为近代中国历史变革的先导。中国特色社会主义新时代，是在社会主义制度和资本主义制度并存的世界格局中，总体形势由“资强社弱”向“社强资弱”转变的紧要关头；繁荣发展21世纪的马克思主义，是推动实现这个伟大转变的历史实践的先导。

新时代需要用新思想新理论建构国际话语权。中国共产党成立以后，领导中华民族先后成功解决“挨打”问题、“挨饿”问题，尽管改革开放取得举世瞩目的成就，但至今仍未有效解决“挨骂”问题。究其原因，除了国际舞台上的意识形态偏见，霸权国家的刻意围堵之外，中国特色社会主义理论创新亟待深入，对我国发展成就的成因揭示不全面不深刻，未能将经济社会发展的物质成果切实有效地转化为国际话语权建构的精神力量。正如马克思所言，“光是思想力求成为现实是不够的，现实本身应当力求趋向思想”②。新时代在初步成熟定型的中国特色社会主义道路上实现中华民族由富向强的伟大飞跃，以中华民族伟大复兴、国家治理现代化的丰硕成果向世界展示科学社会主义实践的中国特色，不断开启构建人类命运共同体的新局面，需要创新理论思维，需要构建国际话语权，以彻底改观讲不好中国故事、讲出的中国故事传不开的被动局面。“每一个时代的理论思维，从而我们时代的理论思维，都是一种历史的产物，它在不同的时代具有完全不同的形式，同时具有完全不同的内容。”③ 中国特色社

① 恩格斯．自然辩证法［M］．中共中央马克思恩格斯列宁斯大林著作编译局，译．北京：人民出版社，2018：43.

② 中共中央马克思恩格斯列宁斯大林著作编译局．马克思恩格斯文集：第1卷［M］．北京：人民出版社，2009：13.

③ 中共中央马克思恩格斯列宁斯大林著作编译局．马克思恩格斯文集：第9卷［M］．北京：人民出版社，2009：436.

会主义新时代，“这是一个需要理论而且一定能够产生理论的时代，这是一个需要思想而且一定能够产生思想的时代”①；新时代有其内在的、强大的理论张力。

坚定历史自信增强历史主动谱写新时代的华章提出新的理论需求。历史自信是历史主体在掌握历史主动的过程中展现出的精神状态。坚定历史自信，才能增强历史主动。党的二十大报告强调，“全党同志务必不忘初心、牢记使命，务必谦虚谨慎、艰苦奋斗，务必敢于斗争、善于斗争，坚定历史自信，增强历史主动，谱写新时代中国特色社会主义更加绚丽的华章”②；明确提出了新时代“三个务必”的要求。毛泽东同志在党的七届二中全会上强调，“务必使同志们继续地保持谦虚、谨慎、不骄、不躁的作风，务必使同志们继续地保持艰苦奋斗的作风”，明确提出“两个务必”的要求。“三个务必”是对“两个务必”的历史升华；二者都是在党取得重大历史成就，正迈向新的发展阶段的重大历史关头，为激励全党同志更好地发挥历史主动精神而发出的号召；二者都是在党做出重大历史决议，全党同志思想统一、精神焕发、斗志昂扬的条件下发出的号召；二者都是党迎接和应对“历史赶考”的重要遵循。历史证明，遵循“两个务必”，党在夺取全国政权后经受住执政的考验，取得了“进京赶考”的优异成绩。尽管我们坚信，遵循“三个务必”，我们党一定能够取得新时代“赶考”的优异成绩；但从牢记“三个务必”以坚定历史自信，遵循“三个务必”以增强历史主动的角度，深刻揭示“三个务必”与新时代的历史自信、历史主动的内在联系，探索“三个务必”落实到具体行动的途径和方法，仍需要结合新时代的发展环境、使命任务、具体实践展开广泛而深入的理论研究。谱写新时代更加绚丽的华章，提出重大的理论创新需求。

（二）新时代孕育新思想催生新理论

检验既往认识的真理性，深化和发展既往的认识，是社会实践的双重使命。新时代的社会实践总会遵循一定的原则、行为规范，这些原则和规范是既往实践的产物，是需要在新时代的实践中加以检验、得以丰富和发展的社会意识。正如马克思所言，“原则不是研究出发点，而是它的最终结果；这些原则不是被应用于自然界和人类历史，而是从它们中抽象出来的；不是自然界和人类去适

① 习近平．在哲学社会科学工作座谈会上的讲话［M］．北京：人民出版社，2016：12.

② 习近平．高举中国特色社会主义伟大旗帜　为全面建设社会主义现代化国家而团结奋斗——在中国共产党第二十次全国代表大会上的报告［M］．北京：人民出版社，2022：1-2.

应原则，而是原则只有在符合自然界和历史的情况下才是正确的”①。新时代的伟大实践是理论研究的起点，新时代的伟大实践一定会孕育新思想、催生新理论；顺应新时代实践提出的理论需要，是探寻新时代理论张力的归宿。

新时代实践经验总结形成新思想新理论。社会实践的任务决定认识的内容；思想理论的丰富性源于社会实践的多样性，社会实践使命的崇高性和任务的艰巨性从根本上决定思想理论内涵的深度，社会实践的特征决定了思想理论的特色。与当今世界其他国家相比，与我国改革开放新时期的社会实践相比，新时代的中国特色社会主义实践具有四重显著特征。第一，世界格局大调整，百年未有之大变局，难以预知的风险对新时代的实践形成严峻的挑战。事物内部的否定因素在外部环境的诱发刺激下，会滋生出背离事物正常发展趋势的异化力量；人类社会总是受到文明异化的困扰，世界正面临前所未有的不稳定性、不确定性。国际社会面临的治理赤字、信任赤字、和平赤字、发展赤字深刻影响着新时代的实践；恐怖主义、网络安全、重大传染性疾病、气候变化等非传统安全威胁增加了新时代的实践的变数。第二，新时代的实践在党坚强有力的领导下有序推进。中国共产党是世界上最重视自我建设、自我革命的政党。新时代伟大实践集成的巨变，实质是我们党以自我革命推进经济社会变革的成就。从严治党是我们党从革命、建设和改革实践中得出的重要认识和结论，是我们党始终坚持的重要原则。党的十八大以来，全面从严治党成效卓著，管党治党制度不断完善，大大改观了一度存在的管党治党宽松散的局面，形成了“领导带头、组织认真、党员守规矩”的执政党风貌。党的十九大全面谋划和部署了新时代的党的建设伟大工程，党在革命性锻造中更加坚强，焕发出新的强大生机活力，成为世界上最强大的政党，为党和国家事业发展提供了坚强政治保证。党的十九大向世界庄严宣告、向人民郑重承诺，“中国特色社会主义最本质的特征是中国共产党领导，中国特色社会主义的最大优势是中国共产党的领导②”；党领导人民打赢抗击新冠疫情的人民战争，援助、支持其他国家抗击新冠疫情，使众多原本有着强烈意识形态偏见的政党、政要、媒体和普通民众自觉纠正偏见，承认和肯定中国共产党的领导能力和中国的制度优势。坚持党的全面领导，是化解新时代面临的实践风险与挑战，是新时代从不确定性中寻求跨越发展的

① 中共中央马克思恩格斯列宁斯大林著作编译局．马克思恩格斯文集：第 9 卷［M］．北京：人民出版社，2009：38.

② 习近平．决胜全面建成小康社会　夺取新时代中国特色社会主义伟大胜利——在中国共产党第十九次全国代表大会上的报告［M］．北京：人民出版社，2017：20.

机遇，是新时代转危为机、化险为夷，变挑战为动力的根本保障。党的二十大强调，“我们党作为世界上最大的马克思主义执政党，要始终赢得人民拥护、巩固长期执政地位，必须时刻保持解决大党独有难题的清醒和坚定”①。大党究竟有哪些独有难题，如何化解这些难题，是新时代理论研究必须回应的重大问题。第三，新时代目标远大、任务艰巨。新时代承载着实现中华民族伟大复兴的使命，肩负着满足人民群众日益增长的美好生活需要、建成富强民主文明和谐美丽的社会主义现代化强国的重任。第四，新时代的实践视野开阔、境界高远。马克思主义以人的解放为旨归，中国共产党始终坚定共产主义的远大理想，坚守为中国人民谋幸福、为中华民族谋复兴的初心和使命，坚持为人类进步事业做贡献。党的二十大强调，“我们党立志于中华民族千秋伟业，致力于人类和平与发展崇高事业，责任无比重大，使命无上光荣”②，把新时代实践的视野开阔、境界拓展上升到一个新的高度。如果说历史上中国共产党虽胸怀人类解放、世界大同的大志，但囿于自身的发展实力和国际影响力，主要还是积累实现人类解放的微小量变的话，新时代积极完善国际治理、推动构建人类命运共同体，则是在人类社会总体处于从资本主义向共产主义过渡的社会形态中发生的局部社会形态质变、阶段性的社会形态质变。

社会意识的相对独立性孕育催生新时代的新思想新理论。人的意识具有能动的创造性，能够在一定条件下实现意识内容和物质对象的“无中生有”；社会意识具有相对的独立性，社会意识的内容总是在继承中发展。相对独立的社会意识通过两种方式、两种途径彰显其生成新思想的创造性：一是以一定的思想为基础和前提，运用逻辑思维的力量，以思想内容作为反思的材料和对象，以思想“生产”思想，产出更多有思想力的观点产品和精神作品，实现思想的扩容；二是运用逻辑思维生成的新思想指导社会实践，推动社会实践创新发展，为实践经验总结提炼形成新思想，思想内容的再总结再提炼创造条件。人类社会每一次重大跃进，人类文明每一次重大发展，都离不开哲学社会科学的知识变革和思想先导。在科学社会主义焕发新生机、两种社会制度的较量呈现出有利于马克思主义、有利于社会主义的深刻变化的背景下，在世界百年未有之大

① 习近平．高举中国特色社会主义伟大旗帜 为全面建设社会主义现代化国家而团结奋斗——在中国共产党第二十次全国代表大会上的报告［M］．北京：人民出版社，2022：63.

② 习近平．高举中国特色社会主义伟大旗帜 为全面建设社会主义现代化国家而团结奋斗——在中国共产党第二十次全国代表大会上的报告［M］．北京：人民出版社，2022：1.

变局中形成的习近平新时代中国特色社会主义思想不仅回答了新时代中国坚持什么样的社会主义，怎样坚持和发展社会主义的问题，也回答了世界怎么了，应该怎么办的问题。习近平新时代中国特色社会主义思想内容博大精深、体系完备、特色鲜明，是我国哲学社会科学的知识变革，也是新时代社会变革的思想先导；新时代“继续推进实践基础上的理论创新，首先要把握好习近平新时代中国特色社会主义思想的世界观和方法论，坚持好、运用好贯穿其中的立场观点方法”①。借助理论思维，运用概念逻辑，对这一思想进行条理化的表达；其次运用哲学本体论、认识论、价值论的理论范畴，对蕴含在“必须坚持人民至上”“必须坚持自信自立”“必须坚持守正创新”“必须坚持问题导向”“必须坚持系统观念”“必须坚持胸怀天下”“六个必须坚持”中的世界观和方法论进行学理的阐释和论证，进行思想内容的再反思，必然产生新的思想、新的理论，为构建中国特色哲学社会科学学科体系、学术体系、话语体系做出新贡献。

（三）“理论—实践”协同铸就新时代的特征

一个时代总有反映和体现时代特征的思想。“构成思想”与“反思思想”，是人类思想的两个最基本的维度。所谓“构成思想”，就是以某种具体的方式（如常识的、神话的、宗教的、艺术的、伦理的和科学的方式），去形成某种认知的、价值的、审美的关于存在的思想，并把这种思想作为某种目的性要求，以实践活动的方式获得某种形式的现实性。所谓“反思思想”，则是以人类把握世界的诸种方式（如常识、神话、宗教、艺术、伦理和科学）及其全部成果（知识形态的常识、神话、宗教、艺术、伦理和科学）作为“反思”的对象，去追问“思维和存在”统一的根据，去考察断定“思维与存在”相统一的标准，去揭示“思维与存在”之间更深层次的矛盾，从而实现人类思想在逻辑层次上的跃迁。②“构成思想”与“反思思想”并非截然分割的两个环节、两个阶段，二者往往交织在人类思想发展、人类文明进步的历史进程中；二者的相对区分，从追问思维与存在关系的角度，阐释了思想理论的发展逻辑。

认识的两次飞跃，揭示了“理论—实践”协同驱动社会科学理论创新的机理。社会科学理论总是在实际应用中得以检验、丰富和发展。马克思主义中国化时代化成果丰硕，有三条至关重要的原因。一是中国共产党始终坚持马克思主义，及时将马克思主义中国化时代化最新成果应用于治国理政实践。二是中

① 习近平．高举中国特色社会主义伟大旗帜　为全面建设社会主义现代化国家而团结奋斗——在中国共产党第二十次全国代表大会上的报告［M］．北京：人民出版社，2022：18-19.

② 孙正聿．马克思主义辩证法研究［M］．北京：北京师范大学出版社，2017：178.

国共产党是一个注重学习、重视理论宣传的执政党，马克思主义中国化时代化最新成果总能及时地转化为各级党组织的决策原则，转化为各级政府的施政纲领。三是中国是一个内部特色差异明显的大国，不同地区在发展条件、发展水平、风土人情等方面的特色差异，凸显马克思主义中国化时代化最新成果的实践应用方式的多样化特征。马克思主义中国化时代化最新成果及时地应用于治国理政、经济社会发展的具体实践，为理论再创新、再丰富、再发展注入强劲动力，形成了“理论—实践”协同驱动理论创新的螺旋上升格局。党的二十大深刻指出，“中国共产党为什么能，中国特色社会主义为什么好，归根到底是因为马克思主义行，是中国化时代化的马克思主义行。①”中国共产党成立以来，团结带领中国人民书写的中华民族几千年历史上最恢宏的史诗，形成的“理论—实践”相互驱动、协同创新机制，就是对“能”“行”“好”内在逻辑的生动而直观的阐释和论证。

新时代催生新思想，新思想引领新时代、指导新实践，新实践的经验总结提炼再形成新思想新理论。“习近平新时代中国特色社会主义思想是在新的时代背景和实践条件下创立并不断发展的，也正是由于这一思想的真理力量和实践伟力，开启和引领了中国特色社会主义的新时代、新发展。”② 习近平新时代中国特色社会主义思想源于实践、立足现实、着眼未来、情系天下，铸就新时代“理论—实践”协同发展的特征。

二、基本范畴

范畴是人的思维对客观事物普遍本质的概括和反映。“思维的范畴不是人的工具，而是自然的和人的规律性的表述。”③ 研究范畴既表明研究对象，也体现研究方法。“范畴是区分过程中的梯级，即认识世界的过程中的梯级，是帮助我们认识和掌握‘自然现象之网’的网上‘纽结’。”④ 习近平新时代中国特色社会主义思想系统回答了新时代坚持什么样的中国特色社会主义、怎样坚持和发

---

① 习近平．高举中国特色社会主义伟大旗帜　为全面建设社会主义现代化国家而团结奋斗——在中国共产党第二十次全国代表大会上的报告［M］．北京：人民出版社，2022：16.

② 中共中央宣传部．习近平新时代中国特色社会主义思想三十讲［M］．北京：学习出版社，2018：11.

③ 中共中央马克思恩格斯列宁斯大林著作编译局．列宁全集：第55卷［M］．北京：人民出版社，2017：75.

④ 中共中央马克思恩格斯列宁斯大林著作编译局．列宁全集：第55卷［M］．北京：人民出版社，2017：78.

展中国特色社会主义，为建成富强民主文明和谐美丽的社会主义现代化强国提供了实践遵循。本研究以“新时代”这一个范畴为逻辑起点，以“现代化”这一范畴为核心，探寻实践经验总结提炼和理论逻辑推导，激发新时代理论创新活力的途径和方式，以期推进习近平新时代中国特色社会主义思想条理化表达和系统化发展。

（一）新时代

马克思主义的时代观从“大的历史时代”来理解时代的过程性和长期性，从占统治地位的“经济的社会形态”来把握时代的本质，从不同时代的阶级斗争性质和形式来把握时代的阶级特征，从人类历史发展的普遍规律和总趋势来把握每一个特定时代的过渡性特征。[①] 新时代是中国特色社会主义新时代的简称。中国特色社会主义，是对新时代的定性和定位，没有中国特色社会主义这一前提，新时代仅仅只是一个表达历史时期的术语。新时代不同于制度时代，不同于科技时代[②]，只是我国社会主义初级阶段内的一种特殊意义上的小时代。新时代虽然包括对国际关系的判断，但主要还是在“和平与发展”这个时代主题下立足中国发展，对中国改革开放进行的历史阶段划分。为了表达的简洁流畅、提高思想交流效率而使用理论范畴的简化称谓，必须以坚持理论范畴完整的内涵为基础和前提。新时代是运用马克思主义唯物辩证法的理论工具对中国特色社会主义实践进行历史分期的结果，深刻体现了质量互变规律、意识主观能动性原理，矛盾分析方法的应用。

新时代是我国社会主义初级阶段经济社会发生阶段性质变的结果。党的十八大以来，党和国家发生了一系列重大而深刻的变化，解决了许多长期想解决而没有解决的难题，办成了许多过去想办而没有办成的大事要事，标志着我国在社会主义初级阶段发生了阶段性的质的飞跃。由果溯因，党和国家面貌、中国特色社会主义事业之所以会发生历史性变革，最核心最根本的原因是党的十八大选举产生了以习近平同志为核心的党中央，提出了一系列治国理政新理念、新思想和新方略，出台了一系列重大方针政策，推出一系列重大举措，推进一系列重大工作。中国特色社会主义进入新时代，虽然是党的十九大做出的重大政治判断，但把党的十八大视为新时代的历史起点，既是由果溯因的现实表现，也是理论思维总结提炼社会实践的成果，还是对历史和逻辑相统一的马克思主

---

① 本刊记者．研读马克思主义经典著作要把握五个“对话”——访中国社会科学院近代史研究所金民卿研究员［J］．马克思主义研究，2019（12）：19-34.

② 陶文昭．中国特色社会主义新时代的逻辑要点［J］．马克思主义研究，2019（9）：21-31，159.

义研究方法的自觉运用。

新时代是运用矛盾分析法审视我国经济社会发展的成果。社会矛盾是不以人的主观意志为转移的客观存在。生产力与生产关系的矛盾，是人类社会得以存续和发展的依据和标志，是人类社会的基本矛盾。社会基本矛盾运动，揭示了人类社会发展的基本规律和经济社会形态演变的内在动力。社会基本矛盾在不同维度、不同层次的现实具体表现，形成社会矛盾体系；社会根本矛盾和社会主要矛盾是认识主体分别从社会具体矛盾的“质”和“量”的角度对社会矛盾体系中的具体矛盾的属性做出的判断。社会根本矛盾是关系社会形态性质的矛盾，社会主要矛盾是在特定社会中作用和影响的范围最广泛的矛盾。对社会根本矛盾的判断体现和反映了认识者的立场，对社会主要矛盾的判断体现和反映了认识者适应社会、驾驭社会运行的能力。正确认识社会主要矛盾，并据此做出合理的战略安排，经济社会就会实现预期目标，取得重大发展；背离社会主要矛盾做出的战略安排，尽管有良好的愿望和初衷，有奋力推进战略实施的社会动员和社会实践，经济社会发展也难以避免地遭受曲折甚至是重要挫折。社会主要矛盾转换，是做出中国特色社会主义进入新时代这一重大判断的根本依据，是新时代战略安排的出发点和依据。

新时代是运用意识主观能动性原理的成果。历史创造者发挥主观能动性，积极推动经济社会发展量变积累向局部性阶段性质变，甚至是社会形态整体质变的飞跃，是人类历史发展的基本经验和启示。新时代对人民群众发挥创造历史的主观能动性提出了新的更高要求；只有深刻理解和把握新时代的内涵、顺应新时代的新特征，才有新时代的新作为。新时代之“新”，一是在于发展阶段、发展环境、发展条件、目标任务发生新的变化，面临着新的社会主要矛盾，明确新的奋斗目标。① 二是在于新时代的引领者具有的独特品格。以习近平同志为核心的党中央领导集体的所有成员都生在新中国，见证和亲身经历了我国社会主义道路、中国特色社会主义道路的实践探索，在实践中不仅坚定了中国特色社会主义远大前途的信心和决心，而且积累了丰富的执政经验，形成了把握时局的能力。三是在于新时代面对国内外局势的变化性前所未有。世界正经历百年未有之大变局，2022 年俄乌军事冲突及其引发的国际关系连锁反应，更是凸显和强化了大变局的不确定性、不可预知性；国际国内局势急剧变化，徒生发展风险和发展机遇交织的复杂性。

---

① 中共中央宣传部．习近平新时代中国特色社会主义思想三十讲［M］．北京：学习出版社，2018：2.

新时代是习近平新时代中国特色社会主义思想的起点范畴。作为起点的理论范畴，是衍生其他理论范畴的基础和前提，是建构理论体系的核心。有了中国特色社会主义进入新时代的重大判断，才有新时代的战略安排，才有彰显新时代的时代特征的社会主义建设实践，才有实践经验的总结提炼形成新的理论。中国特色社会主义进入新时代的重大判断孕育了新时代这一理论范畴，新时代是理解党的十八大以来中国特色社会主义建设实践的理论工具，是从习近平总书记系列重要讲话中抽象提炼出的理论术语，是建构、丰富和发展习近平新时代中国特色社会主义思想体系的理论基点和理论基础。

（二）现代化

现代是区分当前和历史的自然时间概念，现代化是在人类文明快速发展的背景下表征人们追求进步的过程及结果的理论范畴。“农业文明时期，生产力发展是几十年，甚至是几百年、上千年如一日；依据历史唯物主义社会存在决定社会意识的原理，缓慢发展的社会生产力自然孕育不出现代化的理论范畴。工业革命以来，快速发展的社会生产力使社会生产生活呈现出今非昔比的特征，现代化的理论范畴应运而生。封建社会末期，新兴的资产阶级正是因为掌握了科技革命、工业革命的工具和武器，才取得反封建革命的胜利，成为现代化的引领者。”① 马克思对资产阶级推动社会生产力发展，引领现代化的历史成就给予高度的评价，“资产阶级在它的不到一百年的阶级统治中所创造的全部生产力，比过去一切世代创造的全部生产力还要多还要大”②。20 世纪中叶以来，人们习惯于用现代化这一范畴反映和体现追求进步、渴望发展的美好愿望和强烈动机。现代化过程是人们追赶、达到和保持世界先进水平而积极进取、不懈努力的活动的时序展开，现代化水平是现代化实践的结果，实现现代化是追求现代化的努力达到了某种预期的水平，实现了预期的目标。

现代化是习近平新时代中国特色社会主义思想的重要范畴。党的十八届三中全会把全面深化改革的总目标明确为完善和发展中国特色社会主义制度，推进国家治理体系和治理能力现代化。以习近平同志为核心的党中央把国家治理纳入现代化的内容体系，拓展和深化了现代化这一理论范畴的内涵，成就了现代化这一理论范畴在习近平新时代中国特色社会主义思想的核心地位。国家治理现代化包括三个方面的内容：一是不断丰富和完善国家治理的具体制度安排，

① 杜黎明．扬弃与开创：新时代推进国家治理现代化的三大贡献［J］．兰州学刊，2020（10）：14-23.

② 中共中央马克思恩格斯列宁斯大林著作编译局．马克思恩格斯文集：第 2 卷［M］．北京：人民出版社，2009：36.

实现国家治理制度体系的与时俱进；二是不断化解国家治理制度执行的各种制约，使制度执行能力稳定保持在高水平；三是完善的制度体系和高水平的制度执行能力有效转化和体现为国家治理的高效能。党的十九届四中全会指出，我国国家治理体系和治理能力是中国特色社会主义制度及其执行力的集中体现，具有坚持党的集中统一领导、坚持人民当家作主等十三个方面的显著优势。党的十九届四中全会系统规划设计了新时代坚持和完善党的领导制度、人民当家作主制度等十三个方面的制度安排，明确了推进国家治理体系和治理能力现代化的时间表和路线图，全面回答了我国现代化进程中在国家制度和国家治理体系上应该“坚持和巩固什么、完善和发展什么”的重大问题；开创了认识和把握中国共产党执政规律、社会主义建设规律、人类社会发展规律的新境界，把现代化理论发展推进到一个新的高度。党的二十大将“全面建设社会主义现代化国家”纳入大会主题，明确了“建成社会主义现代化强国”的第二个百年奋斗目标，总结了中国式现代化的特征和要求，并对新时代“强化现代化建设人才支撑”“推进国家安全体系和能力现代化”“开创国防和军队现代化新局面”等具体的现代化战略做出安排和部署，提出了完善中国的现代化理论，规避西方的现代化话语陷阱的理论要求。新时代推进国家治理体系和治理能力现代化，切实把我国制度优势更好地转化为国家治理效能，是中国特色社会主义道路自信、制度自信的底气和基石，其当代价值具体表现为对社会进步和人类文明发展做出的三大贡献。

第一，新时代的社会主义现代化战略有新的内涵和要求。新中国成立以来，我们党一直高度重视社会主义现代化战略的实施和落实。1954 年，第一届全国人民代表大会第一次会议就明确提出了实现四个现代化的任务，发出全面追赶，缩短与西方发达国家在这四个方面的发展差距的伟大号召。新时代实施现代化战略，不仅在“四个现代化”的基础上增加了“国家治理体系和治理能力现代化”的内容，而且实现了“四个现代化”从过去单纯的追赶型、适应型现代化向引领、保持和追赶国际最先进水平并存的转变。新时代的现代化建设，是处于国际领先的发展领域继续保持和强化引领优势，是将更多的追赶、保持国际最先进水平转变为保持和引领国际最先进水平。我国国家制度和国家治理体系具有的十三个方面的显著优势，不仅为新时代现代化战略实施提供了全方位的保障，而且昭示了社会主义现代化的远大前途。

第二，新时代的现代化是彻底破除西方迷信全面彰显中国自信的大战略。现代化本身是一个外来词，西方发达国家开启现代化征程的时间早于中国；近代中国是在学习西方先进经验的过程中完成现代化的启蒙，新中国现代化战略的最初任务也是缩短与西方发达国家的发展差距，这使得国内一些人错误地把现代化理解为西化。国家治理体系和治理能力现代化不仅表现为制度体系的不断完善，更表现为制度执行能力、国家治理效力的不断提升。西方发达国家虽有看似完善的制度体系，但却因其政治制度的内在缺陷，不能实现制度执行能力、国家治理效力的稳步持续提升。历史和现实表明，特别是美国令人困惑的“特朗普现象”和“英国脱欧乱象”直观生动表明，不管资本主义制度在不违背生产资料私有的前提下做出了多么显著的变革和完善，不管资本主义国家治理经历了多长的实践历练，资本主义国家没有条件和能力实现国家治理效能的持续稳定改善，没有滋生孕育国家治理现代化这一理论范畴的现实条件。

第三，推进国家治理现代化为人类社会制度文明贡献中国智慧。中西现代化遵循不同的历史逻辑，西方是科技革命引发的经济革命在先，政治革命在后，经济革命是因，政治革命是果；我国现代化进程中，政治革命在先，经济革命在后，政治革命是因，经济革命是果。西方政治革命成功后，追求个体私利的资本家们出于排斥作为革命主体力量的劳动者的利益，实现资产阶级内部不同利益集团的利益平衡的考虑，汇聚国家治理共识，形成资本主义国家治理的宪法框架；资本主义的国家治理的本质在于，在宪法框架下，依据最初的共识，顺应资本逐利要求和资本逐利成果分配的现实条件变化，设计具体制度安排，完成资本逐利成果在资本家之间的“公正”“合理”分配，资本主义国家治理也因此披上“遵循法治”“遵守契约”的外衣。无论是理论分析还是实践昭示，生产资料私有制条件下，不管初始共识多么深厚，追求个体私利的资本家终会因资本逐利成果分配不平而产生分歧，利益集团操控的多党竞争使资本主义政治沦为否决政治，进而引发社会的撕裂；任由社会撕裂、否决政治发展，资本主义制度难逃灭亡的宿命。中国共产党全面执政后的制度实践不是抽象的国家治理理念的现实具体化，而是在实践探索中稳步前进；社会主义的具体制度安排是在目标指引和问题倒逼的社会主义建设中不断走向完善；社会主义制度实践始终坚持实现好、维护好、发展好人民群众的根本利益、全局利益和长远利益，正是得益于我国现代化的总体态势和社会主义制度的实践指向，中国特色社会主义制度才形成由根本制度、基本制度、重要制度构成的既完备又开放的体系。新中国的国家治理是我们党坚持人民利益至上和实践导向，从实践经验总结中形成具体制度，又在实践中检验和完善制度安排。首先确定根本政治制度，再以根本政治制度指引经济社会发展不同领域的具体制度实践；具体制度实践经验总结提炼形成基本制度、根本制度，再以基本制度为基底，以根本制度为中心，丰富和完善各领域的具体制度安排，这正是中国共产党为人类社会制度文明贡献的中国智慧。

（三）新使命

社会是人的集合体，是个体人活动的空间。“历史”是人的有目的的活动过程，是实现人的目的的过程；社会发展是“历史”存在的人把与人的理想不相符合的现实变成与人的理想相吻合的现实。社会发展和历史进程中，一个时代有其区别于其他时代的特征，一个时代的历史创造者有其划时代的使命；历史创造者的主观能动性总是体现在担当和作为中。新时代承载着新使命，新使命体现和落实到每个人的责任和担当中，细化到每个人的具体作为之中。党的十九大明确了新时代的总任务，新时代的基本方略和发展目标，这些任务方略和目标，凸显了标识新时代、认识新时代的三大新使命。

第一，积累体现和彰显社会主义制度优势的实践成就。实践是检验认识真理性唯一标准，固执己见者的傲慢和思想偏见既缘于偏见屡屡被实践“证实”，更缘于偏见没有被实践“证伪”。检验真理的实践总是具体的，任何具体的实践总是存在缺陷的，认识的真理性是在长时期的实践中得以检验的。实践检验真理并不是一个简单地用实践结果的事实说话的问题，任何具体的实践结果都是必然性和偶然性的综合结果。实践检验认识的真理性既需要实践结果的事实，也需要对实践结果的成因分析，更需要实践活动和实践反思的多次重复；历史文化积淀、历史经验教训有助于降低检验认识真理性的实践频次，缩短检验认识真理性的时间跨度。二战后较长一段时间内，以美国为首的霸权国家的政治经济和军事实力远比反霸权的力量强大，这既是霸权主义在国际舞台上大肆横行的原因，也是霸权主义横行的结果。以美国为首的西方奉强权思维、强权理念为圭臬，将霸权理念强权思维作为其行为选择的“理性”，对后发国家、对社会主义制度抱有根深蒂固的偏见，一个重要原因就在于其“理性”屡屡被“证实”而不是被“证伪”。正如辩证法大师黑格尔所言，“理性何等强大，就何等狡猾。理性的狡猾总是在于它的起中介作用的活动，这种活动让对象按照它们本身的性质相互影响、相互作用，它自己并不直接参与这个过程，而只是实现自己的目的”①。新时代中华民族实现从站起来、富起来到强起来的伟大飞跃，必须善于运用能够体现和彰显社会主义制度优势的实践成就去揭批和证伪霸权主义的“理性”。新时代中华民族走向世界舞台中央，必须敢于勇于善于创造并不断积累、体现和彰显社会主义制度优势的实践成就。

---

① 中共中央马克思恩格斯列宁斯大林著作编译局．马克思恩格斯文集：第 5 卷［M］．北京：人民出版社，2009：209.

第二，赢得两种社会制度在世界舞台较量的竞争优势。和平与发展仍然是当今世界的时代主题，社会主义制度和资本主义制度在世界舞台的竞争依然存在。马克思指出，“无论哪一个社会形态，在它所能容纳的全部生产力发挥出来以前，是决不会灭亡的；而新的更高的生产关系，在它的物质存在条件在旧社会的胎胞里成熟以前，是决不会出现的”①。科学技术的发展，资本主义在自身制度框架内的改进和改良，大大延缓了资本主义必然灭亡的进程；社会主义制度与资本主义制度在世界舞台上共存、相互竞争将是未来较长一段时间的客观现实。尽管中国特色社会主义的长足发展终结了“历史终结论”，使科学社会主义焕发出新生机，但社会主义制度相对于资本主义制度的显著的竞争优势尚未形成。世界正处于大发展大变革大调整时期，尽管对新国际秩序的应然状况缺乏广泛的认知和深刻的共识，但现有国际秩序亟待改革、亟待完善已成为世界各国的共识。努力增强社会主义制度的感召力，积累和赢得相对于资本主义的竞争优势，推动国际秩序、国际规则朝着更加公平公正合理的方向发展，朝着人类解放、最终实现共产主义的方向迈出划时代的一步，正是新时代肩负的历史使命。

第三，突破西方话语遏制建构中国的国际话语体系。发展优势、竞争优势必须借助于一定的话语表达方式，才能得以理解、认同和传播。我国改革开放的巨大成就没有能对解决“挨骂”问题形成强力有效的支撑，一方面缘于我们没有能够讲清讲好中国故事，另一方面缘于西方对我国的话语遏制。西方哲学社会科学理论是西方社会存在的反映，虽然在一定程度、一定范围内正确揭示了人类社会发展的普遍规律，但本质上是西方资产阶级、霸权者的立场、意志和利益的体现。对西方理论不加批判地照单全收，简单套用西方理论解释中国成就，不仅讲不清中国故事，而且容易跌入西方刻意设计的话语陷阱。加强马克思主义对哲学社会科学繁荣的指导，运用马克思主义立场观点和方法检视西方话语、西方理论，揭示中国实践成就的成因，努力建构中国的国际话语体系，切实把中国的实践成就、发展优势转变为国际话语优势，是新时代的重要使命。

（四）理论张力

理论张力是思想理论得以衍生发展的能力和动力。理论是人们由实践概括出来的关于自然界和社会的知识的有系统的结论，是人类通过“概念—判断—推理”等思维类型，“论题—论据—论证”的逻辑推导过程来认识、把握世界的

---

① 中共中央马克思恩格斯列宁斯大林著作编译局．马克思恩格斯文集：第2卷［M］．北京：人民出版社，2009：592.

逻辑体系。“任何一种真正的理论，都具有三重基本内涵：其一，它以概念的逻辑体系的形式为人们提供历史的发展着的世界图景，从而规范人们对世界的自我理解和相互理解；其二，它以思维逻辑和概念框架的形式为人们提供历史的发展着的思维方式，从而规范人们如何去把握、描述和解释世界；其三，它以理论所具有的普遍性、规律性和理想性为人们提供历史的发展着的价值观念，进而规范人们的思想与行为。”① 理论从实践中来，并接受实践的检验；理论只有联系实际，才能从实际出发，指导革命实践；脱离实际的理论，就会变成僵死的教条。理论联系实际是唯物主义思想路线的具体体现，是我们党的优良作风，是繁荣发展哲学社会科学的基本遵循。党的二十大强调，“我们坚持以马克思主义为指导，是要运用其科学的世界观和方法论解决中国的问题，而不是要背诵和重复具体结论和词句，更不能把马克思主义当成一成不变的教条”②。坚持马克思主义的指导，本身就是衍生新理论、扩容马克思主义理论体系的途径和方式。理论张力意指社会性的客观存在、社会实践与理论之间，或不同的理论之间存在的相互作用力、复合共生、辐射影响、协同发展等力量。就具体的条理化表达的理论而言，“理论张力”实质是理论形式、理论形态的张力，体现和反映理论与实践之间的指导与适应、排斥与包容、刚性与柔性之间的关系，以及如何通过张力更好地促进理论科学指导实践。

新时代的理论张力有三层涵义。一是思维的规定性把握新时代“现实的历史”的规定的能力，二是理论范畴演绎生成用以揭示新时代实践成就的理论、丰富发展理论体系的逻辑力量，三是理论范畴的逻辑运动阐释和揭示新时代的实践的能力。新时代的理论张力，是回应新时代社会主义建设实践提出的理论诉求，以及新时代社会主义建设实践经验的理论总结与提炼所释放出的理论发展能力、理论创新能力。从“理论—实践”协同的角度，新时代的理论张力有三种表现：一是新时代实践经验总结推动的理论创新，二是新时代的理论范畴的逻辑推演形成新的理论主张，三是理论创新、新的理论主张在新时代的实践中得以证实和验证。探究新时代的理论张力，是要以新时代为核心范畴，探索条理化表达习近平新时代中国特色社会主义思想的途径和方式，丰富和完善当代中国的马克思主义理论体系。

新时代是一个富有理论张力的时代。“中国特色社会主义进入新时代，这是

---

① 孙正聿．马克思主义辩证法研究［M］．北京：北京师范大学出版社，2017：308.

② 习近平．高举中国特色社会主义伟大旗帜　为全面建设社会主义现代化国家而团结奋斗——在中国共产党第二十次全国代表大会上的报告［M］．北京：人民出版社，2022：17.

一个需要理论而且一定能够产生理论的时代，是一个需要思想而且一定能够产生思想的时代。"① 中国改革开放仅用几十年时间就取得了西方发达国家百年现代化取得的成就，因此也不得不集中应对西方百年现代化历程去化解的社会矛盾和冲突；新时代全面深化改革注定要面对矛盾交织的局面，走好新时代中国特色社会主义建设的长征路需要科学理论、先进思想的指导。新时代统筹推进"五位一体"总体布局，协调推进"四个全面"战略布局，推动构建人类命运共同体；中国特色社会主义事业不断再上新台阶，中华民族在不断为世界和平发展、人类文明进步做出新贡献的过程中日益走近世界舞台中央；伟大的实践必然孕育出伟大的理论。理论需求和理论供给协同，不断彰显和释放新时代的理论张力。

三、研究思路与框架

哲学社会科学理论研究要"以我国改革开放和现代化建设的实际问题、以我们正在做的事情为中心，着眼于马克思主义理论的运用，着眼于对实际问题的理论思考，着眼于新的实践和新的发展"②。党的政策文献是马克思主义理论学科研究观照现实，回应现实需求不可或缺的资料和依据；仅停留于对政策文献的字面理解，不对政治论断进行学理剖析，直接把政治论断作为学术论断，直接以政治论断作为学术论断的依据，不免使马克思主义理论研究存在以政治性代替学术性的嫌疑，不免会产生说理不透的遗憾，甚至会给别有用心者留下马克思主义学科的研究"强词夺理""自说自话""不讲道理"的口实。逻辑思维对理论范畴的加工，理性思维对实践经验的总结和提炼，是研究者创生理论的惯用方法。马克思主义学科重视研读经典，不是要沉迷于文本做回避现实的思想游戏，而是要从经典中领悟坚定理想信念、坚守立场的方法，训练对客观现实、对社会实践进行理论抽象的能力，借以增强逻辑思维加工理论范畴，理论范畴运动再现和模拟现实运动的本领，并据此创生新的理论。"新时代的理论张力"的研究对象是以"新时代"为核心范畴，以"新时代"为逻辑起点，回应新时代实践诉求的理论建构，这种理论建构并非没有章法的思维运动，必然遵循理论范畴衍生理论的一般要求和范式。

本研究首先立足新时代的伟大实践孕育和催生新思想新理论，建功立业新

---

① 中共中央宣传部．习近平新时代中国特色社会主义思想学习纲要［M］．北京：学习出版社、人民出版社，2019：2.

② 习近平．习近平谈治国理政：第一卷［M］．北京：外文出版社，2014：9.

时代需要理论指导的客观现实，确立研究基点，界定基本范畴。然后探究理论范畴的生成方式、理论范畴的功能，剖析理论张力的两种生成机制，即理论“批判—建构”机制和理论“供给—需求”机制，探究新时代理论张力的彰显方式，以建构和形成新时代理论张力研究的范式。最后运用研究范式，从新时代的社会形态理论张力、新时代的社会历史规律理论张力、新时代的现代化理论张力、新时代的建构国际话语权理论张力四个维度展开具体的研究。

（一）研究的逻辑框架

全面认识新时代，深刻理解新时代，把握新时代的社会形态特质，是深化新时代的使命研究的重要条件。建构国际话语权，彻底解决做得好还挨骂的问题，是新时代尤为重要的使命。社会主义现代化建设的成就，是新时代建构国际话语权的底气和根基。无论是社会主义现代化建设，还是建构国际话语权，都必须深刻认识并自觉遵循社会历史规律。据此，本研究从新时代丰富马克思主义社会形态理论、繁荣社会历史规律理论、创新现代化理论、驱动国际话语权建构理论发展四个方面，研究新时代的理论张力。出于区分马克思主义学科研究者的理论思考和学术探究，凝聚马克思主义学科范式共识的考虑，笔者首先研究了理论范畴及其生成理论的一般范式，新时代理论张力的彰显方式，再本着运用马克思主义学科研究范式，彰显马克思主义理论学科自信和马克思主义理论的实践价值的良好愿望，具体展开新时代理论张力的研究。研究思路的逻辑框架如图 1 所示：

新时代的四维理论张力存在紧密的内在逻辑。社会形态和历史规律是表达人认识自身所处的场域，自己赖以栖身的社会的理论范畴，社会形态理论和历史规律理论有着紧密的关联。人类社会呈现出特定的样态特征，是人类社会“似自然性”的体现，也是社会历史规律作用于人类社会这种特殊的具体物质形态的结果。人类社会发展遵循客观规律，正确认识人类社会发展规律，就能对人类社会的未来做出经得起未来实践，经得起人类历史检验的预测和预期。社会形态实现由资本主义向社会主义的跃迁，是现代化的实践成果；现代化实践、推进现代化进程需要遵循社会历史规律。阐释和揭示新时代对社会形态、历史规律、现代化的深刻认识，志在改观“中国做得好还挨骂”“有理说不出、说了传不开”的现实。

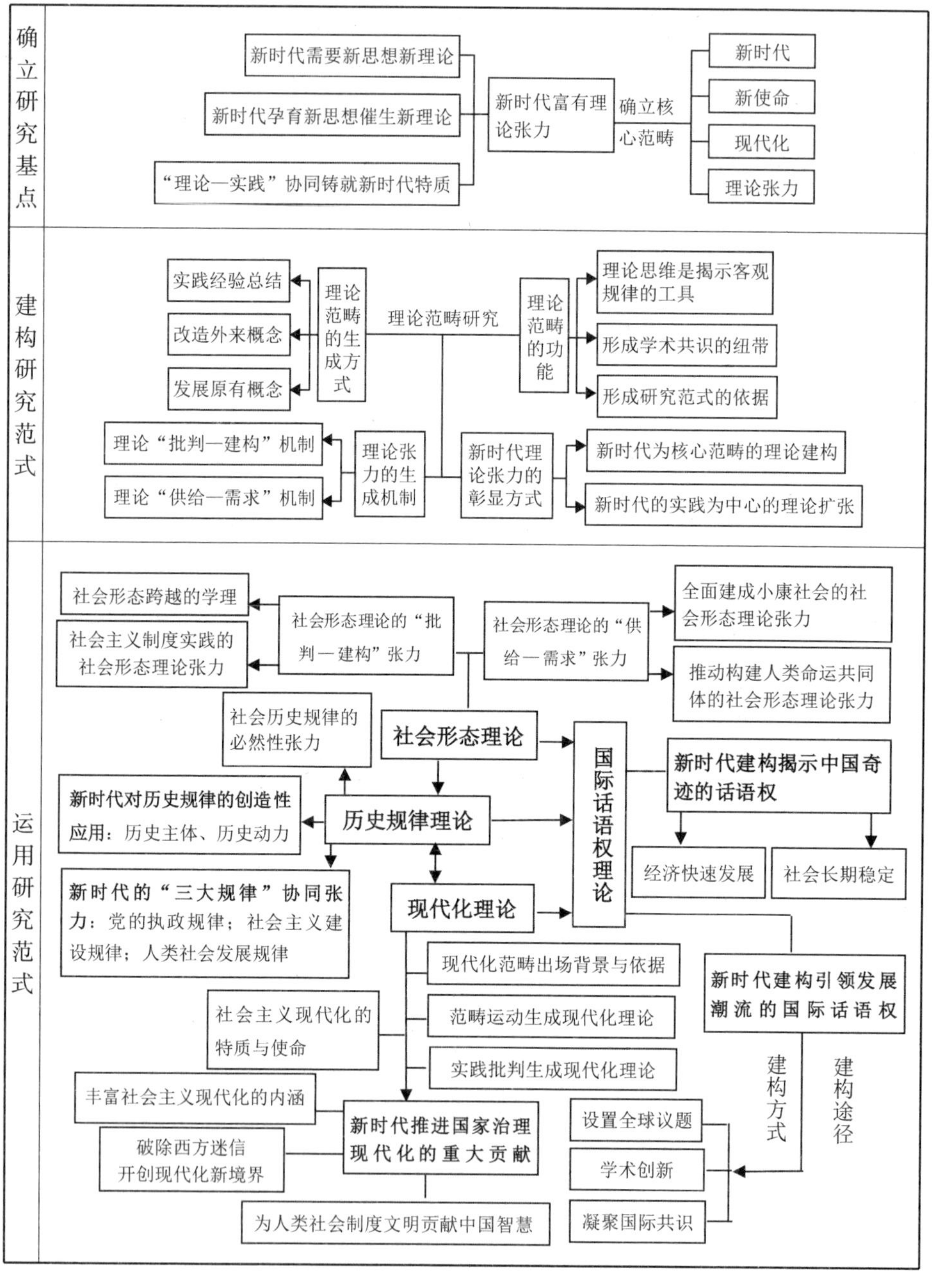

图 1

新时代的理论张力是讲述中国故事的理论工具。新时代作为一个理论范畴，是对中国特色社会主义发展成就、历史方位、历史使命、发展战略的浓缩，是讲述和传播中国故事的工具；新时代的社会形态张力，是阐释中国的社会样态特征，讲述中国以中华民族“小社会”的形态跨越、示范和引领人类社会发展阶段跃迁的中国故事；新时代的现代化理论张力，立足新时代的社会样态特征，讲述中国在社会主义和资本主义两种制度并存背景下，在人类现代化进程中的实践成就和理论贡献；新时代的历史规律理论张力，基于对新时代的社会样态及现代化成就的透视，讲述把握和顺应社会历史规律实现自身发展的中国故事。新时代激发和推动社会形态理论、历史规律理论、现代化理论研究，终归服务于国际话语权建构，体现和落实在国际话语权理论的发展中。

（二）研究的任务与内容

凝聚马克思主义学科研究的范式共识，揭示新时代理论张力的具体表现，是本课题研究的两大重要任务。马克思主义理论学科的繁荣发展亟须凝聚和扩大学科研究范式的共识。相较于经济学、哲学、历史学等学科建设历史悠久的成熟学科，马克思主义理论学科研究范式共识还有待进一步凝聚和强化。学术交流和学科发展进程中，马克思主义理论学科常常因为缺乏学科研究范式的共识而招致歧视、非议和曲解。有人否认马克思主义理论学科的专业性，认为马克思主义理论学科纯属是为政治服务的“非专业”性学科，搞马克思主义理论研究的人其实没有专业；马克思主义理论学科富有政治性，缺乏甚至没有学术性。有人把写宣传报道也视为马克思学科研究，简单地把一般的政论性、宣讲性材料等同于马克思主义学科的理论研究成果，不自觉地降低甚至是否认马克思主义理论学科研究的学术门槛。有人对马克思主义学科的哲学问题、经济问题、历史问题等专业领域的问题研究与相关学科的问题研究不加区分，要么直接将相关学科的研究范式作为马克思主义理论学科研究范式，要么把马克思主义理论学科视为缺乏范式，甚至是不讲范式的拼盘学科。马克思主义学科的理论研究常常用宣传策划语言、规划语言、学术语言写出语言风格各异的材料：宣传策划语言讲究言之有声、绘声绘色，意在抢抓眼球、博取关注；规划语言讲究言之有事，多用祈使句型，直截了当地表达是什么，不深究为什么，意在让人直观明了地掌握干什么、怎么干的内容；学术语言讲究言之有理，惯用规范的理论范畴而不是大众话语表达思想，意在突出和强调逻辑的严谨。有人不重视区分这些语言风格，常把空洞无物、用口号堆砌的材料当作马克思主义理论研究成果；还有人把生造术语、乱用概念视为学术创新，喜欢用自造的概念而不是用规范的理论范畴表达思想。本研究探究理论范畴及其生成理论的范式，新时代理论张力的彰显方式，既是为了凝聚马克思主义学科研究的范式共识，又是要明确研究新时代理论张力的规范和方法。研究成果包括确立研究基点、建构研究范式、运用范式展开具体研究、研究结论四个部分的内容，采用“总—分—总”的结构安排。绪论和第一、第二章属于总论，第三到第六章属于分论，分别阐释论证新时代的社会形态理论张力、新时代的现代化理论张力、新时代的历史规律理论张力、新时代建构国际话语权的理论张力，研究结论是对整个研究的总结，属于总论。各章内容安排如下：

绪论阐释“新时代理论张力”的研究动因，界定“新时代”“现代化”“新使命”“理论张力”四大基本范畴，确立课题研究的基点，明确研究思路。

第一章 理论范畴及其生成理论的范式。在对理论范畴的生成方式、理论范畴的功能进行一般性研究阐释的基础上，重点对马克思主义理论的基本范畴进行分类剖析；从理论范畴将模糊认识演绎为明确认识、理论范畴将长远设想演绎为现实规划、理论范畴将实践经验系统化、条理化，理论范畴将抽象理论现实化和具体化四个方面，阐释论证理论范畴衍生理论的方式；从是否遵循规范的研究范式的角度，对理论的两种出场方式，即理论思考和学术探究进行了阐释和分析。

第二章 新时代理论张力的彰显方式。剖析新时代理论张力的两种生成机制，即理论“批判—建构”机制和理论“供给—需求”机制；从实践范畴引致理论增生、新时代实践经验的理论总结、创新新时代实践生成的理论三个维度，阐释论证新时代的实践为中心的理论扩张；从辩证法在理论建构中的应用、围绕核心范畴建构理论的依据、新时代理论建构中的辩证思维三个方面，阐释论证新时代为核心范畴的理论建构。

第三章 新时代的社会形态理论张力。在回顾和反思社会形态理论研究的基础上，重点从社会形态跨越的学理逻辑、社会主义制度实践推动社会形态理论发展，论证新时代社会形态理论的“批判—建构”张力；从社会主义制度使“小康”从想象到现实、小康社会样态中的社会矛盾运动、全面建成小康社会对发展社会形态理论的贡献三个方面，论证全面建成小康社会的社会形态理论张力；从实现共同富裕要化解制约、扎实推进共同富裕的特征和要求、扎实推进共同富裕对发展社会形态理论的贡献三个方面，论证扎实推进共同富裕的社会形态张力；从构建人类命运共同体从理念到行动、人类命运共同体的社会样态特征、推动构建人类命运共同体对发展社会形态理论的贡献三个方面，论证推动构建人类命运共同体的社会形态理论张力。

第四章 新时代的社会历史规律理论张力。从社会历史规律蕴含的必然性、社会历史规律的原生与次生的类型之分、社会历史规律的出场方式三个方面，阐释论证社会历史规律的必然性张力；从新时代深化对历史主体理论、历史动力理论、经济全球化发展规律的理解和认识三个方面，阐释论证新时代对社会历史规律的创造性应用；从党的执政规律、社会主义建设规律、人类社会发展规律“三大规律”的逻辑联系与理论使命，新时代蕴含的党的执政规律、社会主义建设规律、人类社会发展规律四个方面，阐释论证新时代的“三大规律”协同张力。

第五章 新时代的现代化理论张力。从现代化范畴的出场背景与依据、范畴运动生成现代化理论、实践批判与反思生成现代化理论三个方面，分析现代化理论的生成机理；从社会主义现代化的生产力条件、中国社会主义现代化实践的历史回顾、中国社会主义现代化的基本经验、中国社会主义现代化的理论创新四个方面，阐释论证社会主义现代化的特质与使命；从丰富社会主义现代化的内涵和要求，破除西方迷信开创现代化新境界，为人类社会制度文明贡献中国智慧三个方面，阐释论证新时代推进国家治理现代化的重大贡献。

第六章 新时代建构国际话语权理论张力。从国际话语权建构的条件与因素、新中国建构国际话语权的回顾与反思、新中国建构国际话语权对世界社会主义运动的伟大贡献三个方面，对我国建构国际话语权进行实践反思和理论总结；阐释论证党领导人民创造的两大奇迹，揭示经济快速发展和社会长期稳定奇迹的成因，以阐释论证新时代建构揭示中国奇迹的话语权；从设置全球议题、学术创新、凝集国际共识等方面，阐释论证建构引领发展潮流的国际话语权的途径和方式。

研究结论梳理总结课题研究成果，总结提炼课题研究的结论。

第一章

理论范畴及其生成理论的范式

哲学社会科学繁荣催生对学科范式、理论范式的研究。虽然托马斯·库恩1962年在《科学革命的结构》一书中明确使用“范式”一词，但他并未明确界定“范式”的概念。概念界定的模糊必然导致关于概念内涵的争论。库恩原本用于探讨自然科学发展史的“范式”理论被许多学者应用于社会学科和人文学科的讨论和研究。马克思主义创始人虽然没有明确提出和使用“范式”这一术语，但他们对学科专属概念、专属术语的强调实际上表达了对“范式”的追求。恩格斯指出，“一门科学提出的每一种新见解都包含这门科学的术语的革命”①。任何一门科学、任何一套理论体系，总有其核心的理论范畴。所谓理论范式，是一种理论思维和认知的框架和模式，是一种具有自身独特性的理论生成角度、理论生成方式。所谓学科范式，是一个学科的研究者将自己同其他学科的研究者区别开来的规范，是学术同行在长时期的学术交流中就研究方法、思维方式、思想观点的表达方法等形成的共识。

第一节　理论范畴的生成及功能

理论范畴是人的思维认识和反映社会存在的成果，是人的思维把握历史发展规律、判断历史发展趋势的理论工具，属于社会意识的内容。理论范畴的逻辑推演既可能生成新理论，也可能揭示历史发展规律，还可以指导社会实践，这都是社会意识具有相对独立性的生动体现。理论范畴在社会科学研究中有着两种重要作用：一是运用理论范畴的逻辑推演，整理现实的历史，阐释历史事件的成因，对现实历史的发展做出预期与预测；二是从历史经验总结中提炼出

① 中共中央马克思恩格斯列宁斯大林著作编译局．马克思恩格斯文集：第5卷［M］．北京：人民出版社，2009：32.

理论范畴，运用现实历史检验理论范畴、丰富理论范畴的内涵。社会存在决定社会意识，社会科学的概念、理论范畴是人的思维对社会生活的抽象，对社会存在的反映；“在人类文化科学中，概念的构造依赖于问题的提出，而后者是会随着文化自身的内容而变化的”①。社会生活的多样化发展、人类文明进步推动社会科学分科发展，一个学科的通用概念，也就是构建学科理论体系的基本理论范畴。学科理论范畴一方面是本学科的不同研究者结成学术共同体的纽带，另一方面是区分不同学科研究的依据和标志。在分析问题、展现思维过程、表达观点主张时，学者习惯于用理论范畴，而一般社会公众用日常生活话语。

一、理论范畴的生成方式

范畴是古今中外的思想家建构理论体系的基础。列宁直观形象地把范畴比喻为人认识世界过程中的阶梯，是“认识和掌握自然现象之网的网上纽结”②。范畴不完全等同于概念，二者相互渗透。概念是对同类事物共同的一般特征和本质特征、本质属性的概括和反映，是一个独立的存在；一个概念要么是事物的名称，要么是事物的个别名称或集合名称。范畴是相对于理论体系而言的，是对客观世界和事物本质联系的真实反映，是理论体系的一个方面、一个部分。相对于概念具有的现实具体性，范畴具有理论抽象性。理论范畴是对社会现象、社会事物的本质的抽象解释，是人的思维对社会现象、社会事物的矛盾普遍性、规律必然性的反映。尽管科学事实证明了具有普遍必然性的范畴的存在，但如何发现、获得这些具有普遍必然性的范畴本身是一个需要深入研究的复杂问题。马克思主义理论、马克思主义学科遭遇一些人的偏见、误解甚至恶意的曲解，一个必须引发高度重视的原因就在于，一些马克思主义研究者对梳理总结提炼马克思主义理论范畴重视不够，运用马克思主义理论范畴阐释论证问题的理论自觉和行为自觉还不够。

（一）实践经验总结生成理论范畴

经验事实是理论范畴的重要来源。实践中形成的感性认识上升到理性认识，是认识发展的基本规律，实践经验总结、感性材料抽象是生成理论范畴的基本方式。收集、分析、加工丰富的感性材料，从中提炼理论范畴，总结理论观点，是实证研究的基本方法。从经验对象中生成理论范畴，要求研究者运用自己的

① 马克斯·韦伯．社会科学方法论［M］．北京：商务印书馆，2013：62.

② 中共中央马克思恩格斯列宁斯大林著作编译局编译．列宁全集：第 38 卷［M］．北京：人民出版社，1959：116.

分析、抽象或概括的能力，从经验对象中抽象出更高的规定。从具体到抽象的范畴发生，是通过对客观事物、社会现象的分析、抽象、归纳、概括、提炼范畴，形成对范畴的规定。光怪陆离、形形色色的历史事实背后，纷繁复杂的社会现象之中往往隐含着社会发展规律。科学的概念、范畴、术语是反映事物本质和规律的；经济社会发展趋势、新的社会发展规律总是体现在新的社会现象、新的社会事实之中，创建新的概念、提炼新的理论范畴，用以揭示新的社会发展规律，用新的理论范畴表达新的社会发展规律，是新的理论范畴的出场方式。

“五化协同”是总结实践经验、提炼感性材料的理论范畴。中国是世界上最早接受“绿色发展”“可持续发展理念”的国家之一，我国传统文化中也有丰富的人与自然和谐相处的可持续发展意蕴。我国促进可持续发展的实践也经历了从单一的、分散的植树造林、环境保护行动到林业部门、环保部门工作的转变，从政府部门的单项工作向国民经济和社会发展计划（规划）的总体安排转变；从可持续发展的工作安排到生态文明战略设计的转变；从相对独立的部门、地方生态文明战略设计向国家生态文明战略设计的转变；从一般的国家生态文明战略到中国特色社会主义“五位一体”总体布局的生态文明融合发展战略转变。中共中央《关于加快推进生态文明建设的意见》系统地总结了我国可持续发展、生态文明建设的实践经验，把生态文明建设的要求体现和落实到经济社会发展各方面各领域中，在推动信息化和工业化深度融合、工业化和城镇化良性互动、城镇化和农业现代化相互协调，促进工业化、信息化、城镇化、农业现代化、绿色化同步发展的大格局中落实生态文明建设战略，生成了新型工业化、信息化、城镇化、农业现代化和绿色化“五化协同”的理论范畴。

繁荣发展中国特色社会主义政治经济学亟需深刻总结我国经济发展实践经验以生成理论范畴。过去一段时间内，马克思主义政治经济学曾严重地被边缘化，一些学者奉西方经济学理论为圭臬而有意无意地贬损马克思主义政治经济学；总是试图用西方经济学理论解释中国改革开放实践，当西方经济学理论不能解释中国实践时，不是去怀疑和审视西方经济学理论的科学性，而是一味责骂中国实践“离经叛道”。根源于西方、反映西方社会存在的西方理论解释不了中国现实，这本是一种正常的现象，本应成为中西文明交流的动力，西方中心主义却将此作为苛求，甚至是责骂中国的依据。习近平总书记强调繁荣发展中国特色社会主义政治经济学，这事实上提出了总结改革开放实践经验生成理论范畴的要求。我国改革开放取得了举世瞩目的成就，仅用几十年时间就取得了西方发达国家百年现代化的成果，中国经济实践实在是堪称理论发展的“富矿”；从我国改革开放实践、经济社会发展实践经验总结中生成理论范畴，正是新时代繁荣哲学社会科学，推动人类文明发展的“理论采矿”。

（二）改造外来概念生成理论范畴

改造外来概念形成理论范畴是文化文明交流的成果和表现。文化文明因交流而丰富多彩；将外来概念改造成本土的理论范畴，是彰显哲学社会科学理论的开放性、发展性，推进文化交流文明借鉴的重要方式。外来概念是外族、外国的特定社会存在的抽象，当这类社会存在以一定的变形方式成为本土发展现象、发展趋势时，借鉴和改造外来概念有助于缩短认识本土发展规律的进程。人类社会有其内在的客观规律，后发国家、处于人类社会发展较低级阶段的民族虽然不会简单重复先发国家、处于人类社会发展较高级阶段的民族的发展历程，但总能从它们的发展历程、发展的经验和教训中寻求本土发展的启示；借鉴改造外来概念，有助于深化对本民族发展的认识。繁荣发展中国哲学社会科学，发展马克思主义理论，需要立足我国国情，运用马克思主义的立场和方法去改造外来概念，赋予外来概念中国内涵以生成理论范畴。“经济新常态”原本是一个外来概念，指的是 2008 年国际金融危机后西方国家经济的长期化停滞。我国经济在较长一段时间内都会处于速度换挡，动力转换、结构优化交织，向形态更高、分工更复杂、结构更合理的阶段演化的格局，改造借用外来的“经济新常态”概念，赋予其科技创新成为经济发展的主要动力，产业结构从中低端水平向中高端水平迈进，中国制造向中国创造转变，发展质量和效益不断提高①等中国的内涵，就生成了深刻反映中国经济发展的阶段性特征，体现现阶段中国经济发展大逻辑的“经济新常态”的理论范畴。均衡分析是西方经济学的惯用方法，供需均衡表征产品（要素）的市场供给与市场需求大致吻合，供需双方的市场影响力处于大致平衡的状态；经济均衡也就成为表征经济体在不同的经济力量作用下所处的稳定状态；由此观之，经济新常态也是扬弃和超越西方经济学的经济均衡的理论范畴。在中国走向国际舞台中央的过程中，也需要借用国际流行概念、通用范畴讲述中国故事、阐释中国主张，以促进中国故事的国际传播，中国主张的国际认同；揭示和阐释经济新常态与经济均衡的内在关联，正是讲好经济发展的中国故事的生动表现。

改造其他学科概念形成理论范畴是学科交流的成果和表现。经济社会越发展，所处的社会发展阶段和社会形态越高级，发展现象、社会存在也就越复杂；分析发展现象、认识社会存在往往需要不同学科的研究者共同努力。跨学科综

---

① 张宇．概括形成开放融通的新概念新范畴新表述　积极推动“术语的革命”［J］．理论导报，2015（8）：7-8.

合研究、多学科协同攻关，已经成为研究重大社会问题的现实需要。借用改造其他学科概念，形成多学科共用理论范畴，往往有助于深化理论研究，促进跨学科综合研究和协同攻关。并联、串联本是物理学分析电路连接使用的概念，习近平总书记在十八届中央政治局第九次集体学习时借用这两个概念，分析对比中西现代化历程。“我国现代化同西方发达国家有很大不同。西方发达国家是一个‘串联式’的发展过程，工业化、城镇化、农业现代化、信息化顺序发展，发展到目前水平用了二百多年时间。我们要后来居上，把‘失去的二百年’找回来，决定了我国发展必然是一个‘并联式’的过程，工业化、信息化、城镇化、农业现代化是叠加发展的。”① 习近平总书记借用改造物理学串并联概念，生成了“并联式现代化”的理论范畴，这不仅是“五化协同”理论内涵的深化，而且为中国特色社会主义现代化研究提供了新的分析工具。公约数本是一个大家熟知的数学概念，习近平总书记借用这个概念阐释中国梦的内涵，生成了中国梦这个理论范畴。“中国梦是一种形象的表达，是一个最大公约数，是一种为群众易于接受的表述，核心内涵是中华民族伟大复兴，可以适当拓展，但不能脱离中华民族伟大复兴这个主题，要紧紧地扣住这个主题激活和传递正能量。”② 在中国梦这一理论范畴背后，是以习近平同志为核心的党中央对当代中国社会发展客观要求的深刻把握，对人民群众、社会期待的真切回应。

（三）发展原有概念形成理论范畴

社会实践是概念内涵发展的推动力。概念的内涵总会在实际运用中发生变化，形成同一概念的原初内涵、引申内涵和转用内涵相衔接的内涵体系。人类最早运用某一术语表达特定思想的时间是概念运动的起点；在概念运动的起点，运用这一术语所表达的确切思想就是概念的原初内涵。社会实践促使概念的内涵变化，人们运用概念表达的比其原初内涵更丰富的思想属于该概念的引申内涵，人们运用概念表达与其所揭示和反映的事物相类似、但已经脱离其原初内涵和引申内涵的思想属于概念的转用内涵。社会实践一方面检验理论范畴的科学性和现实解释能力，另一方面也孕育理论范畴的新形态。马克思主义创始人有着丰富的“共同体”思想，先后提出并使用了“虚假共同体”“真实共同体”“自由人联合体”等概念和范畴。中国特色社会主义实践验证了“共同体”思想的科学性和现实解释能力，习近平总书记继承和发展了“共同体”思想，提

① 中共中央党史研究室．习近平关于科技创新论述摘编［M］．北京：中央文献出版社，2016：24-25.

② 中共中央党史研究室．习近平关于实现中华民族伟大复兴的中国梦论述摘编［M］．北京：中央文献出版社，2013：10.

出构建“人类命运共同体”的伟大倡议；“一带一路”国际合作、战胜全球暴发的新冠疫情的实践，验证了习近平“人类命运共同体”思想的理论穿透力和实践指导力，进而生成了“人类命运共同体”的理论范畴。社会实践也使既有范畴暴露出缺陷和不足，进而孕育出“继往开来”的新范畴。马克思主义发展史上，列宁提出“工农民主专政”的范畴，用以阐释和表明无产阶级领导的资产阶级革命的目的；但是列宁并未深入阐述这个专政同无产阶级专政的区别，也没有提出“工农民主专政”发展生产和发展生产力的措施。毛泽东根据中国革命的具体情况继承和发展“工农民主专政”这一理论范畴，提出“人民民主专政”这一理论范畴，并详细阐释人民民主专政的阶级基础和领导力量，“人民民主专政”同“西方民主共和国”的区别以及同当时“苏联无产阶级专政”的区别，提出了“人民民主专政”发展工农业生产和发展生产力的具体措施。① 毛泽东以理论范畴继往开来的方式，推动马克思主义中国化时代化发展。

马克思主义理论大厦中存在概念内涵发展形成的理论范畴。生产力是马克思主义的基本理论范畴，运用“原初内涵—引申内涵—转用内涵”的范式，可以有效区分多样化的生产力概念，避免发生概念认识和理解上的分歧和混乱。人类历史上，生产力最初是用以表达人生产物质产品、创造物质财富的能力；在生产力的概念体系中，人在社会实践中所表现出的物质产品生产、物质财富创造能力是生产力的原初内涵。在考究人生产物质产品、创造物质财富的能力的影响因素，考察生产物质产品、创造物质财富能力的表现形式时，生产力的原初内涵发生引申；“劳动生产力”“土地生产力”“自然生产力”“科技生产力”等用以表达和反映“劳动”“土地”“自然”“科技”等因素或条件在物质产品生产、物质财富创造中的重要作用，“社会生产力”“直接生产力”等用以表达和反映物质产品生产能力、物质财富创造能力的表现方式，这些生产力概念属于引申内涵层次的概念。用生产力来表达人实现和获取某种非物质产品的能力，实现某种特定目标的能力时，生产力的概念发生转用，如“思想生产力”就属于转用层次的概念。诸如“文化生产力”“关系生产力”一类的概念，既可以表达“文化”“人际关系”等因素在物质产品生产、物质财富创造中的作用，又可以表达生产和创造属于精神范畴的“文化”的能力，营造非物质的人际关系的能力，它究竟属于引申内涵还是转用内涵，需要视具体情况而定。② 据

① 俞良早．经典作家东方学说的当代发展［M］．北京：人民出版社，2013：29.

② 杜黎明．中国特色社会主义新时代生产力安全发展研究［M］．成都：四川大学出版社，2019：2.

使用概念的现实背景，从把握现实的社会存在与作为社会意识的概念之间的关系角度，把经过明确的内涵界定的理论范畴作为学术研究的前提和工具，可以有效避免在概念运用中“各唱各调”“自说自话”的现象。

基本经济制度是在实践中不断丰富内涵的理论范畴。我国基本经济制度表明社会主义经济建设不同于资本主义经济发展的价值追求，并为实现这种价值追求提供最基础、最核心的制度保障。党的十五大明确指出，“公有制为主体、多种所有制经济共同发展，是我国社会主义初级阶段的一项基本经济制度”；这是对我国围绕所有制结构的改革实践经验的总结提炼，同时也提出总结提炼改革实践经验，丰富基本经济制度体系的实践要求。丰富基本经济制度的内涵必须坚持“立”与“破”的辩证统一。“立”源于社会主义经济建设，区别于资本主义经济发展的原则和价值追求，奠基于社会主义经济制度实践经验总结；为既不走封闭僵化老路，也不走改旗易帜邪路作建构制度保障。“破”是要顺应科学发展技术进步引发的社会生产生活方式变革，避免和防止公有制经济实现形式、多种所有制经济共同发展的实践模式的僵化。具体制度安排之“破”彰显制度开放发展的要求，肩负着三重使命，一是适应在实践中不断深化对社会主义社会的认识，二是顺应社会主义发展阶段和发展水平的跃迁，经济建设条件及环境的变化，三是适应和体现社会主义社会本质要求在经济建设中的具体细化和落实的变化。党的十九届四中全会指出，“公有制为主体、多种所有制经济共同发展，按劳分配为主体、多种分配方式并存，社会主义市场经济体制等社会主义基本经济制度，既体现了社会主义制度优越性，又同我国社会主义初级阶段社会生产力发展水平相适应，是党和人民的伟大创造”，使内涵得以丰富的基本经济制度这一概念成为新时代的理论范畴。党的十九届四中全会《中共中央关于坚持和完善中国特色社会主义制度推进国家治理体系和治理能力若干重大问题的决定》（以下简称《决定》）着眼于更好地实践“公有制为主体、多种所有制经济共同发展”的价值追求，将社会主义所有制、分配制度和市场经济体制耦合为基本经济制度的内核；这既不是简单地、不分主次地将“三项制度并列"，更没有违反宪法①，而是以耦合和流变相结合的方式，对基本经济制度的发展和创新②。《决定》将完善科技创新体制机制、建设更高水平开放型经济新体制流变为践行基本经济制度精神的具体制度安排，是对基本经济制度体系的丰富和完善。

理论范畴是言说和表达理论的工具，是理论的风格和特色的表征，是区分不同学科、形成学科共识的依据。马克思主义理论研究、马克思主义学科发展亟须广大研究者不断概括提炼出体现凝聚中国实践智慧，反映新时代需求的理论范畴，打造具有中国特色、中国风格、中国气派的话语体系。从凝聚马克思主义学科研究者对理论范畴的共识，提高思想交流的效果和效率的角度，可以从三个方面，利用三种方法，理解和把握马克思主义基本理论范畴的内涵。一是把握理论范畴内涵的历史演进，注意对范畴原初内涵、引申内涵、转用内涵的区分。二是注意使用理论范畴的"抽象—具体"的语境区分，比如实践这个范畴，在"实践是检验真理的唯一标准"的语境中，实践范畴是由人类具体实践活动构成的集合，是从抽象意义上把握实践这一理论范畴；在"实践方式改进""实践的局限性"等语境中，是从具体的实践活动的角度把握实践这一理论范畴。三是运用矛盾对立统一规律，通过对对立范畴的把握，深化对理论范畴的理解。

二、理论范畴的功能

经济社会加速发展、社会转型发展时期，社会新生事物、新现象冲击人们的理论信仰，传统理论已经难以解释经济社会发展中的新现象，理论范畴也因而成为研究热点，理论创新成为时代的呼唤。范畴是物质世界客观的、最一般

---

① 在学习贯彻党的十九届四中全会精神的过程中，有学者认为，将公有制为主体、多种所有制经济共同发展，按劳分配为主体、多种分配方式并存，社会主义市场经济体制三项制度并列，都作为社会主义基本经济制度（简称三项制度并列），是对社会主义基本经济制度内涵做出的重要发展和深化，是又一次重大理论创新。也有学者认为，宣扬"三项制度并列"这样的新的"社会主义基本经济制度"，是以学习贯彻《决定》精神之名，行违反我国宪法之实。《中华人民共和国宪法》"第六条 中华人民共和国的社会主义经济制度的基础是生产资料的社会主义公有制，即全民所有制和劳动群众集体所有制。社会主义公有制消灭人剥削人的制度，实行各尽所能、按劳分配的原则。国家在社会主义初级阶段，坚持公有制为主体、多种所有制经济共同发展的基本经济制度，坚持按劳分配为主体、多种分配方式并存的分配制度。"

② 杜黎明．耦合与流变：我国基本经济制度的发展进路［J］．兰州学刊，2021（2）：31-40.

的特性在人们意识中的反映，人类思维正是通过范畴来反映和概括客观世界最一般的特性，在这一基础上建立科学的概念、范畴体系，并运用这个体系解释和改造客观世界。“无论人的知识结构如何，都要运用某些范畴进行思维，思维本身的实质是范畴性的，辩证法的范畴以概念形式反映真实的客观世界；范畴思维的实质不仅反映真实的客观世界，而且表现了人们对客观世界的认识和评价，从而进一步解释世界和改造世界。”① 理论范畴是人的理论思维把握社会存在、揭示社会发展规律的工具，也是学术同行用以交流思想、凝聚学术共识、打造学术共同体、形成学术研究门派的纽带。

（一）理论范畴是揭示客观规律的工具

认识和把握社会规律实质是理论思维借助于理论范畴揭示社会存在。思维和存在的关系是哲学的基本问题，哲学反思和追问的对象不是单纯的思维，也不是单纯的存在，而是二者的关系；纯粹研究思维、纯粹研究存在，是具体科学的任务而不是哲学的任务。思维和存在遵循同样的规律，只有人的思维规律正确地反映了存在的规律，才可能真正实现主观与客观的一致。马克思指出：“我们的主观的思维和客观的世界遵循同一些规律，因而两者在其结果中不能相互矛盾，而必须彼此一致，这个事实绝对地支配着我们的整个理论思维。这个事实是我们的理论思维的本能和无条件的前提。”② 事物的本质隐藏在纷繁复杂的现象背后，规律的内容需要借助于一定的形式表达出来。理论范畴本身既是思维的成果，又是后续的思维、进一步深入思维的工具。合理运用理论范畴，有利于人的思维透过现象抓住事物的本质。尽管思维已经在内容上揭示和反映了存在，如果没有借助于恰当的理论范畴来表达思维的内容，人的思维也不可能完成对事物本质、对客观规律的认识。

理论范畴运动是思维预测和把握未来的重要方式。人们按照自己的物质生产方式建立相应的社会关系，又按照自己的社会关系创造了相应的原理、观念和范畴。两个相互矛盾方面的共存、斗争以及融合成一个新范畴，就是辩证运动。范畴体系是范畴的组合、整理和秩序，是范畴的逻辑抽象、范畴的思想群和范畴的系列的辩证运动③。空想者往往是脱离现实，不从现实的社会矛盾运动

---

① 赵智奎．马克思主义范畴体系的构建及其发展——从马克思到邓小平理论范畴的历史分析和考察［J］．中国社会科学院研究生院学报，2004（4）：90-102，143.

② 中共中央马克思恩格斯列宁斯大林著作编译局．马克思恩格斯文集：第 9 卷［M］．北京：人民出版社，2009：538.

③ 赵智奎．马克思的范畴学说与辩证逻辑方法——邓小平理论范畴体系构建的学理分析［J］．马克思主义研究，2002（2）：50-59.

出发，而是依据自己的主观愿望、凭借自己的主观好恶臆断未来。与空想者不同，理论家在运用理论范畴再现客观现实，揭示社会矛盾运动的基础上，借助于理论范畴的辩证运动对现实社会矛盾进行思维的模拟，并依据现实社会矛盾运动在理论范畴模拟中通向未来的逻辑推演历程和结果，判断社会矛盾运动趋势，借以预测和把握未来。

阐释论证党的政治判断和战略决策需要借助于理论范畴运动。马克思主义的科学性，是党的政治决策和政治判断学理性的根基，党的政治判断往往同时也是多重学术论断的集成。遵照学术研究的范式，把党的政治判断中蕴含的学术论断条分缕析地表达出来，是坚定中国特色社会主义“四个自信”的重要方式。党的代表大会、中央全会审议通过的报告和决定，以及中央政府颁布的政策性文件的字里行间中隐含着马克思主义基本原理的精神和要求；政治用语的说事性、工作布置性特征，政策文件惯用祈使句的风格，增添了社会公众理解这种精神和要求的难度。哲学社会科学研究者承担着阐释论证党的政治论断、党的重大战略决策的任务；如果不以理论范畴为工具，不以理论范畴辩证运动的方式去揭示政治判断的学理，去剖析重大战略的理论依据，仅仅停留于用一个政治判断去阐释论证另一个政治判断，止步于对党的政治判断、重大战略进行口号式、表决心式的阐释和论证，虽然对加强意识形态工作有着至关重要的作用，但不可避免地也会因阐释性研究代替和遏制对理论范畴辩证运动的研究，最终导致学术研究落后于现实实践。

（二）理论范畴是形成学术共识的纽带

学术共识是思想认识的共识，是对客观存在有着一致的反映。思想认识总是需要借助一定的范畴、一定的表达方式才能表达和展现出来。没有表达思想共识的术语和范畴共识，没有理论范畴辩证运动的共识，尽管对客观存在有着一致的反映，依然难以形成学术共识。理论源于实践，理论是实践的反映。理论对实践反映不是简单的经验堆积，而是从具体实践中抽象出概念，形成基本理论范畴，然后用理论范畴再现实践，分析加工实践中获取的感性材料，提炼实践中形成的感性认识。运用概念表达对实践的判断，实质是运用理论范畴再现存在；用推理表达判断与判断之间的联系，则是人的思维借助理论范畴，对内隐在具体实践中的规律的把握。运用学界已形成共识的基本理论范畴表达思想，反映逻辑思维和理论推导过程，不仅有助于提高思想表达的效率，而且有助于学术研究成果的交流；避免学术研究的自说自话、重复劳动，用令人眼花缭乱的学术外包装掩盖思想的贫乏，人为制造学术创新的泡沫。

运用形成共识的理论范畴进行学术争鸣方能形成学术共识。学术研究需要讨论、需要学术争鸣；没有百花齐放、百家争鸣，也就不可能有学术的繁荣。学术争鸣不是学者自说自话，而是要在思想交流碰撞的基础上各自拓展研究视野，深化研究内容，相互间取长补短，最终形成学术共识，汇聚学术繁荣发展的合力。马克思主义理论学科繁荣发展，亟须在取得基本理论范畴共识前提下的学术争鸣。唯物辩证法的整体与部分关系原理，系统科学的系统整体功能和系统各组分关系的原理，都深刻揭示了马克思主义整体性研究的必要性和价值。马克思主义理论学科设立前的马克思主义分科性研究，虽然从不同维度、不同方面、不同领域深化发展了马克思主义理论，但也不可避免地带来马克思主义理论研究中的以偏概全、固执一点不及其余等片面性缺陷，也在一定程度上制约马克思主义理论基本范畴的共识的形成，滋生和助推了学术研究中的自鸣得意，学术交流中的自说自话。相较其他学科而言，马克思主义理论学科的基本范畴研究更为迫切，运用形成共识的理论范畴进行学术研究的必要性和重要性更为突出。

（三）理论范畴是形成研究范式的依据

研究范式是范式建构者围绕一个核心理论范畴，遵循特定的理论逻辑，归并串联相关的理论范畴而形成的用于分析、阐释、解决特定领域的理论问题和现实问题的范畴体系。研究范式是理论范畴的逻辑组合，“在以某个核心范畴为逻辑基础和逻辑起点，以某些基本范畴为主要内容构成的逻辑结构和概念体系中，其中的任一范畴、概念都不是孤立的存在，而是在由其构成的概念框架中获得自我规定和相互规定、自我理解和相互理解”①，这种概念框架的“自洽性”及其所蕴含的解释原则就形成“研究范式”。范式建构者以其自身的学术影响，通过展现研究范式的理论魅力吸引范式的跟随者；建构者和跟随者以运用范式分析问题、解决问题的成功范例吸引更广大的研究者，最终形成信奉研究范式的研究共同体。研究范式一经提出就成为具有研究共识的研究者在某段时间内所认可的研究方法、研究领域、研究问题以及寻找分析问题、解决问题的理论工具的源头活水。研究范式具备两大特征：一是范式吸引了一批坚定的拥护者，使他们脱离科学活动的其他竞争模式；二是范式足以无限制地为重新组成的一批实践者留下有待解决的种种问题②。第一个特征是强调范式的标识、规范作用，第二个特征强调范式的开放发展性。以共同范式为基础进行研究的人，

---

① 孙正聿．三组基本范畴与三种研究范式——当代中国马克思主义哲学研究的历史与逻辑［J］．社会科学战线，2011（3）：1-8.

② 托马斯·库恩．科学革命的结构［M］．金吾伦，胡新和，译．北京：北京大学出版社，2012：28.

都承诺以同样的规则和标准从事科学研究。运用研究范式可以使研究者尽快着手研究，提高研究的效率，这对于初涉研究范式的问题域的新手至关重要。针对同一研究对象的研究范式转换，实际上是分析这一对象所涉及的理论范畴之间逻辑关系的调整和重建。

理论范畴促进范式功能从认知向规范、认同的转变。初涉者总是通过认知建构范式的理论范畴去认知范式，认同建构范式的理论范畴之间的逻辑联系而接受和认同研究范式。研究范式引导该研究领域的初涉者入门展开研究的过程中，也在不断强化初涉者对理论范畴的认知，对理论范畴间的逻辑联系的认同。认知和认同体现在研究中，表现为范式对研究者思维方式、研究方法的规范。马克思主义理论就是运用基本的理论范畴表达的人类社会发展的客观规律。强化马克思主义的研究范式意识，不仅是对马克思主义研究规范的强调，也是在彰显马克思主义理论魅力，增强马克思主义对哲学社会科学繁荣发展的引领力。依据理论范畴的逻辑推理，总结提炼实践经验，是生成社会科学理论的两种方式。实践是检验真理的唯一标准，依据理论范畴逻辑推导出来的理论尽管已经接受了逻辑检验，还必须再接受实践检验，方能成为科学的理论。新时代，是习近平新时代中国特色社会主义思想最基本、最核心的范畴。依据新时代这一核心范畴进行理论逻辑演绎，运用新时代这一核心范畴表达实践经验的理论总结，是丰富和发展当代中国的马克思主义的重要途径和方式，也是在推动形成新时代重大问题研究的范式共识，促使深挖新时代的理论与揭示反映现实问题实现融合。

研究范式本身成为讨论交流的对象。人最本质的属性是社会性，社会化的人总能对社会问题、社会现象做出自己的看法和评价；学者和普通的社会公众之间的区别不在于讨论对象、讨论话题的差异，而在于学者运用理性思维，运用理论工具和理论范式去分析社会问题，运用理论范畴、理论术语表达思维过程和思考的结果，而普通的社会公众主要运用感性思维，依据感性直观，甚至是想当然地去分析社会问题，运用日常用语表达思想。学者思想的深刻同一般社会公众思想的肤浅之间的差异，根源于二者思想的方法和范式的差异。在社会问题社会现象研讨中，拒斥范式就是拒绝学者身份；相较于研究范式的拒斥者而言，运用范式不仅可以及时发现问题，迅速明确研究焦点，而且能够快速有效地分析问题，寻找到解决问题的方法和出路。研究范式本身也是讨论研究的对象，“拒斥一个范式而又不同时用另一个范式去取而代之，也就等于拒斥了科学本身"①；反对一种范式而又不提出令人信服的反对理由，当一种范式已经受到有理有据的质疑而依然固守范式拒绝修改完善范式、改变范式，都不是学者应有的风范。哲学社会科学的研究范式既体现价值立场和理论立场，也体现研究方法、研究程序、研究的理论依据等；范式的争论既有持相同立场前提下围绕范式改进完善的方式和方法的争论，也有直接针对价值立场理论立场的争论，前一类争论往往能够借助于深入沟通交流最终达成共识，后一类争论的共识意味着一方改变原有立场转而接受对方立场，因而难以单纯借助沟通交流而形成。参与范式争辩的各方，如果各自出发点和价值观的相似之处十分有限，在没有共同前提下的相互辩驳难免沦为自说自话，成为各自的情感宣泄。马克思主义对哲学社会科学繁荣的指导，首要的也是最基础的要求和表现就是研究者将理论立场和价值立场统一到马克思主义的人民立场，统一到社会主义的制度信仰，统一到坚持党的全面领导的政治信仰。

三、马克思主义理论的基本范畴

马克思主义是一个由一系列科学的概念、范畴和原理构成的科学严谨的理论体系。马克思主义基本范畴中，有些是对既往理论范畴的继承、批判和改造，有些是马克思主义经典作家独有的创造。马克思主义是在实践中不断发展的开放的理论体系，基本范畴是这个理论体系的基础构件，基本范畴的逻辑运动是理解马克思主义理论以及生成新理论的重要方式。习近平总书记强调："马克思主义理论体系和知识体系博大精深，涉及自然界、人类社会、人类思维各个领域，涉及历史、经济、政治、文化、社会、生态、科技、军事、党建等各个方面，不下大力气、不下苦功夫是难以掌握真谛、融会贯通的。"② 马克思主义理论的基本范畴是形成马克思主义研究共识、学科共识的纽带和基础。尽管从不同角度、依据不同的研究任务和研究目标，对究竟哪些理论范畴才属于基本范畴还存在认识上的分歧，但马克思主义研究必须重视并自觉坚持运用基本范畴分析问题，必须依托基本范畴丰富和发展马克思主义理论以强化和凸显马克思主义的学科属性，已经为广大马克思主义理论研究者所认同。

（一）马克思主义创始人奠定马克思主义理论学科范畴体系的基石

基本范畴的分类依据本身是一个值得研究的重大问题。从马克思主义理论

---

① 托马斯·库恩. 科学革命的结构［M］. 金吾伦，胡新和，译. 北京：北京大学出版社，2012：68.

② 习近平. 在哲学社会科学工作座谈会上的讲话［M］. 北京：人民出版社，2016：11.

旨归的角度，劳动、商品、资本、生产力、生产关系、经济基础、上层建筑、资本积累、剩余价值、资本主义基本矛盾、无产阶级革命、自由人联合体等基本理论范畴，是刻画和描述资本主义经济社会发展现实，揭露资本主义社会矛盾运动，论证“两个必然”的基本理论范畴。从马克思主义是关于自然、社会和人类思维发展一般规律的学说，反映和揭示一般规律的角度，马克思主义的范畴体系包括客观辩证法范畴、主观辩证法范畴、实践范畴。客观辩证法范畴所把握的是客观世界发展的理论，主观辩证法范畴所把握的是认识和辩证逻辑，实践范畴所把握的是变革世界活动的理论①。建构马克思主义创始人的基本范畴体系尽管依然是任重道远的艰巨任务，还有待于学界同仁深入研究广泛讨论，但坚持运用基本理论范畴而不是当代流行的理论范畴，也不是随意生造概念炮制研究者个人专属、“私人订制”的理论范畴去阐释和表达创始人的思想，从基本理论范畴的内涵变迁去理解把握马克思主义理论与时俱进、创新发展的品质，理应成为马克思主义研究者的学术自觉。

发展马克思主义需要向创始人的基本理论范畴注入时代内涵。运用基本理论范畴表达理论主张，以基本理论范畴的逻辑运动揭示社会现实、建构具体的理论，是判断理论体系成熟与否的重要依据。马克思主义创始人使用的理论范畴至今仍是表达学术思想的基本工具，这既是马克思主义生命力的表现，也是我们党自觉坚持和发展马克思主义的要求和成就。只有与时俱进而不是刻板机械地运用创始人的基本理论范畴，才能真正焕发马克思主义理论研究的生机和活力，才能防止和避免流行范畴对马克思主义理论范畴的遮蔽和掩盖。经济社会发展衍生出层出不穷的社会新现象，统计学、信息科学等科学技术进步也为现象描述提供了诸多的工具；一度风靡的运用数理逻辑描述社会现象及现象间的关系，运用数学建模模拟社会运动也催生社会现象描述、现象分析的热潮。马克思主义关注社会现实，重视对社会现象的分析和研究，但这本身不是马克思主义的研究目的；透过现象看本质，发现隐藏在形形色色、纷繁复杂、光怪陆离的社会现象后的客观规律，为人类解放提供精神动力和实践指导才是马克思主义研究的历史使命。我国社会主义制度的建立标志着剥削阶级作为一个阶级已经消灭，但剥削现象仍将长期存在，阶级分析仍然是重要的研究工具和研究方法。如果不向无产阶级、工人阶级等基本理论范畴注入时代内涵，不运用发展了的基本理论范畴分析当前的社会现象，势必会给那种试图以阶层概念取

---

① 赵智奎．马克思主义范畴体系的构建及其发展——从马克思到邓小平理论范畴的历史分析和考察［J］．中国社会科学院研究生院学报，2004（4）：90-102，143.

代阶级概念，并借以推销马克思主义过时论的“学术创新”创造条件。阶层分析本质上是社会现象描述，阶层分类的依据多种多样，阶层内部的个体间缺乏内在的必然的联系纽带；阶级是社会本质的揭示，生产资料占有以及由此决定的在社会生产生活中的地位是阶级划分的客观依据。无产阶级在马克思生活的年代就是没有财产，没有生产生活资料，自由得一无所有，只有靠出卖劳动力维持生存的社会存在，隐藏在这种社会存在背后的是无产阶级在维系个体生命存在中释放和积累打破现存社会制度的力量。无产阶级的先锋队——工人阶级，是由在工厂里做工的工人阶层构成，这种表象背后是工人与当时社会最先进的生产力——工业生产力，最先进的生产方式——社会化的大生产合二为一、密不可分，这也是无产阶级先进性的物质条件和物质基础；更为重要的是，工人阶级在社会化大生产中形成了一种不以个人意志为转移的联合的力量，这种与资本主义相伴而生的力量转而成为打破旧制度的根本动力。如果说马克思的年代还可以顾名思义、以现象描述的方式界定和理解无产阶级、工人阶级这些理论范畴的话，现在运用这些理论范畴必须向其注入时代内涵。我国当前社会中的无产阶级，其成员个体虽然拥有质量、数量可观的生活资料，甚至掌握了一定规模的生产资料，但不把自身掌握的物质财富作为剥削他人、无偿占有他人劳动成果的手段和工具；这些成员个体因为认同无产阶级的历史使命，自觉坚持和维护社会主义制度，不断地以自己的劳动为巩固和发展社会主义制度做贡献。当代的工人已成为一种以工作内容为依据的职业身份标签，当代工人阶级是活跃在生产力发展的第一线，积极推动生产力发展迈向新的更高水平，在劳动中形成不以个体人意志为转移的推动经济社会发展，维护和巩固社会主义制度的联合的力量的个体成员的集合。知识分子在过去并未纳入工人阶级的范畴，知识分子也一度被认为需要在实践中接受无产阶级、贫下中农的教育改造；“知识分子也是工人阶级”正是运用赋予时代内涵的基本理论范畴做出的正确判断。培育和践行社会主义核心价值观，是把隐形存在于当代工人阶级个体成员身上的联合力量显性化，以便于集成汇聚社会主义建设力量的重要途径。

（二）中国化时代化的理论范畴彰显马克思主义理论的生机与活力

基本理论范畴不断丰富的时代内涵，蕴含着马克思主义中国化时代化一脉相承的发展逻辑。中国化时代化的马克思主义的基本理论范畴，浓缩地体现孕育理论的时代背景、社会现实，彰显中共党人的马克思主义信仰及其对客观规律的把握。毛泽东思想是被实践证明了的关于中国革命和建设的正确的理论原则和经验总结，中国共产党、新民主主义革命、土地革命、土地制度改革、新中国、人民民主专政、社会主义改造、社会主义道路等是其中的基本理论范畴。

中国特色社会主义理论体系是在改革开放的实践中形成和完善的，作为一个理论范畴，“改革”是邓小平理论体系的逻辑起点。中国特色、和平与发展、制度和体制、改革和革命、计划和市场、公平和效率、发展和稳定、速度和效益、先富和共富、民主和法制、物质文明和精神文明、社会主义和资本主义、独立自主和对外开放、科学发展观、社会主义核心价值观、新型工业化、社会主义初级阶段、生态文明、小康社会、基本经济制度等，是中国特色社会主义理论体系的基本理论范畴。习近平新时代中国特色社会主义思想系统回答了新时代坚持和发展什么样的中国特色社会主义、怎样坚持和发展中国特色社会主义，是中国特色社会主义理论体系的最新成果；新时代、全面深化改革、中国梦、“四个全面”战略布局、“五位一体”总体布局、人类命运共同体、经济新常态、新发展理念、国家治理现代化、全过程人民民主、中国式现代化、人类文明新形态等是其中的基本的核心理论范畴。

马克思主义的发展逻辑体现在基本理论范畴的生成和运用中。“革命”是马克思主义创始人用以建构理论的基本范畴，马克思恩格斯注重从阶级斗争、无产阶级争取自身解放的角度使用这一范畴；列宁注重从国家与革命的关系的维度使用这一理论范畴。毛泽东立足中国具体国情，从革命主体、革命行动的作用对象的维度使用这一理论范畴，提出土地革命、农民革命的范畴；从革命的性质、革命的阶段性特征与要求的角度提出和使用旧民主主义革命、新民主主义革命等理论范畴，并运用这些范畴分析社会现实，阐释党的理论主张和行动纲领。邓小平克服把革命局限于一个阶级推翻另一个阶级的斗争的思维束缚，从改革涉及社会生产关系调整的深度和广度的角度，从改革焕发出的推动历史进步的强大力量的角度，把改革作为社会主义制度背景下的新形式的革命。当下丰富“革命”这一理论范畴的内涵至少承载着两重使命，一是揭露和批驳那种人为地割断历史关联，对中国共产党进行“革命党”和“建设党”的区分；二是揭露和批驳以“执政合法性”的学术研究为名，行质疑否定中国共产党的长期执政地位之实的怪相。习近平总书记立足新时代的历史方位，着眼于党在新时代的使命，用“自我革命”“社会革命”实现“革命”范畴的丰富和发展，用这些理论范畴阐释论证不忘初心主题教育、全面从严治党、党的革命性锻造的理论主张和实践安排。在中国化的马克思主义理论中，革命这一理论范畴的内涵变迁，见证了中国共产党对历史发展规律、社会发展规律和党的执政规律的认识深化历程，也大致勾勒出马克思主义中国化时代化的历史进程。

马克思主义中国化时代化孕育基本理论范畴。实践没有止境，理论创新也没有止境，马克思主义中国化时代化孕育基本理论范畴同样没有止境。习近平新时代中国特色社会主义思想是马克思主义中国化时代化的最新成果，概括其主要内容的“十个明确”“十四个坚持”“十三个方面成就”等术语，就是当代中国的马克思主义、二十一世纪的马克思主义的基本理论范畴。坚持马克思主义指导，实质是推进马克思主义中国化时代化；这是一个追求真理、揭示真理、笃行真理的过程，是一个不断孕育理论范畴的过程。习近平总书记强调，“坚持以马克思主义为指导，是要运用其科学的世界观和方法论解决中国的问题，而不是要背诵和重复其具体结论和词句，更不能把马克思主义当成一成不变的教条”①。习近平新时代中国特色社会主义思想的“必须坚持人民至上”“必须坚持自信自立”“必须坚持守正创新”“必须坚持问题导向”“必须坚持系统观念”“必须坚持胸怀天下”的“六个必须坚持”的世界观和方法论中，就包含着“人民至上”“守正创新”“胸怀天下”等中国化时代化的马克思主义基本范畴。世界观和方法论是统一的，有什么样的世界观就有什么样的方法论；但这并不妨碍研究者或是从世界观，或是从方法论的角度研究阐释“六个必须坚持”。中国人民的创造性实践，不仅形成了中国社会和中国人民赖以生存的客观世界，还不断续写经济快速发展和社会长期稳定两大奇迹的新篇章。“必须坚持人民至上”“必须坚持自信自立”从人民群众是历史创造者的角度，强调中国人民是中国社会的本原，是中国人赖以生存的世界的本原；“必须坚持胸怀天下”从世界的普遍联系、整体和部分的关系角度，揭示中国人赖以生存的世界和人类社会的大世界之间的关系，重在建构新时代的建设者的世界观。“必须坚持守正创新”“必须坚持问题导向”“必须坚持系统观念”突出强调了新时代的建设者认识和把握中国人的世界的原则，重在建构方法论。哲学的基本问题是“思维与存在的关系”，专门研究思维、专门研究存在是具体科学的任务。“六个必须坚持”是对新时代的思维和存在的关系的回答，是新时代对哲学基本问题的回应，从这个角度讲，“六个必须坚持”同样是中国化时代化的马克思主义的基本范畴。

运用中国化时代化的马克思主义范畴阐释论证党的政治判断。新时代无论是“深入实施马克思主义理论研究和建设工程，加快构建中国特色哲学社会科

---

① 习近平．高举中国特色社会主义伟大旗帜　为全面建设社会主义现代化国家而团结奋斗——在中国共产党第二十次全国代表大会上的报告［M］．北京：人民出版社，2022：17.

学学科体系、学术体系、话语体系”①，还是“加快构建中国话语和中国叙事体系，讲好中国故事、传播好中国声音，展现可信、可爱、可敬的中国形象”②，都需要在推进马克思主义中国化时代化的进程中，总结提炼理论范畴，并运用这些理论范畴阐释论证党的政治判断，凸显政治判断的学理叙事。用学术研究政治，从政治中找学术；对党的重大判断、重大战略决策进行学理阐释和论证，是马克思主义理论研究的重要使命。用学术研究政治，首先，需要加强学界的沟通交流，取得中国化时代化的马克思主义基本范畴的学术共识；其次，需要对中国化时代化的马克思主义基本范畴进行理论溯源，阐释论证这些范畴坚持发展马克思主义基本原理的具体表现，强化马克思主义理论学科研究者对这些范畴的理论认同；最后，运用这些范畴开展学术研究和理论论证，展现学者的思维过程，表达学者的思想观点和主张，借助社会公众对这些范畴的广泛认知和认同，扩大马克思主义理论学科研究的社会影响。

第二节　理论范畴衍生理论的方式

理论是对某种经验现象或事实的一般化的系统解释。解释现象、预测未来是理论的重要使命。理论应当具有逻辑自洽性，应当能以一致的方式呈现现象，应当能有效地预见新现象及其与既有现象之间的关系。无论是理论的解释功能、预言功能，还是理论自身的逻辑自洽，都需要借助理论范畴才能得以实现。在社会科学理论的形成中，既有社会存在对社会意识决定作用的体现，也有理论创立者主观能动性的体现。学习研究社会科学理论，首先是要深刻把握孕育和决定理论产生的社会存在。社会存在决定社会意识，哲学社会科学理论作为社会意识，总有决定其产生的社会存在；考察理论产生的时代背景，重在研究决定理论产生的社会存在。其次，要深刻把握理论创立者的主观能动性。理论的创立和发展，与理论创立者的主观能动性发挥分不开，考究理论创立者的主观能动性，有助于深刻理解理论的内涵。最后，理解该理论对文明发展成果的继

---

① 习近平．高举中国特色社会主义伟大旗帜　为全面建设社会主义现代化国家而团结奋斗——在中国共产党第二十次全国代表大会上的报告［M］．北京：人民出版社，2022：43.

② 习近平．高举中国特色社会主义伟大旗帜　为全面建设社会主义现代化国家而团结奋斗——在中国共产党第二十次全国代表大会上的报告［M］．北京：人民出版社，2022：46.

承和发展及其在理论体系中的地位。意识具有相对独立性，社会科学理论具有学科理论发展自有的逻辑和规律；新理论的创立总是在继承前人成果的基础上实现，又必然对日后的理论发展产生重要而深远的影响。考究理论在理论体系中的地位，有助于深刻理解学科发展规律、社会意识相对独立的发展逻辑与规律。

一、理论范畴将模糊认识演绎为明确认识

现代汉语中，理论和知识是既有紧密联系又有显著区别的两个概念。知识是人们在社会实践中获得的认识和经验的总和，是系统化编码化的信息；理论是从实践中概括出来的关于自然界和社会的知识的结构化处理；知识是形成理论的基础和前提。“科学是从确定研究对象的性质和规律这一目的出发，通过观察、调查和实验等方法而得到的系统的知识”①；科学的基本特征是人的有目的的活动与客观的、可实证的知识体系的结合。社会科学理论是人们探究社会现象，从中得出的关于社会性质、社会发展道路、社会发展规律等成体系的结论。理论是关于经验事实的思想构造，是一种并非现实但又合乎规律的东西，而理论范畴则是思想构造的工具。合理的理论范畴，不仅可以借助范畴自身的逻辑运动去分析处理模糊的感性材料，而且启发人们去收集感性材料，使原本模糊的认识变得明确而具体。

（一）理论范畴提高感性认识的丰富性

感性认识上升到理性认识是认识发展的基本规律。感性材料的多样性、感性认识的丰富性，是理性认识可靠性的保障。认识主体的理论信仰，对形成感性认识总是有着至关重要的影响；认识主体在理论范畴的基础上形成的认知图式既影响感性认识的内容，也影响感性认识的形成效率。正可谓“观察负载理论”“观察受理论的‘污染’”；对于同一棵大树，在木匠的眼中是木材，画家看到的是色彩和色调，植物学家看到的是它的形态特征；没有可靠的理性和正确的认识图式为先导，感性直观的丰富性也难以转化为理性认识的可靠性。实践是认识的最终来源，坚持和发展马克思主义，需要认识主体依据社会生产生活的领域的分异，选择恰当的马克思主义基本理论范畴并据此形成认知图式，用以观察社会，认识和理解社会生活。

感性认识积累不充分是认识模糊的成因。运用基本理论范畴形成认知图式，提高感性认识的形成效率，是把模糊认识转变成为明确认识的重要环节。在认

---

① 林聚任，刘玉安．社会科学研究方法［M］．济南：山东人民出版社，2008：4.

识和把握社会发展规律的过程中，马克思主义理论范畴一方面形成发展现象的认知图式，以尽快获取对发展现象的感性认识；另一方面成为感性认识归类的依据，成为联结不同感性认识的纽带，成为分析、加工和处理感性认识的理论工具。理论范畴提高感性认识丰富性，依托丰富的感性认识形成对客观对象的理性认识，使理性认识借助于理论范畴表达成为理论主张、理论观点，这本身就是马克思主义理论研究的一种基本方式。

（二）理论范畴加工感性材料生成理性认识

理论范畴是辩证思维运动的指向标。辩证思维运动中，无论是“完整的表象蒸发为抽象的规定”，还是“抽象的规定在思维行程中导致具体的再现”①，都需要以理论范畴为媒介，在理论范畴的指引下完成。面对丰富的、具体的，同时也是杂乱无章的感性材料，没有理论范畴的介入，认识者难以实现对感性材料的梳理，难以从中抽象出理性认识。运用不同的理论范畴，梳理加工针对同一对象的不同感性材料得到的条理化感性认识，以及从条理化感性认识中抽象出的理论主张、理论观点都会存在差异。社会生活中，不同个体在相同环境，经历相同的社会事件，面对相同的社会现象，从中抽象出不同的主张、不同的理论观点，最重要的原因在于其指引辩证思维运动的理论范畴不同，从具体到抽象的逻辑进路不同。新中国成立以来，经济社会发展取得长足的进步，人民生活水平得以显著改善，民生事业发展不断迈上新台阶，为数不少的人一方面在尽情享受社会发展成果，另一方面又对社会制度、发展道路、发展方式缺乏认同，甚至是顽固坚持“西方中心主义”“月亮都是国外圆”而妄评党的战略决策、战略部署；没能自觉运用马克思主义的基本范畴指引对社会生活的感性认识的形成和加工，是导致这种现象的一个重要的原因。学习宣传党的创新理论，一方面要避免简单重复政治判断，仅对党的重大决策和战略部署进行“呼口号”“表决心”的学习理解和社会传播，另一方面要善于运用马克思主义基本理论范畴，对党的创新理论、重大决策和战略部署进行理论解读，在从抽象到具体和从具体到抽象的辩证反思中不断深化对党的创新理论、重大决策和战略部署的认识。

（三）理论范畴促使混沌认识的条理化

信息来源多元化在带来信息获取便利的同时，也凸显信息辨识的现实紧迫性。社会生活中，来自不同渠道的关于同一对象的信息交织在一起，形成了混

---

① 中共中央马克思恩格斯列宁斯大林著作编译局．马克思恩格斯文集：第8卷［M］．北京：人民出版社，2009：25.

沌的信息系统。理论范畴以及依据理论范畴形成的认知图式成为信息辨识、信息条理化的线索和依据。运用理论范畴，处理混沌的信息系统，以形成理论主张，也就成为理论研究的方式。

改革开放进程中对中国特色社会主义的认识经历了从模糊认识到明晰认识的发展过程。社会事物、社会现象、社会历史是由具有主观能动性的社会实践主体——人的活动构成。在实践中形成对社会性事物，即在现实的具体人的相互作用中所形成的客观存在的模糊认识，一方面在实践中得以检验，另一方面在实践中不断丰富完善，最终才能形成对社会性事物的明晰认识。无论是实践对社会性事物的认识的检验，还是新的实践经验补充完善对社会性事物的认识，都需要借助于理论范畴。改革开放新时期，在实践中探索中国特色社会主义道路的历史创造者对中国特色社会主义的认识，遵循了从模糊认识向明晰认识的发展过程。改革开放孕育催生了社会主义商品经济、计划手段、市场手段、社会主义本质、社会主义市场经济等理论范畴，正是依据这些理论范畴审视改革开放实践，才澄清和纠正了诸如“中国特色社会主义就是以社会主义之名行资本主义之实”“中国特色社会主义就是社会主义的政治和资本主义的经济的混合”等有失客观公正、似是而非的认识，使中国特色社会主义的认知图景不断明晰。对中国特色社会主义的明晰认识，成就了全面深化改革新时代的以顶层设计统领、以法律制度规范改革行为的实践模式。

二、理论范畴将长远设想演绎为现实规划

意识活动具有的目的性和计划性功能在国家治理中表现为战略和规划的制定与实施。人是社会的基本构成单元，社会性是人最本质的属性；个体人的自由行为总是会受到国家和社会的强制性力量的规范和约束。个体人对这种强制性的规范和约束理解越深刻，人的个体自由性和社会属性就越契合。战略愿景是对人们未来的一种憧憬和期望，规划目标意在描述未来的社会实践结果；国家战略和规划越能被社会化的个体人所认同，制定实施战略和规划的成就也就越显著。习近平总书记强调战略思维，就是要求有全局观和长远观，善于着眼全局着力长远观察、思考和处理问题。繁荣发展社会科学理论旨在解释社会现象、预测社会现象，并据以指导社会实践；马克思主义理论范畴描绘、阐释、论证战略愿景及规划目标和任务，既是战略和规划的宣传推广方式，也是一种理论生成方式。

（一）理论范畴揭示创造历史的基础与前提

人民群众是历史的创造者。历史遗留下来的生产力，经济社会发展阶段、

发展条件、发展水平等，是历史创造活动的先决前提。历史绝不是可以随心所欲地创造的，历史发展有其内在的不以人的意志为转移的“自然规律”。历史创造者发挥意识的主观能动性，可以使历史发展水平超越在单纯的“自然规律”作用下所能实现的高度，实现这种超越必须全面深刻揭示历史发展基础与前提。个体自然人是历史创造者的基本构成单元，人在社会生产生活中自然会对历史发展基础与前提有着丰富的感性认识；创造历史，既需要借助于理论范畴、理论分析的力量，清除、纠正个体人对历史发展基础与前提的错误的、片面的感性认识，也需要理论范畴、理论分析把关于历史发展基础与前提的感性认识上升为理性认识，以理性的力量凝聚发展共识，汇聚创造历史奇迹的磅礴力量。

中国共产党善于运用理论范畴揭示创造历史的基础与前提。近代中国外受列强侵略和欺凌，内受封建帝王统治，民生凋敝、多种社会矛盾交织。如何揭示变革图强、创造历史的基础与前提，马克思主义的创始人并没有给出现成的答案。列宁在《帝国主义是资本主义的最高阶段》中虽把中国归类为半殖民地国家，在《中国的民族主义和民粹主义》中把中国描述为“落后的、半封建的农业国家”，但也并未能全面深刻揭示中国社会的矛盾，也就无从真正揭示创造历史的基础和前提。中国共产党明确提出半殖民地与半封建社会的理论范畴，并据此分析揭示创造历史的基础和前提。毛泽东1939年在《中国革命和中国共产党》中强调，认清中国大陆近代半殖民地半封建社会的特点和主要矛盾，是认清一切革命问题的基本根据；正因为有了对半殖民地半封建社会主要矛盾的正确判断，才有我们党领导中国人民创造的新民主主义革命、成立新中国的伟大历史。改革开放新时期，邓小平创造性地提出社会主义初级阶段的理论范畴，强调正确认识社会主义初级阶段的基本国情，并据此制定实施改革开放的战略，中国人民创造了仅用几十年时间就取得西方发达国家现代化上百年取得的发展成就的伟大历史。全面深化改革新时代，习近平提出经济新常态这一理论范畴，用以描述和揭示中国经济发展所处的发展阶段，强调经济新常态是一种客观现实，无所谓好和坏，是创造新时代的伟大历史必须深刻认识、全面把握的基础和前提。社会现象总是丰富多彩的，社会矛盾总是错综交织的，历史现实总是纷繁复杂的；马克思主义辩证唯物主义和历史唯物主义理论为揭示创造历史的基础与前提提供了科学指南，创新马克思主义的理论范畴，运用马克思主义理论范畴分析经济社会发展现实，揭示创造历史的基础与前提，是推动理论创新的重要方式。

（二）理论范畴阐释论证战略愿景

战略愿景是历史创造的行为先导。战略着眼于未来，未来是当前的历史延续，只有深刻认识现实，才能准确预知与把握未来。战略愿景越清晰，战略目标越明确越合理，制定实施战略的效果自然也就越显著。战略愿景、战略目标是立足当前，依据发展趋势，遵循发展规律，对未来的现实、未来的场景的描绘。战略愿景、战略目标不是天马行空的幻想，不是主观臆断的异想天开，而是理论家运用战略思维，准确把握经济社会发展规律和历史发展趋势的成果。历史运动的领导者，需要以简洁直观明了的方式，向人民群众描绘未来的历史现实，未来的社会现状，以引导和规范民众个体的行为选择，形成和汇聚创造历史的最大合力。战略愿景大大超越当前的现实，运用理论范畴描绘阐释战略愿景，意在使人的思维借助于理论逻辑的力量，着眼未来的现实需要做出当今的行为选择。

战略目标衔接形成战略愿景。中国共产党历来高度重视战略思维，善于运用相互衔接的近期、中期目标、长远目标描绘战略愿景，以战略目标在不同历史发展阶段的分解和落实保障战略愿景的实现。改革开放新时期，党的十三大提出的中国经济建设分三步走的总体战略，党的十五大立足我国已经提前实现三步走战略的前两步的客观实际，提出 21 世纪中国社会发展的“三步走”设想。全面深化改革新时代又形成“新三步走战略”的框架：第一步，到建党一百年周年的时候，即到 2020 年要全面建成小康社会；第二步，到建国一百年周年的时候，即到 2049 年实现社会主义现代化；第三步，在前两个一百年奋斗目标的基础上，实现中华民族伟大复兴的中国梦，这是近代以来中华民族最伟大的梦想。长远目标的指引，使人民群众看到未来发展的希望，明确努力的方向；如期实现近期目标，充实发展基础，激发人民群众的主观能动性；长短目标的衔接，形成中国人民“抬头看路盯方向，低头拉车垒根基”的历史创造者风格，为成就经济快速发展和社会长期稳定两大奇迹创造了良好条件。

中国共产党善于运用理论范畴表达战略愿景。历史上，中华民族曾长时期引领人类文明发展，中国也曾是世界上最强大最发达的国家。近代中国陷入苦难深重的泥淖，自强不息、不屈不挠的中华民族为探寻民族发展的出路，先后学习效仿过多种模式，也提出过多种理论主张；习近平总书记用中国梦这一理论范畴对中华民族孜孜以求的夙愿和战略宏图进行了系统归纳和综合表达，生动直观地表达了中华民族引领人类文明发展的战略愿景。新中国成立之初，我们党就运用现代化这一理论范畴表达社会主义建设的战略愿景。1954 年，第一届全国人民代表大会第一次会议就明确提出实现工业、农业、交通运输业和国防“四个现代化”的任务，此后党的八大把这一任务列入党章；1964 年，第三届全国人民代表大会第一次会议提出，“在不太长的历史时期内，把我国建设成为一个具有现代农业、现代工业、现代国防和现代科学技术的社会主义强国”，明确了社会主义现代化建设和强国目标紧密结合的方式和要求。改革开放以来，我们党不断开创建设社会主义现代化国家的新境界，党的十九大丰富和完善现代化这一理论范畴的内涵，明确提出建成富强民主文明和谐美丽的社会主义现代化强国的战略目标和战略愿景。党的二十大系统阐释了中国式现代化的特征和要求，用中国式现代化这一理论范畴表达新时代中国共产党的使命和任务。运用理论范畴表达战略愿景，及时用战略实践成果丰富理论范畴的内涵，又用理论范畴的逻辑运动成果指引战略实施，理论实践协同螺旋发展，是生成新理论的重要方式。

（三）理论范畴阐释论证战略实施

战略规划必须回答三个问题。一是制定实施战略的基础和现实是什么，二是战略愿景、战略目标是什么，三是连通现实和战略愿景、战略目标的纽带和桥梁是什么。战略愿景和战略目标描绘的是未来的现实，往往不易为当今的人们所理解和认同；战略规划的时间跨度越大，促使其大众认可、大众认同的工作就越繁重。运用理论范畴的逻辑分析，阐释论证战略愿景、战略目标，是强化战略规划的大众认可、认同的重要方式。凝聚实现战略愿景的磅礴动力，既需要理论范畴论证愿景的潜在可能性，也需要理论范畴论证实现战略愿景的途径和方法的现实可行性。依据战略规划大众认同的现实需要，运用理论范畴，阐释论证实现战略愿景、战略目标的方法和途径，是生成理论的重要方式。

供给侧结构性改革是新时代阐释论证战略实施的理论范畴。2015 年中央工作会议提出，要以供给侧结构性改革化解我国经济发展难题，推动我国社会生产力水平实现整体跃迁。“供给侧结构性改革，要立足当前、着眼长远，从化解当前突出矛盾入手，从构建长效体制、重塑中长期经济增长动力着眼，既要在战略上坚持持久战，又要在战术上打好歼灭战。”① 从中长期看，供给侧结构性改革是推动产业从中低端迈向中高端，是发展生产力的核心步骤；从中短期看，供给侧结构性改革要克服市场失灵和政府失灵、防止经济增速过快下滑；从近期看，供给侧结构性改革要打好以“三去一降一补”为核心内容的五大歼灭战。② 供给侧结构性改革，不是对宏观经济需求管理的否定，更不是对其的代替，而是针对宏观需求管理缺陷进行的弥补，强调供给结构对需求变化的适应

---

① 习近平．把改善供给侧结构作为主攻方向 推动经济朝着更高质量方向发展［N］．人民日报，2017-01-23（1）．

② 慎海雄．习近平改革开放思想研究［M］．北京：人民出版社，2018：112．

性和灵活性。作为阐释论证战略实施的理论范畴，供给侧结构性改革的范畴运动，生成了区别于西方经济学供给学派理论的中国特色社会主义政治经济学的经济发展理论。

三、理论范畴将实践经验系统化和条理化

理论源于实践。总结提炼实践经验，是最重要的理论生成方式。实践经验的内容是客观的，但其表达形式总是主观的。运用理论范畴表达实践经验，借助于范畴之间的逻辑联系凸显所表达内容的客观性，弥合经验表达形式的个体主观差异，实现实践经验的系统化和条理化表达并借以生成具体理论，既是理论生成、理论表达的基本范式，也是促进理论传播、增强理论认同的重要方式。习近平总书记强调，“我们要坚持用马克思主义观察时代、解读时代、引领时代，用鲜活丰富的当代中国实践来推动马克思主义发展”①，明确了运用马克思主义理论范畴系统化条理化表达中国实践经验的原则、要求和方法。

（一）运用理论范畴表达中国改革开放经验

改革开放实践经验亟需运用理论范畴予以规范的表达。中国改革开放取得了举世瞩目的成就，总结改革开放实践经验理应生成影响深远的理论。毋庸讳言的是，我国哲学社会科学理论发展总体而言滞后于实践，使理论疲于实践成就阐释，却未能充分发挥对实践的指引和对经济社会发展的预测作用。究其原因，一是受西方中心主义的影响。一些学者无视滋养西方理论的现实同中国现实的巨大差距，总是习惯于运用西方理论阐释中国实践；当西方理论解释不了中国实践，不是去反思西方理论是否存在逻辑的漏洞，是否适应中国的现实，而是一味责怪中国实践离经叛道，甚至不惜削足适履，企图修正中国实践以适应西方理论。习近平总书记强调繁荣发展中国特色社会主义政治经济学，是对西方经济学理论在中国过度泛滥的警醒，也是对改革开放实践经验的理论总结提出的重要要求。二是实践经验理论总结的表达方式有待改进和完善。一些学者习惯于直接运用政治术语、政治判断，而不是得到广泛认同的理论范畴表达实践经验的理论总结，这虽然突出了理论研究的价值立场，但也在一定程度上造成适应宣传工作、意识形态需要而淡化甚至是忽视理论研究的科学性和客观性的假象。抱有意识形态偏见的人直接以追求思想自由、追求学术为由抗拒接受和认同实践经验的理论总结，刻意遏制甚至是恶意歪曲实践经验总结的理论内涵。事实上，并不存在所谓的价值中立的社会科学研究，从近代开始之初，

---

① 习近平．习近平谈治国理政：第三卷［M］．北京：外文出版社，2020：76.

"社会科学就被分别用于进行两项任务。一是作为国家机器的一部分而起着制度性的作用，二是作为一种超学科的话语。直到19世纪末，社会科学在大学中获得制度化之前，它都保持着在智力文化批判和专家系统之间的分离。前者主要存在于文学公共领域，而后者则属于国家制度的范围"①。用学术研究政治，在政治中找学术；运用马克思主义基本范畴，采用理论逻辑运动的方式，对政治判断进行学理的阐释和论证，把包含在简洁的政治判断中多重学术论断条分缕析地表达出来；用得到广泛认同的理论范畴而不是个性化的话语，表达改革开放实践经验的理论总结，是生成新时代的理论的重要方式。

（二）运用理论范畴指引和规范实证研究

社会科学研究中运用自然科学方法需要理论范畴在场。对经济社会发展的实证研究，是揭示现实、透视社会现象，认识和把握经济社会发展规律的重要方式。通过实证寻求知识，其目标就是把人的认知从关于世界的神学的和形而上学的观念中解放出来，达到方法论上的统一和科学的等级观念。"实证主义关于人类知识的主张，或者说它的科学观，把以物理学为代表的自然科学推向了历史的舞台，并且长期享有主导性地位。"② 社会科学研究中运用自然科学方法，往往又会借助形而上学的思维方式，把复杂的动态变化的社会理想化为简单的相对孤立静止的考察研究对象，从而把有着重要影响的现实因素抽象忽略掉。选择合理的理论范畴归并、串联实证研究材料，组织构建实证研究中的思维过程，梳理提炼、总结表达实证研究结论，借助于理论范畴的逻辑运动和思维延展，把在复杂动态变化的现实进行理想化的抽象过程中漏掉的现实因素重新纳入研究视野，旨在提高社会科学研究成果和真实社会的贴切程度。

马克思主义理论范畴是透视中国实践的重要工具。社会科学研究中，实证研究因注重自然科学的方法、注重数学工具的运用而披上"科学"的外衣。国内一些学者曾运用西方实证研究的方法和套路对中国实践进行实证研究，得出了诸多有违国人直观经验和生产生活常识的结论。中国革命、建设和改革的实践成就，是中国共产党运用马克思主义基本原理的成果，马克思主义理论范畴在中国经济社会发展的实证研究具有不可或缺的作用。在一些功利主义者看来，与实证研究直接观照现实、直接针对社会现实而显得实用相比，马克思主义理论研究重视思辨，不注重实证、不注重现实研究而显得枯燥、空洞、抽象、不

① 殷杰．当代社会科学哲学：理论建构与多元维度［M］．北京：北京师范大学出版集团，2017：115-116.

② 殷杰．当代社会科学哲学：理论建构与多元维度［M］．北京：北京师范大学出版集团，2017：110-111.

实用。事实上，马克思主义并非不注重实证、不注重现实研究，与西方实证研究注重经验表象的认识不同，马克思主义的实证研究目的不止于经验表象的揭示，而是要从特殊中透视一般，从经验表象中获取对社会现象、社会事物本质的认识。简单沿用西方社会科学研究运用自然科学方法的经验和套路，不考虑中国实践的马克思主义指引这一根本的重大的现实因素，研究成果、研究结论与客观现实、实践需要大相径庭也就在“情理之中”。马克思主义理论范畴缺场的中国经济社会发展的实证研究，终会落得研究者自娱自乐、自说自话的下场。实证研究中运用马克思主义理论范畴描述研究对象、研究目的，表述研究过程、表达研究结论，借用理论范畴的逻辑去弥补和纠正因实证模型建构中忽略重要的现实因素而产生的研究结论偏差，正是马克思主义学科的实证研究法则和研究特色所在。

四、理论范畴使抽象理论现实具体化

理论从实践中来，又要回到实践中去；无论是理论研究中从具体到抽象，还是理论运用中从抽象到具体，都需要借助于理论范畴，都需要理论范畴作为思维的中介。在理论用于指导实践，实现抽象理论的现实具体化过程中，首先要运用理论范畴，把理论体系、具有复杂结构的理论解构为基本的理论命题，然后运用理论范畴，将理论命题转化为实践原则、行为规范。

（一）理论范畴解构理论生成理论命题

理论总是具有内在逻辑结构的理论命题集合。理论命题是形成理论的结构单元。以概念为基础，对事实或现象进行分析或分类，概括或假设他们之间的逻辑关系，并能给予合理的解释，即为命题；命题是对一个概念的特征或多个概念之间关系的陈述。理论的完整性有两个层次的表现：第一，理论体系是理论单元遵循一定的逻辑形成的有机整体；第二，具体理论是由不同理论命题遵循一定的逻辑规则结成的有机整体。系统结构决定系统功能，系统功能不是构成系统的各子系统功能的简单汇总，系统拥有单个子系统所不具备的功能。系统的结构，从本质上决定系统所具有的单个子系统不具备功能的功能；系统超越其子系统的功能，是系统结构优化程度的直观体现。与此相似，理论体系的内涵和意蕴，不是理论单元的内涵和意蕴的简单汇集；理论有机体具有理论的结构性单元不具有的内涵和意蕴，是理论结构优化程度的直观体现。

马克思主义理论范畴弥补生成理论命题中的内容缺失与漏损。理论指导实践，主要是以理论命题转化为实践原则、实践规范的形式实现。理论范畴的内

涵并非固定不变，有原初内涵、引申内涵、转用内涵三个层次。原初内涵是最初运用这一理论范畴所表达的确切思想和实践要求；引申内涵是在历史进程中，人们运用理论范畴表达的比其原初内涵更丰富的思想和实践要求；人们运用理论范畴表达与其所揭示和反映的事物相类似、但已经脱离其原初内涵和引申内涵的思想和实践要求属于理论范畴的转用内涵。理论范畴的内涵发展，承担着弥补理论命题生成中发生的理论内涵和理论意蕴缺失与漏损的使命和功能。马克思主义是博大精深的理论体系，坚持马克思主义必须完整准确地理解马克思主义，这既要防止对理论的理解走样变形，又要防止解构理论、生成理论命题中发生理论意义和理论意蕴的缺失与漏损。选择合理的马克思主义基本范畴，以理论范畴内涵发展的方式，弥补解构理论、生成理论命题中的内容缺失与漏损，本身也就成为生成马克思主义理论的一种方式。

（二）理论范畴转换理论命题生成实践原则

理论命题转化为实践原则是精神力量转化为物质力量的中介。理论命题终归还是思维运动的产物，还是精神力量；理论命题只有转化为实践原则，使思想因素渗透到实践要素之中，实践方式实现了改进，取得了比既往更丰富更优质的实践成果，理论命题、理论思维的精神力量才转化成为物质的力量。繁荣的文化、灿烂的文明与落后社会生产并存的不协调格局，根源在于文明和文化的精神力量转化为物质力量的中介缺失缺位。科学技术转化，实质是精神力量向物质力量的转化；知行统一，“知”的节操转化为“行”的准则，文明的教化才能真正体现和落实为社会生产的发展。

马克思主义理论范畴助推马克思主义大众传播与践行。理论范畴是比理论命题更简单、更容易被人理解和接受的思维产物、精神产品，既是理论命题的大众化传播的工具，也是助推理论命题转化生成实践原则的武器。从理论范畴认同，到理论命题认同，再到理论认同、理论体系认同，是形成理论信仰的基本环节；从理论认同向行为自觉的转变，是“知”“行”统一的基本规律。马克思主义大众化传播与践行，马克思主义形成和巩固的递进规律有两种表现：一方面，首先形成马克思主义理论范畴的共识和认同，然后据此形成马克思主义理论命题的共识和认同，再形成马克思主义理论、马克思主义理论体系的共识和认同；另一方面，运用马克思理论范畴，首先把马克思主义理论、马克思主义理论体系分解为马克思主义理论命题，然后把马克思主义理论命题转化为实践原则。

第三节　理论的出场方式

理论的出场方式，反映和体现理论创立者提出新的理论，发表新的理论主张、理论观点的途径、方式和方法。考究理论的出场方式，重在对理论创立过程的追溯中明晰理论的形成机理，深刻理解理论内涵，把握理论的本质，从中发现在实践中运用理论、发展理论的契机。理论出场方式的共识，是形成理论扩张范式的基础。理论扩张范式是学术同行对新的理论主张、新的理论观点的表达方式、出场方式形成的共识。学者和一般社会公众总会有相同的关注对象，都会对相同的社会问题进行理论的思考，学者遵循理论扩张范式表达其对关注对象的思考和主张，追求逻辑自洽、讲究自圆其说；一般社会公众往往凭借感性直观、情绪化、碎片化地表达其对关注对象的思考和主张。理论思考和学术探究，是两种有着紧密联系，但又存在明显区别的理论出场方式。理论思考直接关切、关注社会现实，回应实践诉求、针对实践需要；学术探究是遵循范式要求的理论思考，是意识相对独立性在理论发展中的体现。关注和改变现实，是马克思主义最根本的思想诉求，是马克思主义研究最根本的理论自觉。理论思考和学术探究的区分，主要在于二者关注现实的思想深度的差异，理论思考直接回应实践诉求，重在从现实中总结实践规律，学术探究在贯通历史、现实、未来的大视野中，在审视人类整体解放，关照全球发展的大格局中，透过实践规律审视历史发展的规律。

一、理论思考和学术探究促使新理论出场

理论思考和学术探究是马克思主义学科发展中的两种思维方式。马克思主义以促进人的全面发展、实现人类解放为理论旨归，马克思主义学科必然观照现实；混同理论思考和学术探究，是滋生对马克思主义学科、马克思主义理论专业认识偏见的重要原因。思维是人的本质特性，亚里士多德早就明确指出，人是天生的政治动物；人人都可以关注社会生活、关注政治实践，发表对社会现实、社会问题、政治实践的看法和评价，展现其理论思考的品质和能力。马克思主义学科、马克思主义理论专业承载着揭示中国共产党执政规律、社会主义建设规律、人类社会发展规律的使命，肩负着宣传、阐释、论证党的理论、方针、政策的社会责任，有人却以人人都能说马克思理论专业的话为由，贬低马克思主义学科、专业，甚至是质疑学科、专业的存在依据和价值。有马克思

主义理论专业的学习研究者，停留于对意识形态宣传、政治判断的表面认知，把意识形态宣传的形式翻新，政治判断的表述方式变换，甚至直接将意识形态宣传、政治判断的简单重复当作学术研究；把“用学术研究政治、从政治中找学术”简单化为政治与学术不分家，直接将政治论断作为论证另一个政治判断的前提和依据；结果导致马克思主义学术研究的矮化，引致和加深社会公众对马克思主义学科和专业的偏见和误解。理论思考是包括马克思主义理论专业的学习研究者在内的所有人都能进行的思维运动，而学术探究则是马克思主义理论专业的学习研究者才有的思维运动。新时代是一个需要理论且一定能够产生理论的时代，促使新时代的理论思考和学术探究形成合理分工、协同共进的格局，是激发和汇聚新时代理论张力的重要方式。

（一）理论思考彰显国家和民族的思维品质

理论是人们由实践概括出来的关于自然界和社会的知识的有系统的结论。理论思考是以理论为工具、为对象和内容的思维运动，是社会发展、文明进步的标志。一个民族要想屹立于世界民族之林，就一刻也不能停止理论思考，理论思考的重要性由此可见一斑。大众参与、大众化表达，关切现实、针对问题，是马克思主义学科视域下的理论思考的特性。

理论思考具有大众参与的特性。思维反映社会存在，有思维的参与和引导，是人的实践活动区别于动物本能活动的根本依据。大自然给动物规定了它应该遵守的活动范围，动物也就安分地在这个范围内活动，而不试图越出这个范围，甚至不考虑有其它范围存在。思维使人的活动范围大大超越本能的限制，制造和使用工具，使人的活动范围拓展到思维所及的空间。理论思考是思维的高级方式，是人精神发展的阶梯，是精神生活的重要内容。基于理论思考，而不是被社会潮流裹挟，不是简单地遵循、盲从风俗习惯做出行为决策，是人的精神生活丰富程度的标志，也是衡量和判断人的发展水平的重要依据。理论思考的大众参与，是文化发展繁荣的要求和标志，是社会文明进步的现实表现。中国共产党一直致力于促进人的全面发展，主张和强调思想解放，为人民群众积极的理论思考营造良好的社会氛围和环境。大众参与的理论思考的内容广泛、形式多样，既有对中国特色社会主义实践，对经济社会发展现象的理性审视，也有结合新的实践、对传统理论的再反思，还有对中西文化、社会科学理论的比较与反思。“百花齐放、百家争鸣”的理论思考，提出了社会思潮引导、理论共识凝聚、正确认识弘扬、错误认识揭批等现实要求。马克思主义理论绝不是关在书斋里的学问，马克思主义理论研究、马克思主义学科发展必须要有引领大众化的理论思考的使命、责任和担当。

理论思考具有大众化表达的特性。社会性是人最本质的属性，人也正是通过理论思考去理解和把握这种社会属性。交流对思考对象的认识，思维的过程及结果，是社会交往活动的重要内容；大众参与导致大众化的表达，用易于理解和接受的大众化的语言表达思维过程和结果。大众化参与的理论思考自然在关注对象的偏好、思考方式方法、思考过程等方面打上思考者的职业身份、社会角色的烙印。一是存在思维过程不严谨，思维逻辑不严密，甚至是缺乏逻辑，思想观点从众，甚至是哗众取宠等值得马克思主义理论研究、学科发展注意和重视的问题；二是思考的维度多元、思考的角度发散，思考者并没有关于选择思考维度、思考角度的原因和理由的深入思考，仅仅因为可以从这样思考，自己习惯于这样思考而加以选择。党的创新理论提出来之后，不同学者从不同维度、运用不同方法对党的创新理论做出特色各异、观点纷呈的阐释和解读；各种阐释解读漫天飞，在拓展阐释理解创新理论的多样性、全面性的同时，也夹杂了一些似是而非、误解曲解党的创新理论的思想观点。马克思主义理论研究者参与融入大众化的理论思考洪流，既要奉献出准确把握创新理论精神实质的逻辑严谨、有理论深度的成果，更要自觉肩负澄清背离创新理论精神本质的错误阐释的专业使命，与刻意误解党的创新理论、恶搞诋毁党的创新理论的言论做针锋相对的斗争。

理论思考直接关切和回应社会现实。马克思主义理论研究和学科视域下，理论思考是社会主义建设在社会成员思维中的反映和体现，是人们对社会问题、社会现象的成因及其应对之策、社会发展诉求等进行的探究和思考。“理性经济人”作为人的社会属性的一种表现，一种影响人的思维的因素、思维中使用的方法，对理论思考的参与者有着显著的影响，这在思考者关注的对象选择、思想观点的内容等方面都有直观的体现。理论思考者回应和关切的社会现实呈现出兴趣和重视程度的梯度特征：首先关心自己的事，然后关心直接关联自己的事，再关心身边与己无直接关联的事情，最后才是其他的、泛泛一般的社会问题。思想观点的形成总会掺杂有思考者自己的利益考量，自觉不自觉地以关照社会利益、关照他人利益之名，行关照自己利益、追求私利之实。不同于一般的大众，马克思主义理论研究者参与大众化的理论思考，重要特征和首要的要求是体现马克思主义的立场，真正从国家、社会、民族整体需要出发，不能夹带任何私利，把“共产党人强调和坚持整个无产阶级共同的不分民族的利益”①

① 中共中央马克思恩格斯列宁斯大林著作编译局．马克思恩格斯文集：第2卷［M］．北京：人民出版社，2009：44.

的要求贯穿落实到理论思考的全过程。

（二）学术探究彰显学者对理论逻辑的追求

学术探究主要服务于学术同行的研讨和交流，不是直接面对社会公众。马克思主义理论学科的学术研究成果转化，一项重要任务就是把学术同行才能理解的思维成果转化为普通大众都能理解和接受的理论作品。与大众化的理论思考相比，学术探究一是思考对象选择有要求。任何社会现象、社会问题都可以作为理论思考的对象；但马克思主义学术探究的对象与理论思考的对象有交叉但不等同，并不是任何一个理论思考的对象都能成学术探究对象；理论思考往往直接回应现实诉求；学术选题有其自身的特殊要求，学术选题往往指向理论发展，指向实践经验的理论总结。二是思维方法有要求。理论思考遵循“适用”原则，并无特别的要求，只要能够说清问题、讲明道理的方法都可采用。学术探究的方法带有学科的特色和烙印，每一个学科都有取得广泛共识、展现学科特色和要求的研究方法、思维方法。三是思维论证过程追求逻辑的严谨和严密。理论思考只要有理有据、不无中生有就好，生成的观点、提出的主张并非经过严谨、严密的逻辑论证，许多观点和主张源于经验、源于感性直观；学术探究追求从论证的前提到结论观点的逻辑严谨，论证过程的完整周严。四是运用具有学科共识的理论范畴表达思维过程，展示思维方法，阐述思想观点。与阐述表达理论思考的个体特色化语言风格不同，学术探究运用理论范畴表达思想、阐释主张。对马克思主义理论学科的认识偏见，重要的原因在于在研究对象、探究方法、理论范畴等方面的共识还有待进一步凝聚。

学术探究是具有范式要求的理论思考。遵循学科范式，是学者进行学术探究的特点和要求。使用专门的理论范畴而不是大众话语表达思想、阐释论证观点，运用范式表达思想观点及其阐释论证，是学者的理论思考与大众化的理论思考的显著区别。在托马斯·库恩看来，能成为范式的“科学成就必须空前地吸引一批坚定的拥护者，使他们脱离科学活动的其他竞争模式；同时，这些成就又足以无限制地为重新组成的一批实践者留下有待解决的种种问题”①。范式对其信奉者而言，既具有引导功能，使信奉者能尽快进入研究状态，依据范式展开研究，又具有规范功能，要求信奉者的研究遵循取得共识的章法要求。在思想碰撞、学术交流中，范式使学术同行快速、准确地把握论者的观点及其论证过程，并最大限度地减少对观点及其论证的认识和理解分歧，避免大众化表

---

① 托马斯·库恩. 科学革命的结构［M］. 金吾伦，胡新和，译. 北京：北京大学出版社，2012：11.

达的理论思考存在的同一观点及其论证的多样理解所导致的众说纷纭、模棱两可、莫衷一是。

理论思考充实学术探究的基础。没有理论思考，自然不可能有学术探究；仅仅停留于理论思考，也不可能有学术探究；止步于、满足于、陶醉于理论思考，会扼杀学术探究的生命力。如果说理论思考强调脚踏实地，那么学术探究可以说是强调仰望星空；没有脚踏实地支撑的仰望星空，不免沦为幻想和空想，沦为学者的自娱自乐；没有仰望星空的引导和启示，脚踏实地又容易囿于原地踏步，发生方向的偏离和迷失，最终导致实践的挫败，甚至是酿成历史的悲剧。理论思考为学术探究提供了素材，为拓展学术探究的深度创造条件。学术探究中，对围绕同一主题、同一对象所进行的不同维度的理论思考进行异同辨析，并从中生成抽象程度更高的学说和理论，是避免脱离实际、不食人间烟火的“纯学术反思”的重要途径和方法；寻找一条理论主线，把围绕同一主题、同一对象所进行的不同维度的理论思考成果由同一平面上的分散、孤立存在，转变为沿着同一理论主线的前后逻辑关联式存在，把形似同心圆的理论思考成果转变为形似珍珠串的理论思考成果，是拓展学术探究深度的可行之道。

学术探究捍卫马克思主义的学术性。马克思主义从诞生开始，就一直在遭受资产阶级的恶意中伤和攻击。马克思主义对当今时代的解释和引领功能，既为中国特色社会主义坚持和发展马克思主义的实践成就所直接证实，也为恶意抵制马克思主义的资本主义实践所引发的种种怪相所间接证实。尽管如此，我国当前社会仍存在对马克思主义的学术性的质疑，“有的认为马克思主义已经过时，中国现在搞的不是马克思主义；有的说马克思主义只是一种意识形态说教，没有学术上的学理性和系统性”①。马克思主义理论学科的学术探究，要求和强调运用规范的学术范式进行理论思考，一项重要任务就是回击对马克思主义学术性的错误质疑。

二、理论思考直接回应实践的需求

理论思考直接缘于实践，直接针对实践，直接回应实践诉求。理论思考对现实诉求的回应并不是总有着完善的逻辑理路，一是因为事出紧急，必须对实践诉求迅速做出理论回应、理论阐释；理论思考者对实践诉求的回应受到时间限制，没有充足的时间去梳理、完善理论思考的逻辑理路。二是理论思考者在长期实践中形成的独特思维品质，其对理论敏感、理论直觉，回应紧急事件的

① 习近平．在哲学社会科学工作座谈会上的讲话［M］．北京：人民出版社，2016：10.

经验积累等因素在应对时间紧迫性上发挥了重要的作用。

(一) 理论思考以分散和直觉的形式回应实践诉求

恩格斯早就指出,“一个民族要想站在科学的最高峰,就一刻也不能没有理论思维”①。回应现实诉求的理论思考,是理论思维的重要形式和表现。乐学好思早就注入中国的文化血脉,中华民族是一个善于进行理论思维的民族,中国特色社会主义建设者是乐于从事理论思考的社会人。

理论思考回应实践诉求的分散型和发散型特征。世界是普遍联系的,唯物辩证法要求对客观事物进行全面的审视,寻求对客观事物多角度、多维度思考的统一。精神文明越发展,人的发展水平越高,人的思维能力就越强。教育事业发展,文化繁荣旨在把每一个社会人都培养成为理论思考者。国家保障言论自由、学术自由,使每个社会人都成为分散的思考者。理论思考多维度、多角度,在同一维度的不同层次直接地回应现实诉求,不仅推动理论思考者拓展思维的视野,也启发实践主体全面思考和评估实践方案的得与失,以便从中寻求最有效的应对实践难题的对策。我国改革开放取得举世瞩目的成就,一个重要的经验和原因就在于理论工作者对现实问题进行的多角度思考和探索,使实践主体、实践方案决策者能够全面审视实践客体,多方面评估实践目标和实践举措,有效避免了实践主体、实践决策者的主观臆想和自以为是的想当然。中国特色社会主义制度具有较强的可操作性,重要原因在于我国的制度安排不是从抽象的制度理念出发,不是抽象理念的现实具体化以实现不同利益集团、利益主体的利益平衡,而是实践经验的总结和提炼,理论思考对实践进行的多维反思,实践主体、实践决策者对多维理论反思成果的借鉴和吸收,为制度安排的可操作性奠定了坚实的基础。

理论思考回应现实诉求的理性直觉特征。灵感和直觉往往与理论思考相伴而行、相互成就。长时期的理论思考和社会实践,是滋生和激发思维灵感和直觉的土壤。忽然萌生的富有创造性的灵感,虽然不是严密的思维过程的产物,但绝非天马行空的突发奇想。长期的理论思考,长时期的思维历练,大大增强了人的神经细胞的活性,使人的思维本能变得更为敏感和强大,进而使人在实践刺激和思维诱发下产生灵感。长时期的社会实践不仅增强了人的刺激感应性,而且使人的刺激感应变得更为灵敏和丰富,最终成就了人面对相同、相似问题的直觉。现实生活中,一些从事实际工作的人虽然没有像专业的理论工作者那

---

① 中共中央马克思恩格斯列宁斯大林著作编译局. 马克思恩格斯文集:第9卷[M]. 北京:人民出版社,2009:437.

样接受专门的理论教育、系统的思维训练，往往却对理论发展、理论创新有着比理论工作者更丰富、更准确的直觉和灵感，正是缘于长期实践在意识和思维上的投射。在理论工作者和实践工作者之间建构常规化、制度化的沟通交流渠道，理论工作者及时收集、分析、处理和加工实践工作者的直觉和灵感，也是理论和实践相结合的一种重要方式。我国的干部选拔制度、国家领导人的产生制度，都非常重视领导干部的实践历练，重视选拔和培养在实践中的结合与统一；这种选贤任能的民主制度的实践成效超越于西方的票选、竞选制度，深刻原因在于，我国的制度安排总是把想干事、能干事的人配备到相应岗位，有效避免了会空说不会实干，竞选时承诺有余、施政时践诺不足，占其位却无其能，才能和职位匹配失衡等现象发生。

（二）理论思考推动新理论的繁衍和生成

理论思考也是对实践的检视和反思。理论思考不仅是理论和实践联通的纽带，也是理论需要和理论供给融合、既有理论不断丰富和发展的通道。依据实践是否为实践主体所预期，是否事先安排和策划，实践分为实践主体主动规划和被迫应对两种类型。被迫应对实践开辟理论发展的新天地，往往是原创理论的发源地；主动规划的实践使原本抽象的规划原则、规划理念变为客观实在，往往是丰富和发展既有理论的原因和动力。

新实践的抽象形成原创理论。认识源于实践，实践出真知，新实践的经验总结形成新的理论。以互联网、人工智能为代表的新技术不仅引发对实践范畴的革命性的理论思考，而且引发实践结构、实践方式等的重大变化，为原创性理论的问世和发展开辟道路。当代社会的信息化、网络化孕育和催生了具有相对独立性的虚拟实践，实践主体和实践客体通过数字化中介系统在虚拟空间进行双向的对象化的活动。主要活跃于网络世界的虚拟实践具有交互性、开放性、间接性的等特点，为人的发展提供了多样的自由空间，极大地提升了人的活动的自主性、创造性，对人类社会生活产生重大的影响，同时也带来许多新的问题。① 虚拟实践引发社会生产、生活方式的巨大变革，虚拟实践的发展、虚拟实践的经验总结，对虚拟实践的理论思考必将是 21 世纪原创理论的生长点。实践总是在一定的自然地理环境、社会环境下发生的，剧变的实践环境滋生激发过去不曾料想的崭新实践，这些实践经验的总结也是原创理论的发源地。2008 年突如其来的汶川大地震，中华民族进行了一次未曾预料、气壮山河的抗震救灾伟大实践，医学、管理学、经济学等学科领域的理论工作者协同参与抗震救灾

---

① 本书编写组．马克思主义基本原理概论［M］．北京：高等教育出版社，2018：61.

实践经验的总结提炼，生成了灾后重建、社会应急管理等新的理论。2020 年新冠疫情全球大爆发，引发社会生产生活方式广泛而深刻的变革；网络直播带货、在线教学等应对疫情的大规模、大范围的崭新实践，催生引发后疫情时期的消费理论、营销理论、教育理论的发展。

理论在社会实践中的丰富和发展。实践活动不同于动物的本能活动，最根本的原因在于实践主体主观能动性的发挥，在于实践活动总是在一定的认识、理论指导下完成的；实践不仅检验既有认识的真理性，而且推动既有理论的丰富和发展。马克思主义中国化时代化的理论创新具有一脉相承的逻辑，最本质的原因在于党在领导全国人民运用马克思主义基本原理，进行革命、建设和改革开放的伟大实践中，实践经验总结又丰富和发展了马克思主义的基本原理。马克思主义学科发展、理论思考需要注意最新实践、最新理论成果、最新理论范畴和既有理论之间的关系。马克思主义的理论思考中存在一种错误倾向，总是习惯于，甚至是偏执于从经典文献、从老祖宗的原话中为当今实践、最新理论范畴和理论成果寻找依据。最新理论范畴和理论成果是马克思主义基本原理指导下的最近实践的经验总结，虽然其中必然蕴含马克思主义的基本原理内核，但它毕竟是解决当前问题的实践经验总结，必然包含基本原理所不能容纳和涵盖的主体内容。民生改善、民生发展、生态文明等理论和范畴是当代实践经验的总结和提炼，不可否认，马克思主义经典作家关于人的发展、无产阶级解放、人与自然的关系的论述中存在着当代的理论范畴所涵盖和指涉的内容，但非要以当今理论范畴为标签和依据，去挖掘整理马克思的民生发展理论、生态文明发展理论，并不是一种科学的态度。这样的泛化的理论思考其实是以发展马克思主义之名对马克思主义的曲解和误解，是给予经典作家更高荣誉的同时强加给他们更多的耻辱。习近平总书记指出："什么都用马克思主义经典作家的语录来说话，马克思主义经典作家没有说过的就不能说，这不是马克思主义的态度。同时，根据需要找一大堆语录，什么事都说成是马克思、恩格斯当年说过了，生硬'裁剪'活生生的实践发展和创新，这也不是马克思主义的态度。"① 理论思考以新范畴、新理论生成的具体时代为基点，对新范畴、新理论进行三维追问，一是新范畴、新理论的马克思主义基本原理内核，二是新范畴、新理论针对的现实问题，三是新范畴、新理论的最新创见，有助于凝聚马克思主义的学科范式共识。

---

① 习近平．在哲学社会科学工作座谈会上的讲话［M］．北京：人民出版社，2016：13-14.

三、学术探究是遵循范式追求思维深度的理论思考

学术探究是相对独立的社会意识反映和把握社会存在及其变化的思维方式，学术探究和理论思考之间并无严格的明确的界限。学术探究在一定的前提下，以具有明确内涵界定的概念为思维工具，运用规范的研究方法，对理论命题、理论判断进行逻辑论证；学术探究以概念运动的方式，从既定研究前提出发，合乎逻辑地推导出新的理论主张；学术探究以理论问题、承载着重大理论命题的现实问题为研究对象，竭力避免混淆实然和应然，注意区分价值判断和事实判断。学术探究的范式共识具体表现为对研究前提、思维工具、研究方法、理论推导的逻辑法则等的共识。范式共识，使同领域的学术同行，研究相同问题的专家学者快速、准确地理解论者的意图和主张，从中发现需要进一步研讨的对象和主题。

（一）学术探究形成马克思主义学科的“范式自觉”

社会公众对马克思主义学科心存偏见，甚至是曲解和误解，与缺乏马克思主义理论扩张范式、学科范式的共识不无关系。马克思主义学术探究中凝聚马克思主义理论研究范式和马克思主义学科范式的共识，提出马克思主义的新观点，生成马克思主义的新理论，是马克思主义学科发展引领社会思潮运动的重要方式。

形成“范式自觉”是马克思主义学科发展的使命。范式蕴含着理论信仰、思维方法和价值追求。马克思主义的理论范式、学科范式把马克思主义立场和价值追求融入思维方法、思维习惯、研究准则之中。正如毛泽东在延安文艺座谈会上的讲话中所强调的“我们的要求则是政治和艺术的统一，内容和形式的统一，革命的政治内容和尽可能完美的艺术形式的统一。缺乏艺术性的艺术品，无论政治上怎么进步，也是没有力量的。因此，我们既反对政治观点错误的艺术品，也反对只有正确的政治观点而没有艺术力量的所谓‘标语口号式’的倾向”①。如果说意识形态宣传动员中的理论思考还难以避免“标语口号式”的现象，马克思主义学术探究则需要力戒“标语口号式”的理论思考，力求用完美的理论思维和理论表达形式，生成和表达政治正确的理论主张。沉迷于西方的学术范式，致使一些学者固执于用西方理论审视中国实践，偏执于提出“修正”中国实践以符合西方理论的主张，这凸显出形成马克思主义学科“范式自觉”的现实必要性和紧迫性。只有具备“范式自觉”的素养，才能真正扎根于本土

---

① 毛泽东．毛泽东选集：第3卷［M］．北京：人民出版社，1991：869-870.

经验实在，对自身的理论知识及其传承关系进行凝练。一个具备“范式自觉”素养的人，首先是一个对西方范式传统具有清晰认识的人，更是一个对本土社会科学的知识传统和中国本土社会经验烂熟于心的人。① 凝聚马克思主义的学科范式共识，繁荣马克思主义学术探究，形成马克思主义学科的“范式自觉”，意在使马克思主义理论研究者以行示范，增强意识形态宣传的理论穿透力，促进意识形态工作质量提升。

学术探究形成马克思主义各二级学科的范式。加强和改善党的意识形态工作，繁荣哲学社会科学必须坚持马克思主义的指导，这都对马克思主义理论学科人才培养和供给提出更高的要求和需求。马克思主义一级学科下设马克思主义基本原理、马克思主义发展史、马克思主义中国化研究、国外马克思主义研究、中国近现代史基本问题研究、思想政治教育、党的建设七个二级学科，因此，马克思主义学科、马克思主义理论研究并没有定于一尊的范式，不同的范式各有其适用的研究领域、研究范围，各二级学科之间理应形成范式的区别。目前存在的马克思主义学科的哲学现象及哲学问题研究、经济现象及经济学问题研究与哲学学科、经济学学科的研究缺乏分工，研究成果缺乏学科辨识，严重制约着马克思主义学科认同的形成和强化；马克思主义各二级学科研究领域重叠交叉，研究成果二级学科归属的模棱两可，对马克思主义学科人才培养质量提升形成严重制约；这都提出形成马克思主义理论研究范式、马克思主义各二级学科研究范式的要求。马克思主义学科研究理应坚持政治性和学术性相统一的原则，中央党校韩庆祥教授主张“用学术研究政治、在政治中找学术”，这可以成为马克思主义学科研究的重要遵循，以避免政治判断、政治术语同义反复，以一个政治判断作为论证另一个政治判断的论据的现象。笔者认为，“基本原理+针对现实问题+理论创见”可以成为党的创新理论研究的一种范式。马克思主义理论专业人才培养实践中，常常面临研究成果在马克思主义基本原理、马克思主义中国化研究、马克思主义发展史二级学科归属模糊的现实问题。马克思主义基本原理和马克思主义中国化研究都需要理论联系实际，从二级学科范式要求的角度，马克思主义基本原理二级学科的研究对象是基本原理、是理论，理论联系实际或是要用现实问题引出理论研究，或是把理论研究的目标和归属落脚到对具体现实问题的化解。马克思主义中国化研究二级学科的研究对象是现实问题，理论联系实际或是以理论为指导，寻求解决现实问题的出路，

① 马良灿．新经济社会学的理论张力及其范式反思［J］．贵州社会科学，2013（6）：90-95.

或是把总结提炼实践经验落脚到丰富和发展具体理论。马克思主义基本原理、马克思主义中国化和马克思主义发展史都可能涉及经典文献的文本研究，马克思主义基本原理二级学科的文本研究重在从文本中挖掘出具体的理论观点、理论主张，马克思主义中国化研究二级学科的文本研究重在从文本中寻求解决现实的历史经验借鉴和理论指导，马克思主义发展史二级学科文本研究重在文本以及文本蕴含和承载的理论的历史地位和历史作用。

（二）学术探究深化对“三大规律”的理解和认识

学术探究遵循一定研究范式，追求理论的深度、思想的高度。马克思主义学科的学术探究必须坚持理论与实践的统一、批判性与建构性的统一、科学性与价值性的统一，有力回击“马克思主义只是一种意识形态说教，没有学术上的学理性和系统性”的错误观点。马克思主义学科的学术探究要观照现实，但又不停留于现实、囿于现实、止步于实证，探究者需要在与经典作家、经典文献的对话与交流中，从贯通历史、现实、未来的大视野，关怀世界、关切人类的大格局下去透视隐藏在现实背后、蕴含在实践中的社会本质和历史规律。与理论思考往往直接针对现实，以现实问题为中心不同，现实问题往往是学术探究的诱因，是学术探究的出发点。学术探究相较于现实、相较于实践的独立，并非学术探究超凡脱俗、脱离现实、天马行空，而是学术探究以逻辑严谨的概念运动再现现实的过程中暂时舍弃现实中的细节、具体实践的阻力，力图以源于现实又高于现实的思想力量对社会、对世界进行全景式的审视，从中洞悉社会发展。

学术探究保持理论与实际和理想与现实的适度张力。学术探究致力于提炼出理论联系实际的、科学的、开放融通的新概念、新范畴、新理论；理论联系实际不是理论对实际简单再现，而是理论对隐藏在具体实际背后的本质和规律的揭示。学术探究仰望星空，以具有时空穿越的思想，严谨的概念运动、范畴演绎生成源于现实又远高于现实的社会理想。学术探究提出的理论主张并不是都能直接转化为现实的实践原则，“在遵循科学研究的条件下，马克思主义研究也可能得出同既定理论及政策不一致的结论，研究者要尽可能忠诚于自己的研究成果，至于研究成果是否以及如何发挥实践效应，则主要取决于社会政治结构的吸纳能力。研究真理、追求真理并讲真话，更应该成为马克思主义研究的本质要求”①。理论与实际、理想与现实的张力，转而成为学术探究的动力，成为理论创新、理论扩张的动力。

---

① 邹诗鹏．试论马克思主义研究的学术性［J］．教学与研究，2013（12）：39-46.

学术探究深化和丰富对规律的理解和认识。哲学社会科学启迪思想、陶冶情操、温润心灵，其发展水平体现一个民族思维能力、精神品格、文明素质。习近平总书记指出，“一个国家、一个民族不能没有灵魂，作为精神事业，文化文艺、哲学社会科学当然就是一个灵魂的创作，一是不能没有，一是不能混乱。……哲学社会科学研究要立足中国特色社会主义伟大实践，提出具有自主性、独创性的理论观点，构建中国特色学科体系、学术体系、话语体系”①。学术探究总是指向探寻规律，社会科学不同学科从不同角度探寻社会发展规律，探寻社会发展不同领域的规律；在马克思主义学科内部，理论思考重在探寻社会实践规律，而学术探究则在社会实践规律的基础之上探寻隐藏在社会现实背后的历史规律。我国哲学社会科学发展坚持马克思主义的指导，“当代中国哲学社会科学是以马克思主义进入我国为起点的，是在马克思主义指导下逐步发展起来的”②；正如“马克思探寻资本运动规律，揭示资本之谜，是要在此基础上揭示历史发展规律，揭示历史之谜——资本主义的生产方式以及与其相适应的生产关系和交换关系的实质和命运”③；马克思主义学科的学术探究，需要依据实践、时代的变化，不断深化和丰富对马克思主义关于世界的物质性及其发展规律、认识的本质及其发展规律的理解和认识，并在社会科学不同学科揭示的规律的基础上，深化对人类社会及其发展规律、社会主义的建设规律、共产党的执政规律这“三大规律”的理解和认识。

① 习近平．一个国家、一个民族不能没有灵魂［J］．求是，2019（8）：4-8.

② 习近平．在哲学社会科学工作座谈会上的讲话［M］．北京：人民出版社，2016：5-6.

③ 白刚．回到《资本论》：21 世纪的“政治经济学批判”［M］．北京：人民出版社，2018：1.

第二章

新时代的理论张力的彰显方式

马克思在“批判旧世界中发现新世界”，这提供了“批判—建构”的马克思主义理论分析范式。创造历史的实践需要科学的理论指引，新时代的伟大实践提出新时代的理论诉求；对新时代实践经验的理论总结和提炼，以新时代为核心范畴的理论建构，是回应新时代理论诉求的理论供给。理论张力同时也是推动实践发展、社会进步的动力。理论之所以具有促进社会发展、人类文明进步的力量，一是在于理论说服力，使人因学习、信仰理论而表现的精神满足，人学习信仰理论后的积极进取的饱满精神状态，是理论说服力的直观表现。二是依据理论检视实践、审思未来，采用逻辑思维的方式，通过思想运动生成新的理论；一个具体理论衍生出的理论越丰富，衍生出的理论及其形成的理论架构越完善，理论的张力就越大，三是理论指导实践的能力，在实践中运用理论，实践结果和预期目标越吻合，理论指导实践所产生的物质成果越丰富，理论张力越大。

第一节　新时代的理论张力的生成机制

新时代的理论张力有着丰富的源泉和表现。唯物辩证法揭示的客观世界、精神世界存在的矛盾对立统一规律，也是理论张力的生成规律。理论源于实践又指导实践，新时代的伟大实践是理论张力的不竭源泉。新时代是有着伟大理想、充满生机的时代，理想与现实的冲突也是理论的张力。中华民族实现伟大复兴，要在新时代日益走近世界舞台中央，别有用心的霸权者总是竭力遏制、阻碍中华民族的发展，新时代遏制与反遏制斗争异常激烈，滋生和激发新时代的理论张力。“批判—建构”“供给—需求”是分析新时代理论张力的两种范式。

一、理论“批判—建构”机制

“批判”是一个广泛运用于学术研究和社会生活的范畴。批判的哲学内涵和意蕴，为理解各种具体条件下的“批判”的现实意义提供基本依据、方向和方法指引。在吉林大学贺来教授看来，批判是一种“厘定界限”的哲学活动，同时又是一种谦逊的内在超越活动，二者最集中地体现了哲学最深层的价值归宿，那就是对生命的自由和丰富性的辩护。“哲学批判是与思想的傲慢和生活中专制力量相对立的超越力量，不是消极的否定和解构，而是要对思想和生活的异质性、自由创造本性和面向未来的开放性进行自觉捍卫和肯定的思想活动。”① 理性的批判不是机械的反对，而是辩证的继承和发展，是与建构紧密联系的范畴。从批判与建构的关系看，批判是建构的基础，建构是批判的目的；批判是建构的途径和方法，建构和批判的成果。

（一）马克思主义的“三大批判”

批判与不加分析的迷信盲从相对立，总是与反思相伴。理论批判意味着批判者不是迷信和盲从理论，保持对理论正确性、指导实践适用性的高度警惕。实践批判意味着批判者不以成败论英雄，不是消极被动地接受实践结果，而是深入分析实践结果的成因，深化对实践规律的认识，进而寻求改进实践的方向和方法。自我批判意味着批判者与批判对象的合二为一，对自己的思想、行为、决策等进行深入的反思，以求行为决策更加符合历史规律。马克思主义者不懈进行的理论批判、实践批判、自我批判这“三大批判”，是成就马克思主义科学性的根本原因。

马克思主义是马克思主义者的集体智慧，不是马克思主义者个人观点学说的简单汇总。个人的思想观点总有正误之分，马克思主义者个人的观点和学说中，只有经受了理论逻辑验证，并在实践中得以检验的正确观点才能纳入马克思主义的范畴。具体的社会实践总是存在局限，马克思主义批判既及时剔除原本错误，但因经受存在缺陷的实践检验而纳入马克思主义体系的观点学说，也推动那些经受特定时空条件下的实践检验，但因环境和条件的变化而变得不尽合时宜的观点学说在新的实践中丰富和完善。马克思主义基本原理是动态开放的马克思主义体系的稳定内核，也是马克思主义与其他学说体系的根本区别。“三大批判”中，马克思主义者、马克思主义政党的自我批判尤为重要，是实践批判和理论批判得以深入展开，理论—实践得以协同发展，发生异化的实践得

① 贺来．何谓哲学意义的“批判”［J］．探索与争鸣，2016（6）：37-41.

以纠正的重要条件和保障。党的十八大以来，全面从严治党推动“四个全面”战略布局稳步落实，沉着应对“长期执政、改革开放、市场经济、外部环境”四大考验，妥善处置“精神懈怠、能力不足、脱离群众、消极腐败”四大危险，就是自我批判实践功效的生动写照。

中国共产党的批判精神，是其能够主导、引领意识形态和经济社会发展的内在原因。中国共产党坚持理论批判，一个重要使命就是要把错误地纳入国家意识形态的错误思想从国家意识形态中清除出去。改革开放之初，以邓小平同志为主要代表的中国共产党果断停止使用以阶级斗争为纲的口号，把党和国家的工作重心转移到经济建设，就是实践批判的重要成果。中国共产党始终坚持实践批判，善于以实践批判推动理论发展和实践发展。正是对社会主义道路探索时期因过分强调独立自主、自力更生导致闭关锁国，封闭发展实践的批判，才有打开国门、推进改革开放的伟大实践；改革开放实践批判，使我们深刻认识到，必须以开放提高独立自主、自力更生的能力，以独立自主、自力更生奠定对外开放的基础。中国共产党推动实践批判的常态化，各级党委政府的工作报告中，过去一年工作的总结回顾，承载的就是实践批判的使命和成果。中国共产党始终坚持自我批判，以保障自身的先进性、纯洁性，群众路线教育实践的实质就是共产党人的自我批判。中国共产党的“三大批判”使马克思主义科学性的两大保障机制得以顺利运转。一是实践检验机制。马克思主义者提出的学说、观点只有经过实践检验，才能纳入马克思主义体系的范畴。二是批判反思机制。真理具有相对性，已经经过实践检验的原理随着时空条件的变化，在经济社会发展中变得不合时宜；处于领导岗位、担任党和国家领导人的马克思主义者，其特殊的社会角色可能使其一些错误的理论观点纳入国家意识形态范畴，纳入马克思主义体系，批判反思机制及时把这些错误地纳入马克思主义体系的理论清理排除马克思主义的科学体系之外。①“三大批判”为马克思主义开放性增添新的内涵和表现，马克思主义的开放性不仅是对外来经验的学习借鉴，对外来理论的消化吸收，而且是要在不断地把最新实践经验的理论提炼注入马克思主义理论体系的过程中形成对错误观点学说的拒斥机制。

中国共产党的自我革命是全面而深刻的马克思主义批判。作为一个理论范畴，自我革命是对党的百年奋斗的历史经验总结，是对全面从严治党的理论研究和实践推进的总结、提炼和升华。党的十八大以来，习近平总书记从全面深

① 杜黎明．教学科研互动的“马克思主义基本原理”概论课程实践探索［M］．成都：四川大学出版社，2018：48-50.

化改革、全面从严治党和充实社会革命的保障等维度，对自我革命的内涵和使命进行了深刻的阐释。2015 年 5 月 5 日，在中央全面深化改革委员会第十二次会议上，习近平总书记强调，“只要对全局改革有利、对党和国家事业发展有利、对本系统本领域形成完善的体制机制有利，都要自觉服从改革大局、服务改革大局，勇于自我革命，敢于直面问题，共同把全面深化改革这篇大文章做好”①，充分体现了中国共产党以自我革命推进改革开放，把改革进行到底的责任担当。在庆祝中国共产党成立 95 周年大会上，习近平总书记强调，“全党要以自我革命的政治勇气，着力解决党自身存在的突出问题”②，将自我革命作为党祛疾除疴、强身健体、保持青春活力的重要保障。2017 年 2 月 13 日，在省部级主要领导干部学习贯彻十八届六中全会精神专题研讨班开班式上，习近平总书记指出，“勇于自我革命，是我们党最鲜明的品格，也是我们党最大的优势”，把自我革命明确为中国共产党的特质，更加坚定全党推进自我革命的信心和决心。2018 年 1 月 5 日，在学习贯彻党的十九大精神研讨班开班式上，习近平总书记指出，“要把新时代坚持和发展中国特色社会主义这场伟大社会革命进行好，我们党必须勇于进行自我革命，把党建设得更加坚强有力”，将自我革命作为社会革命的前提和保障。党的二十大指出，“经过不懈努力，党找到了自我革命这一跳出治乱兴衰历史周期率的第二个答案”③，强调“全面从严治党永远在路上，党的自我革命永远在路上，决不能有松劲歇脚、疲劳厌战的情绪，必须持之以恒推进全面从严治党，深入推进新时代党的建设新的伟大工程，以党的自我革命引领社会革命”④；从深化对历史规律、党的执政规律的认识的维度，深刻阐释自我革命的理论价值，从持续深入推进党的建设再上新台阶的角度，对自我革命的长期性、艰巨性做出了深刻的论述。党的自我革命集成了马克思主义“三大批判”的内容和要求，充分彰显了中国共产党的马克思主义政党属性，使党不断焕发出青春的活力，为续写经济快速发展和社会长期稳定的新篇章，实现中华民族伟大复兴的中国梦注入了不竭动力。

---

① 习近平．习近平谈治国理政：第二卷［M］．北京：外文出版社，2017：104.

② 习近平．在庆祝中国共产党成立 95 周年大会上的讲话［M］．北京：人民出版社，2016：22.

③ 习近平．高举中国特色社会主义伟大旗帜　为全面建设社会主义现代化国家而团结奋斗——在中国共产党第二十次全国代表大会上的报告［M］．北京：人民出版社，2022：14.

④ 习近平．高举中国特色社会主义伟大旗帜　为全面建设社会主义现代化国家而团结奋斗——在中国共产党第二十次全国代表大会上的报告［M］．北京：人民出版社，2022：64.

（二）“批判—建构”的理论发展进路

建构并非都是从零开始的原创，而是在借鉴中吸收、继承中发展，在发展中创新。“批判—建构”作为一种理论生成方式，是要依据实践、依据现实的历史发展，运用理论逻辑的力量，去发现既有理论的合理之处和缺陷之所在，并结合新的实践需要，建构弥补旧理论的缺陷、适应新的实践要求的理论。“批判—建构”作为一种思维方式、工作方案，是在实践中发现现实生活、社会实践存在的问题和缺陷，然后又在新的实践中解决这些问题、弥补这些缺陷，进而建构一个新的世界，呈现一种新的现实。社会生活、历史发展中的“俄狄浦斯”效应在一定程度具有合理性，就在于预测者对未来的“预测”如果不是建立在凭空想象上，而是基于对现实的反思，对社会实践的批判之上，其预测体现了社会历史发展规律，其预测被未来的实践所证实，预想成真自然也就在情理之中了。

马克思主义创始人树立了在批判中建构，通过批判实现建构的典范。马克思注意到，在“物的依赖为基础的人的独立性”的资本主义社会，现实社会中直观可见的商品、货币和资本背后隐藏着人与人之间的利益关系这种抽象的力量，正是这种“抽象”奴役和统治着人。《资本论》的哲学批判，并不仅是所谓的“从抽象到具体”的辩证法的实际运用，而是通过“批判的和革命的”辩证法，深入到物与物的关系掩盖下的资本主义生产关系的背后，揭示和破解人被“抽象”奴役和统治的原因和秘密①；《资本论》的政治经济学批判完成了对资本主义制度的“病理学诊断”，揭示了作为资本主义社会基点的资本逻辑的“自反性”——“资产阶级用来推翻封建制度的武器，现在却对准资产阶级自己了”②，进而论证了资本主义必然灭亡的历史趋势。《资本论》不是从人自由全面发展的美好理念出发，去描绘和论证实现人自由全面发展的美好社会，而是通过揭露和批判现实的资本主义社会矛盾对人的发展的制约，以避免这些矛盾对人发展的制约的方式，描绘和论证美好社会。《资本论》的批判为建构代替资产阶级旧社会的新社会开辟了道路，在资产阶级旧社会被马克思揭露批驳之处的彼岸，建构起联合起来的劳动者共同占有社会生产资料、个人全面发展和他们共同的社会生产力成为社会财富的“自由人联合体”的美好社会。马克思主义创始人对未来社会的美好设想，不是因对现实黑暗的愤懑，对底层受剥削受

---

① 白刚．回到《资本论》：21 世纪的“政治经济学批判”［M］．北京：人民出版社，2018：68.

② 中共中央马克思恩格斯列宁斯大林著作编译局．马克思恩格斯文集：第 2 卷［M］．北京：人民出版社，2009：37.

压迫劳动群众的同情怜悯而主观臆想的没有剥削没有压迫的美好社会，不是脱离现实的空想，而是在现实批判的基础上的理论建构。《资本论》在对现实批判的基础上描绘未来社会的场景，这种基于批判的建构正是历史唯物主义方法的具体运用。恩格斯的《社会主义从空想到科学的发展》系统展示了从现实批判中寻求改变社会现实的出路，科学构想未来社会的“批判—建构”方法。

“批判—建构”是文明交流借鉴的基本法则。文明交流借鉴不是照搬套用贴上先进标签的外来文明，不是简单的采纳吸收，而是对外来文明批判的基础上补充完善本土文明的新建构。对外来文明的批判，首先，要考察滋生外来文明的客观现实、历史条件与文明的内容、文明的形式之间的决定与被决定、作用与反作用关系的具体表现，深刻把握外来文明的形式与内容、现象与本质的有机统一；其次，要比较自身的客观现实、历史条件与滋生外来文明的客观现实、历史条件的相似与差异；最后，剥离外来文明中于我有益的成分和内容，将其融入本土文明中，实现新文明的建构。西方文明盲目迷信者放弃、拒绝的正是文明交流借鉴的“批判—建构”法则。一些西方中心主义者视民主、自由等理念为永恒的正义，无视民主、自由最初是新兴的资产阶级向封建贵族争取权利的工具，而不是心系包括资产阶级掠夺、压迫对象在内的广大民众的历史事实，总是企图将民主、自由理念作为“裁量”中国发展现实的工具，“改造”中国的法则。马克思强调，“不是从观念出发来解释实践，而是从物质实践出发来解释各种观念形态”①；对民主、自由、平等、所有权等范畴的关注重点不是这些范畴的抽象内涵，而是这些范畴得以产生的客观现实、历史条件，以及这些范畴服务于政治运行、经济社会发展的特殊机制和组织原则。完善国家治理，最为重要的不是从抽象的观念、抽象的理念出发，去设计和实施一种能够体现和落实该理念的机制，而是在反思和追问生成国家治理理念的社会现实、历史前提的基础上，对社会现实和滋生孕育国家治理理念的客观现实进行比较。

（三）“批判—建构”的理论发展成就

“批判—建构”推动马克思主义中国化时代化理论创新。运用“批判—建构”范式分析党的理论创新，自然得出马克思主义中国化具有一脉相承的内在逻辑的结论；从这个角度，马克思主义一脉相承的内在逻辑，正是“批判—建构”马克思主义的成就。坚持以人民为中心的发展，是习近平新时代中国特色社会主义思想的重要内容，但这一新思想并非是在新时代“从天而降”，而是在

① 中共中央马克思恩格斯列宁斯大林著作编译局．马克思恩格斯文集：第1卷［M］．北京：人民出版社，2009：544.

剥削阶级作为一个阶级已经被消灭，但阶级斗争现象仍将长期存在的条件下，对马克思主义阶级性、对中国共产党的价值追求和人民立场的生动表达，是对马克思主义阶级斗争理论进行批判性建构的重大成果。

坚持人民大众立场是马克思主义阶级斗争理论的批判性建构成果。与资产阶级学者掩盖自己的阶级立场，把资产阶级的私利打扮包装成为人类共同的利益不同，马克思公开承认自己站在无产阶级的立场，为无产阶级争取自身解放服务，马克思主义从不掩饰自己的阶级性。立足半殖民地半封建社会的现实国情，以毛泽东为代表的中国共产党批判性建构马克思的阶级斗争理论，形成新民主主义革命理论，并把马克思的工人阶级立场、无产阶级立场批判性建构为人民大众立场。始终坚持人民大众立场，是马克思主义的基本要求。在不同的历史时代，人民大众的具体诉求存在差异，坚持人民大众立场的具体要求及表现也因此而存在差异。推进人民大众立场的时代化和具体化，是马克思主义中国化的现实要求，彰显中国化的马克思主义一脉相承的批判性建构逻辑。

以毛泽东同志为主要代表的中国共产党明确了用言行体现人民大众立场的要求。早在 1945 年，党的七大就将“全心全意为人民服务”写入了党章，明确为党的宗旨，对共产党人坚定人民大众立场提出了跨越时空条件差异的要求。以邓小平同志为主要代表的中国共产党，顺应人民群众提高生活水平的现实诉求，围绕科学推进改革开放践行人民大众立场。针对思想僵化、教条主义对改革开放的制约，邓小平把人民“拥护不拥护”“赞成不赞成”“高兴不高兴”“答应不答应”作为制定各项方针政策的出发点和归宿；以人民群众智慧和积极性的激发应对改革开放面临的难以预知性和不可确定性，谱写了人民大众立场在中国特色社会建设道路探索初期的具体化、时代化篇章。

以江泽民同志为主要代表的中国共产党，以克服多元社会思潮导致的权力认知、利益代表的异化为中心，推进人民大众立场具体化时代化。针对特权思想在党内有所蔓延，党中央从夯实中国共产党长期执政的根基，更好地承担组织、领导中国特色社会主义建设的历史使命的角度，强调“立党为公、执政为民”；针对社会阶层分化、职业分化凸显的现实，强调党要“始终代表最广大多数人民群众的利益”，推动了人民大众立场具体化、时代化的继承性发展。以胡锦涛同志为主要代表的中国共产党，以实现科学发展为中心，推进人民大众立场具体化时代化。针对党内存在的权利思想异化，买官卖官、跑官要官现象，党中央强调“权为民所用、情为民所系、利为民所谋”；针对人民群众生存和发展面临资源短缺、环境污染等现实难题，强调践行以人为本的科学发展观，推动了人民大众立场具体化、时代化的创造性发展。

习近平在党的十八大当选党的总书记后首次与中外记者见面就强调，“人民对美好生活的向往就是我们的奋斗目标”。以习近平同志为核心的党中央，坚持知行统一，扎实而深入地推进群众路线教育实践，开创了人民大众立场具体化、时代化的新局面。针对党员干部中存在的理想信念动摇、宗旨意识淡薄，精神懈怠；贪图名利、弄虚作假，不务实效；脱离群众、脱离实际，不负责任；铺张浪费，奢靡享乐，甚至以权谋私、腐化堕落等问题，以及形式主义、官僚主义、享乐主义突出，奢靡之风严重的严峻现实，中央政治局带头，自上而下，逐级示范，扎实而深入地开展群众路线教育实践活动；以党性教育将群众路线理念内化于心，以执政实践将群众路线要求外化于行，创造性地以知行统一的方式，开创人民大众立场具体化、时代化的新局面。① 党的十八届三中全会把“促进社会公平正义、增进人民福祉”作为全面深化改革的出发点和落脚点，明确提出坚持以人民为中心的工作导向；国家“十三五”规划把“坚持人民主体地位”作为基本原则贯穿始终；党的十九大把“坚持以人民为中心”作为新时代“十四个坚持”的基本方略。“以人民为中心的发展思想，不是一个抽象的、玄奥的概念，不能只停留在口头上、止步于思想环节，而要体现在经济社会发展各个环节。”② 党的二十大全面总结新时代“贯彻以人民为中心的发展思想”③ 的实践成就，将“坚持以人民为中心的发展思想”④ 明确为新时代新征程必须牢牢把握的重大原则。无论是从理论发展的角度，还是从实践推进的角度，“以人民为中心”的发展思想都直观生动地揭示了马克思主义中国化时代化一脉相承的“批判—建构”逻辑。

二、理论“供给—需求”机制

供给和需求是存在于现实社会的基本关系，也是社会研究的基本工具。正如恩格斯所言，“社会一旦有技术上的需要，这种需要就会比十所大学更能把科

---

① 杜黎明．教学科研互动的“马克思主义基本原理”概论课程实践探索［M］．成都：四川大学出版社，2018：35-36.

② 习近平．习近平谈治国理政：第二卷［M］．北京：外文出版社，2017：213-214.

③ 习近平．高举中国特色社会主义伟大旗帜　为全面建设社会主义现代化国家而团结奋斗——在中国共产党第二十次全国代表大会上的报告［M］．北京：人民出版社，2022：10-11.

④ 习近平．高举中国特色社会主义伟大旗帜　为全面建设社会主义现代化国家而团结奋斗——在中国共产党第二十次全国代表大会上的报告［M］．北京：人民出版社，2022：27.

学推向前进”①，社会需要能够激发社会供给，但需要并不能自动产生供给。另外，现实的供给也是一种社会示范，进而激发社会需要。经济学区分需要和需求，将需求界定为有支付能力的需要，这事实上是对潜在的需要、可能的需要和现实的需要进行区分，是对经济领域的供给和需求之间联动机制进行特殊的、专门的考察。理论源于实践，又是人的思维的产物。相较于经济领域的供给和需求围绕经济利益运动，有价格信号为指引，哲学社会科学理论的“供给—需求”联动机制远比经济领域复杂。新时代是一个需要理论，也一定能够产生理论的时代，运用“供给—需求”的分析范式，重在通过对新时代理论供需主体、理论供需影响因素、理论供给理论需求联动机制的深入分析，探寻新时代理论治理促进理论发展、理论扩张的途径和方式。

（一）新时代的理论需求

需求主体的多元性和需求内容的多样性凸显需求的复杂性。新时代的理论需求是指新时代中国特色社会主义建设的理论需求，大致分为党领导中国特色社会主义建设的理论需求，人民群众更好地参与中国特色社会主义建设实践的理论需求以及追求美好生活的理论需求。新时代理论需求体现在我们党以人民为中心的治国理政实践结构优化的诉求中。在党治国理政的实践结构中，党是实践主体，人民群众是实践客体；主体客体化，是通过党的宣传工作，人民群众的理论学习，把党治国理政的诉求融入人民群众的思想理念、行为决策原则，人民群众作为实践客体自觉接受我们党治国理政的诉求；客体主体化，是通过广泛收集民意、集中民智，使人民群众追求美好生活的诉求融入党治国理政决策之中。从理论源于实践，实践需要理论指导，理论—实践协同发展的角度来看，新时代的理论需求是指新时代创造伟业的伟大实践释放的理论需求，是新时代化解面临的挑战和风险、解决制约经济社会发展的现实问题、完成新时代的任务、实现新时代的目标释放的理论需求。

1. 新时代问题导向的理论需求

坚持问题导向就是坚持矛盾分析。矛盾是事物的存在方式，事物内部的矛盾运动是事物变化发展的动力源泉；问题是事物包含和承载的矛盾的外化，是事物内在矛盾运动的外在呈现，坚持问题导向是马克思主义唯物辩证法的基本要求。问题是实践的起点、创新的起点，抓住问题就能抓住经济社会发展的“牛鼻子”。发现问题、研究问题、解决问题，始终是推动一个国家、一个民族

① 中共中央马克思恩格斯列宁斯大林著作编译局．马克思恩格斯文集：第10卷［M］．北京：人民出版社，2009：668.

向前发展的重要动力。① 坚持问题导向、具体问题具体分析、实事求是，是贯穿中国共产党领导革命、建设和改革各时期的良好作风。“农村包围城市”的革命道路，“独立自主、自力更生”的建设方针，“摸着石头过河”的改革策略，无不彰显出坚持问题导向的智慧。党的十八大以来，以习近平同志为核心的党中央治国理政着力于真找问题、找真问题、找准问题，精准应对和化解问题，呈现出鲜明的问题导向特色。习近平总书记的系列讲话中，始终贯穿着“强化问题意识、坚持问题导向”的鲜明理念。

每个时代都有其特有的问题。正如习近平总书记在《之江新语》中引用的马克思的一句名言，“问题就是公开的、无畏的、左右一切个人的时代声音。问题就是时代的口号，是它表现自己精神状态的最实际的呼声”②。时代问题总是历史的延续、总有其根源，新时代面临错综复杂的矛盾、盘根错节紧密交织的问题，是我国改革开放无可避免、无法回避的必然事件。改革开放新时期，我国走了一条浓缩追赶型、并联式的现代化道路，只用几十年就取得西方发达国家现代化历时百年方才取得的发展成就。全面深化改革新时代，我国必然要集中应对西方发达国家在上百年的时间里逐步、分散化解的现代化难题。激发理论需求、倒逼理论供给的问题总是以新时代需要面对的挑战、需要化解的风险、需要克服的困难、需要补齐的短板等方式呈现；沉着应对挑战、审慎化解风险、努力克服困难、尽快补齐短板所需的理论知识、理论思维、理论工具，汇聚成为新时代的理论需求。

2. 新时代目标指引的理论需求

行为的目的性、计划性，是意识主观能动性的重要表现。善于制定目标、分解落实目标，以长远目标指引方向，前后连续衔接的阶段性目标和短期目标分解和落实长远目标，是中国共产党领导革命、建设和改革的重要经验。新中国成立以来，如期实现的国民经济和社会发展五年计划（规划）目标与年度计划目标，浓墨重彩地绘就了当今中国特色社会主义的美好画卷。坚定共产主义远大理想和中国特色社会主义共同理想，不仅是要把理想和现实之间的张力转化为推动社会发展、历史进步的动力，更是要把实现阶段目标、短期目标的发展成就汇聚成为富强民主文明和谐美丽的社会主义现代化强国的美好画卷，最终步入人自由而全面发展的美好社会。

如期实现新时代的目标激发理论需求。目标是希望，是行动的指引，乃因

---

① 贾立政．在坚持问题导向中开创事业发展新局面［N］．人民日报，2017-09-14（7）．

② 习近平．之江新语［M］．杭州：浙江人民出版社，2013：235．

其源于现实又超越现实。目标分解落实既是艺术，更是科学。唯有艰苦奋斗、科学实践，目标才能最终变成现实。实现中华民族伟大复兴的中国梦，是近代以来亿万中国人民孜孜以求的夙愿；实现现代化、建成社会主义现代化强国，是新中国开启社会主义建设征程时就确立的目标。中华民族要在新时代实现从站起来、富起来到强起来的伟大飞跃，高高举起中国特色社会主义的伟大旗帜走向世界舞台中央，“拓展了发展中国家走向现代化的途径，给世界上那些既希望加快发展又希望保持自身独立性的国家和民族提供了全新选择，为解决人类问题贡献了中国智慧和中国方案”①，新时代的目标具有明显的全球视野和人类社会整体发展的情怀。把目标有机融入由实践主体、实践客体、实践中介等组成的实践结构中，是保障目标实现的有效方式。无论是把新时代的宏伟目标分解为相互衔接协同的系列目标，还是把系列目标融入中国特色社会主义建设的实践结构，都需要理论的指引；如期实现新时代的伟大目标，释放出强劲的理论需求。

3. 新时代任务驱动的理论需求

经济社会发展目标和任务统一到能动的创造历史的社会实践中。目标需要落实到任务中，任务承载着目标，目标又指引着行动。发挥人民群众创造历史的主观能动性，意味着遵循历史规律合理设置长远奋斗目标，把奋斗目标细化落实到一系列前后衔接的历史使命、历史任务中；创造历史的实践进程中，把要完成的艰巨任务科学地分解为目标群，再依据目标设计当下的实践方案。历史进程中的目标任务设置，实现目标、完成任务的实践方案设计，既是历史唯物主义研究的理论生长点，也是一个需要多学科理论指导的现实问题。

完成新时代的艰巨任务激发理论需求。从不同的角度，新时代的历史任务有着不同的表述。从党史国史的角度，以习近平同志为核心的党中央，确定了在新时代坚持和发展中国特色社会主义，实现中华民族伟大复兴，全面建成社会主义现代化强国的历史任务；从目标任务相统一的角度，新时代的历史任务主要表现为全面推进现代化建设、完成祖国统一，维护世界和平与促进共同发展；从完成任务的抓手的角度，新时代的任务集中表现为落实中国特色社会主义事业“五位一体”总体布局和“四个全面”战略布局。无论是共产主义远大理想和中国特色社会主义共同理想具体化为历史任务，还是新时代重大历史任务的分解和落实，还是完成具体任务的实践方案的制定与实施，都激发和释放

---

① 习近平．决胜全面建成小康社会　夺取新时代中国特色社会主义伟大胜利——在中国共产党第十九次全国代表大会上的报告［M］．北京：人民出版社，2017：10.

出强劲的理论需求。

（二）新时代的理论供给

创造历史伟业的实践需要理论指导。正如马克思所言，“理论一经掌握群众，也会变成物质力量。理论只要说服人，就能掌握群众，而理论只要彻底就能说服人”①。新时代的理论供给不仅包括创生新理论，还包括创新理论的大众化传播，以及对人民群众的理论教育。在国际舞台上，理论供给是国家的话语权生成和实现的关键环节，是一个国家占据本国和世界意识形态阵地的根本战略。从滋生激发理论供给的角度，新时代的理论供给承载着保障国家意识形态安全，回应理论需求，繁荣学术研究等使命。

1. 保障意识形态安全的理论供给

保障意识形态安全需要强大的理论支撑。意识形态不设防，放任形形色色的社会思潮消解主流意识形态，无异于任由病毒侵体，自废武功、自毁防线。意识形态领域的斗争是一场无硝烟的战争，没有意识形态安全就不可能有国家的安全。与思想舆论领域的红色、黑色、灰色的“三个地带”划分相对应，保障意识形态安全的理论供给包括引领社会思潮、澄清模糊认识、揭批歪曲中伤的言论等类型。红色地带是我们的主阵地，一定要守住；红色地带的理论供给，重在指引前进方向。黑色地带主要是负面的东西，要敢于亮剑，大大压缩其地盘；黑色地带的理论供给，重在正本清源，揭批反动观点的社会危害，错误思潮的虚假本质。灰色地带要大张旗鼓争取，使其转化为红色地带；灰色地带的理论供给，重在启发思考，明辨是非。

2. 回应实践需求的理论供给

理论需求是激发理论供给的重要力量。马克思主义认为，“一切划时代的体系的真正的内容都是由于产生这些体系的那个时期的需要而形成起来的”②，从这个意义上讲，新时代的理论需求决定新时代的理论供给。与理论需求类型区分相对应，问题导向、目标指引、任务驱动是划分创造历史的社会实践类型、确定理论供给重点的依据。问题导向重点指引当前行动，理论需求由现实难题激发，找准问题、明晰问题的性质，弄清问题成因，问题对经济社会发展的制约，推动问题转化、化危为机等，都是理论增长的向导。目标指引从将来出发，谋划长远和整体，强调下一步应该做什么，依据社会发展规律、历史发展规律

① 中共中央马克思恩格斯列宁斯大林著作编译局．马克思恩格斯文集：第 1 卷［M］．北京：人民出版社，2009：11.

② 中共中央文献研究室．十六大以来重要文献选编：上［M］．北京：中央文献出版社，2005：366.

科学构想未来社会场景，合理确定描绘未来场景的指标，依据指标设计实践结构等，都指引着理论增长。任务驱动以当前正在做的事情、必须完成的任务为中心，完成任务的条件保障和资源配置，该任务关联牵动的发展事项、发展领域，任务完成过程的跟踪反馈及评价等，都驱动理论增长。

3. 繁荣学术研究的理论供给

马克思主义具有超越时空的魅力和价值。马克思主义理论研究，既要为当前实践提供理论指引，也要为未来实践提供理论指引。马克思主义学术研究，深化对人类社会发展一般规律、党的执政规律、社会主义建设规律的研究，增强对未来的预见性，把引领未来发展趋势和发展潮流的诉求植入当今的实践中。仰望星空的学术探究，重在以穿透历史的深邃目光，以把握人类思维发展和社会实践的趋势的能力，以贯通历史—现实—未来的智慧，提供指引人类改变世界、创造历史的理论供给。

4. 新时代理论供给的源头活水

历史文化启示与借鉴。中华民族拥有五千多年的历史文化积淀。马克思主义与中华优秀传统文化息息相通，与时俱进地传承优秀传统文化，是马克思主义理论发展的重要方式。新时代中华民族日益走近世界舞台中央，国际国内形势发生广泛而深刻的变化，悠久的历史文化中蕴含应对变局的中华智慧。深度挖掘历史文化的启示与借鉴，是推动新时代马克思主义理论创新发展的重要动力。

马克思主义基本原理的创新性发展。马克思主义不是教条，而是研究的方法。马克思主义基本原理提供了分析经济社会发展、激发和汇聚历史发展动力的基本方法，揭示了人类社会发展演变的基本规律。经济社会发展一方面验证马克思主义基本原理的科学性，另一方面又为基本原理注入时代的内涵，丰富基本原理所揭示的历史规律的表现形式。揭示马克思主义基本原理的新时代意蕴，赋予马克思主义基本范畴、基本理论以新时代的具体内容，阐释论证新时代的伟大实践对马克思主义基本原理的坚持和发展，为新时代理论发展注入了重要动力。

实践经验的理论总结与提炼。理论源于实践，实践经验总结提炼是生成理论的重要方式。“当代中国正经历着我国历史上最为广泛而深刻的社会变革，也正在进行着人类历史上最为宏大而独特的实践创新。这种前无古人的伟大实践，必将给理论创造、学术繁荣提供强大动力和广阔空间。”① 新时代的实践经验总

① 习近平．在哲学社会科学工作座谈会上的讲话［M］．北京：人民出版社，2016：8.

结与提炼，对马克思主义社会形态理论、历史规律研究有着特别重要的意义。

国际经验及理论的本土化改造本土化创新发展。文明总是在交流互鉴中实现发展。借鉴国际经验、外来理论与文化交流拓宽视野、丰富知识体系存在着显著的区别。前者是要从中寻求改变现实、履行使命完成任务的行动指南，后者主要是从中寻求思想的素材，开阔眼界，并不是要寻求实践指导。“理论在一个国家实现的程度，总是取决于理论满足这个国家的需要的程度”①；借鉴吸收先进经验和先来理论，首先要明确为什么要借鉴、怎么借鉴，切忌不加批判地生搬硬套，更不能“削足适履”，把外来经验和理论作为剪裁现实、修正实践的直接依据。依据我们正在做的事情、肩负的历史使命，要完成的历史任务，从中归纳提炼出理论需求，再据此寻求借鉴的对象。明确借鉴的对象之后，首先需要深入分析滋生孕育经验、理论的客观存在和当前的现实条件之间的相似之处和显著的区别所在，切忌仅仅依据经验、理论的字面意思、表面内容就做出借鉴的决定；然后从具体的国际经验及理论中抽象出思想理论精神，再依据本土实际，将抽象的理论精神具体化为本土的实践经验和理论，对国际经验及理论进行本土化改造本土化创新发展之后再用以指导实践。

（三）新时代的理论治理

经济领域的供需具有主体对应的特征。市场供需机制和价格机制，使商品的供给主体和需求主体建立起彼此间明确辨识、相互调适的对应关系，需求产生后，自然会有供给产生；供给形成后，也会孕育滋生带动相应的需求。与此不同，理论的供给和需求难以建立明确的、可辨识的对应关系。理论需求与理论供给难以实现自然的对接，理论需求不会主动得到满足，理论供给不会自然满足理论需求。理论供需失衡滋生激发和驱动理论治理，“理论治理是占据社会统治地位的阶级阶层对反映和维护本阶级阶层的根本利益的思想理论进行灌输、管理、引领、控制宣传和渗透的实践活动”②。旨在实现理论供给和理论需求有效对接的理论治理，既要着力于增强有效的理论供给，又要着力于引导形成正确的理论需求；既要防止理论供给不能满足理论需求，又要防止理论需求背离或偏离理论供给。新时代理论治理的重点在于理论供给。增强有效的理论供给，对理论思考和学术探究提出新要求：一是必须立足现实问题，致力于研究真问题、真正研究问题；二是着眼发展目标，紧扣发展任务，突出研究的目标指

① 中共中央马克思恩格斯列宁斯大林著作编译局．马克思恩格斯文集：第1卷［M］．北京：人民出版社，2009：12.

② 储著源．从理论需求、理论供给到理论治理——以马克思主义中国化为分析视角［J］．学术探索，2019（8）：20-27.

向性。

新时代理论治理要着力破除对西方理论的迷信。迷信西方理论，才会生硬地用西方理论裁剪中国实践。没有坚定的文化自信和历史自信，就不可能彻底破除对西方理论的迷信，也不可能建成社会主义现代化强国。文化自信和历史自信紧密关联，没有坚定的历史自信，很难有坚定的文化自信。中华民族曾长时期引领人类文明发展，中华民族悠久文明史积淀的优秀传统文化，是增强文化自信的重要底气和根基；从这个角度看，历史自信是文化自信的重要组成部分，文化自信是历史自信的直观表现。伟大历史成就激发历史自信，“党的百年奋斗从根本上改变了中国人民的前途命运，开辟了实现中华民族伟大复兴的正确道路，展示了马克思主义的强大生机，深刻影响了世界历史进程，锻造了走在时代前列的中国共产党”①，百年党史在世界历史中镌刻了浓墨重彩的画卷。新中国在一穷二白的基础上建成了世界第二大经济体和最大工业国，建成了具有重要世界影响力的大国，取得了让世界刮目相看的成就，增强历史自信有着坚实的物质基础。改革开放创造了世所罕见的经济快速发展和社会长期稳定两大奇迹，改革开放史成为当代世界史最为抢眼炫目的篇章。党史、新中国史、改革开放史中蕴含丰富的文化资源，学史增信，学史明理；历史自信又成为促进文化繁荣的重要养分，历史经验的学术规范化表达，为破除对西方理论迷信提供重要启示和方法。

第二节　新时代的以实践为中心的理论扩张

实践是马克思主义理论体系的基本范畴。信息技术、人工智能等新兴技术在社会生产生活中得以广泛而深入的应用，引发实践形式、实践结构的深刻变化，新时代赋予实践这一理论范畴以新的内涵。实践是理论的最终来源，是变革现实的基本方式；新时代实践经验的理论总结和提炼，推动新时代的理论扩张；适应新时代实践结构优化的客观需要，化解新时代实践的现实制约，释放出新时代的理论需要，提出以实践为中心的理论扩张的现实要求。

---

① 中共中央关于党的百年奋斗重大成就和历史经验的决议［M］. 北京：人民出版社，2021：62-65.

一、实践范畴引致理论增生

实践范畴是理解马克思主义理论的关键，科学实践观的创立是人类思想史上的一场伟大革命。无论是解释现实的哲学，还是力图改变现实的思想家，都不可能站在实践之外，借助单纯的思维运动实现自己的意愿。现代社会中，无论是抽象的实践范畴，还是具体的实践活动、实践评价，都滋生孕育新的理论。

（一）实践内涵的现代拓展

人类思想史上，实践范畴的内涵变迁总是伴随着重大的思想变革。实践范畴的在场空间经历了从伦理道德范围到精神领域再到社会现实和历史空间的变化，对实践活动的认识也就有了中国古代哲人的与“知”相对应的道德伦理行为，康德的理性自主的道德活动，黑格尔的主观改造客观对象的创造性精神活动，费尔巴哈的日常生活中的物质性活动。马克思主义批判性地继承和发展了人类文明对实践范畴的认识，把实践视为哲学的根本原则和思维方式，把实践活动理解为人为了满足需要而能动地改造客观世界的社会性的物质活动。实践活动总有其目的，总会在客观世界留下人的主观意愿的烙印，是人的社会属性的彰显和体现。现代社会中，不同语境下的实践范畴存在“抽象—具体”的内涵差异，一是现实的、具体的主观见之于客观的实践活动和具体实践活动的抽象表达，二是独立的、具体的实践活动和由具体实践活动构成的实践集合。实践是认识来源中的“实践”，主要是现实的具体实践活动，实践是检验真理的唯一标准中的“实践”，不是特指某一具体的实践活动，而是泛指由若干具体实践活动构成的抽象的实践活动集合。信息技术、网络技术的快速发展，人工智能的广泛运用，使实践主体、实践客体、实践中介三大要素形成的实践结构，以及主体客体化与客体主体化的双向运动过程都呈现出新的特征。

虚拟实践拓展了实践的内涵。虚拟实践本质上是实践主体和实践客体通过数字化中介系统在虚拟空间进行的双向对象化活动。这种活动的“实践性”在于它具有形式完整的实践结构，“虚拟性”在于它的在场空间不是现实的社会生活而是人的感官无法直接把握的网络空间、数字空间，活动的结果、活动的产出并非物质性实体。虚拟实践的三大结构要素中，实践主体总是真实的主体——人，这也是虚拟空间的交互活动能冠之以“实践”的原因。虚拟实践“使人类实践对象第一次突破了纯粹形态的外部物质世界的界限，使数字化符号上升为实践中介手段，使人类社会活动的信息经由计算机系统进行数字化处理和合成转换，使主体置身于一个新的关系实在的虚拟现实之中"①，开启了对实践活动进行批判性反思，实践范畴进行前提性反思的新领域。虚拟实践大大降低了实践试错、探寻规律的成本，开创了"理论—实践"协同、完善优化实践结构、增强实践预见性、提高实践效果效率的新境界。虚拟实践使主体客体化、客体主体化的结果"真实"而"完整"地呈现在虚拟平台上，实践主体依据虚拟平台上展示的结果调整实践目标，反复试错以优化实践结构，完善实践方案，耗用较短的时间完成对规律的认知，使历史创造者的主观能动性得以更充分地发挥。

（二）实践活动驱动理论扩张

人有意识的生命活动把人与动物直接区分开。人的生命活动是有意识的社会实践活动，而动物的生命活动是生物性的本能活动。实践活动是彰显人的社会性、历史性，自觉的能动性活动。具体实践活动引致的理论扩张，既有实践形式丰富引发的认识发展，也有实践结构变迁与优化引发的对实践规律认识的深化，更有实践经验的理论总结对理论体系的丰富，对历史规律的深化认识。

实践活动的形式是人类文明发展的标识。物质产品生产是人类社会生存和发展的前提，生产物质产品的实践也就成为人类社会最基本的实践活动形式。同一时空范围内存在不同形式、不同类型的实践活动，其中占主导地位的实践形式、实践类型是区分人类文明程度、社会形态演变的重要依据。不同社会中，以及同一社会的不同发展阶段上，实践活动的具体形式、具体类型，同种类型的实践活动对社会生存和发展的影响大小总是存在差异。阶级斗争成为基本实践，是阶级社会的基本特征；虚拟实践不断地开疆拓土则是信息社会的特征，生产和消费精神文化产品的实践耗费时间越多，社会文明程度越高。实践活动内涵拓展本身就是理论增长点，实践活动形式翻新、占社会主导地位的实践活动类型更替背后总是隐藏着新的规律，实践活动的经验总结与反思，始终是理论创新的源动力。

长期不懈地实践才能形成把握客观世界变化的敏锐性。实践观点是马克思主义哲学的核心观点；无论是科学地认识世界，还是正确地改造世界，都只能在实践活动中才得以实现。实践出真知，无论是认识和把握物质世界的运动变化规律，还是对物质运动变化的警觉，把握世界快速变化的敏锐性，都只能在长期坚持不懈地实践中养成。工业化彻底改变农业文明时期人类社会数年如一日，甚至是数十年、数百年如一日的缓慢发展态势，使人类社会驶入"日新月

① 张明仓．虚拟实践与马克思主义哲学的当代形态［J］．学术研究，2003（2）：29-32.

异”、快速发展的“快车道”，全球化放大了这种“日新月异”、快速发展的趋势，增加了经济社会发展的不确定性。难以适应快速发展的节奏，缺乏把握和应对不确定性的能力，是不时泛起的逆全球化潮流的重要成因。新时代中华民族日益走近世界舞台中央，实现从站起来、富起来向强起来的伟大飞跃，总会遭受霸权主义的遏制，面临不甘心、不愿意中国强大的利益集团的阻碍；复杂多变是新时代的国际国内局势的总体特征，积极投身新时代中国特色社会主义建设的伟大实践，增强把握时局变化的敏锐性，是实现新时代伟大使命、成就新时代的伟业的现实要求和根本保障。

实践活动“生成”和“校验”客观规律。实践活动受客观规律制约，客观规律体现和承载于实践活动，正是通过对实践活动的反思和认识，才能形成、不断深化和完善对客观规律的认识，从这个角度看，实践“生成”规律和“校验”客观规律。规律是事物内部各要素之间内在的、本质的、必然的联系，实践规律是在特定时空条件下，实践活动要素、实践结构变迁与实践结果之间的联系。实践主体发挥主观能动性，在一定范围内可以打破客观条件对实践活动的制约，开创实践结构优化调整的新局面，产生超越实践规律制约的实践结果。兵马未动、粮草先行，后勤保障是战争制胜的保障，这已是历史一再验证的军事规律。解放战争时期，刘邓大军千里跃进大别山，抗美援朝的胜利等看似违背军事规律的伟大成就，本质上都是实践主体发挥主观能动性而取得的超越实践规律制约的实践成果。主观能动性对实践结果、实践规律出场在场的影响总体而言还属于偶然。实践主体的主观能动性和偶然性因素，都是实践规律的构成要素，是影响实践规律在场、出场效果的重要原因。历史规律发挥作用的时空范围远较实践规律大，历史规律通过时空范围的延展，消解偶然性因素对实践规律在场、出场的影响，中和主观能动性对实践规律在场、出场的影响，使主观能动性以历史必然性的方式现身于历史规律之中。历史规律隐藏在历史活动之中，历史主体做出违背历史规律的行为决策，未能如愿以偿，取得预期的实践结果，遭受到实践规律的惩罚之后，历史规律以纠正历史主体行为偏差的方式出场。实践检验历史创造者认识和把握历史规律的效度。主观辩证法只可能无限接近客观辩证法，不可能代替客观辩证法；基于对历史发展规律的认识，历史创造者在社会实践中追求其主观意愿的历史进程；主观追求的历史进程与客观历史事实展现的历史进程的差距，成为检验历史创造者认识和把握历史规律效度的重要依据。

（三）实践科学性的出场依据

认识的来源和认识真理性评价都提出实践科学性的命题。实践是认识的来源，正确的实践才会形成正确的认识；实践是检验真理的唯一标准，并不意味着任何具体的实践都可以充当检验认识真理性的标尺，只有正确的实践才具有检验认识真理性的资格。具体的实践活动总是承载着检验“旧认识”、形成“新认识”的双重使命，与探索和利用自然规律的实践科学性评价具有不以人的主观意志为转移的客观标准不同，社会历史领域的检验认识与实践评价都不可能做到价值无涉、价值中立。人类社会发展进程中，“对于具体的实践来说，由于受政治立场、实践目的、实践方法等的限制，本身并不是自然而然地就是正确的；判断实践正确与否的标准到底是什么，也就成了马克思主义认识论必须予以解决的问题”①。认识的检验、认识评价与实践的评价，是认识过程中的两个相对独立又存在内在紧密联系的阶段。认识检验是看主观认识是否与客观实际相符合，认识评价重在解决实践的指导思想秉持的立场和价值追求。

中国特色社会主义的实践评价以人民根本利益为最高标准。实践评价是依据客观规律和社会要求，对实践目的、方法和效果的正确性检验，具体包括三个环节：一是对实践目的伦理反思，审查实践目的承载的利益以及利益分配是否合理，是否符合主流价值观；二是对实践设计的理论审视、逻辑检验，运用科学原理、思维的力量，让实践活动在人的头脑中预演，以考察实践方案的可行性，审查实践活动诸要素是否实现优化配置；三是比较现实的实践结果和预期的实践结果，对实践效果进行合理性评价。社会主义建设的实践评价标准在历史进程中不断丰富和完善。毛泽东强调，“社会主义革命的目的是为了解放生产力”②，提出了社会主义实践的“生产力标准”；在此基础上，邓小平进一步提出了“是否有利于发展社会主义社会的生产力，是否有利于增强社会主义国家的综合国力，是否有利于提高人民的生活水平”③ 的“三个有利于”评价标准。以习近平同志为核心的党中央强调“全心全意为人民服务，是我们党一切行动的根本出发点和落脚点，是我们党区别于其他一切政党的根本标志。党的一切工作，必须以最广大人民根本利益为最高标准。检验我们一切工作的成效，最终都要看人民是否真正得到了实惠，人民生活是否真正得到了改善，人民权益是否真正得到了保障。我们党的执政水平和执政成效都不是由自己说了算，必须而且只能由人民来评判。人民是我们党的工作的最高裁决者和最终评判

① 郝立忠．人民根本利益是评价实践的最高标准［J］．马克思主义研究，2019（10）：77-86.

② 毛泽东．毛泽东文集：第7卷［M］．北京：人民出版社，1999：1.

③ 邓小平．邓小平文选：第3卷［M］．北京：人民出版社，1993：372.

者”①，明确提出中国特色社会主义实践评价的人民根本利益的最高标准。

二、新时代实践经验的理论总结

实践经验总结提炼形成理论，实践所及的广度和深度决定理论的高度。中国特色社会主义是改革开放以来党的全部理论和实践的主题，从实践催生理论、理论指导实践，协同彰显中国特色社会主义的时代特色的角度，“新时代实践的内在逻辑是：新实践形成新时代，新时代提出新课题，新课题催生新理论，新理论引领新实践”②。党治国理政，领导人民群众创造新时代的伟大历史具体包括两类实践：一是我们党为实践主体的治国理政实践，二是人民群众为实践主体的社会主义建设实践。前者的实践经验总结丰富和发展对我们党执政规律的认识，后者的实践经验总结丰富和发展对社会主义建设规律的认识。

（一）党治国理政实践经验的理论总结

党的十八大以来，党和国家的面貌发生了重大而深刻的变化，解决了许多过去长期想解决而没有解决的问题，办成了许多过去长期想办而没有办成的大事要事；这既丰富了治国理政经验，也深化了对执政规律的认识。

新时代党治国理政实践集中体现在“四个伟大”中。中国共产党代表最广大人民群众的利益而没有自己任何私利，是领导中国人民谋求民族独立、人民解放和国家富强、人民幸福的使命型政党。没有私利的使命型政党的执政理念、执政逻辑、执政方式与代表特定群体利益的分肥型政党有着根本的差异。运用西方政党理论研究阐释我们党治国理政实践，难以正确揭示党的执政规律；“实事求是”“独立自主”的理论研究原则，对党治国理政实践经验的理论提炼和理论总结有着特别重要的意义。实现中华民族伟大复兴是近代以来中华民族伟大的梦想，新时代是实现这个梦想的最后“冲刺期”。实现伟大梦想，是我们党新时代治国理政实践的目标；进行伟大斗争、建设伟大工程、推进伟大事业是治国理政实践的具体形式；全面深刻总结“四个伟大”的实践经验，不仅释放出强劲的新时代理论张力，而且也是新时代重要的理论供给。

以行示范、以上率下激发发展信心。信心、信念激发实践主体主观能动性，滋生和激发实践动力。党的十八大以来，以习近平同志为核心的党中央，坚持以行示范、以上率下，向全党、全社会、全世界传递执政理念，彰显攻坚克难的信心和勇气。2012 年 12 月 4 日，中共中央政治局召开会议，审议通过了中央

---

① 习近平．习近平谈治国理政：第一卷［M］．北京：外文出版社，2014：28.

② 毕京京．新时代马克思主义实践观的新境界［J］．毛泽东研究，2019（3）：19-26.

政治局关于改进工作作风、密切联系群众的八项规定，我们党的治国理政团队以严厉的自我约束向全党、全社会传递了以上率下、从严治党，以行示范、执政为民的信心和决心。习近平总书记强调，“我们党作为马克思主义执政党，不但要有强大的真理力量，而且要有强大的人格力量；真理力量集中体现为我们党的正确理论，人格力量集中体现为我们党的优良作风；中央政治局的同志要带头把党的优良作风继承下来、发扬下去，敏于行、慎于言，降虚火、求实效，实一点，再实一点。全党看着中央政治局，要求全党做到的，中央政治局首先要做到”①。审视新时代的治国理政实践，以上率下、率先垂范；一级带着一级干，一级做给一级看；力戒空谈、注重实干；支持创新巧干，纠正莽撞蛮干；既是鲜明的风格和特色，也是深刻的经验总结。

“站起来”“富起来”“强起来”诉求的时空并存。中国共产党成立后，领导中华民族先后实现“站起来”“富起来”，新时代党治国理政则要实现中华民族“强起来”。作为党史国史阶段划分的依据，“站起来”“富起来”“强起来”有着严格的先后历时性顺序。继成立新中国，实现政治上的“站起来”，我们党治国理政取得了完成社会主义的“三大改造”，建立生产资料公有制，初步建构完整的工业体系等伟大成就，实现经济上的“站起来”。政治“站起来”和经济“站起来”，为中华民族在改革开放新时期“富起来”、全面深化改革新时代“强起来”奠定了坚实的基础。作为三种实践诉求，“站起来”“富起来”“强起来”并存于近代以来中华民族创造历史的伟大实践之中；“站起来”“富起来”“强起来”的阶段划分，是依据三种实践诉求中最紧迫、最强烈的诉求对中华民族实现伟大复兴的奋斗史进行的历史分期。三种诉求时空并存，强调后一阶段不能侵蚀前一阶段的根基，不以“富起来”为由侵蚀“站起来”的根基，不能以“强起来”为由侵蚀“站起来”和“富起来”的根基。以改革开放为由，借言发展多种所有制经济而侵蚀公有制经济的主体地位，以产业布局优化调整为由而破坏经济体系，特别是工业体系的完整性，都是对三种诉求的时空并存规律的直接违背。

持续深入践行党的群众路线。群众路线是党领导革命、建设、改革的基本经验，人民群众身处发展第一线，最了解客观实际，最清楚发展诉求、发展的短板制约；人民群众的聪明智慧和伟大实践是中华民族伟大复兴的动力源泉。在不同的历史时期，践行群众路线的基本要求、实际举措、难点和重点等都存

---

① 中央纪律检查委员会，中央文献研究室．习近平关于严明党的纪律和规矩论述摘编［M］．北京：中央文献出版社、中国方正出版社，2016：98.

在差异，始终坚持群众路线、与时俱进持续深入地践行群众路线，是我们党领导中国革命、建设和改革的基本经验。习近平总书记强调，“崇高信仰始终是我们党的强大精神支柱，人民群众始终是我们党的坚实执政基础。只要我们永不动摇信仰、永不脱离群众，我们就能无往而不胜”①。以习近平同志为核心的中国共产党在新的历史条件下持续深入践行群众路线，将人民对美好生活的向往作为党的奋斗目标，把为民务实清廉的价值追求深深植根于全党同志的思想和行动中，形成了坚持以人民为中心的发展思想，制定和实施了以人民为中心的发展战略和发展政策，开创了践行群众路线的新境界。

准确把握社会发展阶段和社会主要矛盾。治国理政中坚持实事求是的工作路线，要求准确把握所处历史阶段和社会主要矛盾。社会主义道路探索时期，各种等超越现实条件的社会运动遭受挫折，发出正确认识所处发展阶段的警醒。改革开放以来，正是因为有了对社会主义初级阶段现实国情的深刻认识，并据此制定实施经济社会发展战略和政策，中国特色社会主义才焕发出强大的生机和活力。全面深刻地认识和把握社会矛盾运动，对社会主要矛盾及其变化做出准确地判断，是政治路线正确的基本前提。正是因为深刻认识和顺应了社会矛盾的变化，中国共产党才能领导人民不断地取得革命和建设的胜利。“历史充分说明，党和国家社会事业能不能顺利发展，同我们能否随着社会历史条件的变化准确认识和把握社会主要矛盾，能否在这个基础上制定正确的政治路线和战略策略，紧紧联系在一起。坚持从我国社会实际状况出发，在诸多社会矛盾中敏锐地抓住主要矛盾，并自觉围绕主要矛盾部署党和国家全局工作，是我们党自觉运用马克思主义矛盾学说分析解决中国革命建设改革具体问题的一条成功经验。”② 正是因为有党的八大对我国社会主要矛盾已经是人民对于建立先进的工业国的要求同落后的农业国的现实之间的矛盾的正确认识，才有建立独立完整的工业体系的伟大实践，才使新中国继政治上站起来之后实现了经济上的站起来，为实现富起来、最终真正实现强起来奠定了坚实的物质基础。正是因为有党的十一届六中全会对我国社会主义初级阶段主要矛盾是人民日益增长的物质文化需要同落后的社会生产之间的矛盾的新认识新判断，才有使中国人民富起来的以经济建设为中心、坚持生产力标准的社会主义改革开放伟大实践。党的十九大审时度势，对社会主要矛盾再次做出了新判断，并基于这种判断做出

① 中共中央党史研究室．习近平关于实现中华民族伟大复兴的中国梦论述摘编［M］．北京：中央文献出版社，2013：77.

② 本书编写组．党的十九大报告辅导读本［M］．北京：人民出版社，2017：126.

中国特色社会主义新时代的战略部署和安排，为中国人民继富起来之后实现全面真正的强起来提供了充实的保障。党的十九大强调，新时代我国社会主要矛盾的变化，没有改变我们对我国社会主义所处历史阶段的判断，我国仍处于并将长期处于社会主义初级阶段的基本国情没有变，我国是世界最大发展中国家的国际地位没有变。准确把握社会发展阶段和社会主要矛盾，并据此制定实施经济社会发展战略和政策，是新时代党治国理政的基本经验，也是对执政规律、人类社会发展规律的丰富和发展。

（二）人民群众的社会主义建设实践经验总结

人民群众是历史的创造者。人民群众创造历史不是随心所欲，而是受客观规律的制约。恩格斯的历史合力论指出，“无论历史的结局如何，人们总是通过每一个人追求他自己的、自觉预期的目的来创造他们的历史，而这许多按不同方向活动的愿望及其对外部世界的各种各样的合力，就是历史”①。历史合力论肯定每一个人都会参与历史创造，每一个人的活动都是形成历史合力的一个分力；分力的大小和方向都直接影响合力，参与历史创造的不同个体对历史进程的作用和影响存在显著的差异。我国改革开放的具体政策往往是在总结人民群众追求美好幸福生活的地方性实践、个体性实践的基础上制定实施的，从这个角度讲，中国特色社会主义是人民群众的伟大创造。总结和提炼人民群众创造中国特色社会主义历史的分力释放与合力集成的实践经验，是生成理论的重要方式。

人民群众追求美好生活生成和释放创造历史的分力。中华民族具有向善、向好的文化传统，不懈追求美好生活的愿望和动机，已经成为流淌在人民群众血管中的魂。人民群众对美好生活的追求呈现出鲜明的新时代中国特色。一是思行并重，积极追求，踏实工作，不陷空想。人民群众追求美好生活既有大胆超前的想法，又有脚踏实地的行动；对美好生活的向往保持了源于现实又超越现实的张力，追求美好生活的行动是有示范引领、有组织领导的理性行动，而不是随心所欲、自以为是的盲动。二是人民群众个体之间追求美好生活的相互包容和示范影响。我国城乡区域发展差异明显，不同地方的人民群众生活习俗和传统、接触和接受新的生活用品及新的生活方式的机会和能力等方面都存在显著差异；新时代加快完善的交通网络、信息网络，大大增强了人民群众之间追求美好生活的交互影响，人民群众追求美好生活既遥望远方又关注当下，实

① 中共中央马克思恩格斯列宁斯大林著作编译局．马克思恩格斯文集：第4卷［M］．北京：人民出版社，2009：302.

现可能和可行的完美结合。三是互助互爱、对口帮扶，关联带动对美好生活的追求。中华民族一家亲的文化传统，社会主义共同富裕的理念已经深深扎根于人民群众心中；人民群众追求美好生活的互助帮扶不仅表现在家庭成员之间，而且表现在城乡区域之间；互助帮扶的行动既有偶然的随机而动，也有有计划有安排的有序行动。人民群众之间追求美好生活的互助帮扶、关联带动，不仅带来全社会范围内追求美好生活的愿望的快速汇聚、快速释放，而且促成追求美好生活行动的示范引领、互学互鉴、取长补短、快速改进。四是勤劳肯干，注重实践，不尚空谈。勤劳肯干的中国人民的汗水浇灌出了经济社会发展的中国速度，离开国情的高谈阔论和脱离群众的夸夸其谈成就不了事业，中国特色社会主义是勤劳的中国人民辛勤劳动干出来的；崇尚实干，崇尚行动是中国人民的良好品质，“不搞无谓的争论，让实践说话，让事实说话，让群众说话，是改革开放和中国特色社会主义事业发展的一条重要经验”①。五是大胆求进和小心谨慎的有机结合。中国人民富于想象、敢于想象，对美好生活、对追求的事业总有大胆的设想；把设想变为现实的行动又讲究小心谨慎，善于积少成多，积小胜为大胜。

人民群众创造历史的合力集成经验总结。推动历史发展的合力既取决于各分力的大小，也取决于各分力的方向。个体人之间的利益并不完全一致，人民群众对美好生活的追求不可能完全统一，彼此之间的冲突在所难免。新时代人民群众追求美好生活的分散动力能够聚合成为创造历史的最大合力，有三个方面的经验值得总结提炼：一是自觉拥护党的领导，维护党中央的权威、党和国家的领袖的权威。“国家是统治阶级的各个人借以实现其共同利益的形式，是该时代的整个市民社会获得集中表现的形式”②；无产阶级政党代表整个阶级的整体利益而无任何私利，中国共产党以全心全意为人民服务为立党宗旨，与时俱进地推进党的建设，全面从严治党以确保党更好、更准确地代表人民群众的整体利益、根本利益、全局利益和长远利益。我们党在治国理政中消弭人民群众个体利益之间的分歧，不断增强社会凝聚力，提高个体人意志和利益与社会整体意志和利益的拟合度；人民群众拥护党的领导，自觉用国家和民族的全局利益、根部利益和长远利益校正个体利益，朝着创造历史合力最大化的方向追求自己的美好生活，积极参与社会主义建设。二是主动融入中国特色社会主义建

① 刘建武，李卓琦．总结人民群众实践经验，推动改革开放事业不断发展［J］．党的文献，2018（6）：7-13.

② 中共中央马克思恩格斯列宁斯大林著作编译局．马克思恩格斯文集：第1卷［M］．北京：人民出版社，2009：584.

设大潮，有组织地参与社会主义建设。中华民族传统文化崇尚的家国天下情怀，蕴含的“责任先于自由”“义务先于权利”“群体高于个人”等价值追求，消减了自由主义、个人主义思潮对社会发展的影响，充实了有组织有领导地参与社会生活的文化力量。在抗击新冠疫情中，中国民众自觉遵守和服从统一的防疫规定，表现出参与社会生活的组织性，与西方国家民众追求个人自由、抵制防疫行为限制形成鲜明的对比。三是崇尚英雄，效法榜样。英雄为普通民众提供了行为示范，崇尚英雄、效法英雄，沿着英雄蹚出的路持续深入地走下去，自然实现了个体分散力量的汇聚。中华民族是崇尚英雄、敬仰英雄的民族，五千年的历史长河中，每一个历史时期都产生了时代需要的英雄。新时代中国特色社会主义事业建设的各领域都涌现出了一批英雄人物，各单位、各组织评选出的先进模范人物，各行业评选的影响力人物为广大民众提供了良好的行为示范，学英雄、效法榜样不仅激发了个体的主观能动性，而且统一了民众个体分散的行动。

实践经验总结的实质是对实践的反思和批判，用具体的实践证实中国特色社会主义的科学性。依据实践主体的分异，全面深刻总结新时代的实践经验；对新时代实践的关照，对新时代实践的批判性反思，既是要对实践经验进行理论总结，也是要对实践中暴露出的问题进行深入的成因分析，寻求问题的应对之计、化解之策，为后续实践提供理论指导和经验启示，以更好地履行新时代的使命，实现新时代的目标。

三、新时代实践生成理论的新变化

实践生成理论有静态和动态两种方式。一是指事后的实践经验的理论总结，即从已经发生的实践中抽象和提炼理论；二是实践进程发现理论需要并及时提供理论供给，即实践催生新理论，从正在进行的实践中提炼理论。新时代是一定能够产生新思想新理论的时代，主要是指第一种理论生成方式；新时代是需要理论指引的时代，主要是指第二种理论生成方式。第一种方式生成的理论，理论生成和理论指导实践有着明显的时空间隔，理论供给和理论需求往往各有其主体，实践主体是依据明确的实践任务、实践目标、稳定的实践环境选择合适的理论；第二种方式生成的理论，理论需求与理论供给，理论生成与理论的实践检验不再具有明显的时空间隔，实践主体是在复杂环境中，在面临较大不确定性的条件下发现理论诉求，自我提供理论供给。

（一）实践生成理论的条件变化

新时代是“是社会主义中国的新时代，也是世界社会主义发展的新时代，是世界马克思主义发展的新时代。这个新时代，标志着当代中国的发展已经超越了国家地理边界而进一步具有了世界历史意义，标志着中国已经有资格成为引领世界马克思主义创新发展的思想理论高地”①。在新时代，国际国内局势变化迅速，实践面临的不确定性和复杂性显著增加，使实践生成理论的条件发生深刻的变化，对实践主体的理论素养、理论思维提出了较高的要求。

韬光养晦的实践空间受到严重挤压。过去较长一段时间内，以美国为首的西方发达国家普遍受惠于中国的改革开放，西方固有的傲慢和偏见使其对中国的发展多持轻蔑的态度，盲目相信中国改革开放最终会实现中国与西方的“大同”。如果说西方对中国的蔑视给中国“创造”了韬光养晦的机会和条件的话，在新时代，信奉“国强必霸”的西方政客已对中国的发展成就、中国的国际影响力保持高度的“警觉”，对中国发展的围堵与遏制极大地压缩了我国韬光养晦的实践空间。尽管中国奉行和平共处、平等互利、合作共赢的国际交往原则，一再宣传和阐释我国的和平崛起理念，仍然不得不应对强加给我国的贸易战甚至是军事挑衅，不得不不厌其烦地澄清对中国的种种“甩锅”论调。

中国实践影响世界的方式发生变化。之前，尽管中国为世界提供价廉物美的商品，为第三世界贫穷国家战贫斗困、为后发国家加快发展提供可资借鉴的实践经验，中国实践的国际影响力总体而言并不显著，影响方式也是以间接方式为主。新时代中国日益走近世界舞台中央，中国实践的世界影响力大为增强，总是要为自己寻找、制造战略竞争对手的美国因此把中国作为其最大的战略竞争对手。新时代实践既有供给侧结构性改革、践行新发展理念等直接指向国家富强的内容，也有像“一带一路”国际合作、构建人类卫生健康共同体这类着眼人类的文明进步，直接指向世界和平繁荣的内容。前者因中国实践为其他国家提供了经验和示范而具有世界意义，后者直接着手解决人类面临的发展制约、发展难题而凸显其世界意义和国际影响。新时代中国实践影响呈现直接影响方式和间接影响方式交织，且直接影响方式越来越凸显。

实践面临的复杂性和不确定性大大增加。长期以来，每当面临复杂性和不确定性的问题时，我们总是通过技术的创新去谋求解决方案。事实上，技术的进步也引发了复杂性和不确定性，技术成为社会高度复杂性和高度不确定性的根源②，技术进步引发伦理反思增加实践决策的难度，使实践方案设计面临更大

---

① 何毅亭．习近平新时代中国特色社会主义思想是21世纪马克思主义［J］．政工学刊．2018（8）：5-8.

② 张康之．为了人类的共生共在［M］．北京：人民出版社，2016：77.

的不确定性。诸如生物克隆技术，核技术研发与应用就曾引发对人类安全、地球安全的担忧。新时代实践面临源自三个方面的复杂性和不确定性：一是人工智能技术、5G通信等新兴技术，极大地改变社会生产生活方式，大大拓展实践的想象空间；二是资本主义世界的分化，国际国内局势的快速变化，国家治理格局大变化带来实践的复杂性和不确定性；三是资本主义国家内部的撕裂，制造和利用民粹主义泛滥的政客带给世界巨大的不确定性，特朗普被一些人称为美国的第二类总统，正是这种不确定性的直观表现。

历史没有假设，历史不可能从头再来；历史的变化、经济社会发展是不可逆的。实践的使命越艰巨，实践的目标越崇高，实践的环境越复杂，实践越需要谨慎。新时代实践生成理论的条件变化，自然引发理论生成方式的深刻变化，这要求对实践主体的理论学习能力、理论素养、理论水平等都提出更高的要求。

（二）实践生成理论的方式变化

实践经验总结提炼理论，需要深入考察实践主体和理论创立主体的关系，这具体表现为两种类型。一是主体重合，理论创立主体就是实践主体；二是主体分异，理论创造者总结提炼他者的实践经验形成理论。前者如我们党是治国理政的实践主体，同时也是党的创新理论的创立主体，我们党通过实践批判、理论批判、自我批判，把经过实践检验的认识上升为理论，把具有内在逻辑联系的理论创立为理论体系。后者如理论研究者的经验借鉴，在梳理总结提炼其他主体的实践历程，深入剖析其他主体的实践模式的基础上，提出新观点创立新理论。曲解误解中国实践，甚至是谬评谬断中国特色社会主义的理论观点、理论主张：一是理论创立者掌握中国的实践材料不全面不充分，以偏概全；二是理论创立者站在实践活动之外，不理解中国实践，对实践材料做了主观臆断的解读；三是理论创立者不掌握具体的实践材料，凭借道听途说的实践事实提炼理论观点，理论研究背离了实事求是的原则和要求；四是理论创立者不是站在马克思主义的立场，秉持所谓的“价值中立”，甚至根本就是仇视敌视中国特色社会主义的立场，对现实具体的中国实践进行恶意裁剪，甚至是无中生有，任意炮制编造中国实践材料。新时代实践生成理论的方式变化，不仅在于强化实践经验的自我总结，牢牢把握对中国特色社会主义实践的解释阐释权，而且在于实践生成理论和实践检验完善理论的时空统一。

新时代的‘理论—实践’时空压缩型协同发展。理论源于实践，实践生成理论，理论又用于指导实践，并在实践中不断地得以丰富和完善。实践生成理论，理论指导实践作为两个独立的活动，理论创立者在全面深入的实践批判中生成理论，实践者在深入把握实践条件、实践环境的基础上，依据实践需要，从容地选择指导实践的理论，在理论指导下制定实施实践方案。新时代的实践生成理论，理论指导实践并在实践中丰富完善不再具有明显的时空间隔，首先，这缘于新时代快速变化的国际国内局势，必须抢抓转瞬即逝的机会，明确实践目标、实践方向后，提出实践理念后，随即推进实践，展开实践研究。习近平总书记针对人类面临共同的危险、日益严峻的现实，提出人类命运共同体理念，中国随即展开推动构建人类命运共同体实践，世界范围内掀起了诸如各类“利益共同”“责任共同体”“人类卫生健康共同体”实践热潮，各类“共同体”的实践经验的理论总结用于指导实践并在实践中丰富和完善，掀起了21世纪马克思主义共同体理论繁荣发展的高潮。其次，中国日益走向世界舞台中央，中国的实践主张的国际影响力大为增加，创造了‘理论—实践’时空压缩型协同的条件。习近平总书记深刻把握国际局势变化，提出的成立“亚投行”“一带一路”国际合作倡议应者云集，开创了国际金融、国际关系、区域经济等的“理论—实践”时空压缩型协同发展的新局面。

新时代生成预见实践的理论。未来的不确定性，始终困扰着人类，从这个角度，人类文明史，就是与不确定性作斗争的历史。技术的发展一方面提高应对复杂性、不确定性的能力，另一方面也在制造更严重的复杂性和不确定性；单纯依赖技术进步，不可能根除经济社会和历史发展的不确定性。变化的环境中，准确预见变化，依据预期到的未来需要做出当今的行为选择，是提高实践效率、消解不确定性影响社会实践的重要方式。技术进步是依据不确定性已经造成的损失确定不确定性的风险变量，再借助技术的力量控制这些风险变量，以消解不确定性对实践的负面影响，是一种必须付出巨大代价和成本的不确定性消解方式。借助思维的力量，增强理论思维的预见性，以超越于当前实践能力的理论指引实践，则是一种代价和成本低廉的不确定性消解方式。新时代面临百年未有之大变局，提出了应对不确定性、预见实践的理论诉求；新时代的马克思主义理论研究、学术探究必须超前发展，提供这种能预期实践、有效应对复杂性和不确定性的理论供给。

第三节　以新时代为核心范畴的理论建构

新时代是表征中国特色社会主义历史方位的理论范畴。历史是接续发生的社会实践，新时代的历史方位是对中国特色社会主义“从哪儿来”“现在何处”“走向何方”的综合判断。作为思维反映存在的理论范畴，新时代以当前状态为基点，浓缩了对“历史—现实—未来”前后承接贯通的发展水平、发展趋势的判断。当前状态是过去一段时间创造历史的社会实践成果，是创造未来历史的起点；新时代为核心范畴的理论建构，是历史总结、现实运动、未来展望在思维中的再现、推演和集成，是思维的系统性和连续性对社会实践的系统性和连续性的揭示，也是更好地发挥思想指引行动的功能的现实要求。由于“辩证法是建立在通晓思维的历史和成就的基础上的理论思维”①，辩证法内含了“过去—现在—未来”相统一的要求，蕴含了从历史分析中揭示现在、把握未来的理论要求；辩证法在以新时代为核心范畴的理论建构中有着至关重要的作用。

一、辩证法在理论建构中的应用

新时代是思维的范畴。列宁从黑格尔辩证法中形成的基本认识，就是“思维的范畴不是人的工具，而是自然的和人的规律的表述，范畴是区分过程中的梯级，即认识世界的过程中的梯级，是帮助我们认识和掌握自然现象之网的网上纽结”②，因此，站在作为理论思维的辩证法的立场，理论范畴应是实践的浓缩，是实践经验的理论概括，不是主观设计出来裁剪实践、标识实践的标签。新时代是中国特色社会主义实践的理论概括，新时代为核心范畴的理论建构，必须科学把握理论和实践的辩证关系，竭尽可能地使范畴运动的主观辩证法符合历史运动的客观辩证法。

（一）污称辩证法为“变戏法”的理论本质

运用辩证法首先必须深刻理解辩证法。马克思主义哲学理论中的辩证法是与形而上学相对立的范畴。坚持辩证法，就首先必须正确理解辩证法，反对对辩证法进行形而上学的理解，揭示把辩证法讥讽和污称为“变戏法”的理论本质。恩格斯对“官方的黑格尔学派”把“辩证法”当成可以用来套在任何论题上的刻板公式，变成在缺乏思想和实证知识的时候及时搪塞一下的词汇语录给予了深刻的揭露和批判。分析社会问题、阐释理论主张时用“一方面”和“另一方面”，同时强调“作用”与“反作用”，肯定“突出成绩”的同时批评指出存在的“缺点与不足”彰显对辩证法的运用，往往不是真正在运用辩证法，而恰恰正是沦入了恩格斯所批判的“官方的黑格尔学派”。孙正聿教授探析了马克

① 中共中央马克思恩格斯列宁斯大林著作编译局．马克思恩格斯文集：第9卷［M］．北京：人民出版社，2009：460.

② 孙正聿．马克思主义辩证法研究［M］．北京：北京师范大学出版社，2017：10-11.

思主义辩证法的5个基本命题①，强调要从哲学基本问题理解辩证法，认为离开哲学基本问题而把辩证法直接地归结为具有最大普适性的对象性理论，这既是对恩格斯关于辩证法的定义——“辩证法不过是关于自然、社会和思维发展的普遍规律的科学”的庸俗化解释的根源，也是由此而形成的对辩证法理论的全部误解的根源之所在②，这打开了新时代正确理解和运用马克思主义辩证法的一扇新窗，丰富和发展了马克思主义辩证法研究。运用辩证法研究社会问题，不仅需要了解该问题，了解承载该问题的具体现象的发展历史，而且需要了解描述该问题、从该问题的具体现象中抽象出的理论范畴的发展历史，还需要对范畴的发展史是否客观真实地再现了问题的发展史、具体现象的发展史进行深入的反思，在这种反思中以超越现实的理论思维指引现实的社会实践。

“变戏法”仅仅只是辩证法的外在的表面形式。黑格尔在人类历史上第一次把理解社会现实作为一项真正的哲学课题，第一个全面地有意识地叙述了辩证法的一般运动形式。黑格尔的辩证法形式中蕴含了他对社会现实的理解，坚持了形式和内容的统一。黑格尔之后发展起来的形式逻辑逐渐脱离社会现实的具体内容，专门研究思维形式及其规律，思维的形式和社会现实具体内容的割裂和分离，埋下辩证法沦为“变戏法”的“祸根”。针对人们把“逻辑”当成“外在的形式”，列宁重申了黑格尔对逻辑的要求：“形式是富有内容的形式，是活生生的实在内容的形式，是和内容不可分离地联系着的形式”，认为逻辑不是关于思维的外在形式的学说，而是关于‘一切物质的、自然的和精神的事物’的发展规律的学说，即关于世界的全部具体内容的以及对他的认识的发展规律的学说，即对世界的认识和历史的总计、总和、结论。”③ 辩证法在对事物肯定的理解中，同时包含有对事物的否定的理解，这不是辩证法的模棱两可、莫衷一是的“诡辩”“变戏法”，而是思维形式对事物内部的矛盾运动的把握，对事

---

① 命题1：辩证法不过是关于自然、社会和思维发展的普遍规律的科学——中共中央马克思恩格斯列宁斯大林著作编译局．马克思恩格斯文集：第9卷［M］．北京：人民出版社，2009：149；命题2：辩证法是最无片面性的关于发展的学说——列宁．列宁选集：第2卷［M］．北京：人民出版社，2012：310；命题3：辩证法也就是认识论——列宁．列宁选集：第2卷［M］．北京：人民出版社，2012：559；命题4：辩证法的本质是批判的、革命的——中共中央马克思恩格斯列宁斯大林著作编译局．马克思恩格斯文集：第5卷［M］．北京：人民出版社，2009：22；命题5：辩证法是建立在通晓思维的历史和成就的基础上的理论思维——中共中央马克思恩格斯列宁斯大林著作编译局．马克思恩格斯文集：第9卷［M］．北京：人民出版社，2009：460.

② 孙正聿．马克思主义辩证法研究［M］．北京：北京师范大学出版社，2017：29.

③ 中共中央马克思恩格斯列宁斯大林著作编译局编译．列宁全集：第55卷［M］．北京：人民出版社，2017：77.

物自身内在包含的否定自身的因素和力量的反映。所谓物极必反、乐极生悲，都是运用辩证法表达事物内部的正反两种因素、两股力量在表征事物存在的矛盾对立统一中的主次地位变迁。

辩证法不是对思维确定性的否定。把辩证法污称为“变戏法”引发辩证法否定思维确定性的新误解。思维的对象是认识的主客体关系时，即作为既定经验主体的“人”与既定经验客体的“世界”之间的关系时，思维表现出它的确定性，形而上学“是就是是，不是就是不是”的思维公式就是这种思维确定性的表达和反映。按照孙正聿教授的观点，把“是否承认”运动、变化、联系和发展作为区分辩证法和形而上学的区分依据，是导致辩证法从哲学层面的理论问题下降为经验常识问题的重要原因。在笔者看来，依据思维对象区分辩证法和形而上学的出场条件，更有利于把辩证法作为一种理论工具运用于理论研究。当思维的对象是“感觉”“直觉”“表象”，不涉及对对象进行再反思时，这是形而上学的出场条件；一旦界定了概念，用概念逻辑去表达运动，用概念去描述现实；由于概念本身既是思维的结果也是需要再反思的对象，形式上学就失去出场的机会，而必须辩证法出场。主体的反思一旦成为思维的对象，就绝无可能用形而上学的断言表述思维的结果，而只能运用辩证的智慧保持的“是”与“不是”之间微妙的张力和平衡去阐释和表达思维的结果。坚持辩证法，反对形而上学，是主体的反思成为思维对象的思维方法准则，并非说形而上学的思维绝对错误，为人的思维和实践所不需要。正如恩格斯所言，“形而上学的思维方式，虽然在依对象的性质而展开的各个领域中是合理的，甚至是必要的，可是它每一次迟早都要达到一个界限，一超过这个界限，它就会变成片面的、狭隘的、抽象的，并且陷入无法解决的矛盾，因为它看到一个一个的事物，忘记它们相互间的联系；看到它们的存在，忘记它们的生成和消逝；看到它们的静止，忘记它们的运动；因为它只见树木，不见森林”①。认为辩证法否定思维的确定性，正是对辩证法和形而上学的关系做出的形而上学的判断。

（二）实践和理论的辩证统一

理论源于实践，理论要用概念运动再现现实运动。概念本身是需要不断地进行反思的对象，因此，辩证思维是理论研究者重要的思维品质。理论指引实践，理论源于现实又超越于现实，理论再现现实和理论超越现实之间保持的合理张力，是理论指引实践、深刻改变现实，创造出原本不可为、成就曾被认为

① 中共中央马克思恩格斯列宁斯大林著作编译局．马克思恩格斯文集：第9卷［M］．北京：人民出版社，2009：24.

是不可企及的成就的内在原因。

实践和理论以认识为中介实现辩证的统一。实践形成认识并检验认识真理性，认识指导实践并在实践中得以丰富和发展。实践经验的总结提炼形成理论，理论是系统化的理性认识。认识的本质是主体在实践的基础上对客体的能动反映。实践是认识来源，是生成理论的基础；实践是检验真理的唯一标准，是鉴别理论真伪的最终依据。认识总是在指导实践的过程中不断得以丰富，理论也总是在指引实践的进程中不断得以完善。客观事物具有多种多样的属性，主要的和次要的、本质的和非本质的交织在一起；认识运动中的去粗取精、去伪存真、由表及里的抽象思维，抓住事物主要的、本质的属性，撇开次要的、非本质的因素，使事物的内在本质以纯粹的观念形态呈现出来。人类社会是一个积极进取的新事物与消极堕落的旧事物激烈竞争的复杂系统，历史大潮中总是交织着主流和支流、明流和暗流，顺流和逆流；理论建构基于一定的经验事实，运用唯物辩证思维，揭示隐藏在纷繁复杂、光怪陆离的社会现象中的社会发展规律，揭示浩浩荡荡的历史潮流背后的历史发展动力和发展趋势。

实践和理论以引领型主体为中介实现辩证的统一。马克思主义的历史合力论认为，经济社会发展、历史进步是众多主体社会实践活动的汇总和集成。不同主体对历史进程的影响和作用存在差异，能够示范引领其他主体的先进主体是实践和理论实现辩证统一的中介。引领型实践主体的先进性一是表现在其思想觉悟上，一般实践主体追求自我发展，而先进的实践主体既追求自我发展，更追求整个人类社会发展；二是表现在对社会发展规律、历史发展规律的认识和把握上，先进主体主动顺应和把握历史规律，一般主体被动适应和接受规律的安排；三是实践活动的影响力，先进的实践主体示范带动其他主体，而一般的实践主体跟风随流。先进的引领型主体以言传道、以行示范，将其所信奉的理论传播交流给一般的跟随型社会实践主体；众多的跟随型实践主体独立分散的实践活动，既拓展了理论指导实践的范围，也充实了实践经验理论总结推动理论发展的根基。全面从严治党，加强和改善党的建设，把党的先进性体现和落实到每一个党员干部的言行中，就是要使每一个党员干部都成为引领型的实践主体，推进党的创新理论与中国特色社会主义伟大实践的辩证统一。

实践和理论以社会预期为中介实现辩证的统一。社会历史进程中，意识的主观能动性往往以社会预期引导实践主体的行为选择，实践结果"证实"社会预期的方式实现。社会进程渗透了人们的心理预期，人们的心理预期是推动社会变化的最直接的动力。波普尔在《历史决定论的贫困》一书中，把社会历史领域中这种预期影响被预期事物的现象称为"俄狄浦斯效应"，这也成为波普尔否认历史规律存在，反对历史决定论的依据。事实上，预期能否被后续实践所证实，首先取决于预期是否顺应和体现了历史规律，预期是否建立在现实条件的支撑之上，然后才是预期是否能够为社会实践主体接受和采纳。“俄狄浦斯效应”不应成为反对规律存在的理由，而应成为追问预期是否合理的依据。空想社会主义思想家把预期变为现实的实践挫败，形形色色的兜售推行大胆预期的历史狂人的实践挫败，无不警醒我们，绝非任何美梦都能成真，绝非任何预期都能变为现实。建立在有现实条件支撑，又经受了理论逻辑检验的社会预期，激发社会实践主体做出了超越既有认识，看似违背客观规律的行为选择，成就看似违背历史规律的伟业，这本身是对认识和把握利用客观规律的深化，对这些行为的总结和反思，为理论发展提供了新的素材，注入了新的动力。

二、围绕核心范畴建构理论的依据

范畴是对研究对象的现实具体运动的理论抽象。利用范畴运动去理解和把握客观世界的运动，是思维反映存在的重要方式。一旦思维正确地反映了存在，范畴运动体现了物质运动的规律，范畴运动的逻辑延伸就使思想超越现实成为可能。理论指导实践，不仅因为理论为解决现实的问题提供了工具和方法，也在于理论思维、范畴运动超越现实，透过当前的实践结果预见到未来的发展状态，并从理论逻辑运动中发现从当前通向未来的路径和方法。建构理论，就是选择研究起点，确立核心范畴，力图以范畴运动去反映和再现现实的运动。范畴运动的辩证法，就体现在从现实运动提炼理论范畴，现实运动规定范畴运动，范畴运动揭示和再现现实运动的张力之中。

（一）范畴运动建构理论的经验借鉴

马克思的《资本论》树立了依据核心范畴建构理论的典范。研究起点也是理论建构的基点。研究起点选择不仅凸显研究者秉持的立场，而且凸显对研究对象的把握和选择，在一定程度上决定了理论的生命力、理论建构的张力。《资本论》之所以成为一座理论富矿，与马克思的研究起点选择有着重要的关系。《资本论》的研究起点不是古典政治经济学习惯的人口、民族、国家等“生动的整体”，也不是以黑格尔为代表的“概念辩证法”所采用的作为“超感觉物”的无人身的理性，而是商品这种“可感觉而超感觉的物”。商品的可感觉是指商品可为人的感觉器官直接感知，商品的超感觉是指商品承载着人无法直接感知的人与人之间的关系。《资本论》以“资本主义生产方式以及和它相适应的生产关系和交换关系”为研究对象，而商品以浓缩的形式承载着《资本论》的研究对象。《资本论》以商品为研究起点，而商品是资本主义生产关系以浓缩形式存在的物质载体。马克思从商品分析中揭示司空见惯的货币的本质，从货币运动中揭示资本的本质，在对资本批判中以资本为核心范畴建构他的经济理论体系。

理论和实践都已证明，马克思依据资本这一核心范畴建构的理论比起那些试图依据现象描述、经济现象归类、社会现实抽象等基于真实的事态变化而发展起来的理论，更具有跨越历史、穿透时光的现实解释力和实践指导能力。《资本论》之所以成功，重要的原因在于核心范畴浓缩了研究对象的现实运动。“新时代”在21世纪的中国特色社会主义事业中的地位较之于资本在马克思从事理论研究时的社会地位，有着异曲同工之妙，以“新时代”为核心范畴的理论建构就是对《资本论》方法的具体运用。新时代为核心范畴的理论建构，是力图以范畴运动的方式，表达新时代实践经验的理论总结与提炼，理解和把握新时代的建设规律。这项理论建构包括三项有着内在关联的任务：一是采用范畴运动的方式，对新时代的历史使命、发展条件、发展任务、发展重点、发展方式等客观存在的对象，及其彼此间的联系进行理论反思和逻辑检验；二是追踪新时代的实践，运用新时代中国特色社会主义建设的实践运动校验前述理论反思和逻辑检验；三是在理论反思和逻辑检验及其校验的反复中预期未来的实践运动。

（二）范畴运动建构理论要排除偶然性的干扰

特定时空条件下，实践主体主观能动性发挥、偶然因素的作用等都可能使偏离正常轨迹的实践进程取得看似不可能的成就；实践经验的理论总结、实践规律的理解和认识总会受到偶然性因素的影响。正如马克思所言，“如果事物的表现形式和事物的本质会直接合而为一，一切科学都成为多余的了”①。实践经验总结生成的理论，还需要借助理论逻辑、概念运动的再检验再加工提炼；马克思在《资本论》第一版序言中指出：“分析经济形式，既不能用显微镜，也不能用化学试剂。二者都必须用抽象力来代替。”② 范畴运动建构理论，是力图用理论逻辑再次检视实践，对实践再次做事后反思的方式，把影响实践结果的偶然性因素排除在实践经验的理论总结之外，防止把偶然性因素当作客观规律的一般构成要素，避免理论指导实践中因对这些偶然性因素的不合时宜的过分强调而遭受挫败。

---

① 中共中央马克思恩格斯列宁斯大林著作编译局．马克思恩格斯文集：第7卷［M］．北京：人民出版社，2009：925.

② 中共中央马克思恩格斯列宁斯大林著作编译局．马克思恩格斯文集：第5卷［M］．北京：人民出版社，2009：8.

新时代为核心范畴的理论建构承载着两重使命。一是对新时代实践经验的理论总结进行再检验再加工再提炼，二是要运用马克思主义的理论范式，审思政治判断和学术论断的区别和联系，避免把政治判断直接等同于学术论断。新时代的实践是概念运动建构理论的基础和前提，脱离新时代实践的理论建构必然陷入唯心主义的泥潭，使理论建构成为天马行空、想当然的自娱自乐。以新时代作为核心范畴，运用逻辑思维的力量，采用概念运动的方式，形成围绕核心范畴的理论体系不是脱离实际的思维自嗨，而是用概念运动、范畴运动再现实践并指引实践。与黑格尔用概念的逻辑表达世界，让世界服从于概念的逻辑并按概念的逻辑展开不同，以新时代为核心范畴建构的理论，是作为现实批判、理论批判的对象，作为指导实践并在实践中得以检验丰富和完善的，充当联通实践规律和历史规律的中介和桥梁。政治判断和学术判断遵循不同的逻辑和要求，政治判断直接针对实践，具有显著的强制性，重点在于明确“是什么”而不是“为什么”；政治判断使判断的接受者明确自己做什么事、怎么去做这些事，提出实践主体的行为目标、行为准则、行为方式等。学术论断直接针对理论，针对思维活动、精神领域，讲究言之有理、言之有据，重点在于明确“为什么”而不是“是什么”。马克思主义是科学，中国共产党的政治判断坚持以马克思主义理论为指导和依据，党的政治判断往往蕴含着学术论断，是多重学术论断的系统集成。党的代表大会、中央全会审议通过的报告和决定，以及中央政府颁布的政策性文件的字里行间中隐含着马克思主义基本原理的精神和要求；政治用语的说事性、工作布置性特征，政策文件惯用祈使句的风格，增添了社会公众理解这种精神和要求的难度。新时代为核心范畴的理论建构是从“政治中找学术”和“用学术研究政治”的统一，是遵循学术规范，把融合在政治判断中的多重学术论断以条分缕析的方式表达出来。

三、新时代理论建构中的辩证思维

唯物辩证法三大规律揭示了事物普遍联系和永恒发展的内在机理，是社会存在的运动规律。社会意识、思想理论揭示和反映社会存在的规律，自然需要坚持辩证思维，把唯物辩证法三大规律体现并运用在理论建构中。“习近平总书记运用哲学思维来分析解决问题（诸如战略思维、辩证思维、创新思维、法治思维、底线思维），是把战略思维和辩证思维放在首位的。这两种思维具有内在统一性，即战略思维主要在于处理现象和本质、目前和长远、局部和全局之间的关系，而处理这种关系，需要运用辩证思维。”① 坚持辩证思维，是新时代为核心的理论建构的基本要求。

（一）新时代理论建构中的矛盾分析

矛盾对立统一规律是唯物辩证法的本质和核心。“事物的矛盾法则，即对立统一的法则，是唯物辩证法的最根本的法则。”② 毛泽东的《矛盾论》直接以矛盾范畴为核心，系统化、条理化地归纳和阐释了马克思主义创始人融汇于唯物辩证法中的社会矛盾学说，明确了坚持矛盾分析的基本原则和要求。矛盾是事物的存在方式，矛盾不可能被消灭，但矛盾可以转化。矛盾的对立和统一，既描述了客观事物的存在方式，又揭示了事物变化发展的根本动力，矛盾斗争性的绝对性和矛盾同一性的相对性的辩证统一揭示了矛盾存在和转化的规律。矛盾分析揭示认识事物和变革世界的内在依据，矛盾的普遍性和特殊性阐释了实事求是的根本遵循，主要矛盾和矛盾主要方面揭示了事物运动、变化和发展的内在动力。社会矛盾是一种不以人的主观意志为转移的客观存在，正确认识社会矛盾，并据此做出化解社会矛盾冲突的科学决策，方能推动社会持续健康发展。

新时代文化求同思维与求异思维的平衡。矛盾的对立统一在社会主义建设中表现为求同存异、消除极化、求取平衡，防止和避免社会撕裂的艺术。新时代的使命崇高，任务艰巨，需要凝聚发展共识，汇聚发展力量。以新时代为核心范畴的理论建构，需要以促进文化繁荣、深化价值观建设、加强意识形态工作等方式对民众进行同化，实现社会心理、民众思想观念、社会意识的同化和统一。新时代是创新的时代，思想观念创新、理论创新是新时代的重要使命和任务；原始创新总是“超凡脱俗”“别具一格”的，与同化思维所要求的统一根本对立。以新时代为核心范畴的理论建构，需要保持社会心理、思想观念的同化统一与求新求异的对立统一。新时代的和谐社会理论建构、包容发展理论建构，需要深入具体领域，揭示求同思维与求异思维的具体冲突及其实现统一的具体方式和途径。

新时代为核心范畴的理论建构是追求和谐的思维运动。对新时代的研究已经成为、并必将继续成为学术研究的热点和重点。新时代为核心范畴的理论建构追求理论体系的自在和谐，自然要充分借鉴、兼收并蓄研究新时代的理论成

---

① 韩庆祥．深化研究习近平新时代中国特色社会主义思想的十个重要学理性问题［J］．中共中央党校（国家行政学院）学报，2020（1）：5-17.

② 毛泽东．毛泽东选集：第1卷［M］．北京：人民出版社，1991：299.

果，使关于新时代的不同研究，研究新时代的不同理论成果形成一个逻辑严谨的理论体系。新时代为核心范畴的理论建构追求“理论—实践”的协同和谐。理论建构要反映新时代的中国特色社会主义建设历程，体现建设实践的最新成就，借助理论宣传、理论成果转化，实现精神文明向物质文明的转化和飞跃。新时代的社会和谐理论要揭示和指引个体化的利益诉求和社会整体的共同诉求的平衡。追求和谐不是消除矛盾，是矛盾的多样性得以统一，是尖锐对立的矛盾转化为对抗程度得以缓解和控制的矛盾，是矛盾的对立成为社会发展的驱动力而不是社会撕裂的原因。那种以我国社会还存在诸多显著的矛盾冲突为由而断然否认社会的和谐性、否定我国建设社会主义和谐社会的可能性和现实性的主张，实则是对矛盾存在和转化规律缺乏深刻的理解。一方面，和谐社会中绝对存在的社会矛盾冲突能够有效转化为社会发展的动力，而不是成为撕裂社会的推手；另一方面，激烈冲突、尖锐斗争的矛盾对立统一体能够转化为平缓冲突、温和斗争的矛盾对立统一体。新时代满足人民对美好生活的需要，必须讲究利益平衡、诉求协调的艺术，既要着力满足人民群众共同的需要，又要激发人民群众差异化的需要，并实现差异化的不同诉求之间的妥协和平衡。

（二）新时代理论建构中的质变思维

新时代是运用质变思维进行历史分期的标志。量变积累历史，质变划分历史。在党史、新中国史上，新民主主义革命完成了救国的历史使命，社会主义革命和社会主义建设旨在完成兴国的历史使命，改革开放和社会主义现代化建设新时期的改革旨在完成富国的历史使命，新时代全面深化改革着眼于中华民族伟大复兴，旨在完成强国的历史使命。每个阶段的伟大成就，是积累小胜为大胜的成果，是党领导人民群众创造历史的量变积累向质变飞跃的结果；历史分期是质变飞跃的标志，是历史发展的里程碑；“革命、建设、改革，为新时代的伟大复兴奠定了坚实基础；救国、兴国、富国，则为新时代全面建设社会主义现代化强国奠定了坚实基础”①。新时代是中国共产党成立以来的自然时间的延续，更是党的事业的实践延续；坚持质变思维推进新时代的理论建构，才能深刻把握新时代的“变”与“不变”的统一。

理论建构体现和反映变中的不变。新事物总是在旧事物的母腹中孕育的，“新”就是表述变化的词语，新时代是揭示和体现历史发展变化的范畴。新时代这个体现变化的理论范畴中有体现不变的内涵，社会主义初级阶段的基本国情、

---

① 曲青山．新时代在党史新中国史上的重要地位和意义［M］．北京：人民出版社，2019：5.

我国是世界上最大的发展中国家的国际地位没有变。一是社会制度社会形态的不变，新时代是社会主义社会发展、社会主义制度实践的新时代，新时代揭示的变中富含社会主义形态、社会主义制度的不变。二是社会主义发展的总体阶段没有变，新时代仍然处于社会主义初级阶段这个大的历史时期之中，新时代是社会主义初级阶段这个总的质的框架内发生的阶段性的质变。三是人类社会所处的总体阶段没有变，当今人类社会总体上依旧处于资本主义向共产主义过渡的历史时期。以新时代为核心范畴的理论建构，必须体现和揭示这些不变。

理论建构体现和反映不变中的变。中国特色社会主义进入新时代的政治判断，是质量互变规律在社会发展历史分期中的应用。社会历史发展分期，一方面是要对人们努力促成量变的积累，阶段性质变和局部质变向总体质变飞跃的成果做出总结和肯定；另一方面是要对人们推动量变向质变飞跃的方式、方法提出新的要求，做出新的部署。社会主要矛盾转化是划分新时代的基本依据，新时代对历史创造主体发挥主观能动性提出了新的更高要求，人民群众的精神风貌在新时代有新的变化；新时代中国日益走近世界舞台中央，不变的和平崛起面临霸权者更加剧烈地遏制；在社会主义制度和资本主义制度并存的格局中，两种制度占据矛盾的主次地位发生变化，“资”强“社”弱的总体格局正在朝着“资”弱“社”强的格局转变。以新时代为核心范畴的理论建构，必须体现和揭示这些显著的变。

（三）新时代理论建构中的辩证否定分析

阐释揭示新时代的匿名社会特征需要运用辩证否定的思维工具。农业社会，人的社会活动局限在狭小的地理空间内，社会生活增强社会成员间的了解，人们生活在熟人社会中。社会生产力发展使农业社会实现向工业社会的演变和跃迁。工业社会中，人口流动有其内在的驱动力，一是工业规模生产导致分散的人口流向工业生产地，二是新兴工业领域、工业部门引发新的人口流动。优胜劣汰的市场竞争趋向使流动人口因彼此之间视为竞争对手而主动拉开相互间的距离，再加上社会成员不断增强的权利意识，使尊重私人空间、不问他人事成为时尚，成为人际规范，陌生人之间存在抗拒彼此相识交往成为熟人的排斥力，工业社会也因此成为陌生人社会。信息社会中，虚拟实践成为主流；虚拟空间内，人活动的范围仅受制于人的意愿和想象，人可以以匿名的方式交往，这是对陌生人社会中人们之间抗拒相识交往、彼此排斥力量的消解和对冲。由此可见，从熟人社会到陌生人社会，再到匿名社会，人类社会经历了一个否定之否定过程。

辩证否定的思维工具有助于揭示新时代的发展动力。农业社会、工业社会和匿名社会的历史区分背后，是推动历史发展的精神动力表现形态所经历的从农业社会的经验积累，到工业社会的学习力，再到匿名社会的创新力的转变。农业社会里，社会生产力发展缓慢，社会呈现出“几年如一日”“数十年、甚至是上百年如一日”的近乎“停滞”的状态；实践中的经验积累是人获取对自然、对人自身、对人类社会的认识的主要方式，实践阅历成为智慧的象征，经验主义有其滋生和流行的社会条件。没有农业社会历时漫长的知识积累，就不可能实现从农业社会向工业社会的转变。生产力快速发展是工业社会的典型特征，知识的规模迅速扩张，知识体系日益复杂；通过学习快速掌握知识和技能，成为应对文明快速发展的现实选择，学习能力成为衡量检验人的社会生存能力的依据和标准；崇尚学校教育、重视书本知识成为社会风尚，为教条主义的滋生和泛滥创造了条件。信息社会里，社会以人难以事先预知的速度发展，创新实践中积累的创新能力成为衡量检验人的社会生存能力的依据和标准。虽然专门的学习和训练可以使创新主体形成一定程度的创新能力，但在创新实践中集成的创新智慧才是创新能力不竭的动力。从教条主义对经验主义的辩证否定的角度看，信息社会需要创新实践经验积累是对农业社会滋生经验主义的否定之否定。

马克思主义的理论发展和实践推进都富含辩证法的智慧。列宁主义蕴含的主要是认识辩证法，毛泽东思想蕴含的主要是实践辩证法。毛泽东的《实践论》讲的是实践，其《矛盾论》讲的是辩证法，二者有机统一，构成实践辩证法。邓小平理论、“三个代表”重要思想、科学发展观蕴含的主要是唯物辩证法。习近平新时代中国特色社会主义思想蕴含的主要是战略辩证法。以新时代为核心的理论建构既要坚持马克思主义辩证法的方法和原则，也是充分体现中国实践推进马克思主义辩证法发展的实践智慧。

第三章

新时代的社会形态理论张力

人类社会是自然界发展到一定阶段随着人类的产生而出现的，是以物质生产为基础的人类一切活动及其相互联系而构成的复杂系统，是物质世界中最高级、最复杂的具体物质形态。社会形态是人类社会的形态，社会形态理论揭示和反映对人类社会整体特征、总体发展的认识。观察人类社会的角度和方法不同，自然会对社会形态有不同的认识，做出不同的判断。中国跨越“卡夫丁峡谷”进入社会主义社会，不是在继承资本主义发达生产力的基础和前提下进入社会主义社会；小康社会的样态，是从我国没有发达生产力的基础和前提，通过历史创造者发挥主观能动性而实现社会形态跨越的维度，专注社会主义初级阶段所表现出的社会样态，全面建设小康社会的实践经验总结，激发和释放出社会形态理论张力；共同富裕的社会样态，是继小康社会之后，我国生产力发展，特别是与资本主义发达国家相比较的生产力发展，取得显著成就，社会主义以无可辩驳的发展成就、发展现实而显现出强大的制度优势，正在实现从社会主义初级阶段向中高级阶段飞跃的社会样态。中国式现代化，使中国社会整体特征、总体发展呈现出不同于西方现代化进程的线性发展样态，呈现出阶段跨越的特征；从中国式现代化促进社会总体实现跨越式发展的角度，中国式现代化的历史进程，为研究社会形态跨越的条件和机理提供了很好的样本材料。从当今世界不同社会制度并存，不同社会制度对世界总体格局的影响力变迁的角度来看，当今人类社会总体形态是科学社会主义实践的制度影响力加速凸显、快速扩张的阶段。人类命运共同体，是从放眼人类社会总体形态变迁的维度，专注从资本主义向社会主义的过渡阶段所表现出的社会样态，推动构建人类命运共同体的实践经验总结，激发和释放出社会形态理论张力。

第一节　社会形态理论的“批判—建构”张力

“形态”原本是地质学术语，用以表明不同历史时期形成的不同的岩石，一个形态就是一个不同的岩层单位。现代汉语中的形态用以指事物的形状或表现，生物体外部的形状，词的内部变化形式和词形变化的形式。[①] 马克思主义唯物史观视域下的社会形态，意指历史的各个阶段中社会的状况，是同生产力发展的一定阶段相适应的社会的经济基础和上层建筑的有机统一体。

一、社会形态理论研究的回顾与反思

历史主体通过社会实践创造历史，而这种创造本身又是受历史发展状况制约。创造历史的基础和前提，以及据此创造历史的活动和方式所表现出的总体的、稳定的特征，成为认识和区分社会形态的依据和标志。学界就社会形态的概念进行过深入的论争，对社会形态和社会经济形态是同义语还是两个不同的概念，社会形态的内部构成、社会形态的区分、社会形态的演替等也进行了广泛的讨论。“改革开放以来，史学界和理论界普遍存在不同程度地淡化乃至否定马克思主义社会形态理论的现象，也存在借否定社会形态理论否定党的历史，否定中华人民共和国成立以来历史和社会主义存在合法性的现象。坚持社会形态理论要注意克服两种倾向：一是脱离马克思主义经典作家的原始表述，抓不住社会形态理论的核心和精髓，造成矮化社会形态理论，将其局限于五种社会形态说等具体结论并奉为圭臬的倾向；二是脱离社会实践和现实，造成社会形态理论在分析当今时代和中国现实时失语失声的倾向。”[②] 推动马克思主义社会形态理论创新发展，重在深化对中国特色社会主义新时代的理解和认识，探寻更好地为实现共产主义远大理想积累条件的途径和方式。

（一）“社会形态”与“经济的社会形态”的关系

“经济的社会形态”是社会经济发展的总体形态。学界对“社会形态”和“经济的社会形态”的关系有两种认识。一是认为“社会形态”和“经济的社会形态”本质一致、内涵大致相同，是可以交替互换使用的两个范畴。把社会

---

① 中国社会科学院语言研究所词典编辑室．现代汉语词典：第 6 版［M］．北京：商务印书馆，2016：1459.

② 周群．马克思社会形态理论的回溯及其当代应用［J］．东南学术，2017（5）：37-46.

形态理解为“经济基础和上层建筑的统一”“生产关系的总和”“由一定的生产力、生产关系、上层建筑等全部要素组成的统一的、完整的社会体系”，体现和反映的就是这种认识。经济生活是社会生活最基础最重要的内容，经济基础决定上层建筑，将这两个范畴等同、交替互用确有其理论依据和现实基础。二是认为“社会形态”和“经济的社会形态”有着严格的区分。随着人类社会的发展，社会生活的内容日益丰富、社会生活的领域不断分化，经济生活在社会生活中的基础性地位虽然没有发生动摇，但经济生活占社会生活的量的比例日趋下降却是一个必然的趋势，严格区分这两个范畴，将“经济的社会形态”理解为“从经济的角度去看社会形态”也确有其现实的必要。将社会形态理解为“整个社会本身，包括经济基础、上层建筑、人群共同体、语言等社会生活的一切方面的社会有机体的总体形态”，就是要对“社会形态”和“经济的社会形态”这两个范畴进行严格区分。在严格区分两个范畴的语境中，“社会形态是人类社会发展一定阶段上的经济、政治、文化等制度和形态的总称”①；经济的社会形态被理解为一个完整的社会实体，这个实体是几种生产方式相互结合的产物，但它们又不是不同生产方式的简单堆积。本研究中的社会形态，持区分这两个范畴的学术立场，认为社会经济形态是社会形态范畴内的一个层面或一个方面，是从经济的角度，对人类社会进行的总体性认识。

社会生活领域的分化成为认识理解社会形态的依据。周群教授基于列宁关于马克思的“经济的社会形态”的论述的梳理和揭示，认为马克思的社会形态理论不是什么其他理论，而是“从社会生活的各种领域中划分出经济领域，从一切社会关系中划分出生产关系”后，对人类社会发展的自然历史过程做了成熟而非幼稚的深刻分析。② 如果经济的社会形态是从经济发展的角度，对社会形态进行的区分，那么与此相类似，技术社会形态则是从技术应用、社会的技术水平的角度，对社会形态进行的区分。赵家祥教授在将社会形态和经济社会形态等同的理论场景中，认为“技术社会形态是指人类社会发展中某一历史阶段的生产力发展水平以及与此相适应的产业结构，它只是从某侧面，即从生产力发展水平和技术发展水平以及产业结构方面划分社会阶段”③。在社会形态和经济社会形态相区分的理论场景中，从生产工具反映技术水平的角度，石器时代、铜器时代、铁器时代、蒸汽时代、电气时代、电子时代、信息时代、人工智能

① 徐光春．马克思主义大辞典［M］．武汉：崇文书局，2017：74.

② 周群．马克思社会形态理论的回溯及其当代应用［J］．东南学术，2017（5）：37-46.

③ 董斌，赵家祥．“信息社会”与社会形态研究述评［J］．学术交流，1986（6）：71-74.

时代，是对人类社会进行的技术形态划分；从生产方式反映技术水平的角度，渔猎时代、农业时代、工业时代、信息时代、人工智能时代，是对人类社会进行的技术形态划分。

（二）社会形态学说的丰富表现

动物在本能的驱使下，依据生物性特征实现群落内部的分化，从动物群落演化而成的人类社会经历从分化走向联合的历程。在人类社会最终以自由人联合体的形式出现之前，可以依据人类社会出现分化的原因划分人类社会形态、社会发展阶段。马克思主义创始人在探究人类解放出路的过程中，从不同的维度考察了人类社会形态的具体划分。

马克思恩格斯在《德意志意识形态》中依据社会分工发展的状况，以生产方式的内在结构为尺度，按照当时所掌握的史料，对人类社会历史进程做了带有猜想性质的描述，提出了社会所有制（社会形态范畴的前身）发展的四种形式（阶段）：（1）部落所有制；（2）古代公社所有制和国家所有制；（3）封建的或等级的所有制；（4）资本主义所有制，以及作为未来社会的共产主义。[①]前三个形态称为自然产生的社会形态，将自资本主义开始的人类历史称为文明创造的社会形态，共产主义则是与整个“所有制形式”社会根本对立的新型社会。部落所有制是生产和分工不发达时期的社会形态，人栖居于部落的根据是血缘关系。几个部落通过契约或武力征服联合，使社会形态演变为古典古代的公社所有制和国家所有制。原始的土地耕作和手工业发展，使社会形态演变为封建的或等级的所有制。社会形态演变是社会分工不断扩大的结果，是生产力不断发展的产物，体现了社会人的生存方式、社会等级结构的演变。人类社会整体演进也就大致划分为文明史前的前资本主义时期、创造文明史的资本主义时期、超越文明史的共产主义时期。

财产公有程度是区分原始所有制的发展阶段的依据。马克思恩格斯在《1857—1858年经济学手稿》中，依据自由劳动同实现自由劳动的客观条件的差异，将原始所有制的社会形态划分为劳动主体和劳动客体直接结合的亚细亚社会形态；劳动主体和劳动客体由直接结合逐渐走向分离，劳动主体可以通过多种形式占有非劳动主体的私人财产的古典古代社会形态；劳动主体和劳动客体的分离从具体的劳动资料扩大到劳动主体与劳动本身的分离的日耳曼社会形态。这三种类型的社会在“财产”公有程度上存在显著的差异，亚细亚社会是

① 张一兵．马克思历史辩证法的主体向度：似自然性、物役性批判理论研究［M］．北京：北京师范大学出版集团，2017：172.

最典型的完整的“原始公社”，其中“每一个单个的人，只有作为这个共同体的一个肢体，作为这个共同体的成员，才能把自己看成所有者或占有者”①；古代的所有制形式中，“一部分的土地留给公社本身支配，而不是由公社成员支配，这就是各种不同形式的公有地；另一部分则被分割，而每一个小块由于是一个罗马人的占有财产，是他的领地，是实验场中属于他的一份，因而都是罗马的土地”②；在日耳曼社会形式中，“公有地只是个人财产的补充，并且只有当它被当作一个部落的共同占有物来保卫，以不受敌对部落的侵袭时，它才表现为财产③。”这里的财产，是作为生产资料的土地，原始所有制不同阶段的划分，是依据生产资料所有制划分社会形态的具体表现。

在《〈政治经济学批判〉序言》中，马克思对社会结构和社会基本矛盾运动做了精辟阐述，进而指出，大体说来，亚细亚的、古代的、封建的现代资产阶级的生产方式可以看作是经济的社会形态演进的几个时代。马克思晚年在对欧美和俄国关于史前史研究的基础上，把前资本主义社会历史形式区分为原生类型的原始社会，次生类型的奴隶社会，再次生类型的封建社会。④ 马克思去世后，恩格斯在《家庭、私有制和国家起源》中阐述了新发现的人类早期原始公社制的历史，概括了原始公社解体后“文明时代的三大时期所特有的三大奴役形式”，认为奴隶制是古希腊罗马时代世界所固有的第一个剥削形式，继之而来的是中世纪的农奴制和近代的雇佣劳动制。恩格斯依据劳动者的自由度，劳动者对生产资料所有者的依附程度，已经把无剥削的原始社会解体以来的人类社会进行了三个阶段的划分。恩格斯还预言，依据生产者自由平等的联合体按新方式组织生产，将是人类社会最终的归宿，事实上明确提出了人类社会发展的五个阶段划分。列宁在《论国家》中进一步阐述了恩格斯在《家庭、私有制和国家起源》中对人类社会进行的发展阶段划分，认为这种阶段划分是“世界各国所有人类社会数千年的发展”所表明的“一般规律、常规和次序”。列宁之后，斯大林在《论辩证唯物主义和历史唯物主义》中将历史上的生产关系概括为原始公社制的、奴隶占有制的、封建制的、资本主义的和社会主义的五种基

---

① 中共中央马克思恩格斯列宁斯大林著作编译局．马克思恩格斯文集：第 8 卷［M］．北京：人民出版社，2009：124.

② 中共中央马克思恩格斯列宁斯大林著作编译局．马克思恩格斯文集：第 8 卷［M］．北京：人民出版社，2009：129.

③ 中共中央马克思恩格斯列宁斯大林著作编译局．马克思恩格斯文集：第 8 卷［M］．北京：人民出版社，2009：132.

④ 王建刚．前资本主义社会三种历史形式的文本考察［J］．马克思主义研究，2020（1）：71-79.

本类型，形成了原始社会、奴隶社会、封建社会、资本主义社会、社会主义社会五形态说理论。五形态说反映人类社会发展过程中存在的人们相互间的经济地位和社会平等问题，揭示人类社会从分化走向联合进程中的分化原因，分化依据的变迁，是运用唯物辩证法质量互变规律阐释论证人类社会发展的连续性和间断性相统一的理论成果，有着极其广泛的社会影响。

马克思在《1857—1858 年经济学手稿》中还提出三种经济形态的理论。马克思根据作为社会主体的人的发展状况，对人类历史进行了三阶段划分。第一阶段是人对人的依赖社会。人的依赖关系是由动物群落中的个体依赖演进而来，原始社会中的人的依赖关系完全是自然发生的。第二阶段是物的依赖社会，以物的依赖性为基础的人的独立性是人类社会的第二大形态，奴隶社会、封建社会、资本主义社会中的人虽然作为独立的生命个体而存在，但任何个体都不能摆脱对劳动的生成物——生产资料和消费资料的依赖。第三阶段是人的全面发展社会。建立在个人全面发展和他们共同的社会生产能力成为他们的社会财富这一基础上的自由个性，是人类社会的第三个阶段。自由人联合体中的个体不是分散孤立的原子式个体，他们之间是一种个体有机融入整体的“依赖”；三形态说从总体反映了人类社会从前资本主义社会到资本主义社会，再到后资本主义社会（共产主义社会）的发展历程，从这个角度看，以个体在社会中的自由程度来区分社会形态的标志的三形态说，是唯物辩证法否定之否定规律在考察人类社会整体发展进程中的具体应用。

从马克思主义对社会形态的不同区分看，社会形态学说的纷争难掩其背后的坚实共识。第一，社会形态理论揭示和描述人类社会从低级到高级的演变过程；第二，社会形态理论学说的差异实质是描述和揭示社会总体特征的方法的差异；第三，不同的社会形态理论学说，是从不同的维度，以不同的方式解释人类社会演变、人类历史发展内在的动力；第四，社会形态理论是从整体上揭示社会演变，并不完全适用于人类社会某一特定结构单元、某一特定国家和民族，运用社会形态理论要注意社会一般和特殊的关系。社会形态理论划分的结果本身并不重要，重要的是社会形态划分依据和社会形态划分结果，以及根据这种依据做出的社会形态划分是否客观真实反映了人类社会的历史，社会形态的划分结果对后续研究的影响，依据这种划分结果所能衍生的理论。

（三）社会形态学说的理论地位

不同民族、不同国家的社会发展条件、发展路径存在显著的差异，社会形态范畴是对具体社会中的普遍性的概括。一种社会形态在不同民族、不同国家有着不同的具体表现，同属一种社会形态的具体社会也各有其特点。社会形态学说揭示和阐释人类社会从低级阶段走向高级阶段的内在机理，描述人类社会发展的自然历史过程，直观体现历史唯物主义的立场和方法，贯穿于马克思主义创始人理论研究的全过程，是马克思主义创始人得出关于人的解放的结论和主张的重要依据，在马克思主义理论大厦中有着极其重要的地位。

社会形态学说体现和蕴含在马克思一生的理论研究中。马克思上中学时就立志选择最能为人类而工作的职业，始终关注人的解放、人类社会形态及其演变，自然也就在情理之中。马克思早期作品《论犹太人问题》《〈黑格尔法哲学批判〉导言》用“市民社会”描述社会的状况；《1844 年经济学哲学手稿》论述的世界历史，其实也是在描述人类社会状况；《德意志意识形态》论述所有制的变迁史、《哲学的贫困》和《雇佣劳动与资本》以生产工具为标准描述社会状况及其变迁，其实质就是阐述社会形态理论；在《路易·波拿巴的雾月十八日》中，马克思首次运用社会形态这一范畴，用以指称和描述“现代资产阶级社会”这一不同于以往的“新的社会形态”；在《1857—1858 年经济学手稿》中，运用社会形态这一范畴，分析了从“人的依赖关系”到“以物的依赖性为基础的人的独立性”再到“建立在个人全面发展和他们共同的社会生产能力成为他们的社会财富这一基础上的自由个性”的人类社会形态变迁历程。马克思在《〈政治经济学批判〉序言》中，从生产方式角度对社会形态进行了另一种表述，《资本论》中对特定社会形态进行剖析，标志着社会形态理论成熟。晚年对古代社会和东方社会的研究，是马克思对前期社会形态理论的一次补充和完善①。论证“两个必然”是马克思从事理论研究的核心线索和归宿，从马克思一生都未放弃对社会形态理论研究的角度，可以把社会形态理论看作是论证“两个必然”的一个维度，揭示社会形态变迁，是马克思揭示资本主义的暂时性，论证“两个必然”的方法；理解社会形态理论，重在挖掘梳理其中的“两个必然”意蕴。

生产力是社会形态划分的最终依据，社会形态学说直观表达了历史唯物主义“生产力—生产关系”“经济基础—上层建筑”的基本原理。生产力是历史发展的根本动力，人们在生产力发展中结成了不以个体人意志为转移的社会生产关系，社会生产关系制约并体现在人的行为选择性的范围大小，能够参与和驾驭的活动类型、活动范围。“在人们的生产力发展的一定状况下，就会有一定的交换和消费形式。在生产、交换和消费发展的一定阶段上，就会有一定的社会制度，一定的家庭、等级或阶级组织，一句话，就会有一定的市民社会。有

---

① 张月梅，刘海涛．马克思关于社会形态的四次论说［J］．佳木斯大学社会科学学报，2019（4）：32-34.

一定的市民社会，就会有不过是市民社会的正式表现的一定政治国家。”① 马克思用八个“一定”的定语，强调历史唯物主义的客观性原则和生产力发展的历史决定论的方面。马克思主义创始人认为人们共同活动的方式既体现生产力发展水平，本身也是生产力的表现。“一定的生产方式或一定的工业阶段始终是与一定的共同活动的方式或一定的社会阶段联系着的，而这种共同活动方式本身就是‘生产力’，由此可见，人们所达到的生产力综合决定社会状态。因而，始终必须把‘人类历史’同工业和交换的历史联系起来研究和探讨。”② 使人能够得以结成在一起，进行共同活动的纽带和载体，正是社会发展阶段的表征。直接借助人的嗓音结成共同活动的社会阶段，肯定比借助无言无形的纽带结成共同活动的社会阶段要低；为满足基本生存需求不得不共同活动的社会阶段，肯定比共同活动求取发展资料、享受资料的社会阶段更早更低级。

二、社会形态跨越的学理逻辑

社会形态的“五形态说”虽然影响广泛，但没有一个国家、一个社会是严格遵循了五种社会形态的发展历程的客观事实，也使“五形态说”、社会形态理论饱受质疑和批判。马克思的社会形态理论虽然主要以西欧社会的发展事实为依据，但由于事实材料的加工分析、社会形态的阐释论证中运用了辩证法，“五形态说”作为社会形态发展的普遍规律的理论地位并无可撼动。只有承认社会形态发展的普遍规律，并正视各个民族国家在社会发展道路上表现的特殊性，才能激发和展现社会形态理论的生机与活力。王峰明教授剖析了学界对马克思“五形态说”的争论，基于对《资本论》及其手稿的分析，认为马克思五种社会形态理论具有重要的方法论意蕴。在他看来，“马克思社会形态理论具有的方法论的意蕴在于：不同生产方式或社会形态既可以是‘并存的’，也可以是‘继起的’；既具有‘延续性’，也具有‘断裂性’。不仅要把不同社会形态的内在本质同其存在形式和表现形式区别开来，而且要把社会形态演化的一般规律同其实现形式和作用方式区别开来”③。马克思在1877年《给〈祖国纪事〉编辑部的信》、1881年《给维·伊·查苏利奇的复信》中，对东方社会共有的土地

---

① 中共中央马克思恩格斯列宁斯大林著作编译局．马克思恩格斯文集：第10卷［M］．北京：人民出版社，2009：42-43.

② 中共中央马克思恩格斯列宁斯大林著作编译局．马克思恩格斯文集：第10卷［M］．北京：人民出版社，2009：532-533.

③ 王峰明．马克思社会形态理论的方法论意蕴——兼评“中国古代历史分期问题”的讨论［J］．马克思主义研究，2020（8）：78-90.

公有和专制集权特征予以特别关注，提出了社会形态跨越的理论主张，对社会形态有了新的理解，也提出了社会形态跨越的理论命题。苏联在农奴制的基础上建立起社会主义国家，为社会形态跨越论提供了实证依据，苏联的解体却又给社会形态跨越论的反对者提供了“实证依据”。中国在半殖民地半封建的基础上，跨越资本主义社会形态，直接跃入社会主义社会；改革开放开创的中国特色社会主义昭示了社会主义制度行稳致远的发展前景，极大地改变了当今世界社会主义制度和资本主义制度并存对立的格局，为捍卫社会形态跨越论的科学性做出了巨大贡献。

（一）社会形态跨越实质是社会发展阶段跃迁

唯物辩证法质量互变规律揭示了人类社会发展的连续性和间断性相统一的特征。人类社会发展也是社会量变引发质变的过程，全域性社会发展的连续性，往往是以区域性社会发展的间断性为条件，社会形态跨越突出强调了区域性社会发展的间断性特征。社会形态跨越打破社会渐次发展规律，对历史创造者发挥主观能动性提出了更高的要求。苏俄、中国在推动社会形态跨越的过程中，曾出现了迟滞社会形态跨越的形形色色教条主义言论与主张，究其原因，一是没有深刻认识到历史创造者的主观能动性对社会发展的作用，二是对社会发展规律，特别是社会渐次发展规律采用了机械的、教条主义式的理解。

社会形态跨越是对社会蜕变的警醒。区分跨越与蜕变的基本依据是历史发展规律，社会形态跨越是沿着历史规律指引的方向超常发展，而社会蜕变是与历史规律指引方向背道而驰的逆动。历史规律总是隐藏在历史活动之中，辨识历史规律指引的方向是一个重大的理论问题和艰难的实践问题。社会形态是突出社会整体性的理论范畴，是认识社会发展阶段的理论工具。社会形态和社会发展阶段是从不同角度，以不同方式解释和反映人类社会的总体特征、人类社会历史发展进程的理论。社会发展阶段理论，既要反映和揭示社会形态从低级向高级跳跃的规律，也要反映和揭示在社会整体性特征保持稳定，即在同一种社会形态下社会从不发达走向发达的渐次发展规律。历史创造者若无视社会发展阶段的这两种区分，容易导致原本是想推动社会发展、历史进步的求新求变实践活动异化、沦落为阻碍历史发展的活动。习近平总书记指出，“中国是一个大国，决不能在根本性问题上出现颠覆性错误”①。中国特色社会主义绝不能走改旗易帜的邪路，正是强调创造新时代的历史必须坚持社会主义这个社会形态。

生产力落后条件下实现社会形态跨越的国家存在发生社会形态蜕变的风险。

① 习近平．习近平谈治国理政：第一卷［M］．北京：外文出版社，2014：348.

率先实现社会形态跨越的国家，没有经历工业革命的深刻洗礼，其生产力水平比同时代的工业化国家低，这既容易诱发民众因生产力和生活水平落后于人的自卑，也为发达的工业化国家实施和平演变战略、引诱社会蜕变带来可乘之机。苏俄跨越“卡夫丁峡谷”，率先实行社会主义制度，尽管在第二次世界大战抗击法西斯中取得巨大胜利，在美苏争霸中取得一度让西方世界震惊和心悸的发展成就，可却持续不到70年时间就解体，发生社会形态的蜕变，这固然与自身建设的失误有关，实现社会形态跨越的国家自身存在的社会形态蜕变风险也是一个重要原因。西方世界把中国改革开放视为实施和平演变战略，诱发中国社会蜕变的良好时机；中国共产党对社会蜕变的风险始终保持了高度警觉，以习近平同志为核心的党中央做出防范社会蜕变的重大判断和决策部署，强调“经济建设是党的中心工作，意识形态工作是党的一项极端重要的工作”①，警惕和防范社会蜕变的“防火墙”不断得以充实，为实现中华民族伟大复兴奠定了坚实基础。

（二）整体与部分的辩证关系蕴含社会形态跨越的学理

人类社会是具有内部构成的整体。个体人有限的生命存续期、实践活动的空间限制，人类社会各部分之间存在的空间隔阻及其交往联系状态等因素，都凸显人类社会整体和部分关系的复杂性。人类社会部分的消失与灭亡并不改变人类社会整体存在的现实，人类社会部分的蜕变能够与人类社会整体发展和进步“和谐”共存，都提出分别从整体和部分审视人类社会发展的诉求。社会形态演进有人类社会整体（大社会）的形态演进和人类社会部分（小社会）形态演进两重维度，社会形态理论是着眼人类社会整体（大社会）的思维成果，社会形态跨越是着眼人类社会部分（小社会）的思维成果。

大小社会之间的发展阶段错位促成社会形态跨越。个体人有从初生到幼年、童年、青年、成年、老年的发展历程；任何一种社会形态也有从形成到发展成熟，最终被新的社会形态替代的发展历程。不同的小社会之间、小社会与大社会之间不仅存在发展阶段的不同步性，而且彼此间关系也总会存在亲疏、隔离与融合的程度之分。不同的小社会之间存在社会形态差异，发达而先进的小社会成为落后小社会的示范，为社会形态落后的小社会通过模仿实现跨越提供可能性；小社会之间的交往，发达的小社会对落后的小社会的支持和帮助也直接创造和提供落后小社会跨越的条件。大小社会之间存在社会形态差异，发展阶段落后于大社会的小社会有机融入大社会，与大社会的关系实现了从疏离到融

① 习近平．习近平谈治国理政：第一卷［M］．北京：外文出版社，2014：153.

合的飞跃，小社会自然也就实现了社会形态的跨越。

大社会发展不平衡是小社会跨越的现实的条件。人类社会从原始社会发展到共产主义社会的“五形态说”是马克思收集分析历史材料，借鉴吸收人类学的研究成果，将人类社会作为一个抽象的整体得出的一般规律。生产力是人类社会发展的根本动力，“五形态说”是由生产力决定生产关系原理得出的科学结论。人类大社会的生产力发展是连续连贯的过程，因此，人类社会总体遵循渐次发展规律；社会形态的跨越，只能是人类社会的一部分，在个别国家、个别民族实现。列宁以商品经济发展、市场竞争必然导致两极分化，导致资本主义不平衡发展为依据，纠正了马克思关于几个发达资本主义国家同时进入社会主义社会的理论结论，强调“资本主义的发展在各个国家是极不平衡的，而且在商品生产下也只能是这样，由此得出一个必然的结论：社会主义不能在所有国家内同时获得胜利。它将首先在一个或者几个国家内获得胜利，而其余的国家在一段时间内将仍然是资产阶级的或资产阶级以前的国家”①。由此，社会形态跨越只能在小社会实现，是体现小社会发展规律的结论，小社会形态跨越以大社会的不平衡发展为前提。

消除小社会与大社会的制度隔阻实现社会形态跨越。社会形态体现为社会制度安排，也需要用具体制度安排使自身得以维持和巩固。任何制度都有其存在的社会基础，都有直接的制度受益者；小社会与大社会制度隔阻难以自动消除，社会形态跨越难以自然而然地发生。这既涉及落后社会制度、社会形态的受益者或被改造或被消灭，也涉及先进社会制度、社会形态的植入。新中国成立后，中国共产党坚强有力的领导，消除民族地区小社会农奴制与社会主义制度的隔阻，实现了社会形态的跨越。社会形态反映和体现社会的生产生活方式，“生产以及随生产而来的产品交换是一切社会制度的基础，在每个历史地出现的社会中，产品分配以及和它相伴随的社会之划分为阶级或等级，是由生产什么、怎么生产以及怎么交换产品来决定的”②。社会形态跨越，意味着生产生活方式的跨越和变革，意味着社会成员思想观念的巨大转变，而传统习俗制约着这种转变。小社会与大社会的制度隔阻的消除，总是以大社会强大的组织动员力、感召示范力为基础和前提。相对于整个人类的大社会，社会主义社会以小社会跨越的方式成为现实，最根本的原因正在于小社会产生了先进的马克思主义政

① 中共中央马克思恩格斯列宁斯大林著作编译局．列宁专题文集：论社会主义［M］．北京：人民出版社，2009：8.

② 恩格斯．社会主义从空想到科学的发展［M］．中共中央马克思恩格斯列宁斯大林著作编译局，译．北京：人民出版社，2018：61.

党，使小社会具备实现跨越所需的强大组织动员能力。“相对于资本主义发展后进的俄国而言，西方经济发达、工人群众人数更多、工人运动发轫更早的资本主义国家没有取得无产阶级革命的胜利，主要源于19世纪末这些国家工人运动偏离马克思主义的革命路线，背弃了马克思主义的旗帜”①，这一方面揭示人类整体大社会迈入社会主义的艰巨复杂性，另一方面揭示了中国捍卫小社会向社会主义跨越的成果对大社会形态变迁的重要性。

（三）历时性与共时性统一蕴含社会形态跨越的学理

社会形态是历时性和共时性的统一。社会形态历时性揭示了人类社会从低级向高级阶段发展，从蒙昧走向文明的发展历程，社会形态共时性揭示了广阔的地理空间内，不同地区的社会发展状态、发展阶段、发展水平存在的差异性。以历史渐次发展规律相适应性的社会形态为基准和依据，社会中总会存在超越基准的先进社会形态单元，也存在落后于基准的后进社会单元，只不过先进单元和后进单元占社会总体的数量规模不大，没有能占据主导成为主体。社会形态跨越，实质是先进单元在一定条件下、一定空间内占据了社会总体的主导地位，成为社会总体中数量规模占比最大的社会单元。中国共产党历来重视社会形态的历时性和共时性并存法则，毛泽东在延安文艺座谈会上的讲话中就明确指出，“从亭子间到革命根据地，不但是经历了两种地区，而且是经历了两个历史时代。一个是大地主资产阶级统治的半封建半殖民地的社会，一个是无产阶级领导的革命的新民主主义的社会”②。我国社会主义改造，就是发挥历史创造者的主观能动性，顺应历史发展规律，使先进社会单元占据社会总体的主导和主体的历史运动。中国是地域辽阔、内部差异明显的大国，在正视和尊重地区差异的前提下，顺应社会形态历史性和同时性统一的发展规律，谋求促进社会整体发展之策，是建设社会主义现代化强国的可行之道。

三、社会主义制度实践的社会形态理论张力

社会形态学说揭示了社会形态跃迁的动力，提供了社会发展阶段划分的依据。苏俄、中国以小社会跨越的方式进入社会主义社会，开启了社会主义制度实践，人类社会由此出现社会主义和资本主义两种制度、两种形态并存的格局，整体进入资本主义向社会主义的过渡阶段。社会主义制度实践检验了马克思主

① 俞良早．十月革命后列宁创新马克思主义的重要话语和重要思想［J］．马克思主义研究，2020（3）：5-16.

② 毛泽东．毛泽东选集：第3卷［M］．北京：人民出版社，1991：876.

义社会形态学说的科学性，为社会形态理论发展注入新的动力。

（一）社会主义制度实践的发展进程

意识的创造性是社会主义思想的最初根源。人类文明发展进程中，人们对美好社会的设想中蕴含社会主义思想的萌芽，社会主义思想最初以空想的形式表现出来。马克思主义创始人借鉴吸收空想社会主义思想的积极成分，在批判资本主义现实的过程中，实现社会主义从空想到科学的转变。列宁以科学社会主义学说指导革命实践，建立了世界上第一个社会主义国家，拉开社会主义制度实践驱动社会主义理论发展的序幕。十月革命后，社会主义理论发展呈现出两种驱动方式：一是社会主义意识的相对独立性和创造性，思维运动推动的社会主义理论发展；二是社会主义制度实践经验总结驱动社会主义理论发展。尽管如此，社会主义建设实践的挫折和失误、资本主义与社会主义两种社会制度的竞争，以及资本主义势力对社会主义理论和实践的肆意歪曲、恶意中伤，使社会主义的制度特色成为一个仍未完全破解的理论命题。作为一种理论抽象，从社会主义制度特色的理解和认识的角度，社会主义制度实践大致可以分为摸索、探索、稳定和示范四个阶段。

1. 社会主义制度的摸索实践

社会主义制度摸索实践阶段，是指社会主义国家刚刚成立，主要还是以机械、教条的方式理解社会主义制度的特定历史时期。新事物的萌芽总是被大量旧事物裹挟，新事物的成长和发展总会遭遇旧事物的遏制和阻碍。社会主义制度的确立，是人类社会发展进程中的新事物，社会主义理论发展，既会受制于社会主义制度自身发展的不成熟，更会受制于资本主义的遏制和攻击。摸索时期对社会主义制度的机械教条理解，既缘于社会主义制度运行起点的零实践经验，也缘于制度新生时期以经典为旗帜凝聚对抗恶旧势力的遏制阻碍的现实需要。社会主义制度运行实践既提出摒弃对社会主义机械教条式理解的现实要求，也为从实际出发正确认识理解社会主义制度创造条件。列宁在社会主义建设实践中很快发现套用马克思恩格斯对社会主义的理论设想的实践危害，并提出向社会主义的过渡问题，及时修正社会主义建设方案，奠定社会主义制度实践在苏联繁荣的基础。毛泽东在社会主义建设实践中也很快发现套用对社会主义的经典设想，以及效仿苏联模式的弊端，开启了中国特色社会主义制度在摸索中运行的历史进程。毛泽东在社会主义建设实践中思索社会主义的本质要求和本质特征，提出了一系列的社会主义建设探索方案，社会主义制度在摸索中运行取得了重大成就，也遭遇了重大挫折。虽然毛泽东没有完成正确认识社会主义本质的历史使命，但社会主义在摸索中运行积累的正反两个方面的经验和教训为正确认识社会主义本质提供了思想基础和比照的模板。

2. 社会主义制度的探索实践

社会主义制度的探索实践，是指社会主义国家认识到机械教条式理解社会主义的理论弊端和实践危害，形成了对社会主义本质的正确认识，在社会主义建设实践中不断细化、深化对社会主义本质的认识，不断丰富和完善社会主义的各项具体制度的特定历史时期。开启解放思想的大门，破除对社会主义的机械教条理解和改革开放是紧密关联不可分离的统一体，党的十二大提出“走自己的路，建设有中国特色的社会主义”的科学论断，是彻底摒弃对社会主义僵化教条式理解的标志，也是在改革开放中具体回答社会主义的中国特色的历史起点。“中国特色社会主义”是改革开放实践中提出的理论命题，中国特色社会主义的内容在改革开放的实践中不断丰富，中国特色社会主义的具体特色在改革开放的实践中不断展现。改革开放取得了巨大成就，也不可避免地滋生和积累了一些问题。有人刻意放大问题而故意屏蔽成就，试图用改革开放滋生和积累的问题而否定改革开放，企图以自我封闭来回避、逃避改革开放带来问题，为重走封闭僵化的老路摇旗呐喊。也有西方中心主义者借改革开放之机，企图以改革开放之名行动摇社会主义制度根基之实。有人以市场化、效率改进为幌子，大肆鼓吹私有化、自由化，把生产资料私有化塞进改革方案；有人以与国际接轨为幌子，总是以西方话语、西方标准、西方喜好解释、评价中国实践，当西方理论无法解释中国实践成就时，不是去反思自己所用理论是否适合于中国实践，而是刻意要求削足适履，按照西方理论要求“规范”中国实践。必须绷紧“既不能走封闭僵化的老路，也不能走改旗易帜的邪路”的弦，是社会主义制度探索时期的典型特征。不断从实践经验中总结出社会主义制度运行的特点和特色，是社会主义制度探索时期的重要使命和任务。

3. 社会主义制度的稳定实践

社会主义制度的稳定实践，是指社会主义的各项具体制度已经初步完善，社会成员对社会主义制度的特色已经达成广泛的共识，社会主义国家的制度自信和文化自信根深蒂固，基本排除“改旗易帜”风险的特定历史时期。在这一时期，社会主义制度得到普遍的社会认同，各类社会主体自觉依据社会主义具体制度的要求规范自己的社会实践。社会主义制度体系和各项社会主义具体制度在实践中表现出良好的动态调适性，具体制度安排既保持总体稳定性又能随着实践需求的发展而与时俱进，社会主义制度表现出强大的运行活力。党的十八大以来，全面深化改革呈现出顶层设计和“摸着石头过河”相结合的特征，中国特色社会主义制度的总体框架已经初步形成，社会主义核心价值观正逐步内化为越来越多的社会成员的价值追求和行为准则，中国特色社会主义的道路自信、理论自信、制度自信和文化自信不断得以坚持和巩固。在动荡复杂的国际局势中，全面深化改革、中国特色社会主义各项建设按照既有的安排和自己的节奏推进，治国理政表现出强大的战略定力，社会主义制度运行也表现出越来越多、越来越明显的稳定实践特征。

4. 社会主义制度的示范实践

社会主义制度的示范实践，是指社会主义国家已经形成了具体制度在实践中动态调适的机制，社会主义制度的活力充分显现社会主义制度实践对其他社会制度实践的感召、示范能力不断显现，“人类命运共同体”地理空间单元范围不断拓展的特定历史阶段。习近平新时代中国特色社会主义思想提出的构建人类命运共同体构想得到广泛的国际认同，联合国决议中也写入人类命运共同体的内容，构建人类命运共同体正在从理念转变为实践行动。中国发起的“一带一路”国际合作迈出坚实的步伐，成为构建人类命运共同体的重要抓手和载体；中国共产党遵守国际规则、维护国际秩序，始终坚持和奉行合作共赢原则，成为反对霸权主义、单边主义的中坚力量；越来越多饱受战火、动荡和贫困的人们从中国特色社会主义制度实践中看到希望和未来；中国特色社会主义制度运行的示范效应已经初步显现。

社会主义制度实践分为摸索、探索、稳定和示范四个阶段，是历史和逻辑相统一的理论主张。四个阶段可以从理论角度，从逻辑上严格加以区分，在现实的历史发展中却难以予以明确划分，一个国家的社会主义制度实践往往同时表现出多个阶段的特征。中国的社会主义制度运行中，除十一届三中全会开启中国改革开放的进程，党的十二大明确提出建设有中国特色的社会主义可视为制度摸索实践和探索实践的相对明确的界限外，其他三个阶段难以明确划分。中国特色社会主义新时代，呈现出探索、稳定和示范三个阶段的特征。对社会主义制度实践的阶段划分，重在通过对各阶段的制度运行的规范分析，对中国特色社会主义的“特色”的具体内容，特色的彰显方式进行深入的实践考量和理论分析。

（二）社会主义制度实践中的社会形态理论“供—需”机制

社会主义制度实践历程表明，小社会跨越“卡夫丁峡谷”进入社会主义社会，不是对生产力推动历史发展原理的证伪，而是对“生产力—生产关系”原理的丰富。新时代是人类社会并存社会主义和资本主义两种制度、两种形态的大背景下，表征中国特色社会主义发生阶段性质变，人类社会朝着共产主义的方向发生阶段性飞跃的理论范畴。实践的批判与反思，既从经验总结中提炼理论，又提出理论创新的诉求；社会主义制度实践，特别是新时代中国特色主义制度实践，丰富了社会形态跃迁动力理论的内涵，同时也提出服务和指引社会主义制度建设的社会形态理论创新要求。

1. 社会主义制度实践丰富社会形态跃迁动力理论

生产力发展是历史进步的根本动力，也是社会形态跃迁的根本动力。近代中国广泛学习西方的制度文明，也曾有发动反帝反封建的资产阶级民主革命，建构资本主义制度的设想和努力，只是由于革命者主观原因和客观条件的双重限制，这样的设想和努力终究没有变为现实。我国以小社会跨越“卡夫丁峡谷”的形式，开启社会主义制度实践，正是历史创造者发挥主观能动性促进生产力发展的现实选择。社会主义制度摸索实践的初期，社会生产力得以迅速发展；社会主义制度探索实践时期，由于社会主义制度自身的不完善，以及对社会主义的僵化教条理解，直接把社会主义的理论原则当作社会主义建设的实践原则，导致社会生产力发展放缓；社会主义制度稳定实践和示范实践时期，日益完善的社会主义制度成为驱动生产力快速发展的保障；社会主义制度实践进程中，社会生产力发展速度呈现出的“快—慢—快”节奏，在对生产力原理进行历史验证的过程中，凸显了世界交往和国家治理在完成人类社会整体从资本主义向社会主义过渡中的重要作用。

世界交往拓展小社会的社会形态跨越的影响力。世界交往是民族国家内部交往向域外地理空间拓展，不同民族国家、不同地区在世界范围内形成的普遍性交往。世界交往是社会生产力发展的产物，是生产发展到大工业阶段之后才有的现象，是促使民族历史向世界历史转化和发展的根本性力量。形成世界交往既促进了社会生产力发展，也推动了世界文化交融，为人的发展水平提升、民族国家和社会跨越式发展提供了机会、创造了条件。小社会跨越“卡夫丁峡谷”进入社会主义社会，是人类社会形态演变的客观现实。率先实现社会形态跨越的国家和民族扩大交往，是积累人类社会最终实现向社会主义跃迁的力量的重要途径。

国家治理增强小社会的社会形态跨越的实践成果。国家治理包括制度体系的完善和制度的具体实施，国家治理效能是二者的综合表现。制度安排的可操作性不强，制度体系再完善，也不可能有高效能的国家治理；没有强有力的制度执行力，丰富完备的制度体系也不能转化为国家治理效能。苏联解体的悲剧警醒我们，没有国家治理效能的持续改善，已经实现社会形态跨越的小社会还可能出现社会形态的蜕变。跨越“卡夫丁峡谷”率先进入社会主义社会的国家，不断提高国家治理效能，不仅是要巩固社会形态跨越的实践成果，也是要提高社会形态跨越的示范效应，为世界交往丰富人类社会的社会主义成分创造条件。

世界交往和国家治理形成社会主义普及和提高的联动。社会形态跃迁是量变积累促成质变的渐进过程，率先进入社会主义的国家的世界交往和国家治理，成为人类社会的社会主义成分普及和提高的两种机制。我们党历来重视先进成分的普及和提高的协调联动，毛泽东在延安文艺座谈会上的讲话，对文艺工作的普及和提高的关系的论述，实则是阐释了历史进程中社会形态细微质变与巨大量变协同推动社会形态变迁的机理。毛泽东强调广大群众的文化水平在普及过程中也是不断提高的，“人民要求普及，跟着也就要求提高，要求逐年逐月地提高。而这种提高，不是从空中提高，不是关门提高，而是在普及的基础上提高。这种提高，为普及所决定，同时又给普及以指导”①。社会主义国家的世界交往和国家治理联动，以国家治理效能提升提高社会主义制度的示范力，提高社会主义国家的世界交往的能力，以世界交往拓展国家治理效能提升的国际影响，方能有效激发和汇聚人类社会形态跃迁的动力。

2. 社会主义制度实践催生和孕育社会主义社会发展阶段理论

社会形态演进理论揭示人类社会从低级阶段向高级阶段渐次跃迁的事实和规律，社会形态演进理论实质上也是社会发展阶段理论。任何社会都不是凝固不变的有机体，任何社会形态都不是一成不变的凝固僵化的存在；处于同一种社会形态的不同小社会之间存在发展阶段的差距，相对于人类社会整体的区域性小社会在总体保持某种社会形态不变的前提下，同样存在发展阶段的跃迁。我国社会主义建设过程中，党领导人民创造了世所罕见的经济快速发展、社会长期稳定的两大奇迹，我国社会整体发展、总体面貌呈现出明显的发展阶段跨越的特征。党的十九大做出“中国特色社会主义进入新时代”的重大判断，同时强调“我国仍处于并将长期处于社会主义初级阶段的基本国情没有变”；习近平总书记在省部级主要领导干部学习贯彻党的十九届五中全会精神专题研讨班上发表重要讲话指出：“全面建成小康社会、实现第一个百年奋斗目标之后，我们要乘势而上开启全面建设社会主义现代化国家新征程、向第二个百年奋斗目标进军，这标志着我国进入了一个新发展阶段。”② 如何理解和认识新时代的社会主义初级阶段国情和进入新发展阶段这两者之间的关系，提出创新发展社会主义社会发展阶段理论的现实诉求。

社会发展阶段理论表征同一社会形态内的社会发展变迁。社会形态理论以

---

① 毛泽东．毛泽东选集：第3卷［M］．北京：人民出版社，1991：862.

② 习近平．习近平谈治国理政：第四卷［M］．北京：外文出版社，2022：162.

人类发展的整个历史长河为考察对象，社会形态演进所揭示的社会发展阶段变迁，是大视野、大尺度下的社会发展阶段变迁，是前后两个阶段的差异极其显著的社会发展阶段变迁。作为一个独立于社会形态的理论范畴，社会发展阶段理论以人类社会历史长河的特定片段为考察对象，揭示同一社会形态内部的发展阶段变迁，是小视野、小尺度下的社会阶段变迁，是前后两个阶段的差异不甚显著的社会阶段变迁。刚脱胎于封建社会、资本主义生产关系得以正式确立之初的资本主义社会，同正走向灭亡、快要被共产主义（社会主义）所取代的资本主义社会相比，无论是在社会生产力发展程度方面，还是社会生产关系的复杂程度方面，都有着显著的差异；其他形态的社会同样如此，在保持社会形态总体稳定不变的前提下，存在着同一社会形态内的不同社会发展阶段的区分。建构社会发展阶段理论，揭示在同一社会形态内部的阶段性质变机理，不同发展阶段的特征、发展阶段跃迁的路径和方式，旨在深化对历史规律的认识。

社会主义社会发展阶段理论深化对社会主义建设规律的认识。尽管马克思主义经典作家对社会主义社会发展阶段有丰富的论述，但社会主义社会发展阶段这个理论范畴在不同语境下的具体所指却存在差异。作为一个独立于社会形态的理论范畴，社会主义社会发展阶段理论的内涵存在广义和狭义的区分。其狭义内涵是指社会主义发展总体历程中的阶段划分，广义的含义是指以社会主义阶段划分为核心的理论体系。社会主义社会发展阶段理论体系的内容包括阶段的划分依据、阶段划分的原则、阶段划分结果，各个阶段的发展特征，发展阶段跃迁的动力、演进机理，发展阶段演进跃迁的一般规律等。尽管社会主义社会也存在不同的发展阶段已经是一个广为认同的理论事实，但广义的社会主义社会发展阶段理论仍是一个尚未取得广泛共识的理论命题。

社会主义社会发展阶段理论丰富发展历史动力论。生产力与生产关系之间的矛盾是人类社会的基本矛盾，社会基本矛盾运动是社会形态演进、历史发展的动力。“生产力—生产关系”原理是历史唯物主义的基本原理，也是建构社会主义社会发展阶段理论的重要依据。立足人类社会以跨越“卡夫丁峡谷”的方式开启社会主义制度实践，当今世界社会主义和资本主义两种制度并存、竞争的现实，从社会主义生产力与资本主义生产力相比较的角度，社会主义社会可以做初级、中级、高级的三阶段区分。社会主义初级阶段是社会主义生产力落后于资本主义的生产力的历史时期，在这个意义上，它不完全等同于邓小平理论中的社会主义初级阶段的理论范畴。邓小平理论中，社会主义初级阶段不是泛指任何国家进入社会主义都会经历的起始阶段，而是特指我国生产力落后、商品经济不发达条件下建设社会主义必然要经历的特定阶段。社会主义中级阶段是社会主义社会的生产力总体水平与资本主义并驾齐驱，不相上下的历史时期。社会主义高级阶段是指社会主义社会的生产力全面超越资本主义，社会主义制度的优越性得到充分彰显的历史时期。无论是从社会主义制度实践中与资本主义生产力相比较的社会主义社会发展阶段理论的角度，还是从邓小平理论的角度，新时代的社会主义初级阶段的国情，都是理论与实践高度吻合的判断。从生产关系的角度，特别是从由生产资料所有制所决定的社会财富分配关系的角度，社会主义社会总体上可以大致划分为按劳分配阶段和按需分配阶段。

3. 社会主义制度实践提出社会形态理论创新的诉求

马克思主义社会形态理论在我国社会主义制度实践中得以坚持。在中国特色社会主义制度实践中制定实施小康社会建设战略、新时代扎实推进共同富裕、推动构建人类命运共同体等实践，又提出创新社会形态理论的诉求。

社会主义制度实践提出挖掘全面建成小康社会的社会形态理论意蕴的诉求。伟大的实践需要科学理论指导，实践经验总结为理论的创新发展奠定坚实的基础。中国特色社会主义建设进程中，“小康社会”实现从最初的改革开放的目标指引到社会主义建设任务的转变，建设小康社会的实践经验总结为创新发展马克思社会形态理论提供了丰富的素材。“小康社会”是源于中华优秀传统文化的概念，最早在《诗经·大雅·民劳》就有“民亦劳止，汔可小康”的记载和表述，意指老百姓终日劳作不止，最大的愿望就是稍微过上安康的生活。《礼记·礼运》假托孔子把人们经历过的社会模式分为两种，一种是夏代以前那种“大道之行，天下为公”的“大同”社会，另一种是夏、商、西周时期那种“大道既隐，天下为家”的“小康”社会。在此，“小康”社会是比“大同”社会低一层次的社会模式①，“小康社会”也因此被赋予描述社会整体特征的社会形态理论内涵。古人在自然经济条件下的“小康社会”愿望，是对“财产私有、生活宽裕、家庭和睦、上下有序、讲究礼仪”的社会状态的期望。

1979 年 12 月 6 日，邓小平在会见日本首相大平正芳时，借用“小康”表达我国现代化的目标，强调“我们要实现的四个现代化，是中国式的四个现代化。我们的四个现代化的概念，不是像你们那样的现代化的概念，而是‘小康之家’”。这里小康，是在我国生产力还不发达，经济还很落后的条件下，对彻底走出饥饿梦魇，实现温饱的物质生活的期待。在邓小平看来，“所谓小康社会，就是虽不富裕，但日子好过”；他强调指出，“在本世纪末，我们只能达到一个小康社会”，把“小康社会”作为一个阶段性目标。党的十五大第一次明确提出

---

① 韩振峰．党对全面建成小康社会奋斗目标的认识过程［N］．光明日报，2016-02-24.

了“建设小康社会”概念，并确定了“建设小康社会”的新“三步走”战略；党的十六大提出21世纪头20年全面建设小康社会的目标任务，党的十七大提出全面建设小康社会的定性要求和定量目标；党的十八大明确提出了“全面建成小康社会”这一重大命题和战略决策。中国特色社会主义建设进程中，“小康社会”也就成为巩固社会形态跨越“卡夫丁大峡谷”的成果的理论范畴，小康社会的衡量指标，小康社会建设策略、建设重点等因此成为学术研究的重点和焦点。从国家战略衔接的角度，如期全面建成小康社会之后，中国共产党开启了扎实推进共同富裕的新征程；作为一个理论范畴，共同富裕社会是继全面建成小康社会的新发展阶段，提出了挖掘扎实推进共同富裕的社会形态理论意蕴的学术研究使命和任务。

社会主义制度实践提出挖掘推动构建人类命运共同体的社会形态理论意蕴的诉求。共同体是多极多样、多主体的共生共在，是共同体的构成单元相互联系的结果。马克思主义认为，资本家和工人以商品、市场为纽带结成的是虚幻共同体。民族史发展为世界史之后，人类共同体是世界交往的现成状态，只有在国家和阶级消亡之后，自由人联合所结成的人类共同体，才是真正的共同体，这种真正的共同体，是世界交往现代化的目标指引和最终归宿。马克思虽然论证了虚幻的人类共同体走向真正的人类共同体的必然性，但把理论和历史的必然性转化为现实的必然性还有很长的路要走。针对世界怎么了的现实问题，以习近平同志为核心的中国共产党提出推动构建人类命运共同体，发起设立亚投行并促进其健康运转，推动“一带一路”国际合作并取得丰硕成果，积极促成抗击新冠疫情国际合作，堪当人类健康共同体建设的指引和中流砥柱，使世界人民更清楚、更强烈地感受到人类最终走向自由人联合体的希望。人类命运共同体本身是未来自由人联合体的当下表现，推动构建人类命运共同体的实践经验总结，必将为马克思主义社会形态理论发展注入不竭动力。

第二节　全面建成小康社会的社会形态理论张力

社会形态不是凝固静止的形态，而是依据某种标准、从某种维度对社会进行的总体观察和判断。一个国家、一个社会处在同一社会形态内，也有发展阶段和发展水平的由低到高渐次发展历程，也有阶段性和局部的社会质变。马克思主义社会形态理论从物质生产力出发阐释和论证社会形态演进的一般进程；中国传统文化中的小康社会思想源远流长，中国跨越“卡夫丁峡谷”直接进入社会主义社会后，用小康社会阐释社会主义现代化目标，持续深入推进小康社会建设战略的实施；把小康社会作为表征社会形态的理论范畴，是把握社会形态演进的普遍性与特殊性、渐进性与跳跃性、统一性与多样性的辩证统一的现实要求。中国特色社会主义新时代，就是在社会主义初级阶段，对我国社会发生的阶段性质变进行的概括和总结。新时代巩固和完善生产资料公有制的主体地位，收官全面建成小康社会，彰显了社会形态理论的实践指导价值，建成富强民主文明和谐美丽的社会主义现代化强国，巩固和发展全面建成小康社会的实践经验总结，为马克思主义社会形态理论的创新发展提供了新的素材。

一、社会主义制度使“小康”从想象变为现实

长久以来，小康社会寄托着人们的美好追求和美好愿望，古人立足当时的生产力水平，早就有对小康社会的具体描绘。小康要真正描述社会总体状态、整体特征，既需要发达生产力为基础，也需要消灭剥削的制度性成因为保障。生产资料私有，少数人剥削压榨多数人的阶级社会里，仅有剥削者享有与当时生产力条件相适应的小康生活，小康社会只能存在于梦中，停留于想象。社会主义制度不断解放生产力、发展生产力，消灭剥削、消除两极分化，追求共同富裕，小康社会终于从想象变为现实；社会的小康水平、小康程度是跨越“卡夫丁大峡谷”的民族和国家衡量社会主义建设成效的依据，小康社会成为描绘和刻画社会形态的理论范畴。

（一）“小康”是阶级社会里的美好想象

人们的“小康”梦想由来已久，不同历史时期“小康”梦想的具体愿景也存在差异。生产资料私有，阶级压迫和阶级剥削是小康社会从梦想和愿景变为现实的根本障碍和最大制约。人们对小康社会的追求和向往表明“小康”蕴含着生产力发展、社会秩序安宁、人们各得其所的内涵。

“小康”是衡量生产力发展水平的概念。社会存在决定社会意识，小康社会的愿景和追求最初缘于落后的生产力使人们的生存难以为继，挣扎徘徊在饥饿致死边沿的社会现实，渴望小康、祈求小康，表达的也是对生产力发展的期冀。社会意识反作用于社会存在，对小康社会愿景的追求又激励人们发展生产力，引导人们改进发展生产力的方式，推动社会现实的改善。“小康”需要生产力发展为其提供物质保障，小康概念富有生产力的意蕴，小康与否，因此也就成为判断识别生产力发展水平的依据。改革开放之初，邓小平借用“小康之家”直观表达我国现代化目标，以区别于当时生产力远比中国发达的日本现代化，一

方面是正视中西生产力发展差距，表明中国立足自身实际，实事求是绝不好高骛远、空谈对现代化的追求；另一方面是对社会主义消除了剥削赖以存在的制度性根基，有条件也有能力快速发展生产力，尽快改变生产力落后的现状，以社会生产力发展满足人民群众的物质需求。

“小康”是衡量社会安宁状态的概念。自然经济条件下，人们根据自然条件变化做出生产安排，人保持了与自然之间的稳定关系，人也总是期望稳定地栖息在一定的地理空间内。“小康”既寄托了人们对风调雨顺的渴求，也承载着人们对社会稳定、生产生活安定的期待。不管是自然条件变化驱使的人口迁徙，还是战争、社会动乱导致的人口流动，总会带给人们对流离失所、面对新环境的恐惧。阶级统治集团内部的争斗，阶级统治集团寻求势力版图扩张，不同地理空间的统治集团之间的征服与反征服的争斗，都会导致大批民众流离失所，引发人口大规模的被动迁徙，使小康社会的梦想更加虚无缥缈。阶级斗争是推动阶级社会发展的直接动力，也是导致阶级社会混乱的直接原因，阶级社会不具备使小康社会变为现实的条件和基础，阶级社会里的小康梦想，也是对社会安宁的期望。

（二）社会主义的本质内隐社会的“小康”要求

社会主义制度使占社会人口大多数的劳动者真正享有平等自由的权利，创造了劳动者和生产资料所有者实现统一的条件。社会主义国家保留多数人统治少数人的暴力机器，是为了让多数人逐渐习惯自我管理，增强自我约束自我管理意识，提高自我管理能力，为最终消灭国家积累能量、创造条件。我国以跨越“卡夫丁大峡谷”的方式进入社会主义社会，在并不具备生产力高度发达条件下，以单纯的生产资料公有制、单一的计划经济进行社会主义建设的现实条件，把马克思主义创始人对未来社会的理论设想直接作为社会主义建设坚持的实践原则，对社会主义本质的认识误区，酿成了社会主义建设遭受挫折的历史悲剧。改革开放后，邓小平深刻总结我国社会主义建设正反两个方面的经验和教训，系统集成对社会主义是什么和社会主义不是什么的思考和认识，把社会主义的本质概括为“解放生产力，发展生产力，消灭剥削，消除两极分化，最终达到共同富裕”①。邓小平社会主义本质论是社会主义建设的实践指引，也是对小康社会的场景做出的具体刻画。

解放和发展生产力奠定小康社会的物质基础。社会是人的社会，社会性是人的本质属性，社会是人的栖息空间。人要生存，首先必须要有吃穿住行的基

① 邓小平．邓小平文选：第3卷［M］．北京：人民出版社，1993：373.

本物质条件保障，物质生活资料的生产是一切历史的前提。生产力是历史进步、社会发展的根本动力，占社会人口大多数的普通民众拥有、占有物质生活资料的种类数量和质量，是社会富足程度和小康水平的直观表征。在不同历史时期，尽管人们的小康社会具体愿景存在显著差异，但拥有充足的物质生活资料，是小康社会愿景的基本特征；物质生活资料匮乏的社会，不可能是小康社会。社会主义解放和发展生产力，不断丰富和充实民众的生活资料，促进社会生产资料改进、升级换代，降低民众参与社会生产的身体劳累程度，使社会生产逐步成为民众张扬个性、发挥能力，提高生命质量的载体。

消灭剥削、消除两极分化完善建成小康社会的社会条件。马克思对资本家和工人在社会财富占有上的两极分化成因的阐释和揭示，也是对生产资料私有的剥削社会存在的财富占有两极分化现象的一般描述。占社会总人口少数的剥削者凭借其对生产资料的占有，掌控国家机器，攫取和支配绝大多数的社会产品；占人口绝大多数的普通劳动者尽管辛勤劳碌，生产出社会产品，创造出社会财富，却仅能获取维系劳动力再生产的社会产品。剥削者的穷奢极欲、铺张奢华，与劳动者捉襟见肘、艰辛度日形成的强烈的反差，始终是社会不和谐、不安定的因素。资本主义高度发达的生产力，虽然能够借助少数人占有社会产品、社会财富规模的快速扩张而拉高社会财富占有的平均水平，但因占社会人口大多数的劳动者始终只能获取满足劳动力再生产需要的社会产品和社会财富，社会不可能整体呈现出小康的特征。消灭剥削、消除两极分化是社会主义社会的本质属性和追求，也是建成小康社会的题中之义。

小康社会是社会主义在实现共同富裕前的社会样态。社会主义之前的漫长阶级社会里，共同富裕仅仅只是人类的一种幻想。社会物质生产力的不断发展是人类从贫穷走向共同富裕的基础和前提，社会主义一方面解放生产力、发展生产力，另一方面又消灭剥削、消除两极分化，因而必然以历史渐进的方式实现共同富裕。邓小平曾明确指出："所谓小康社会，就是虽不富裕，但日子好过。我们是社会主义国家，国民收入分配要使所有的人都得益，没有太富的人，也没有太穷的人，所以日子普遍好过。"① 最终实现共同富裕是我国社会主义建设的目标，共同富裕作为社会整体呈现出的状态，是后小康社会的样态，小康社会则是前共同富裕社会的样态。人类赖以生存的世界总体区分为物质世界和精神世界，共同富裕也就包括物质财富和精神财富的生产、占有与消费两个方面的要求。社会主义的共同富裕不是同步富裕，也不是同等程度的富裕，是全

---

① 邓小平．邓小平文选：第3卷［M］．北京：人民出版社，1993：161-162.

体社会成员共同劳动、追求自由全面发展的社会实践的结果，是追求共同富裕的动态过程和静态结果的辩证统一。“共同富裕的静态结果有上下限两层含义，下限含义是所有社会成员都拥有一定数量规模和质量要求的社会财富，生活水平都在取得社会共识的某一水平之上，上限含义是社会最富裕的成员和最不富裕成员之间的富裕程度极差不能超过某一水平。共同富裕的动态过程一是指社会富裕程度下限的绝对水平不断提高，二是社会弱势群体富裕程度更快提高、富裕程度极差不断缩小。”① 共同富裕的静态结果体现社会的小康程度和小康水平，共同富裕的动态过程揭示小康社会的建设历程，体现小康社会作为理论范畴的内涵的延展性。

二、小康社会样态中的社会矛盾运动

跨越“卡夫丁峡谷”的中国社会，最初呈现出生产力落后、人民温饱不足的样态。邓小平提出社会主义初级阶段的理论范畴，是区分生产力落后基础上开启社会主义的现实，与马克思主义创始人在继承资本主义高度发达生产力基础上开启社会主义进程的理论设想的理论工具。我国社会主义初级阶段，也就先后呈现出小康社会、共同富裕社会两种社会样态。小康社会是我国在努力推进社会主义现代化进程中呈现的社会样态，共同富裕社会是我国建成社会主义现代化强国呈现出的社会样态，是告别社会主义初级阶段，向社会主义中级、高级阶段跃迁过程中的社会样态。

社会形态揭示和反映社会整体特征。任何整体总有其结构，社会形态有经济形态、政治形态、意识形态、社会结构、生态文明等具体表现。人类文明越进步，社会形态的具体表现就越丰富。社会发展和文明进步带来社会形态具体内容的丰富，进而引发社会形态结构的变迁调整。正如马克思在《资本论》序言中所强调的，“一个社会即使探索到了本身运动的自然规律……它还是既不能跳过也不能用法令取消自然的发展阶段，但是它却能缩短和减轻分娩的痛苦”②；社会形态是不以人的主观意志为转移的客观存在，正确认识这种客观存在，顺应社会形态变迁规律，才能缩短人类步入共产主义的时间进程，使这个进程走得更平稳顺畅。作为中国特色社会主义初级阶段特有的相对独立的社会形态，小康社会提出这种社会样态的表现形式、基本构成、主要特色、发展阶

① 杜黎明．新时代超越于西方的经济理性研究［J］．党政研究，2020（5）：119-128.

② 中共中央马克思恩格斯列宁斯大林著作编译局．马克思恩格斯文集：第5卷［M］．北京：人民出版社，2009：9-10.

段、发展趋向等理论诉求，表现出强大的理论张力。

（一）社会矛盾体系的生成及结构

矛盾对立统一揭示社会发展的微观机理。矛盾是事物的存在方式，矛盾范畴、矛盾学说是人的意识和思想。事物总是承载着特定的具体矛盾，认识理解事物承载的具体矛盾，也就成为把握事物不以人的主观意志为转移的客观实在性的常用方式和方法。矛盾总是意味着冲突、意味着不同，矛盾范畴描述矛盾冲突双方"既见不得，又离不开""既不相容，又相互依存"的关系。矛盾对立统一是对原本可以分散、独立存在"主体"之间的既冲突斗争又统一共存的关系的直观形象表达。矛盾同一性是分散独立存在的两个主体、两个方面之间的联系纽带，是矛盾双方共居一体的条件，是彼此施加影响的桥梁，是积累一方向对方转化的力量的路径。矛盾斗争性强调矛盾双方的不同，强调二者不相容的绝对性；矛盾斗争性描述矛盾双方原本可以各自独立存在的属性，同时揭示矛盾双方转化的条件和依据。矛盾双方的冲突斗争一旦突破和割断矛盾统一性的纽带，必然导致旧的矛盾对立统一体的消失和新的矛盾对立统一体的形成。矛盾斗争性驱动矛盾对立统一体的渐进性变化，使其发生局部的微小质变，一旦微小质变积累而成的力量挣脱矛盾同一性的束缚，旧的矛盾对立统一体就被新的矛盾对立统一体所取代，事物也就发生了质的飞跃。和谐是矛盾多样性的统一，是各种具体矛盾彼此作用而形成的均衡态势，和谐社会绝不是没有矛盾的社会，而是绝对存在的矛盾可以转化的社会，是激烈对抗尖锐对立的矛盾冲突可以得以明显缓解、有效化解的社会。那种以我国社会还存在诸多显著的矛盾冲突为由而断然否认社会的和谐性、否定我国建设社会主义和谐社会的可能性和现实性的主张，实则是对矛盾存在和转化规律缺乏深刻的理解。一方面，和谐社会中绝对存在的社会矛盾冲突能够有效转化为社会发展的动力，而不是成为撕裂社会的推手；另一方面，激烈冲突、尖锐斗争的矛盾对立统一体能够转化为平缓冲突、温和斗争的矛盾对立统一体。

社会基本矛盾运动生成社会矛盾体系。生产力与生产关系之间的矛盾运动，揭示了人类社会发展的基本规律和经济社会形态演变的内在动力；生产力与生产关系之间的矛盾，是人类社会的基本矛盾。社会基本矛盾在不同维度、不同层次的现实具体表现，形成社会矛盾体系；社会根本矛盾和社会主要矛盾是认识主体分别从社会具体矛盾的"质"和"量"的角度对社会矛盾体系中的具体矛盾的属性做出的判断。社会根本矛盾是关系社会形态性质的矛盾，社会主要矛盾是在特定社会中作用和影响的范围最广泛的矛盾。对社会根本矛盾的判断体现和反映了认识者的立场，对社会主要矛盾的判断体现和反映了认识主体适应社会、驾驭社会运行的能力。社会主义初级阶段，生产资料公有制和非公有制之间、公有经济和非公有经济之间的矛盾是社会经济领域的根本矛盾，马克思主义思想和反马克思主义思想之间的矛盾，是社会思想领域的根本矛盾。[①] 坚持生产资料公有制为主体，是捍卫我国社会主义制度的根本要求，绝不能以发展非公有制经济、多种经济共同发展为名，削弱和动摇公有制经济在生产资料所有制结构中的主体地位。社会主要矛盾是社会供给和社会需要之间的矛盾，在经济社会发展的不同阶段，其现实具体表现存在差异。对社会主要矛盾的主观认识和判断与客观一致，推动经济社会发展的实践就能取得显著成就，就能很好地实现预期，反之，社会实践就可能遭受损失，实践预期就会落空。

（二）小康社会样态中的社会基本矛盾运动

生产力决定生产关系，生产关系反作用于生产力；经济基础决定上层建筑，上层建筑反作用于经济基础。社会基本矛盾运动中，“决定”与“反作用”亦成为一对对立统一的矛盾关系。同一种社会形态、同一个国家和民族发展的不同阶段，经济基础的决定作用和上层建筑的反作用占据矛盾的主次地位不同。在小康社会样态从模糊到清晰，从不成熟向成熟、从低级阶段向高级阶段的变迁历程中，生产力和生产关系的矛盾运动，以及社会政治形态和经济形态的关系调适有着不同的现实表现。

中华民族站起来是步入小康社会样态的基础和前提。取得新民主主义革命的胜利，建立新中国，废除强加在中国人民头上的一切不平等条约，中华民族实现政治上的站起来。实行社会主义改造，建立起生产资料公有制，构建初步完善的工业体系，中华民族继政治上站起来之后，实现经济上的站起来，终于成功跨越了“卡夫丁峡谷”。确立社会主义制度之初，虽然生产力水平总体落后，但完整的工业体系奠定了生产力快速发展的基础，充实了告别缺衣少食、摆脱生产力不发达的窘境的物质保障。邓小平用小康的社会样态表征中国社会主义现代化，以示与经历了工业革命洗礼的西方发达国家现代化的区别，既是立足跨越“卡夫丁峡谷”之初生产力不发达的现实，也是缘于完整工业体系能够支撑生产力快速发展的底气。

“决定”作用在小康社会样态中的方式变迁。社会基本矛盾运动中的“决定”不是机械的自然的决定，大致相同的生产力条件会“决定”出存在显著差异的生产关系，相似的经济基础也会“决定”出不同的上层建筑。“决定”作

① 杜黎明．规范与建构：毛泽东对马克思主义社会矛盾学说的贡献［J］．三明学院学报，2020（5）：1-8.

用的呈现方式受到历史文化、传统习俗、历史创造者主观能动性的影响和制约。确立小康社会样态的现代化目标之初，现实的生产力发展严重落后于呈现小康社会样态对生产力的需要，生产关系严重制约着生产力发展；"决定"作用以现实倒逼、实践倒逼的方式呈现，即生产力发展迫切要求生产关系发生改变，至于生产关系应该怎样改变，生产力并不能直接发出明确的指令。以邓小平为主要代表的中国共产党，以顺应人民群众对吃饱穿暖的需要为中心，推动生产关系调整，释放出生产力发展的巨大活力。小康社会建设进程中，快速发展的生产力释放出生产关系调整和完善的需要，中国共产党及时发现生产力释放出的需要，以改革开放满足这种需要，"决定"作用以主动直接、顺应发展趋势发展潮流的方式呈现。中国特色社会主义新时代，小康社会样态不断走向成熟和完善，对中国共产党执政规律、社会主义建设规律、人类社会发展规律的认识也不断深化，创造历史的主观能动性得以充分发挥，"决定"作用以积极主动、系统全面、制造发展趋势、引领发展潮流的方式呈现。

"反作用"在小康社会样态中的方式变迁。跨越"卡夫丁峡谷"之初，占人口绝大多数的劳动者从昔日的被剥削压榨者转变为社会的主人，参与社会主义建设、推动社会生产力发展的主动性积极性得以充分激发和调动，"反作用"占据矛盾的主要方面，生产力水平在一段时间内得以爆发式增长。社会主义道路探索中发生的失误，劳动者与生俱来的吃饱穿暖愿望屡屡落空，逐渐销蚀了劳动者的积极性和主观能动性，社会生产关系对生产力发展的制约日益呈现。确立小康社会样态的现代化目标之初，"反作用"尽管以小心翼翼的实践摸索试错的方式呈现出来，但由于摸索试错始终围绕满足劳动者吃饱穿暖的愿望展开，"反作用"取得让世界瞩目的效果。小康社会建设进程中，一方面是"利己经济人"越来越活跃，活动的空间和舞台越来越大，另一方面是越来越难以觅见"公而忘私"的社会主义建设者的踪影，生产力快速发展过程中背离社会主义本质要求的异化现象、异化力量也快速积累，"反作用"以求得"利己经济人"与"公而忘私"平衡的方式呈现。中国特色社会主义新时代，社会弱势群体发展不足成为完善小康社会样态的最大制约，"反作用"以专门针对低收入弱势群体的扶智与扶志，推动共建共享、合作共赢，形成利益共同体、责任共同体的方式呈现。

（三）小康社会样态中的社会主要矛盾运动

复杂事物之所以"复杂"，缘于复杂事物内部存在多对矛盾，事物承载的具体矛盾数的多少，直观反映了事物的复杂程度。"在复杂的事物的发展过程中，有许多的矛盾存在，其中必有一种是主要的矛盾，由于它的存在和发展，规定或影响着其他矛盾的存在和发展"①；认识和把握复杂事物，需要在梳理出事物内部不同的具体矛盾的基础上，重点分析和把握主要矛盾。复杂事物的运动变化，主要取决于事物内部的主要矛盾运动；"然而不管怎样，过程发展的各个阶段中，只有一种主要的矛盾起着领导的作用，是完全没有疑义的"②。正确认识和把握社会主要矛盾，是小康社会样态得以形成、丰富和完善的重要原因。

社会主义道路探索中形成社会主要矛盾分析范式。在探索社会主义道路的过程中，毛泽东深刻意识到，社会主要矛盾分析应该揭示两个方面的冲突。一是社会的应然状态和社会的实然状态之间的冲突，二是人民的需要和社会满足人民需要的能力之间的冲突。党的八大宣布，"我国国内的主要矛盾已经是人民对于建立先进的工业国的要求同落后的农业国的现实之间的矛盾，已经是人民对于经济文化迅速发展的需要同当前经济文化不能满足人民需要的状况之间的矛盾"③。党的八大从社会主义社会的应然状态和实然状态的对比，人民的需要和国家满足人民需要的能力，即需要和满足需要的供给两个维度，揭示社会主要矛盾。农业文明向工业文明的跃迁见证了生产力的发展，相对于农业，工业、工厂被视为先进生产力的标志和化身，新中国在"一穷二白"的基础上开启了社会主义建设进程，发展工业、推进工业化，建立社会主义工业国自然成为社会主义建设的目标和重点。"人民对于建立先进工业国的要求同落后的农业国的现实之间的矛盾"，不仅深刻地揭示了党对历史唯物主义"生产力是历史进步的根本动力"这一原理和法则的理解和认识，而且直观生动体现党对发展工业、推动生产力发展，掌握历史发展主动权的迫切心情。

正确认识社会主要矛盾才能形成和塑造小康社会样态。1958 年 5 月召开的党的八大二次会议提出，"在社会主义社会建成以前，无产阶级同资产阶级的斗争，社会主义道路同资本主义道路的斗争，始终是我国内部主要矛盾"。对八大主要矛盾论断的修改，偏离了社会主义建设的客观实际，成为社会主义道路探索的失误的理论根源。④ 社会主义遭受的曲折，使人民生活水平较长时期挣扎徘徊在生存线，这是"小康"的社会主义现代化目标迅速得到广泛认同，成为改革开放动员令的重要原因。1981 年 6 月，党的十一届六中全会指出，"社会主义

---

① 毛泽东. 毛泽东选集：第 1 卷 [M]. 北京：人民出版社，1991：320.

② 毛泽东. 毛泽东选集：第 1 卷 [M]. 北京：人民出版社，1991：322.

③ 中共中央党史研究室. 中国共产党的九十年：改革开放和社会主义现代化建设新时期 [M]. 北京：中共党史出版社、党建读物出版社，2016：473.

④ 中共中央党史研究室. 中国共产党的九十年：改革开放和社会主义现代化建设新时期 [M]. 北京：中共党史出版社、党建读物出版社，2016：493-494.

改造基本完成以后，我国所要解决的主要矛盾是人民日益增长的物质文化需要同落后的社会生产之间的矛盾”①；日益增长的物质文化需要的表述，是对较长一段时间内人民群众缺衣少食的客观现实的反思，揭示了建设小康社会动员令深得人心的内在原因。正是因为有党的十一届六中全会对我国社会主义初级阶段主要矛盾的正确认识和判断，才有使中国人民富起来的以经济建设为中心，坚持生产力标准的社会主义改革开放的伟大实践，小康社会的样态才由构想变为现实。

社会主要矛盾转换完善和强化小康社会样态。社会主要矛盾转换，是中国特色社会主义进入新时代的基本依据。党的十九大指出，新时代“我国社会主要矛盾是人民日益增长的美好生活需要和不平衡不充分的发展之间的矛盾”②，我们党据此做出中国特色社会主义新时代的战略部署和安排，为中国人民继富起来之后实现全面的、真正的强起来提供了充实的保障。40余年的改革开放大幅提高了我国生产力水平，实现由低收入国家向中等收入国家的跨越并即将迈向高收入国家，科学技术也经历了主要依靠“市场换技术”向自主研发核心技术推动科学技术全面赶超的转变，传统文化精髓的挖掘、文化对外交流也使国人的文化价值理念发生了深刻的变化。不断提高的居民收入水平，不断改善的技术条件，不断丰富发展的文化生活大大拓展了人民群众诉求的范围，提高了诉求的层次；过去被无视的生态环境诉求得以广泛发现和充分激活，被忽视的文化娱乐等精神诉求得以重视，被压抑的个人发展诉求也得以深度激发和充分释放，人民诉求实现从满足生存需要向满足发展需要、自我价值实现需要的转变，总体呈现出多元化、个性化、动态化的特征。党的十九大用美好生活需要表述人民诉求，不仅客观真实地反映了人民群众需要的内容扩容、需要的层次提升，需要追求更高品质、更高标准的事实，而且客观真实地揭示了人民群众需要动态变化的趋势，为不断完善和强化小康社会样态提供方向指引和工作思路。

三、全面建成小康社会对发展社会形态理论的贡献

小康社会样态在中国特色社会主义建设中逐渐成形并不断完善。邓小平明

① 中共中央党史研究室．中国共产党的九十年：改革开放和社会主义现代化建设新时期［M］．北京：中共党史出版社、党建读物出版社，2016：667.

② 习近平．决胜全面建成小康社会　夺取新时代中国特色社会主义伟大胜利——在中国共产党第十九次全国代表大会上的报告［M］．北京：人民出版社，2017：19.

确提出建设小康社会的构想，确立历届中央领导集体接续奋斗的“小康社会”目标。党的十二大首次提出在战略上分“两步走”，实现经济总量翻两番的小康目标；党的十三大把小康设定为“三步走”发展战略第二步要实现的目标；党的十四大自豪地宣布，我国已经基本解决11亿人口的温饱，正在向小康迈进；党的十五大做出从21世纪初“进入和建设小康社会”的判断和决定；党的十六大总结社会主义建设成就，做出“人民生活总体上达到小康水平”的判断，提出全面建设小康社会的奋斗目标；党的十七大明确“全面建设小康社会”的战略部署和安排，党的十八大确定2020年“全面建成小康社会”的宏伟目标，党的十九大做出“决胜全面建成小康社会”的部署安排。

（一）小康社会样态的特征及其铸就机理

社会形态的划分依据明确了社会样态质的规定性，任何一种社会样态都有相对稳定的质的规定性。社会是由具体人构成的活的有机体，任何社会形态都不是静止的凝固不变的样态，社会样态的量的特征，是区分同一社会形态的发展阶段的重要依据。小康社会的样态特征在改革开放中逐渐明晰并不断得以强化，对小康社会的认识也在改革开放实践中不断深化。从不同的维度观察小康社会整体呈现的特征，得到对小康社会多维的质的规定性和数量特征。2014年，国家统计局公布了《全面建成小康社会统计监测指标体系》，提出了涵盖经济发展、民主法治、文化建设、人民生活和资源环境5个方面，共计42个指标的小康社会建设动态监测指标体系。各地区依据国家统计局的指标体系，结合本地实践情况，提出了各地区的小康社会建设监测指标，国家统计局依据经济社会发展的实际情况，动态地修正完善国家层面的小康社会建设监测指标。

总体小康向全面小康的飞跃是小康社会样态的阶段性质变。小康生活是人民群众优于温饱又逊于富裕的比较殷实的生活状态，总体小康是计算平均数的小康，是低水平、不全面、不平衡的小康。低水平小康是超过温饱线不多，还远谈不上富裕的小康，是刚刚及格达标的小康；在经济发展上表现为人均收入水平还不高，虽然挤进世界中等收入国家行列，但在中等收入群体中靠后，还存在较大的跌入“中等收入陷阱”的风险。不全面小康是社会软件建设、精神文明建设明显逊色于社会硬件建设、物质文明建设的小康，是文化建设、社会建设、生态文明建设明显逊色于政治建设、经济建设的小康。不平衡小康是过上小康生活的人口在国土空间内分布失衡的小康，是城市与农村之间、东部与西部之间、不同收入群体之间的发展水平存在较大差距的小康。全面小康是既计算平均数，又计算个体绝对数的小康，不仅是过上小康生活的人口全覆盖，而且是各个生活领域都达到小康标准。全面小康是更高水平显著平衡的小康，是物质文明和精神文明协同发展，经济建设、政治建设、文化建设、社会建设、生态文明建设并驾齐驱的小康，是经济更加发展，民主更加健全，科技更加进步，文化更加繁荣，社会更加和谐，人民生活更加殷实的社会样态。

建设全面小康社会和全面建设小康社会协同成就小康社会的样态。全面小康的社会样态是刻意追求、努力奋斗的成果，绝非放任自流、自然而然、水到渠成的结果。建设全面小康社会，强调建设的目标；全面建设小康社会，强调建设的过程、建设的方式，建设中的组织动员和资源配置。建设全面小康社会，是发挥历史创造者的主观能动性，构思和设计小康社会的样态，并以此为实践目标，优化实践要素的动态过程；是顺应历史规律的自由的社会实践，绝非受制于历史规律的必然性的盲目社会活动。全面建设小康社会，是以历史创造者构思设计的全面小康社会样态为指引，广泛组织和动员各类实践主体，深入激发和汇聚各类实践主体的发展活力的历史创造活动。建设全面小康社会和全面建设小康社会，统一于党领导人民群众不断开创中国特色社会主义事业的新境界。首先，全面小康的社会样态，是党顺应人民群众的愿望和智慧，把马克思主义人的全面发展构想用多维多层的数量指标现实具体化为社会发展蓝图；其次，党不断深化对执政规律、社会主义建设规律、人类社会发展规律的认识，为建设全面小康社会提供了卓有成效的人力支撑和物质保障；最后，党的自我革命、党的建设新的伟大工程，铸就了“不忘初心、牢记使命”的执政党形象，为全面建设小康社会提供了组织保障。

（二）全面建成小康社会补齐短板促进社会整体发展水平提升

铸就小康社会的样态，是历史创造者努力的方向；现实的小康社会样态，是历史创造者努力的结果。把小康社会样态细化落实到社会质的规定性和数量特征，据此对照审视社会发展现状，监测评估小康社会建设进程，发现社会发展的薄弱领域薄弱环节，再努力补齐发展短板，最终才能铸就理想的小康社会样态。

发展梯度区分和评价发展差异与发展差距。差距是差异，差异并非都是差距。发展差异是正当合理的发展差距，是多样化发展的现实表现和客观依据；发展差距是有违社会公平公正，制约社会整体发展水平提升的差异。全面建设小康社会既凸显发展差异，以差异凸显特色和个性，又控制和缩小发展差距，竭力规避社会发展短板制约。发展梯度是揭示和反映社会差序发展、特色多样化发展格局的理论范畴，是区分发展差距和发展差异的理论工具。处于同一发展梯度的不同地区、不同领域，彼此间虽然存在差异，但差异非但不形成对整体发展的遏制，反而成为各展所长、优势互补、协同发展的驱动因素。在缩小和消除城乡区域发展差距动员令下推动城乡区域同质化发展，看似致力于缩小发展梯度，实则遏制持续发展的动力。小康社会样态中，不同地区、不同社会领域并非要实现整齐划一的发展；保持差异、缩小差距，缩小不同地区间、不同发展领域间的发展梯度差，才是全面建设小康社会的努力的方向。

精准扶贫乡村振兴化解全面建成小康社会的短板制约。从历史创造者主观能动性发挥的角度，中国当代社会呈现出线性渐进发展与跨越同构的社会发展模式。中国是个多民族、内部发展差异巨大的国家。中国社会内部的发达单元遵循生产力水平渐次梯度提高的线性发展的规律，后发单元在先发单元的示范和带动下，生产力水平呈现跳跃、跨越发展的规律。对后发单元、发展滞后领域、发展薄弱环节予以特别关照，不仅是实现共同富裕的社会主义本质要求，也是箍桶的最短木板决定木桶容量的“木桶原理”的现实启示。社会的富裕程度取决于最弱势的群体，社会的小康程度由最薄弱的领域决定，小康社会样态最终成型取决于拉长短板的成效。全面建成小康社会最突出的短板在“三农”，这是我们党长期将“三农”作为重中之重，强调“小康不小康，关键看老乡”的根本原因。精准扶贫、脱贫攻坚直接关照社会最弱势的群体，以最低收入人口增收提高平均收入水平，竭力克服和避免低收入者被平均的现象；乡村振兴统筹谋划农业发展、农村繁荣、农民增收，为化解全面建成小康社会的短板制约奠定坚实基础。

（三）全面建成小康社会构筑防范社会蜕变的基石和保障

新事物战胜旧事物需要经历一个量变引发质变的过程。人类社会发展史上屡屡出现的旧制度、旧势力复辟，苏联解体的历史悲剧，无不启发和警示我们，全面建成小康社会始终需要提防资本主义对社会主义的和平演变，防范冲蚀小康社会建设成就的社会蜕变。

推动脱贫攻坚向防止返贫的转化。中国幅员辽阔，内部差异显著，仅依据生产力水平、文化发展、生活方式等单一的特征，国土空间内存在不同的社会样态。社会内部并存不同社会样态的格局中，占主导地位的社会样态决定社会整体的样态；多样态并存，创造了高级样态示范和扶助低级样态，低级样态实现社会形态跨越的机会和条件。成立新中国，使一些原本还处于农奴社会的少数民族地区直接跨越到社会主义社会。长期贫困、脱贫后又返贫是这些地区面临的最大的社会蜕变风险。我们党高度重视贫困地区、贫困人口的脱贫问题，动态调整、不断完善助贫扶贫战略，为世界提供了解决贫困难题的中国样板。全党动员、全社会参与精准扶贫，如期打赢的脱贫攻坚战是决胜全面小康最后啃下的“硬骨头”。推动脱贫攻坚向防范返贫的转变，是巩固和完善小康社会样态特征的重要任务。

充实和巩固生产资料公有制的主体地位。生产资料所有制，是区分社会形态的基本依据。实行了生产资料公有制，一个国家和民族才呈现出社会主义的样态。原始公有制经过否定之否定，演变为共产主义公有制，是生产力和生产关系矛盾运动的结果，是历史的必然。特定时空条件下，虽然能够摆脱生产力线性发展的“宿命”而实现社会形态的跨越，但高级的社会样态不可能在与其不相匹配的低生产力水平的条件下长期保持稳定而不发生蜕变。全面激发生产力的发展活力，实现比资本主义社会更快的发展，是我国跨越“卡夫丁峡谷”之后的必然选择。社会主义初级阶段，发展非公有制经济，承载的历史使命是促进生产力发展；发展公有制经济，承载的历史使命是巩固社会主义的根基。全面建成小康社会之后，完善小康社会的样态，提高社会的小康水平，必须一如既往地防止借言发展非公有制经济侵蚀公有制经济发展，动摇公有制经济的主体地位。

第三节 扎实推进共同富裕的社会形态理论张力

共同富裕是社会主义的本质要求，是中国式现代化的重要特征。共同富裕蕴含“生产力—生产关系”原理；共同富裕以生产力发展、社会财富增长为基础和前提，通过社会生产关系调节，特别是社会产品分配、人与人之间的关系调节等手段实现。只有社会主义生产力发展才能指向共同富裕，资本主义生产力发展指向两极分化。共同富裕不是同步富裕，也不是同等程度的富裕，是存在合理的富裕程度差异的共同富裕。合理的富裕程度差异，成为激发个体努力和进步，促进生产力发展效率改进的工具和杠杆。共同富裕不是强制均贫富的结果，而是全体社会成员共同努力的结果，是全体人民共建共享的结果。从社会主义与资本主义两种制度并存的角度，小康社会是我国生产力落后于发达资本主义国家生产力水平时的社会样态特征，共同富裕则是我国生产力与发达资本主义国家生产力并驾齐驱、难分伯仲，社会主义生产力发展表现出明显超越于资本主义的强劲势头，社会主义的制度优势无可辩驳地展现在世界面前的社会样态特征。扎实推进共同富裕，既体现出实现共同富裕的艰辛，也体现出中国共产党为实现全体人民共同富裕而做出的巨大努力，从推动社会变迁的历史主体理论、社会形态变迁动力理论、社会形态变迁的实现路径理论等维度，丰富和发展马克思主义社会形态理论。

一、实现共同富裕需要着力化解的制约

人人都拥有大致相当的财富，曾是历史上的思想家们孜孜以求的梦想；“共富”不等于“均富”，实现共同富裕必须摆脱平均主义的束缚。中国人深受“均富”思想的影响，在我国漫长的封建社会时期，孔子的“不患寡而患不均”就屡屡成为号令、集聚农民起义力量的旗帜。实现共同富裕是历史剧中人努力奋斗的结果，不是依靠外在力量就可以实现的目标。发展不足，社会生产力还不发达，是社会主义初级阶段最大的国情；新时代“我国社会主要矛盾是人民日益增长的美好生活需要和不平衡不充分的发展之间的矛盾”①；实现共同富裕，必须大力发展生产力，扩大社会财富总量规模，化解不平衡不充分的发展的现实制约，同时对社会弱势群体予以特别关注，激发其内生发展动力，在努力提高自我发展能力和发展水平的过程中跟上实现共同富裕的步伐。

（一）化解生产力发展不足的制约

物质生产是人类社会得以生存和发展的基本前提，生产力是社会发展、历史进步的根本动力；生产力还没有实现高度发达，是影响共同富裕进程的最大现实制约。共同富裕就是“社会生产力的发展将如此迅速，以致生产将以所有的人富裕为目的”②。只有生产力高度发达，物质财富极大丰富，实现共同富裕才有坚实的物质保障。邓小平强调，“社会主义的本质，是解放生产力，发展生产力，消灭剥削，消除两极分化，最终达到共同富裕”③，正是将共同富裕作为生产力发展的目标和结果。改革开放以来，我国生产力发展取得了长足进步，已经稳居世界第二大经济体，成为世界上最大工业国；鉴于我国巨大的人口规模，以及人民群众对美好生活需要的快速增长，生产力发展不足仍是实现共同富裕的最大制约。

促进生产力系统良性运行以化解生产力发展不足的制约。从系统分析的角度，生产力是生产力系统的物质财富创造功能，是由人的要素（劳动者）、物的要素（劳动工具、劳动对象）所构成的生产力系统运行所释放的物质财富生产能力；生产型企业就是相对独立而完整的生产力系统。促进生产力系统要素规模扩张和质量改进，生产力系统要素优化配置，维护生产力系统持续稳定运转，

---

① 习近平．决胜全面建成小康社会　夺取新时代中国特色社会主义伟大胜利——在中国共产党第十九次全国代表大会上的报告［M］．北京：人民出版社，2017：19.

② 中共中央马克思恩格斯列宁斯大林著作编译局．马克思恩格斯文集：第8卷［M］．北京：人民出版社，2009：200.

③ 邓小平．邓小平文选：第3卷［M］．北京：人民出版社，1993：373.

是推动生产力发展的基本途径。科学技术之所以是第一生产力，在于其具有强大的渗透性；不仅改善生产力系统要素的质量，而且为生产力系统要素优化配置，为生产力系统持续稳定运行创造更好的条件和机会。大力发展普惠教育以普遍提高劳动者的素质，实施民生工程以保障劳动者充分就业，改善企业管理提高企业生产经营活力，加大科技投入促进科学技术研发和新兴技术应用，就是要化解实现共同富裕的生产力发展不足的制约。

协同推进经济发展和生产力发展以化解生产力发展不足的制约。从商品是社会财富的微观单元，商品具有使用价值和价值二因素的角度，生产力发展和经济发展分别从使用价值运动和价值运动的维度，体现和映照社会财富运动。货币、信用等经济工具广泛使用所带来的使用价值运动和价值运动适度的时空分离，也是刺激生产力发展的重要手段。现代货币经济条件下，经济发展是生产力发展的直观度量；经济总量规模的大小、经济发展质量和发展程度的高低，国家综合实力的强弱，都是社会生产力发展的客观反映。生产力发展又不能简单等同于经济发展；经济发展是生产力发展的因素和货币运行的因素的综合结果；强调大力发展实体经济，注重实体经济发展和虚拟经济发展的协调，正是对经济发展与生产力发展的差异的正视与回应。

（二）化解发展不平衡的制约

不平衡是事物发展的普遍规律，事物总是在动态发展中能动地进行调整和寻求新的平衡。共同富裕不是时间维度的一蹴而就的同步富裕，也不是空间维度的所有区域齐头并进的同等富裕，更不是所有群体富裕程度同一的平均主义的共同富裕；而是一个有先有后、有快有慢的共同富裕，是分阶段全过程促进的共同富裕，是允许有适度差距的共同富裕。当城乡区域之间、不同群体之间、不同产业不同行业领域之间的发展差距逐渐丧失发展主体积极性激发、发展效率改进的功能，成为发展差距进一步拉大的原因和推手，发展不平衡就成为制约共同富裕的现实制约。

发展不平衡实质是经济社会系统结构失衡。发展不平衡，意味着经济社会系统的各组成部分间的比例关系不合理、包容性不足，抑制了经济社会发展效率改进的活力和动力。实现共同富裕面临的发展不平衡的制约，一是区域发展不平衡，发达地区对经济的集聚大大超过其对人口的集聚。二是城乡发展不平衡，城乡居民收入差距仍然较大，城乡基础设施和公共服务的差距仍很明显；推进城乡基本公共服务均等化的任务依然艰巨，“三农”仍然是实现共同富裕的短板制约。三是收入分配不平衡，基尼系数仍处在较高水平，低收入者更快提高收入水平的制度保障还不充分。四是经济与社会发展、生态发展不平衡，居民收入增长和经济增长不同步，民生改善和生态文明建设虽然已经取得巨大成就，但与规模庞大的人口释放的需求相比，供需失衡状况还没有得到根本性的改变。五是实体经济和虚拟经济发展不平衡，金融“嫌贫爱富”的特性仍未得到有效克制，金融工具、金融杠杆的社会财富占有极化功能远大于其对共同富裕的服务功能。

化解发展不平衡的制约需要创新“先富”和“共富”政策安排。“先富”是“共富”的初级阶段，“共富”是“先富”的最终目的，没有“先富”就无法进一步迈入“共富”。“改革开放之初，生产力发展面临总体水平较低的现实难题，先富优先的政策设计是要适应社会对效率优先的追求；新时代，社会生产力发展面临生产力系统内部发展不平衡不充分的现实难题，共富优先的政策设计是要适应社会对公平、对协调优先的追求。”① 共同富裕既不是“国富优先”，也不是“民富优先”，而是“先富—共富”渐进式分阶段协同发展的共同富裕，“不是什么‘国富优先’转变为‘民富优先’，而是应明确宣布‘让一部分先富起来’的政策已经完成任务，把这一政策转变为‘实现共同富裕’的政策，完成‘先富’向‘共富’的过渡”②。党的二十大将化解不平衡发展的制约融入构建新发展格局、推动高质量发展的战略部署中，将“共富”的目标价值导向全面融入收入分配、就业优先、社会保障等民生制度设计中，迈出扎实推进共同富裕的坚实步伐。

（三）化解弱势群体自我发展能力不足的制约

弱势群体发展能力不足是实现共同富裕最难克服的短板制约。习近平总书记强调，“我们决不能允许贫富差距越来越大、穷者愈穷富者愈富，决不能在富的人和穷的人之间出现一道不可逾越的鸿沟”③。社会保障、社会救济对保障困难群众、社会弱势群体基本生活条件、维持一定的生活水平有着不可忽视的积极意义，但社会保障、社会救济对缩小社会弱势群体、困难群众与普通群众之间的富裕程度差距的功效甚微，更不可能指望其缩小低收入群体与高收入群体在财富拥有、富裕程度上的差距。单纯依靠社会保障和社会救济，仅借助于社会财富再分配，不可能实现共同富裕。共同富裕包含共同致富、劳动致富的要义，提高社会弱势群体的自我发展能力，支持鼓励他们通过教育培训提高技能，在积极参与社会实践中摘掉弱势的标签，通过辛勤劳动致富，是扎实推进共同

---

① 杜黎明．新时代的理论意蕴研究［M］．成都：四川大学出版社，2022：97.

② 刘国光．是“国富优先”转向“民富优先” 还是“一部分人先富起来”转向“共同富裕”？［J］．探索，2011（4）：54-57+76.

③ 习近平．习近平谈治国理政：第四卷［M］．北京：外文出版社，2022：171.

富裕的题中之义。

脱贫攻坚树立了化解弱势群体自我发展能力不足制约的样板。新时代推进精准脱贫，帮助支持贫困群众用自己的辛勤劳动实现脱贫致富，如期打赢脱贫攻坚战，谱写了弱势群体自我发展能力提升的时代华章。精准扶贫坚持扶贫先扶志，扶志和扶智相结合；做到扶持对象、项目安排、资金使用、措施到户、因村派人、脱贫成效“六个精准”。一是强调精准识贫，建档立卡、动态管理，解决“扶持谁”的问题；二是强调责任落实，优化机制、严格执行，解决“谁来扶”的问题；三是强调精准务实，区分类别、靶向施策，解决“怎么扶”的问题。发展生产脱贫一批、易地搬迁脱贫一批、生态补偿脱贫一批、发展教育脱贫一批、社会保障兜底一批的“五个一批”工程，坚持问题导向，既因地制宜，又因人制宜，在拔穷根中找富路，为提高弱势群体自我发展能力，扎实推进共同富裕积累了丰富的经验。

二、扎实推进共同富裕的特征和要求

全体人民共同富裕基本实现，是建成社会主义现代化强国的重要标志。党的十八大以来，全党上下深入贯彻以人民为中心的发展思想，“人民群众获得感、幸福感、安全感更加充实、更有保障、更可持续，共同富裕取得新成效”①。党的二十大强调，“中国式现代化是全体人民共同富裕的现代化”②，发出“扎实推进共同富裕”③ 的号令并做出具体的战略部署和政策安排。扎实推进共同富裕，一是全体社会成员富裕程度逐渐提高，人民群众个体拥有的财富随着社会总体财富增长而增长；二是社会弱势群体分配优先，财富占有较其他社会成员更快增长；三是物质富足和精神富有同向共行，物的全面丰富和人的全面发展协调联动、交相辉映。

（一）社会成员富裕程度普遍提高

富裕总是在与参照对象的比较中得以彰显和呈现。全体人民共同富裕，是

① 习近平．高举中国特色社会主义伟大旗帜 为全面建设社会主义现代化国家而团结奋斗——在中国共产党第二十次全国代表大会上的报告［M］．北京：人民出版社，2022：10.

② 习近平．高举中国特色社会主义伟大旗帜 为全面建设社会主义现代化国家而团结奋斗——在中国共产党第二十次全国代表大会上的报告［M］．北京：人民出版社，2022：22.

③ 习近平．高举中国特色社会主义伟大旗帜 为全面建设社会主义现代化国家而团结奋斗——在中国共产党第二十次全国代表大会上的报告［M］．北京：人民出版社，2022：46.

不落下一个人的富裕不仅是人民群众个体自我同过去比较，拥有的物质财富的数量绝对有增加且质量有提高，生活条件和生活水平绝对有改善，而且是人民群众个体之间做比较，拥有的物质财富差距和生活条件与水平的差距在缩小。扎实推进共同富裕，普遍提高人民群众的富裕程度，既要高质量发展以“做大蛋糕”，也要高水平分配以“分好蛋糕”，还要高素质“共享蛋糕”，理性消费“吃好蛋糕”，实现居民收入和国民经济同步增长。

高质量“做大蛋糕”，充实共同富裕的物质基础。扎实推进共同富裕，必须推动高质量发展，不断充实社会的物质技术基础。坚持“两个毫不动摇”，既要防止和杜绝以发展公有制经济为名排挤压缩非公有制经济发展空间，也要防止和避免以发展非公有制经济为名侵蚀公有制经济发展，促进公有制经济和非公有制经济协调联动、取长补短、融合发展。坚持以实体经济繁荣为经济发展的支点和抓手，努力推进产业革新，瞄准战略性新兴产业，激发经济发展转化为社会物质财富的活力与潜能，推动经济实现质的有效提升和量的合理增长。直面发展不平衡不充分的现实制约，努力提高发展的平衡性、协调性和包容性，推进物质财富总量扩容和质量提升。

高水平“分好蛋糕”，完善共同富裕的制度保障。分配制度是促进共同富裕的基础性制度。丰富完善我国社会主义分配制度体系，着眼于促进第三次分配良性运行，加强初次分配、再分配、第三次分配的制度衔接；着力提高分配制度的执行效能，为中低收入者增加收入提供制度性红利，推动中等收入群体规模扩容。深化国有企业改革，推动国有企业党建和生产经营融合发展，充分激活和释放国有企业的就业吸纳力；科学规划国有企业薪酬体系，深化国有企业与其他市场主体的交流合作，以增强国有企业薪酬制度的市场引领功能，建立健全劳动者普遍增收的制度保障。

（二）弱势群体富裕程度更快提升

社会成员财富占有多寡排序中，排序越高的低收入弱势群体只有实现越快的财富增长，才有实现共同富裕的可能。低收入往往和低就业素质、就业能力相关联。人的个体发展能力有差异，任由市场机制、社会竞争固化甚至强化个体发展能力差异，就无从实现全体人民的共同富裕。全面建成小康社会已经为弱势群体提供了基础性的生产生活保障，推动全面建成小康社会战略向建设全体人民共同富裕社会战略的转变，帮助弱势群体富裕程度更快提升，是扎实推进共同富裕的关键之举。

为弱势群体量身定制增收机会和条件。享受公共服务是劳动者发展能力提升的基本途径。完善基本公共服务均衡化制度体系，既尽力而为又量力而行，为弱势群体提供精准的教育、医疗、养老、住房等公共服务。就业是民生之本，是劳动者创造社会财富、获取收入的基本途径。高质量发展对劳动者就业技能提出新的更高要求，就业促进、就业帮扶必须适应劳动技能提升的发展现实。精准识别社会弱势群体，量身定制技能培训、就业技能提升计划，与量身定制高质量就业岗位并举，积极创造社会弱势群体劳动增收、劳动致富的条件。制定实施社会弱势群体倾斜的全面增收规划，稳步提高最低工资标准，维护低收入群体工资的合理增长，探索和开发弱势群体增加要素收入、财产性收入的渠道，面向弱势群体提供精准的增收政策帮扶。

（三）物质富足和精神富有同向共行

物质富足、精神富有是社会主义现代化的根本要求。习近平总书记指出：“我们说的共同富裕是全体人民共同富裕，是人民群众物质生活和精神生活都富裕。”① 物质富足和精神富有辩证统一，物质富裕为精神富裕奠定基础，精神富裕为物质富裕提供动力。人民群众对美好生活的向往本身就包含了物质和精神两方面，推进物质富足和精神富有协调发展，是新时代新征程开启中国式现代化的根本要求。扎实推进共同富裕，必须促进物质富足和精神富有同向共行。

推动形成物质富裕与精神富裕互促互进机制。马克思指出：“当人们还不能使自己的吃喝住穿在质和量方面得到充分保证的时候，人们就根本不能获得解放。”② 没有充足的物质富裕，就不可能有精神的富裕，但物质富裕并不自然带来精神的富裕。精神富裕展现个人的认知水平、精神面貌和实践能力，精神文明发展转而成为物质文明发展的推动力。互联网、大数据、信息技术、人工智能等新兴技术的高质量发展，既以人的精神发展为基础和前提，又为开创精神发展新境界创造了良好的条件，同时也存在因异化而导致人精神颓废的巨大风险；扎实推进共同富裕，必须建立与物质生产同步协调的精神产品供给机制，避免物质富裕伴随精神的空虚。

三、扎实推进共同富裕对发展社会形态理论的贡献

全体人民实现共同富裕，是实现社会主义初级阶段向中高级阶段发展和跨越的标志。如果将小康社会视为社会主义初级阶段的社会样态特征，共同富裕社会可谓社会主义中级阶段的社会样态特征；扎实推进共同富裕，也就成为社

---

① 习近平．习近平谈治国理政：第四卷［M］．北京：外文出版社，2022：142.

② 中共中央马克思恩格斯列宁斯大林著作编译局．马克思恩格斯文集：第1卷［M］．北京：人民出版社，2009：527.

会主义时期，推动社会发生阶段性质变，促进社会形态变迁的途径和手段。

（一）丰富发展推动社会形态变迁的历史主体理论

社会形态变迁是历史合力作用的结果。不同于形成其他历史事件、历史现象的合力，促成社会形态变迁的历史合力有其特殊性。首先，促成社会形态变迁的历史合力不可能自发形成，必然是在引领型历史主体示范指引下汇聚而成。其次，促成社会形态变迁的历史合力，不可能由众多的大致相当、同质性强、力的大小区分度不高的分力合成，而是由存在力的强度显著差异的众多分力汇聚而成。最后，不同历史主体所释放的历史分力在社会形态发生变迁的过程中存在明显的相互激发效应，历史分力的强度有明显的增加。历史合力的特殊性，必然通过历史主体得以表现；扎实推进共同富裕，适应了社会形态变迁对历史合力的特殊要求，提出了形成和凝聚推动社会形态变迁的历史主体的理论诉求和实践要求。

中国共产党是扎实推进共同富裕的引领型历史主体。人类社会早就萌发了共富的愿望，由于生产力发展的限制，更由于致力于推动实现共同富裕的引领型历史主体缺位，共同富裕要么沦为空想，要么沦为强制均贫富的共同贫穷。作为全体人民实现共同富裕的领导者，中国共产党不断深化对共同富裕的认识，与时俱进地完善全体人民实现共同富裕的战略和政策。改革开放之初，我们党把实现共同富裕作为社会生产力发展、社会主义建设的目标指向，中国特色社会主义事业的发展，特别是全面建成小康社会，实现共同富裕迈出坚实的步伐。习近平总书记系统阐释了共同富裕的内涵，既强调“像全面建成小康社会一样，全体人民共同富裕是一个总体概念，是对全社会而言的”①，又强调“全面建成小康社会，一个也不能少；共同富裕路上，一个也不能掉队”②，还胸怀天下拓展共同富裕的世界眼光，强调“不能把世界长期发展建立在一批国家越来越富裕而另一批国家却长期贫穷落后的基础之上”③。党的二十大提出了人民群众个体跟随时代潮流的共同富裕实践推进战略，既强调“尽力而为，量力而行，……着力解决人民群众急难愁盼问题”④，使每个人都能扎实有效地提高追求发展的

---

① 习近平．习近平谈治国理政：第四卷［M］．北京：外文出版社，2022：146.

② 中共中央党史和文献研究院．习近平扶贫论述摘编［M］．北京：中央文献出版社，2018：23.

③ 中共中央宣传部．习近平总书记系列重要讲话读本［M］．北京：学习出版社、人民出版社，2016：262.

④ 习近平．高举中国特色社会主义伟大旗帜　为全面建设社会主义现代化国家而团结奋斗——在中国共产党第二十次全国代表大会上的报告［M］．北京：人民出版社，2022：46.

能力，都能公平获取发展机会，又以全体人民共同富裕的现代化战略设计，使每个人都能在中国式现代化进程中彰显自己的发展能力，通过自我努力、自我发展跟上实现共同富裕的时代步伐。

党的自我革命引领社会形态变迁的历史主体的形成和发展。社会形态变迁不是社会历史发展的自然而然、水到渠成的结果，是历史主体积累社会发展量变，并发挥主观能动性，促成量变积累向质变飞跃的结果，是历史主体推动社会革命的成果。全体人民共同富裕，是建成社会主义现代化国家的重要标志；扎实推进共同富裕，是全面建设现代化国家的重要任务，也是党的自我革命引领社会革命的重要表现。从党团结带领人民群众，使中华民族结成为富有创造力、掌握历史主动的历史主体的角度，党通过自我革命，一是不断深化对党的执政规律、社会主义建设规律和人类社会发展规律的认识，牢牢把握住促进社会发展量变积累向局部质变、阶段性质变飞跃，推进社会形态演变的历史主动；二是改进党的作风，不断强化以上率下的行为自觉，提高对人民群众的以言传道、以行示范的能力，把党掌握历史主动的经验、方式和方法扩散、传递给广大群众，增强人民群众的历史主动精神；三是改进党密切联系群众的方式方法，形成人民群众以党为核心、听党指挥，焕发出高昂的团结奋斗精神的历史主体。

（二）丰富发展社会形态变迁的动力理论

邓小平两个大局理论揭示了人民群众个体间的富裕程度差距与社会的共同富裕水平之间存在的倒 U 形状的关系。在因生产力不发达导致普遍贫穷，富裕水平较低的历史时期，富裕程度差距拉大激发生产力发展，进而提高社会总体的富裕程度和水平。当富裕程度差距超过合理范围时，财富占有、富裕程度成为人的发展能力提升、发展机会获取的依据和原因，富裕程度差距体现为人的发展能力、发展机会的差距，富裕程度差距就成为进一步拉大差距而不是共同富裕水平提升的原因。实现全体人民共同富裕，并不是消除人民群众之间的富裕程度差距，而是要控制富裕程度差距，使富裕程度差距成为激发和促进人民群众奋发努力的动力，防止和避免因富裕程度差距而导致在发展机会获取、发展能力培育上的差距。任由优胜劣汰的市场竞争、价值规律作用，必然导致两极分化，实现共同富裕必须用社会主义基本经济制度规范和节制市场机制。形塑共同富裕的社会样态特征，既要释放合理收入差距的正向动力，又要建构防止两极分化的制度体系。

调节和控制收入差距以释放社会形态变迁的动力。激发和释放收入差距、富裕程度差距对建设全体人民共同富裕社会的推动力，首先是先富者富得有道、富得有理，先富者的求富之路对普通群众致富有启发，先富释放出强大的示范、引领后富的功能，对后富给予切实有效、实实在在的帮助；然后是有科学合理的制度安排和政策设计，将富裕程度差距控制和保持在合理范围之内，有效遏制和避免既有的富裕程度差距成为进一步拉大差距的原因和动力。坚持多劳多得，鼓励支持人民群众辛勤劳动致富、合法经营致富；坚持创新驱动，支持大众创业、万众创新，大力发展新经济，支持鼓励人民群众利用新技术，摸索创造新的商业模式，丰富和发展创新致富的实践模式，归纳总结提炼和推广创新致富的范例。调节过高收入，取缔非法收入，推进民生改善以普遍提高人民群众创造财富的能力，形成和完善能有效控制和调节富裕程度差距的机制。

完善制度安排以消减社会形态变迁的阻力。实现全体人民共同富裕，必须遏制和防止两极分化。在生产资料私有的制度条件下，两极分化是理性经济人追求成本最小化、利润最大化的行为选择，以及优胜劣汰的市场竞争综合作用的必然结果。作为一个理性经济人，为了避免市场竞争失败而淘汰出局的命运，生产资料私人所有者具有尽可能压低劳动力商品价值，竭尽所能榨取劳动者创造的剩余价值的内在冲动，劳动者和生产资料所有者在社会财富占有上的两极分化不可避免。实现共同富裕，必须坚持和完善社会主义基本经济制度，巩固生产资料公有制的主体地位，使劳动者既能够凭借劳动力商品使用权转让参与社会财富分配，同时还能以生产资料所有者的身份参与社会财富分配，消除两极分化的制度性根源。① 实施社会弱势群体收入、财富占有更快增长的战略和政策，“完善按要素分配政策制度，探索多种渠道增加中低收入群众要素收入，多渠道增加城乡居民财产性收入”②；确保低收入群众、社会弱势群体能够通过辛勤劳动、享受优惠政策、获得社会捐赠、接受社会扶助等途径和方式，实现财富拥有的更快增长。

（三）丰富发展社会形态变迁的实现路径理论

社会形态是标识社会总体发展的理论范畴，社会样态特征是社会成员个体行为的集中表现；离开人民群众个体追求发展的努力，共同富裕的社会样态特征无从体现。仅有社会财富的再分配，单纯依靠社会保障、社会救济等第二次分配的手段，不可能形塑共同富裕的社会样态特征。党的二十大从民生改善和中国式现代化两个维度，做出扎实推进共同富裕的战略部署，强调“必须坚持在发展中保障和改善民生，鼓励共同奋斗创造美好生活，不断实现人民对美好

---

① 杜黎明．新时代超越于西方的经济理性研究［J］．党政研究，2020（5）：119-128.

② 习近平．高举中国特色社会主义伟大旗帜　为全面建设社会主义现代化国家而团结奋斗——在中国共产党第二十次全国代表大会上的报告［M］．北京：人民出版社，2022：47.

生活的向往"①。坚持在发展中保障和改善民生，是要通过民生改善战略和中国式现代化战略的耦合，实现人的发展能力提升与人的发展机会供给耦合。努力形成和完善这种双重耦合机制，又好又快地塑造共同富裕的社会样态特征，正是新时代对社会形态变迁实现路径理论的创新。

民生改善战略谋求人民群众发展能力提升。为民造福是立党为公、执政为民的本质要求。增进民生福祉，既是在改善人民群众的生活，提高人的全面发展水平，更是在提高人民群众的发展能力。中国特色社会主义民生改善是民众发展水平和发展能力提升的有机统一，是政府、民众、企业、社区通力合作的结果。脱离人民群众个体发展能力的普遍提升，将守江山、守住人民的心理解为单纯通过社会财富分配，甚至是政府负债、国家负债的方式迎合人民群众提高生活水平、改善社会福利的诉求，不符合民生改善的根本要求。在民生改善战略的制定实施中，如果说"量力而行"重在强调最大程度地保障人民群众的福利和享受，那么"尽力而为"则重在强调最大可能地提高人民群众个体追求自我发展的能力。

中国式现代化战略谋求人民群众发展机会供给。中国式现代化是理解新时代新征程中国共产党使命任务的关键词。中国式现代化着眼于中华民族伟大复兴，回应全面建成社会主义现代化强国的现实诉求。中国式现代化是人口规模巨大的现代化，既强调中国式现代化必须为规模巨大的人口创造施展发展才能的舞台，提供实现发展能力的机会；又强调中国式现代化必须为规模巨大的人口提供社会福利和生活享受的保障，这凸显中国式现代化的艰巨性和复杂性。在建设社会主义现代化强国的过程中，为规模巨大的人口提供发展机会，是中国式现代化在发展途径和推进方式上的现实要求。扎实推进共同富裕进程中的双重耦合机制，直观生动地证实了现代化的本质核心是人的现代化这一科学结论。

第四节 推动构建人类命运共同体的社会形态理论张力

社会性是人的本质属性，社会联系总会将分散的个体结成一个共同体。奴

---

① 习近平．高举中国特色社会主义伟大旗帜 为全面建设社会主义现代化国家而团结奋斗——在中国共产党第二十次全国代表大会上的报告［M］. 北京：人民出版社，2022：46.

隶主与奴隶、封建地主与农民、资本家与工人，是依据强权结成的共同体。工业革命以来，人类在文明进步、社会发展进程中，危及人类生存的风险也在快速积累。人类命运共同体是人类社会从资本主义向社会主义过渡阶段的社会样态。“根据马克思三种社会形态的划分，人类经历了人的依赖性阶段，现在处于物的依赖性阶段，未来要走向个人全面发展阶段，共同体在这一过程中呈现出由低级到高级的发展逻辑。人类命运共同体是两制并存时代人类共同体发展的新范式。”① 中国发起设立亚投行，稳步推进“一带一路”国际合作，愿意“加大对全球发展合作的资源投入，致力于缩小南北差距，坚定支持和帮助广大发展中国家加快发展”②，推动构建人类命运共同体迈出坚实的步伐。人类命运共同体理念写入联合国文件，推动构建人类命运共同体释放出社会形态理论的张力。

一、构建人类命运共同体从理念到行动

求生存谋发展是人与生俱来的天性。由于思想认识、科学技术、生产生活方式的影响，个体理性和集体理性存在的悖论，致使人在追求生存和发展的过程中又在恶化人类的生存条件和发展环境。新世纪以来，以 2007 年国际金融危机、中东乱局、西亚北非变局、俄乌冲突等为标志，世界之变、时代之变、历史之变正以前所未有的方式展开，引发人们对“人类怎么了”的追问，对传统安全和非传统安全的风险危及人类的共生共在的担忧；资源短缺、全球气候变化，新冠疫情的全球大爆发大流行，无不引发“人类该怎么办”“去往何处”的疑问，引发对人类命运和前途的担忧。共同体是多极多样、多主体的共生共在，是共同体的构成单元相互联系的结果。以对自己赖以栖身、自身从属于的人类社会的前途和命运的担忧、反思和行动结成共同体，必然会成为应对人类生存发展面临的不确定性、风险和威胁的现实选择，人类命运共同体正在成为也必将成为人类社会的总体形态。

（一）构建人类命运共同体的理论依据

党的十八大提出“倡导人类命运共同体意识”，习近平总书记对人类命运共同体做出了系列重要论述；党的十九大做出“推进构建人类命运共同体”的战

① 张新平，刘栋．论人类共同体的发展逻辑——对马克思“三大社会形态”理论的新探讨［J］．科学社会主义，2019（1）：28-32.

② 习近平．高举中国特色社会主义伟大旗帜　为全面建设社会主义现代化国家而团结奋斗——在中国共产党第二十次全国代表大会上的报告［M］．北京：人民出版社，2022：62.

略部署；党的二十大着眼世界又一次站在历史的十字路口的现实，丰富和完善了“推进构建人类命运共同体”的战略安排。“人类命运共同体”已经成为学术研究的热点和焦点，学者们对人类命运共同体的内涵及其理论渊源，习近平人类命运共同体思想的原创性贡献，构建人类命运共同体的路径和方式等进行了广泛的研究。

构建人类命运共同体有着丰富的理论渊源。一般认为，马克思主义经典作家的共同体思想、社会有机体思想，马克思主义世界历史理论、世界交往理论是人类命运共同体思想的理论来源，人类命运共同体就是未来社会的“自由人联合体”在当下的现实表现。中华优秀传统文化的“天下意识”“天下情怀”“和谐共生”“己所不欲，勿施于人”“四海之内皆兄弟也”等优秀思想原本就有构建人类命运共同体的意蕴。毛泽东的不称霸思想，中国特色社会主义理论关于构建国际政治经济新秩序的理念和主张，建设社会主义和谐社会思想等，奠定和充实了构建人类命运共同体思想的理论基础。

人类命运共同体思想的原创性贡献。当今世界正经历百年未有之大变局，构建人类命运共同体，是中国对“建设一个什么样的世界”“如何建设这个世界”的正面回答，是顺应当今世界大发展、大变革、大调整格局的原创性贡献。针对霸权主义对世界秩序的践踏，零和博弈思维引发国际交往的混乱，构建人类命运共同体，是对“如何完善国际治理”的正面回答，倡导以相互尊重、平等协商为准则，坚持以对话解决争端、以协商化解分歧，相互协作、共商共进的方式，建立公平正义、合作共赢的国际关系新秩序。针对非友即敌的旧思维，以及发达国家利用自身的经济、技术优势，滥施国际霸凌，剥夺、占有、压制发展中国家引发国际争端和冲突的现实，构建人类命运共同体对“如何解决国际争端”做出了正面的回答，为形成稳定的人类社会样态提出了思路和对策。

人类命运共同体既是文明形式也是人类社会的样态。社会形态演变和人类文明跃迁，都是对人类社会发展进行的总体把握，社会形态演变本身就是人类文明进步的一种具体表现。“没有创造出伟大农业文明的西方国家在现代化的进程中却走在前列，而拥有着辉煌农业文明的中华民族却在现代化的进程中落在了后面。这说明，在全球化、后工业化进程中，工业社会中的欠发达或后发展国家是有可能通过自己的努力探索和大胆创新而走到世界的前列去的，而社会科学研究恰恰应当担负起这项使命。”① 社会形态理论研究致力于洞悉社会发展的内在逻辑，探究社会形态跨越，人类文明跃迁的规律，正是社会科学研究担

① 张康之．为了人类的共生共在［M］．北京：人民出版社，2016：356.

负这项使命的现实表现。

（二）人类命运共同体是世界交往的目标和归宿

马克思主义世界交往理论认为，世界交往是社会生产力发展的产物，是社会生产阶段发展到大工业之后才有的现象；是民族国家内部交往向域外地理空间拓展，不同民族国家、不同地区在世界范围内形成的普遍性交往；是促使民族历史向世界历史转化和发展的根本性力量。形成世界交往既促进了社会生产力发展，也推动了世界文化交融，为人的发展水平提升、民族国家和社会跨越式发展提供了机会、创造了条件。马克思主义认为，资本家和工人以商品、市场为纽带结成的是虚幻共同体，民族史发展为世界史之后，人类共同体是世界交往的现成状态。只有在国家和阶级消亡之后，自由人联合所结成的人类共同体，才是真正的共同体，这种真正的共同体，是世界交往现代化的目标指引和最终归宿。

人类共同体发展受制于世界交往主体的意愿和能力。依据世界交往主体的行为意愿，以及人类共同体对世界交往主体行为选择的影响，人类共同体有主动型和被动型之分。被动型是世界交往主体担心自身行为引发其他主体回击，进而破坏人类社会的共生共在，自身也将随着共同体的消灭而归于消亡，不得不接受既有共同体对自己约束，从事违背自己初衷和真实意愿的世界交往而生成的共同体。主动型是世界交往主体依据自身意愿做出行为选择而生成的共同体，是世界交往主体个体意愿和人类共同体总体意愿高度契合的共同体。人类共同体中的结构单元绝非等量齐观的世界交往主体，总有引领和追随之分。单极世界自然只有一个引领者，“一超多极”的世界格局中存在引领能力有差异的多个引领者。霸权主导世界格局，在霸权者看来是主动型共同体，在广大世界交往主体看来则是屈从于霸权者的被动型共同体。引领主体追求人类共同的美好未来，以自身行动示范其对人类共同美好未来的追求，吸引广大世界交往主体追随而形成的共同体自然是主动型共同体。① 当今世界格局正在发生深刻的变化，缘于霸权主义、强权政治裹挟资本力量驱动的世界交往对人类共同的美好未来的危害止越来越多、越来越充分地显现出来，如何实现人类共同繁荣的共识还有待形成和强化，引领世界交往走向人类共同的美好未来的力量还需进一步地激发和壮大。

人类命运共同体警示世界交往中的逆历史潮流。马克思虽然论证了虚幻的人类共同体走向真正的人类共同体的必然性，但把理论和历史的必然性转化为

---

① 杜黎明．人类命运共同体理念的人民性特质［J］．人民论坛，2020（8）：42-45.

现实的必然性，世界交往现代化还有很长的路要走。针对“世界怎么了”的现实问题，以习近平同志为核心的中国共产党积极探寻马克思主义自由人联合体思想在当下的实践路径，提出人类命运共同体理念，对世界交往提出了风险警示。首先，世界交往要着力化解人类共同面临的安全风险。全球气候变化、中东乱局、西亚北非变局，无不引发对世界面临的不稳定性不确定性、地区热点问题的反思，对传统安全和非传统安全的风险危及人类的共生共在的担忧。世界交往若无视人类生存发展面临的风险，任由国际公正被践踏，世界和平稳定被破坏，人类终将走向自我毁灭而没有未来。其次，世界交往要防止科学技术在现实运用中发生的异化。科学技术是第一生产力，科学技术的普及和运用是人类文明进步的标志。互联网时代的黑客带给社会生活的麻烦，大规模杀伤性武器对人类生存和发展的巨大威胁，将领先的科技优势作为主张和实现霸权的工具而对正常的世界交往形成的巨大冲击，无时无刻不在呼唤科技伦理，无时无刻不在警示科技在现实运用中的异化的风险。最后，世界交往要积极妥善应对霸权主义和强权政治。霸权主义、强权政治频频将经济制裁作为外交手段，这其实是企图以剥夺制裁对象正当的世界交往权利为手段，让制裁对象因不堪忍受巨大的损失而不得不就范。虽然当今霸权国家的制裁外交频频落空，强权政治越来越难以奏效，但反对霸权主义和强权政治的世界交往共识和力量凝聚依然任重道远。对世界交往中的逆历史潮流发出警示，提出世界交往现代化的命题，意在引发和促使世界交往主体的警觉和反思，形成人类命运共同体价值理念的认同。

人类命运共同体是对世界交往的期许和指引。人类是休戚与共的客观存在，针对世界交往中的逆流对人类社会的严重威胁，人类何处去等现实难题，人类命运共同体是指向人类美好未来的世界交往的期许。首先，人类命运共同体与世界交往有着水乳交融的内在关联。人类命运共同体突出强调人类社会一荣俱荣、一损俱损的共生共在关系，世界交往是人类社会不同主体形成联系的媒介和纽带。世界交往朝着人类命运共同体的方向，构建人类命运共同体的价值追求和宏大目标体现和落实到世界交往的具体实践，人类就一定会有美好的未来。其次，人类命运共同体昭示世界交往的前景和希望。人类只有一个地球，各国共处一个世界，尽管人类社会、世界发展面临诸多风险和挑战，但人们大可不必为此悲观。人类命运共同体思想正确指引了人类社会发展的方向，准确把握了世界交往的发展趋势，描绘了世界交往现代化的美好前景；世界交往主体据此凝聚交往共识，调整和完善交往内容，改进交往方式，拓展交往空间，既能赢得自身的发展，也能浇铸人类美好的未来。最后，人类命运共同体呼唤和指引世界交往现代化行动。对人类面临的共同威胁不闻不问，对世界面临的挑战听之任之，无异于自己断送前程。构建人类命运共同体唤醒世界交往主体，呼唤责任和担当。责任共同体中总有主体竭力少担责任，甚至是只希望搭便车不担责任；利益共同体中总有主体仅致力于谋取自己最大利益而忽略，甚至是刻意回避利益的公平分配；人类命运共同体既唤醒责任，也期许利益，更能凝聚世界交往主体的共识。现代化的道路绝非坦途，总会面临有形和无形的制约。人类命运共同体的核心是共生共在、共同发展，人类命运共同体既有纠偏功能，指引世界交往化解现代化的各种制约；又有激励功能，集成和强化世界交往现代化的努力和行动。构建人类命运共同体，既化解世界交往现代化的制约，又提高世界交往现代化水平。

（三）构建人类命运共同体的坚实步伐

推动构建人类命运共同体，是以习近平同志为核心的中国共产党在为人类进步事业做出的又一重大贡献。起始于 2013 年金秋的“一带一路”国际合作，是人类命运共同体由理念变为行动的重要标志，为开创国与国之间和平、发展、合作、共赢的交往新格局提供了示范。推动构建人类命运共同体，为全球治理提供了新思路，为解决全球性问题提供了中国方案；以人类命运共同体被写入联合国文件为标志，在人类社会总体由资本主义向社会主义的过渡时期，人类命运体正日益成为人类社会的总体样态，表现为一种相对独立的社会形态。

相对于资本主义，社会主义是新事物；社会主义的发展过程，自然也是抗御资本主义遏制的过程。人类社会总体处于资本主义向社会主义的过渡阶段，社会主义制度和资本主义制度并存是过渡阶段的常态；过去较长一段时间内，资本主义在两种制度并存格局中占据优势；中国特色社会主义取得的巨大成就，正在加快推动两种制度并存格局由“资强社弱”态势向“社强资弱”态势转变。构建人类命运共同体，以共生共在、共同的命运作为世界大变局中各行为主体求取最大公约数的准则和基点，是应对大变局、适应大变局、推动大变局的平稳过渡的现实选择。人类命运共同体，是世界大变局中的人类社会总体形态；应对世界大变局，使推动构建人类命运共同体迈出坚实的步伐。

“一带一路”国际合作呈现人类命运共同体的基本样态。“一带一路”国际合作的伟大成就，既是对逆经济全球化的克服和纠正，对贸易保护主义的正面回击，也是对人类命运共同体的社会样态的大致勾勒。逆全球化暗流涌动、贸易保护主义的沉渣泛起，一方面缘于现有的国际秩序和规则没能为各参与者平等参与全球化公平分享全球化成果提供保障；另一方面缘于科技进步、经济社会发展，世界格局变化使霸权者越来越难以利用现有秩序和规则实现和主张霸权。习近平总书记指出："共建'一带一路'是经济合作倡议，不是搞地缘政治联盟或军事同盟；是开放包容进程，不是要关起门来搞小圈子或者'中国俱乐部'；是不以意识形态划界，不搞零和游戏，只要各国有意愿，我们都欢迎。"①这几个"是"与"不是"，既讲明了"一带一路"的真实样子，澄清了别有用心者强加给"一带一路"的不实之词，道出了"一带一路"国际合作在世界范围内广受欢迎和响应，朋友圈不断壮大、新的合作成就不断涌现的深刻原因，也初步勾勒出人类命运共同体的基本样态。

推动构建人类命运共同体不断取得新成就。尽管遭受霸权者的遏制和破坏，中国提出并积极推动"中国—东盟命运共同体""亚洲命运共同体""亚太命运共同体""周边命运共同体""中巴命运共同体""中非命运共同体""中拉命运共同体""海洋命运共同体""网络空间命运共同体"和"核安全命运共同体"不断走向深入，这彰显了中国负责任的大国襟怀与担当，昭示了人类命运共同体理念的实践感召力。2020 年，新冠疫情全球大爆发大流行，中国不仅以最全面、最迅速、最严格、最积极的抗疫防控措施为世界赢得了宝贵的防备疫情时间，而且明确提出了打造人类卫生健康共同体的国际合作倡议。尽管一些西方政客为转嫁抗疫不力引发的国内矛盾而频频甩锅中国，污蔑、阻碍人类卫生健康共同体的构建，世界绝大多数国家，特别是拥有世界最先进最发达医疗卫生技术和条件的美国爆出的令世界瞠目结舌的感染人数和病亡人数，引发越来越多的国家和人民对推动构建人类命运共同体的认同和追随。

二、人类命运共同体的社会样态特征

作为资本主义向社会主义过渡时期的人类社会形态，人类命运共同体的形成并非有明确的界限。正如列宁所言，"自然界和社会里一切界限当然都是有条件的、变动的，如果去争论帝国主义究竟在那一年或哪一个 10 年"最终"确立，那是荒唐的"②，非要追问人类社会究竟何时步入人类命运共同体的社会形态同样是荒唐的。推动构建人类命运共同体，持之以恒、坚持不懈地将人类命运共同体理念落实到构建人类命运共同体的行动，汇聚集成构建人类命运共同体的微小行动和微小的、局部的社会质变，其实质就是要不断铸就和强化人类

---

① 中共中央宣传部，国家发展和改革委员会．习近平经济思想学习纲要［M］．北京：人民出版社、学习出版社．2022：134.

② 列宁．帝国主义是资本主义的最高阶段［M］．中共中央马克思恩格斯列宁斯大林著作编译局，译．北京：人民出版社，2014：88.

命运共同体的社会样态特征。

（一）人类命运共同体的人民性特征

人民性是马克思主义阶级性在人类解放进程中的现实表现。马克思主义是无产阶级的世界观，是关于无产阶级解放的学说。无产阶级要争取自身解放，必须先解放全人类。代表本阶级整体利益而无任何私利的无产阶级政党领导人类解放事业。人类命运共同体的人民性特征根源于无产阶级及其政党的使命，以及人类解放事业的艰巨性、复杂性和长期性。

自由人联合体的实践形态成就人类命运共同体的人民性。实现共产主义远大理想，使人类社会以自由人联合体的形式存在，是无产阶级的历史使命。在履行使命的进程中，推动构建人类命运共同体，就是在积累最终生成自由人联合体的条件。在贫富分化、霸权主义、强权政治严重威胁人类持续发展的背景中，人类命运共同体旨在摒弃对抗和冲突、凝聚人类发展共识，是自由人联合体的实践形态。人民性强调无产阶级的一切奋斗都致力于实现最广大人民的根本利益，不断提高人的发展水平；作为无产阶级履行使命的实践形态，人类命运共同体自然富有人民性特征。

中国共产党的属性和使命成就人类命运共同体的人民性。中国共产党是为中国人民谋幸福的政党，也是为人类进步事业而奋斗的政党，始终把为人类做出新的更大贡献作为自己的使命。第一，人民性体现在我们党不懈地为中国人民计的伟大实践中。为求民族独立、人民解放不惜抛头颅洒热血，把全心全意为人民服务作为党的宗旨，把人民高不高兴、答应不答应作为应对改革开放不确定性的遵循，始终代表最广大多数人民的根本利益，坚持以人为本谋发展，实现以人民为中心的发展，勾勒出百年来我们党与时俱进地为中国人民计的实践历程；党的事业的人民性浓缩在习近平总书记“时代是出卷人，我们是答卷人，人民是阅卷人”的论断中。第二，人民性体现在我们党不懈地为世界人民计的伟大实践中。新中国成立以来，支持亚非拉人民争取和维护民族独立的正义斗争，努力消解自然灾害、疾病等人类面临的共同威胁，维护世界和平稳定，主张国际公平正义，无不凝聚着党为世界人民计的心血。发起设立“亚投行”，推进“一带一路”国际合作，实现为中国人民计和为世界人民计的紧密融合。推动构建人类命运体，为中国人民实现更好更大发展拓展空间、营造环境，为世界人民发展创造机会、搭建平台。人类命运共同体，是我们党为中国人民计、世界人民计的实践延续和奋斗结晶，体现了更广泛、更深刻的人民性。

人类、群体人和个人的发展关联彰显人类命运共同体的人民性。马克思主义人学理论认为，人的发展有整个人类的发展、以特定纽带结成的群体人发展和个体人发展三种形态。我们党为中国人民计，啮合了国内的个体人与群体人发展。习近平总书记强调，中国梦是国家富强、民族振兴、人民幸福，实现中国梦是要让每个人都能享受人生出彩的机会。坚持以人民为中心，是以人民的根本利益、全局利益、长远利益为中心；这必然关照和体现现实个体人的诉求，但绝不是分散个体人诉求的简单相加，而是把个体人利益诉求系统集成为群体人诉求，避免和消除发展进程中可能出现的社会撕裂。人类命运共同体指向人类共生共在、整体发展，啮合国内群体人发展和整个人类的发展，把谋划人类、群体人和个人发展有机统一的地理空间拓展到全球，是当今人民性的最充分、最广泛、最真实的体现。①

（二）超越强制权力的共同命运成为社会聚合的纽带

社会是个体人、不同群体人，是社会构成单元依据一定纽带形成的聚合体。社会聚合的纽带是衡量和评价社会文明程度的重要指标，也是区分社会形态的重要依据。阶级、国家最终消亡之前，强制的权力是将社会构成单元聚合为一个整体的纽带和力量。国际霸权长时期充当聚合不同国家的纽带，已有的世界历史演进、国际格局变迁都是围绕世界霸权的争夺展开。推动构建人类命运共同体，是要强化共生共在的共同命运的社会聚合功能，以超越强权的共同命运铸造人类社会的形态。

人类社会存在形式多样的聚合纽带。马克思主义认为，社会属性是人最本质的属性，人总是借助一定的载体、通过一定形式彰显其社会属性，这些载体、这些形式同时也是聚合社会的纽带。群体人之间的分异，实质是聚合形成群体人的纽带的分异。社会聚合的纽带既有物质纽带和精神纽带、有形纽带和无形纽带之分，也有主要纽带和次要纽带、硬纽带和软纽带之别。道路交通条件的改善，使原本分散在不同地域空间的人能够互通往来，结成群体人；道路交通，是社会聚合的重要物质纽带、有形纽带。共同的理念和共同的信仰，使分散的社会构成单元结成为统一的整体；信仰和理念是社会聚合的重要精神纽带、无形纽带。从政治的角度，国家机器、国家治理是社会聚合的纽带；从经济发展的角度，社会生产关系，就是使分散经济主体聚合为一个社会的纽带；从文化的角度，语言文字、历史传统是社会聚合的纽带；从社会的角度，习俗也是实现社会聚合的纽带。

强制权力长时期成为社会聚合的纽带。社会聚合纽带的分异，引发不同社会聚合体的矛盾和冲突，成为导致社会分裂、破坏社会整体性的因子；化解和

① 杜黎明．人类命运共同体理念的人民性特质［J］．人民论坛，2020（8）：42-45.

弥合不同社会聚合体之间的矛盾和冲突往往需要借助强制权力，社会聚合纽带的多元多样性，也因此成为强制权力出场的依据和原因。国家作为阶级统治的工具，正是借助强制性权力，将分散的主体，甚至是彼此间尖锐对立的主体，社会构成单元聚合为一个整体社会。在不同的社会聚合纽带形成的复杂体系中，非强制权力的社会聚合纽带在这个体系中的地位越显著，社会也就越稳定。社会聚合纽带是审视和判断现代国家治理水平的重要依据，文化传统、道德约束、理想信念等无形的软纽带的社会聚合功能发挥得越充分，国家治理效能也就越强。活跃在世界舞台上的霸权，充斥在国际社会中的强权，长时期扮演人类社会聚合的主纽带角色；随着国际反霸权力量的发展壮大，国际关系正在发生重大而深刻的变化，世界霸权、国际强权对人类社会的聚合功能正在加快衰减，人类社会越来越强烈地需要超越强制权力的社会聚合纽带。

推动构建人类命运共同体不断强化共同命运的社会聚合能力。推动构建人类命运共同体的过程，也是不同社会聚合纽带在人类社会中的影响力调整过程。强制权力聚合社会能力的衰减，求取最大公约数的共同利益，共生共在的共同命运聚合社会能力的凸显和强化，是人类社会发展的必然趋势。共同命运超越和替代强制权力，成为最主要的社会聚合纽带，已为马克思主义创始人所预见和论证。在《哲学的贫困》中，马克思指出，“劳动阶级在发展进程中将创造一个消灭阶级和阶级对抗的联合体来代替旧的资产阶级社会，从此再不会有原来意义的政权了，因为政权正是资产阶级社会内部阶级对抗的正式表现”①；联合体正是以超越强制权力的纽带聚合而成的社会。不断强化共同命运的社会聚合功能，是推动构建人类命运共同体的使命和任务；只有促进人类共生共在实现了从社会主体的被动选择向主动作为的转变，人类社会才可能真正成为自由人联合体。

（三）社会主义的制度优势示范和引领人类命运共同体发展

人类命运共同体是人类社会整体从资本主义向共产主义转变的过渡时期的社会样态。马克思在《哥达纲领批判》中指出，“在资本主义和共产主义之间，有一个从前者转变为后者的革命时期”②，推动构建人类命运共同体，正是无产阶级在这个革命时期的使命。社会主义和资本主义两种制度并存，社会主义的制度优势不断显现强化，资本主义尽管对此不乐见，但出于规避发展风险，扭

① 中共中央马克思恩格斯列宁斯大林著作编译局．马克思恩格斯文集：第1卷［M］．北京：人民出版社，2009：655.

② 中共中央马克思恩格斯列宁斯大林著作编译局．马克思恩格斯文集：第3卷［M］．北京：人民出版社，2009：445.

转加速衰败的颓势，不得不效法社会主义，发展壮大社会主义的因素以克服和应对自身的危机，从而壮大社会主义在人类社会中的力量和规模，将是推动构建人类命运共同体进程中的常态。社会主义的制度优势引领人类命运共同体发展，也就成为人类社会整体从资本主义向共产主义过渡时期的基本样态。

社会主义示范和引领是一个进阶的历程。马克思主义创始人虽然预见和论证了资本主义向共产主义的过渡时期的存在，但没有也不可能对这个过渡时期的具体样态进行深入的论证。当今世界，社会主义和资本主义两种制度、两种社会形态并存，总体态势正在经历由资强社弱向社强资弱的转变。一方面，社会主义在充分发挥、不断彰显自身的制度优势；另一方面，资本主义在尽其所能遏制社会主义制度优势的发挥。在对待和接受共同命运的社会聚合功能的态度上，人类社会的不同主体存在显著差异；出于意识形态的考量，西方世界对中国提出的构建人类命运共同体倡议有着近乎本能的抗拒。中国积极推进构建人类命运共同体，指引和示范人类命运共同体发展，资本主义先是抗拒这种示范，然后是不得不接受这种示范，到最后是自然而然接受这种示范。中国主动承担国际责任，积极倡导并推动抗疫国际合作，以积极开展元首外交、提供国际援助、分享抗疫经验等实际行动为全球抗疫传递信心并注入巨大动力，推动构建人类卫生健康共同体不断迈上新台阶，正是社会主义示范和引领人类命运共同体发展的浓缩式演绎。

三、推动构建人类命运共同体对发展社会形态理论的贡献

人类命运共同体中，个体之间是平等、合作共赢、共同发展的关系，这与霸权者的期冀有着显著的区别。正如列宁所言，“帝国主义的重要特点，是几个大国争夺霸权，即争夺领土，其目的与其说是直接为了自己，不如说是为了削弱对方，破坏对方的霸权”①。美国政府在发展与中国的关系中，热衷于损人不利己的勾当，背离其一贯标榜的自由、民主理念，毫无底线节操地拼凑反华联盟，正是帝国主义本性的体现。横蛮阻碍和迟滞构建人类命运共同体是霸权者的本性，人类命运共同体的倡导者、践行者坚定不移做好自己的事情，不断地发展壮大自身实力，是对抗霸权者的阻碍和迟滞的最有效方法。

（一）丰富发展人类社会的主体结构理论

社会形态理论反映和揭示人的生存与发展状况。马克思主义认为，人有个

---

① 列宁．帝国主义是资本主义的最高阶段［M］．中共中央马克思恩格斯列宁斯大林著作编译局，译．北京：人民出版社，2014：89.

体人、群体人、人类三种存在方式；人类社会有三种构成主体：个体主体、不同个体人形成的群体主体、整个人类社会形成的类主体。人类命运共同体是人以类主体形式的客观存在，是以共生共在的命运为纽带，将分散独立的个体人、群体人联结成为一个有机整体；推动构建人类命运共同体，是个体主体、群体主体规范和改进自身行为，使类主体能够得以更好地存在。

构建人类命运共同体在抽象和具体的统一中把握人的主体性。马克思主义在抽象和具体的统一中把握客观存在。在使用“人”这一个概念时，个体人总是实实在在的、具体的存在，群体人则有抽象和具体两种意义上的存在从具体意义上讲，群体人是有个体差异的具体人借助于特定纽带形成的具体整体，从抽象意义上讲，群体人是忽略具体人的个体差异的同质抽象整体。尽管人存在个体差异是人所尽知的事实，但在使用人类这一概念时，人们习惯于将其看作同质的抽象的客观存在。所谓的个体理性和集体理性的悖论，在很大程度缘于形而上学地对待具体意义上的“人”和抽象意义的“人”，仅仅是突出了二者的区别，而割裂忽视了二者的统一。依据马克思对“个体主体—群体主体—类主体”的主体区分，推动构建人类命运共同体，内蕴了“人民主体—国家、民族主体—人类主体”逻辑结构。① 人民主体从属于国家民族主体，脱离主权国家泛谈人民主体，是霸权国家以一己私利绑架他国的惯用借口。推动构建人类命运共同体，首先，需要一个国家坚持人民主体地位，以满足本国人民的实际需求为中心，完善国家治理体系；中华民族命运共同体，就是对人民主体和国家民族主体之间的关系的生动诠释。其次，既要正视不同国家、不同民族作为具体群体人的差异，又要不断地推动国家和民族间的求同存异，抽象提炼群体诉求，深化对人类特征的认识。最后，化不同群体人之异为人类之同，这既需要有物质财富积累，也需要文化交流和精神发展，推动构建人类命运共同体自然是长期的艰巨的复杂系统工程。

全人类共同价值化不同群体人之异为人类之同。中国共产党“真诚呼吁，世界各国弘扬和平、发展、公平、正义、民主、自由的全人类共同价值”②，就是在世界范围内化不同群体人之异为人类之同。与西方宣扬推广“普世价值”，将其认定的自由、民主的具体实现形式当作抽象的价值理念、价值原则，强行

---

① 王苗，张志建．论马克思主体结构思想与人类命运共同体的构建［J］．中共福建省委党校（福建行政学院）学报，2020（4）：45-50.

② 习近平．高举中国特色社会主义伟大旗帜　为全面建设社会主义现代化国家而团结奋斗——在中国共产党第二十次全国代表大会上的报告［M］．北京：人民出版社，2022：63.

要求其他国家、其他民族接受不同，全人类共同价值正视抽象的自由、民主价值理念和具体的自由、民主价值实现形式之间的区别和联系，强调全人类共同价值是不同国家、不同民族在文明交流、和睦相处、合作共赢的过程中求取最大公约数、求得价值共识的结果。万物并育而不相害，道并行而不相悖；以文明交流超越文明隔阂、文明互鉴超越文明冲突、文明共存超越文明优越，各国人民在相亲相知的过程中构建人类命运共同体，就是用全人类共同价值化不同群体之异为人类之同的具体行动。

（二）滋生孕育世界社会形态理论

当今世界，多种社会制度共存。推动构建人类命运共同体，使命运共同体的涵盖范围从国家、地区拓展到全世界、整个人类，在多元制度共存的条件下，这事实上提出了世界社会形态的问题。人类命运共同体理念写入联合国文件，"一带一路"国际合作深入推进，亚投行良性运行并不断扩大世界影响，展示出了人类命运共同体作为世界社会形态的美好前景。

推动构建人类命运共同体开创世界社会形态研究的新境界。无论是马克思主义的世界历史理论，还是马克思主义的经济全球化理论，都涉及处于不同社会形态的国家和民族之间的联系如何影响人类社会总体发展的问题，这事实上提出了世界社会形态研究的理论命题。在世界范围内，全球主义与地区主义并行、全球化与逆全球化交织，使世界社会形态研究面临的客观现实更显得错综复杂，推动构建人类命运共同体开启世界社会形态研究的新视角，提供了化解理论研究与现实进展脱节，理论研究自说自话的窘境的新思路。当今世界，以互联网、大数据、信息技术、人工智能为代表的新兴科学技术的发展大大削减了时空隔阻对世界交往的影响，全球化的开启和演进使人类赖以生存的地球成为名副其实的村落。面对气候变化、金融危机、难民危机、疾病传播，没有哪个国家能够独善其身，能够独自应对人类面临的各种挑战；地球村内，不同国家相互联系和彼此依存比过去任何时候都更频繁、更紧密，地球村居民越来越深刻地感受到共同利益、共同责任、共同命运的客观真实性。世界各国乘坐在一条命运与共的大船上，要穿越惊涛骇浪、驶向光明未来，必须同舟共济，通力合作，共克时艰。人类命运共同体已经是实然的事物，世界以人类命运共同体的形式存在，阐释论证世界社会形态的特征及其变化必将拓展人文社会科学研究的空间，开创学术研究的新境界。

（三）拓展全球治理理论的发展空间

二战结束后，以美国为首的西方发达国家，凭借其强大的政治、经济和军事实力，用自由、民主等西方话语讲述全球治理规则和秩序，把持全球治理的话语权。这套与资本驱动全球化相适应的规则和秩序，在过去较长时间内一直是美国主张和实现霸权的借口和工具。美国作为当今世界唯一的超级大国，将自己的意志强加于全世界，一旦有国家悖逆其意志，就假借全球治理而挥舞制裁大棒，大搞经济封锁、“颜色革命”，甚至公然干涉他国内政，试图以此迫使他国就范。随着以信息技术、人工智能为代表的高新技术迅猛发展，全球化加速实现从资本驱动向资本和科学技术双头驱动的转变，适应资本驱动全球化的国际规则和秩序不再能让美国随心所欲地实现霸权。全球治理体系在霸权主义、恐怖主义、单边主义、贸易保护主义抬头的情况下遭遇了信任危机，这既提出全球治理改革的诉求，也滋生了国际话语创新以重释全球治理体系的理论诉求。

人类命运共同体孕育全球治理的新话语。当前的全球治理机制脱胎于美国主导的霸权体系。随着新兴大国崛起，美国实力相对衰落，推行霸权主义遭受的阻力越来越大，而美国政府一方面极端自私地对国际规则和秩序采用“合则用之，不合则弃之”的实用主义态度，另一方面又以所谓的夹藏其私心的多边主义要求和遏制新兴大国，大肆推行其基于实力的国际治理，把全球治理拖入了“碎片化”阶段。百年变局和世纪疫情交织叠加，各种传统和非传统安全威胁层出不穷，和平与发展的时代主题面临严峻挑战。针对人类社会面临的发展失衡、治理困境、数字鸿沟、公平赤字等现实问题，中国发出改进全球治理体系的倡议，主张国际规则由各国共同书写，国际规则由各国共同议定共同维护，全球事务由各国共同治理，发展成果由各国共同分享。中国呼吁各国人民同心协力，以人类命运共同体理念为引领，秉持共商共建共享的全球治理观，着力完善全球治理体系，建设持久和平、普遍安全、共同繁荣、开放包容、清洁美丽的世界。人类命运共同体理念回应了各国人民求和平、谋发展、促合作的普遍诉求，在全球治理变革的进程中彰显出强大吸引力和感召力。构建人类命运共同体的伟大实践，彰显了用共生共在、共同命运、平等互利、合作共赢等新话语，阐释和建构全球治理体系的强大生命力和远大前景。

第四章

新时代的社会历史规律理论张力

人类社会是个体人借助联系媒介而形成的人的集合，是人赖以生存和发展的空间。社会性是人通过和其他人发生联系而得以生存和发展的属性，是人的本质属性。历史是客观存在、是物质运动在时间顺序上的展开，是人把握客观存在、认知物质运动的结果和方式。人类社会从自然界中分化出来之后，自然史一统天下的格局就演变为自然史和人类史相互影响紧密联系的格局。由于“被抽象地理解的，自为的，被确定为与人分隔开来的自然界，对人来说也是无”①；既然自然界对于人类来说是一个历史的生成过程，真正的历史就只能是人类存在于其中的那个历史，即人类社会的历史。社会历史规律是社会规律、历史规律的合称，揭示人的活动的时空必然性。新时代创造性地运用历史规律开创中国特色社会主义的新伟业，新时代的伟大实践中蕴含着丰富的社会规律，新时代是“生成”历史规律的大舞台。

第一节　社会历史规律的必然性张力

社会是人的聚合体，历史是人的历史，历史不过是追求着自己目的的人的活动而已。人既是承载社会历史规律的主体，也是社会历史规律的认识主体和认识客体。社会规律是隐藏在当代人的社会活动中的必然联系，本质是当代人的实践规律，是人的发展规律的共时态表现。人的社会生活分化为政治、经济、文化等领域，各个领域各有其存续发展的规律，社会规律因此也就存在政治发展规律、经济发展规律、文化发展规律的区分。历史规律是人类社会作为具体物质形态的运动规律，是隐藏在人类社会发展进程中的内在的本质的必然联系，

---

① 中共中央马克思恩格斯列宁斯大林著作编译局．马克思恩格斯文集：第 1 卷［M］．北京：人民出版社，2009：220.

是人的发展规律的历时态表现。马克思将社会历史规律理解为具有必然性的发展趋势，“问题本身并不在于资本主义生产的自然规律所引起的社会对抗的发展程度的高低。问题在于这些规律本身，在于这些以铁的必然性发生作用并且正在实现的趋势”①。这种必然性表现为社会主体、历史当事人不可能为所欲为，其行为选择总是受到客观存在的无形的力量限制和制约。社会规律是当代人隐藏在实践活动中的必然性，历史规律是历史运动的内部必然性，是隐藏在历史当事人的行为选择背后的必然性。认识社会历史规律，实质是认识主体运用特定的理论范畴，揭示和表达隐含在社会历史运动中的必然性，对社会历史规律的认识分歧，既源于对这种必然性的认识的差异，也缘于认识主体所使用的理论范畴的差异。人对社会历史规律的应用，有事后解释、事中评估、事前预测等形式，规律在事前预测中的作用发挥得越充分，人对社会历史规律的认识就越接近于其客观存在的本真状态。

一、社会历史规律蕴含的必然性

规律是事物在发展过程中所固有的必然联系。必然性是规律这一范畴的本质规定性。本质借助于现象得以展示，形形色色的现象中蕴含着本质；“规律是现象中持久的、保存着的东西，是现象同一中的反思和本质性的肯定方面，是现象的静止的反映”②。本体论意义上的规律，是事物内在的必然性，即不以人的主观意志为转移的客观存在。人的实践可以认识把握这种规律。认识论意义的规律是人的思维对事物内在必然性的反映。认识和利用规律，以改进社会实践，更好地实现自己的目标，是人们心之所求，愿之所望。列宁明确指出，“规律的概念是人对于世界过程的统一和联系、相互依赖和总体性的认识的一个阶段”③。社会历史规律不是先于社会先于历史的客观存在，是在人的活动中才得以现身、得以表现的客观存在。社会历史规律是关于人的活动的规律，又是人的认识对象。社会历史规律“本身也在不断地建构着当下和未来的历史实在，通过认识的知识结果，通过认识产生的历史意义，通过这些中介对社会文化，对人们现实生活的规范性约束和直接接入，改变了我们的现实世界”④，社会历

① 中共中央马克思恩格斯列宁斯大林著作编译局．马克思恩格斯文集：第5卷［M］．北京：人民出版社，2009：8.

② 李国泉．马克思历史规律理论的当代诠释［M］．北京：中央编译出版社，2019：65.

③ 中共中央马克思恩格斯列宁斯大林著作编译局编译．列宁全集：第55卷［M］．北京：人民出版社，2017：126.

④ 刘华初．历史规律探究［M］．北京：人民出版社，2013：58.

史规律的认识者因此也就成为能动的历史创造者，进而成为社会历史新规律的创生者。

（一）社会历史必然性的认知方式

理解社会历史偶然才能真正认识社会历史必然。历史内部总是同时存在必然性和偶然性，偶然之中渗透着必然，必然以偶然的方式表现出来，历史必然性通过偶然性为自己开辟道路。历史规律是蕴含在历史创造者的实践活动中，以偶然性为补充和表现形式的内部必然性。偶然性取决于社会历史条件和历史主体的能动作用，体现在历史当事人面对多重选择、多种可能时的临场发挥和临时选择中，归根到底是由人类社会历史的复杂性决定的。“历史事件似乎总的说来是由偶然性支配着的。但是，在表面上偶然性在起作用的地方，这种偶然性始终是受内部的隐蔽着的规律支配的，而问题只是在于发现这些规律。”① 偶然性有时也可能对历史进程的发展起到关键的作用，“如果‘偶然性’不起任何作用的话，那么世界历史就会带有非常神秘的性质。这些偶然性本身自然纳入总的发展过程中，并且为其他偶然性所补偿。但是，发展的加速和延缓在很大程度上是取决于这些‘偶然性’的”②。历史偶然性存在凸显了历史思维、历史过程分析的重要性，如果没有过程分析，仅以实践结果评判历史，以成败论英雄，难以认识和把握历史规律。能否排除偶然性对认识历史规律的干扰，取决于历史规律认知主体的智慧和理论思维的水平，只有借助理论思维，在长时间跨度的大历史视野中对历史事件进行因果分析，才能避免把历史偶然性混同于历史必然性，不断深化对历史规律的认识。

认识和把握历史必然性必须借助实践批判和历史反思。历史规律作为历史内部的必然性在起作用，历史内部必然性体现在串联具体历史事件的历史运动轨迹中。历史规律的研究者、认识者能够在历史进程结束之后，以事后总结、事后反思的方式，清晰地勾勒出历史运动的轨迹，从中去理解和把握历史的必然性。历史进程中的主体没有未卜先知的能力，历史当事人不能事先勾勒出历史运动的轨迹，只能在自己的预期的实践结果和现实的实践结果的比较中，以实践批判、实践反思的形式去感知历史运动轨迹。自由是对外部必然性的扬弃，而这种扬弃只有在人的实践活动中才具有现实性，历史当事人固然可以自由做出实践选择，但违背历史规律的自由选择是以实践挫败为代价。从这个角度，

---

① 中共中央马克思恩格斯列宁斯大林著作编译局．马克思恩格斯文集：第 4 卷［M］．北京：人民出版社，2009：302.

② 中共中央马克思恩格斯列宁斯大林著作编译局．马克思恩格斯文集：第 10 卷［M］．北京：人民出版社，2009：354.

历史当事人遭受的实践挫折，是校正其感知历史运动轨迹的偏差，认识和把握历史规律的工具。中国共产党历来注重实践批判、实践反思，注重历史思维，强调从历史中吸取经验和教训。作为历史当事人，中国共产党有条件有能力将历史活动与历史必然性、历史规律的偏差减少到和控制在可以忽略不计的幅度。全党上下、全国上下深入开展党史、新中国史、改革开放史、社会主义发展史学习，意在使历史创造者在对历史的深刻反思中深化对历史规律的认识，使历史创造者能够更好地发挥创造历史的主观能动。

（二）社会规律的共时必然性

当代人既是社会规律的“生成者”，也是社会规律的认识者和利用者。社会规律不是事先的客观存在，是在人的活动中才得以现身、得以表现的客观存在。认识和理解社会规律，是当代人作为规律的认识主体，对包括自己在内的当代社会主体的行为动机、行为方式、行为结果及其成因进行的反思。

社会是由具有自主性、适应性和自反性的主体构成的复杂系统。自主性是人的品格特性，是人的素质的基本内核；是行为主体按自己意愿行事的动机、能力或特性。所谓具有适应性，就是指社会主体能够与环境以及其他主体交互作用，主体在连续不断的交互作用过程中，不断地学习或积累经验，并根据学到的经验改变自身的结构和行为方式。① 自反性是社会主体自我反思的特性，是对自己的思维何以如此的思考，是对如何根据对事物的新认识新理解而修订对其原有的认识和理解，以及这又如何影响对世界的后续探究的思考。社会规律是社会主体自主性、适应性和自反性及其彼此间相互作用相互影响的表现，本质上是当代人通过实践批判、自我反思，揭示的隐藏在当代人活动背后的必然性。

社会规律是在人偶然的实践活动中蕴含的必然性。正如世界上没有完全相同的两片树叶，实践活动不可能毫无偏差地复制。任何实践结果都是实践主体的主观因素和实践工具、实践对象的客观因素综合作用的产物，是偶然性和必然性的统一。偶然性首先在于实践主体，其发挥主观能动性的程度与方式不可能在两次相同的实践活动中保持绝对一致；社会生活中的工作疲劳、工作倦怠，在很大程度上就是人在重复发生的活动中的工作兴趣、工作积极性和主观能动性的衰减。实践工具、实践对象作为具体的物质形态处于绝对运动之中，究竟以哪一种具体的样态同实践主体结合也带有偶然性。偶然中的必然在于，实践

① 殷杰．当代社会科学哲学：理论建构与多元维度［M］．北京：北京师范大学出版社，2017：267.

工具、实践对象有其作为具体物质形态的特有属性和运动规律，实践主体与实践工具、实践对象有效结合的方式也是客观存在的。

认识和利用社会规律彰显当代人的社会主体性。社会规律是反复出现的活动、反复发生的行为中抽象出的规范和准则。社会生活分化为不同的领域，各个领域都存在其自身的规律，社会规律的内容因此有着丰富的具体表现。认识和利用社会规律，是人预期预知行为结果的基础和前提。马克思指出，“人离开狭义的动物越远，就越是有意识地自己创造自己的历史，未能预见的作用、未能控制的力量对这一历史的影响就越小，历史的结果和预定的目的就越加符合”①。对人类社会发展规律理解越深刻，对自己理解得越透彻，就越能排除未能预见的作用、未能控制的力量制约历史创造，有意识地创造自己的成绩就越显著。

（三）历史规律的历时必然性

人是“历史”的存在，“历史”是人的存在方式。历史规律隐藏于历史现象背后并决定或支配历史现象，体现历史本身所固有的内部矛盾，反映历史发展过程中的本质关系，揭示历史演进过程中的逻辑必然性。历史发展规律，本质上是人的发展规律；“历史条件”是人们创造历史的“前提”，每代人都是作为历史的“产物”和“结果”存在，人们的历史活动不是“随心所欲”的，人们的历史活动的结果最终生成不以人的意志为转移的历史发展规律。历史规律的生成者是过去的人，历史规律的认识者、利用者却是当代的人。认识和理解历史规律，是当代人通过历史场景还原，对过去的人的思维进行的再现，对过去的活动进行的因果分析。

不同语境下的历史规律有着不同的含义。本体论意义的历史规律，是客观存在的不以人的主观意志为转移的逻辑必然性；认识论意义上的历史规律，是人透过具体历史事件，对隐藏在历史事件背后的逻辑必然性的认识，即观念中表达的历史规律，是运用理论范畴表达的历史必然性。认识论和本体论意义的历史规律的差异，一是在于人的认识不可能绝对完整真实地再现客观实在，二是缘于形式与内容的差异，用不同的范畴、不同的表达方式表达的哪怕是同样的内容，也会造成表达结果的差异。历史规律是在现实世界的背后而不是直接在现实世界中起作用，“历史事件似乎总的说来同样是由偶然性支配着的。但是，在表面上是偶然性在起作用的地方，这种偶然性始终是受内部的隐藏着的

---

① 中共中央马克思恩格斯列宁斯大林著作编译局．马克思恩格斯文集：第 9 卷［M］．北京：人民出版社，2009：421-422.

规律支配的。而问题只是在于发现这些规律”①。认识历史规律的过程，就是不断地把偶然性从历史事件、历史进程的成因中剔除出去的思维过程，是从历史必然性中把握历史发展趋势、历史发展大势的过程。

历史规律剥离了历史事件历史进程中的人的主观因素。历史是人的活动的集合，历史的主体是人。人的活动既受到主观条件的限制，更受到客观条件的制约；历史活动、历史进程既有人的主观因素在场，更有客观因素在场。英雄史观过分夸大人的主观因素对历史事件和历史进程的影响，一些不可知论者也因把人的主观因素上升为历史事件和历史进程的决定因素而拒绝承认有历史规律存在。历史规律本质上是人的活动规律，是从历史中剥离掉人的主观因素的必然性。历史唯物主义承认和肯定历史规律，认为历史发展有其内在的规律，尽管把现实的人作为揭示历史唯物主义的基本前提，但马克思、恩格斯没有从具有主观性的人的行为方式出发，而是从纯粹客观性的生产方式出发、从客观实践出发考察历史唯物主义，考察历史发展的规律。人民群众是历史的创造者，但人民群众在不同时空条件下创造历史的结果却存在显著的差异。近代以来，中国人民既创造了饱受列强欺凌的屈辱史、不屈不挠救亡图存的抗争史，也创造了开天辟地的革命救国史、改天换地的社会主义建设史、翻天覆地的改革开放和社会主义现代化建设史、惊天动地的社会主义现代化强国建设史。历史主体在不同时空条件下，认识和把握历史规律存在差异，这是历史创造结果差异的重要成因。

（四）社会规律和历史规律的辩证统一性

社会是人的社会，历史是人的历史。社会规律和历史规律都是人的发展规律，历史规律是关于人类社会发展的规律。生产力和生产关系、经济基础和上层建筑之间的矛盾，是社会的基本矛盾；社会基本矛盾运动是社会进步、历史发展的根本动力。社会规律是社会基本矛盾在当下社会场景中的展开规律，历史规律则是社会基本矛盾运动沿着时间轴的展开规律。“在人类的历史活动过程中，积淀在思维之中的关于存在的规律性认识，又构成人类对世界的目的性要求，并实现为人类改造世界的目的性、对象性的实践活动。”② 社会是人的实践活动的集合，历史是人的实践活动在时间维度的展开；思维与存在的历史的、具体的、辩证的统一，揭示了历史发展、社会发展存在的客观规律，这是人类

① 中共中央马克思恩格斯列宁斯大林著作编译局．马克思恩格斯文集：第4卷［M］．北京：人民出版社，2009：302.

② 孙正聿．马克思主义辩证法研究［M］．北京：北京师范大学出版社，2017：37.

可以认识把握利用历史规律、社会发展规律的原因。对社会发展规律进行层层深入的“有没有”“对不对”“好不好”的追问，旨在把哲学的本体论、认识论和价值论的反思有机地统一到社会历史规律的阐释和揭示之中。

历史发展规律内源于社会生活的客观物质性。社会生活本质是物质的，人总是借助于、依赖于物质对象参与社会生活；物质是运动着的物质，承载人的活动的物质对象有其自在的不以人的意志为转移的运动规律。这种运动规律规定、规范、限制着人的活动。人的活动的时空延展形成社会和历史，社会和历史运动必然受制于人的活动的物质载体。物质载体的运动规律投射到社会历史之中形成和表现为社会发展规律、历史发展规律。历史发展规律揭示社会实践结构变迁。社会生活中，参与社会实践的人互为实践主客体。实践主体、实践客体、联结主体和客体的实践中介以不同的方式呈现在具体社会实践中，形成了社会实践的结构。社会实践的结构虽然受到实践主体、实践客体的意志和意愿的影响和制约，但无论实践主体还是实践客体都不可能随心所欲地安排社会实践结构，社会实践结构同样是不以人的主观意志为转移的客观存在。社会实践结构变迁所表现出的明显的稳定的趋势，自然就以社会发展规律、历史规律的形式存在。

社会规律随时间变迁抽象升华为历史规律。规律与规律发挥作用的现实条件之间存在相互影响，一方面，规律要有效发挥作用需要一定的现实条件；另一方面，现实条件的变化又使规律的内涵得以补充和完善。只要具备了规律发挥作用的社会条件，社会规律就一定会发挥作用；尽管在不同条件下，承载规律的社会现象存在显著的差异。一个时代的社会规律，总会在时间延续、历史变迁中得以修正补充和完善，甚至在历史进程中抽象升华为历史规律。比如商品生产规律，看似是商品成为规律的载体，其实是商品生产者人的活动规律。只要商品生产者从事商品生产，商品生产规律就会起作用，“随着商品生产的扩展，特别是随着资本主义生产方式的出现，以前潜伏着的商品生产规律也越来越公开、越来越有力地发挥作用了”①。社会主义条件下，一方面是商品生产规律在社会主义市场经济发展中继续发挥作用，另一方面是社会主义制度条件又赋予商品生产规律不同于资本主义制度下的内涵。商品生产规律经历从资本主义到社会主义的变迁，抽象凝练为历史规律。

社会规律是历史规律的表现形式。历史规律研究有本体论和认识论视角之

---

① 恩格斯．社会主义从空想到科学的发展［M］．中共中央马克思恩格斯列宁斯大林著作编译局，译．北京：人民出版社，2018：67.

分。本体论视角的历史规律，承认和肯定历史规律的客观自在性，人则置身于规律之外审视其基本属性和功能。认识论视角的历史规律，注意到人不可能在历史规律制约之外认识历史规律，认识过程也是社会实践活动的一部分而作用于客观自在的历史规律，人对历史规律的理解和把握本身会影响到历史规律的客观效果。每个时代都有它自身的规律，这既不是从本体论的角度否定规律的客观存在，也不是从认识论的角度诉说规律的不可认知性，而是时代不同，规律的载体和抽象规律结合的现实条件，规律的现实表现必然存在差异。抽象的历史规律和具体现实条件相结合，就表现为现实的社会规律。历史是最好的教科书、历史是最好的老师，旨在强调历史活动中蕴含的历史规律，认识和把握历史规律是创造历史奇迹的前提；学习党史、新中国史、改革开放史、社会主义发展史，深刻认识理解历史规律，意在更好地把握新时代的社会规律。

二、社会历史规律的原生与次生分异

社会历史规律是人的活动规律。从不同的角度看，社会历史规律有不同的表现、不同的类型。从一般与特殊的关系的角度看，社会历史规律分为仅在特定历史阶段、特定社会制度、特定社会条件下发生作用的特殊规律，以及贯穿人类历史整个发展历程的一般规律。前者如资本主义制度下的雇佣劳动规律、剩余价值规律，后者如生产力—生产关系矛盾运动规律。从历史当事人主观能动性影响规律发挥作用的大小及方式看，社会历史规律又分为历史当事人难以对规律生成及其效能发挥施加直接影响的原生规律，以及历史当事人能够有效融入规律生成及其效能发挥的次生规律。社会历史规律不是纯粹抽象的机械运动规律，是抽象性和具体性有机统一的规律；原生规律是对次生规律的抽象，次生规律是原生规律在特定时空条件的具体表现。

（一）社会历史原生规律

社会历史面貌与每个人的行为选择、每个人的活动相关，但又不是任何一个人的独自所为和单独决定。每个人都会对社会历史事实施加影响，不同人的影响既有大小之别，也有积极和消极之分，社会历史事实表现的是全部历史当事人的集体意志。原生规律是历史当事人难以在其中留下主观意愿、刻上主观意志烙印的规律。

历史合力论揭示原生次生规律的判断依据。历史合力论是揭示历史进程，解释历史主体与历史结果的关系的重要工具。在《路德维希·费尔巴哈和德国古典哲学的终结》中，恩格斯第一次明确阐述了历史合力思想：“无论历史的结局如何，人们总是通过每一个人追求他自己的、自觉预期的目的来创造他们的历史，而这许多按不同方向活动的愿望及其对外部世界的各种各样的合力，就是历史。”① 恩格斯肯定每一个人都会参与历史创造，每一个人的活动都是形成历史合力的一个分力；分力的大小和方向都直接影响合力，参与历史创造的不同个体对历史进程的作用和影响不会等量齐观，总会存在一定的差异。社会历史发展进程中，如果历史合力是由众多分散的、彼此差异不大的分力所形成，没有哪个社会历史主体能够对最终的合力施加显著的有别于其他主体的分力，历史合力论所描述和揭示的就是原生规律的生成及作用机制。

认识论范畴的规律是从具体到抽象的思维成果。规律是客观存在的，但规律的运用则是以人对规律的认识为前提的。人对规律的认识不可能穷尽客观规律的全部内容，客观规律本身在世界的运动变化中也会发生变化，人对规律的认识可以无限接近客观规律，但永远不可能替代和超越客观规律。通常所言的历史规律其实是“历史学家对历史发展的规律性的描述和归纳，即对多次出现的具有相似的历史现象和过程的描述，以及对导致这些现象和过程出现的内在因素和外部联系的归纳总结”②。社会规律自然也就是社会科学家对相似社会事件、社会现象的抽象。原生规律往往是一般规律，具有高度的抽象性，具有广阔的适用空间。与认识规律时思维所经历的从具体到抽象不同，运用规律经历从抽象到具体的历程。对原生规律在具体条件下发挥作用，以及特定背景和条件下的原生规律所带有的具体特征再次进行抽象，也会对规律性的发展趋势形成新的认识。社会历史进程中，个体主体对历史合力的影响微乎其微，只能接受和顺应的社会历史规律就属于原生规律。社会历史领域中，社会存在决定社会意识，生产力决定生产关系、经济基础决定上层建筑等规律内生于人类社会的生存和发展，具有高度的抽象和概括性，是社会历史主体发挥主观能动性所无法僭越的行为规则，属于原生规律的范畴。对这些规律在不同的特定时空条件下的不同的具体表现中所蕴含的必然性，就属于次生规律的范畴。

（二）社会历史次生规律

依据力的合成原则，合力的大小和方向与最大的分力关系最为紧密。社会历史进程中，个体主体对历史合力大小有着明显的影响。英雄人物对合力的影响显然要远大于一般的历史当事人，英雄人物之所以能够生成，既缘于其自身

① 中共中央马克思恩格斯列宁斯大林著作编译局．马克思恩格斯文集：第4卷［M］．北京：人民出版社，2009：302.

② 王和．再论历史规律——兼谈唯物史观的发展问题［J］．清华大学学报（哲学社会科学版），2008（1）：20-40.

拥有和焕发的远大于一般主体推动历史发展的能力和动力，也缘于其能够发现和激发普通历史主体潜在的愿望和诉求，使一般主体能够朝着合力最大的方向释放个体推动历史发展的动力和活力。马克思指出，“人们自己创造自己的历史，但是他们并不是随心所欲地创造，并不是在他们自己选定的条件下创造，而是在直接碰到的、既定的、从过去继承下来的条件下创造”①；人们虽不能随心所欲地创造自己的历史，但也绝非丝毫不能把自己的主观意志融入历史进程，融入客观规律。马克思主义承认社会历史主体主观能动性能够对社会事件、历史进程施加影响，但这种影响必然局限在一定程度和范围；不切实际地放大社会主义建设主体主观能动性的作用，必然会滑向唯心主义的泥潭。社会历史主体之所以能够将主观意志融入社会实践、历史进程，前提是自觉不自觉地遵循了客观存在的社会历史规律。历史主体发挥主观能动性，在社会事件、历史进程中留下自身主观意愿烙印时所遵循的法则，就属于次生规律的范畴。

次生规律揭示改写历史的动力形成机制。社会历史进程中，一些主体成就了看似不可能的事情，看似违背客观规律的事情，这种理论和现实相悖的现象其实源于对规律的认识还不深入，源于对原生规律引发的次生规律认识不够充分。中国改革开放成就经济持续高速增长的世界奇迹，而被一些人奉为金科玉律的西方经济学规律无法解释中国奇迹的成因，其中既有根源西方社会历史土壤的经济学规律在中国文化和制度背景下的水土不适，也有对原生规律引发的次生规律缺乏认识的因素。在生产力和生产关系的矛盾运动中，社会分工既反映和体现生产力发展，也是社会生产关系形成的基础和条件；社会分工的规律，就是生产力决定生产关系原理的次生规律。在经济基础和上层建筑的矛盾运动中，社会意识既影响生产关系的形成和发展，也与属于上层建筑的政治、经济、法律等具体制度安排有着紧密的关联，社会意识发展规律同样是经济基础和上层建筑关系原理的次生规律。

（三）次生规律的生成方式

人对客观规律的认识无限接近客观规律，对规律认识的深化，往往是因为发现和认识到包含在原生规律中，或者由原生规律滋生引发的次生规律。次生规律与原生规律之间不仅是包含与被包含的关系，更是相互作用的关系。深刻认识并利用原生规律，是次生规律生成及发挥作用的前提条件，次生规律是原生规律在特定时空条件下的表现；认识和利用次生规律，是更深刻地认识、更

---

① 中共中央马克思恩格斯列宁斯大林著作编译局．马克思恩格斯文集：第2卷［M］．北京：人民出版社，2009：470.

有效地运用原生规律的重要保障。原生规律生成次生规律，实质是人对客观存在的规律的认识深化，是认识论层面的规律的扩容；次生规律往往借助于抽象规律具体化、一般规律特殊化，关于规律的知识扩张等方式生成。

原生规律在具体应用中增生。对具体现象、具体的物质运动进行科学抽象，是认识规律的重要方式。抽象性，是认识论层面的规律与生俱来的特性。人的思维通过对大范围内的相似社会现象、对长时间跨度的同类历史事件进行科学的抽象，方能发现和认识社会历史规律。规律的抽象程度、普遍性程度，与发现和认识规律时所分析加工的社会活动范围、历史跨度成正相关；抽象思维涉及的范围越广泛、跨越的历史时期越长，形成的规律性认识越抽象；越是一般性的、普遍性的规律越抽象。直接把抽象规律作为行为准则，终会陷入教条主义的泥潭；结合现实条件把抽象规律的现实具体化为实践方案的利用规律进程中，对现实条件的变化、实践结构的变化的抽象，形成的原生规律的深化认识生成次生规律。马克思主义者从科学社会主义实践中抽象出社会主义发展规律，形成了书本上的社会主义；我国社会主义道路探索遭受挫折，正是缘于教条主义地照搬书本上的社会主义。正如习近平总书记所言，“科学社会主义和空想社会主义的一大区别，就在于它不是一成不变的教条，而是把社会主义看作一个不断完善和发展的实践过程”①。改革开放以来，中国共产党在把科学社会主义一般原则具体化为中国特色社会主义建设的过程中，从什么不是社会主义，社会主义应该是什么两个维度对社会主义的回答，就是科学社会主义一般原则的次生规律。

三、社会历史规律的出场方式

对是否存在历史规律，学界存在不同的回答。马克思主义肯定社会历史规律的存在，认识规律的过程，就是人类从必然走向自由的过程。不可知论者过分夸大历史主体的主观能动性，以人的预期预测左右历史事件结果为由，否定历史规律的存在。规律不自言，社会历史规律出场需要条件。社会历史规律的出场方式，其实是人认识和理解客观规律的方式。社会历史规律有主动和被动两种出场方式，一是因为相信规律的客观存在性，主动研究探索规律，进而发现社会历史规律，即规律在理论研究和实践反思中主动出场；二是没能认识规律，受规律的必然性制约，违背规律的社会实践遭受巨大挫败。巨大的实践挫败迫使实践主体反思，即规律借道实践批判被动出场。

---

① 习近平．习近平谈治国理政：第三卷［M］．北京：外文出版社，2020：123.

（一）社会历史规律与意识主观能动性

社会历史事实是客观规律的必然性和人的主观能动性的综合，是规律的必然性和社会历史主体遭遇的偶然性的集成。社会历史主体只有自觉不自觉地顺应和利用客观规律，才可能将主观意愿注入社会历史事实，发挥主观能动性以促进社会历史发展。

意识的主观能动性反映和表达人的理性。意识的主观能动性之所以具有目的性、计划性，就是因为人具有超越本能的理性因素。人的理性是人在社会生活中逐渐形成的思维习惯、行为选择原则，从这个角度看，人的理性是人的社会属性的产物。文化传统、社会习俗使人的思维习惯和行为选择具有先天性的，甚至是与生俱来的路径依赖，人的理性因而也带有遗传性获得的成分。理性对人的行为选择的影响越大，在人的行为决策选择中起的作用越大，人的行为可预期性就越强。文化认同、习俗认同最终会转化为对理性的认同，理性认同使分散的个体人的行为选择呈现出趋势性特征，呈现出可预期的特性，经历了长时期检验的趋势性特征就是我们所言的历史规律。考察历史事件，考察社会实践活动沿时间序列的展开，就是要去追寻形形色色、纷繁多样的历史事件背后的理性，以及承载这种理性、表达这种理性的历史规律。

日用而不觉的共同价值观念蕴含社会历史规律。正所谓“润物细无声”，长时期经受文化熏陶、文化浸润，人们会不经意、不自觉地接受和奉行一些价值理念，形成和涵养自己的理性。长时期历史积淀下来的价值理念，经历了实践检验和时间的考验，实质是揭示和反映历史必然性的历史规律。中华优秀传统文化源远流长、博大精深，中华民族悠久的灿烂文明史，积淀了人民群众日用而不觉的共同价值理念，这是中华民族能够结成富有创造力的历史主体的重要原因。用马克思主义的理论范畴，对人民群众日用而不觉的共同价值观念做出认识论的条理化表达，就是在恭迎历史规律出场。党的二十大强调，“坚定历史自信、文化自信，坚持古为今用、推陈出新，把马克思主义思想精髓同中华优秀传统文化精华贯通起来、同人民群众日用而不觉的共同价值观念融通起来”①，指明了马克思主义中国化时代化发展的方向，为新时代深化历史规律的研究和运用提供了方法指导和原则遵循。

主观能动性使社会历史可能转变为社会历史现实。历史长河中，并不是每

---

① 习近平．高举中国特色社会主义伟大旗帜　为全面建设社会主义现代化国家而团结奋斗——在中国共产党第二十次全国代表大会上的报告［M］．北京：人民出版社，2022：18.

一个符合历史进步要求的可能性都必然会转向现实，历史可能性转化为历史必然性必须借助于历史创造者主观能动性的发挥。洞悉历史发展规律，就是要认识和捕捉把历史可能性转变为历史必然性的机遇；着力将其从潜在可能性转化为客观现实，正是社会实践主体发挥创造历史的主观能动性的表现和要求。中国特色社会主义进入新时代，深刻认识新时代的内涵，全面理解和把握新时代的实践要求，做出新作为、创造新成就，正是在认识和把握新时代的历史规律之后，发挥主观能动性把新时代的可能性变成新时代的现实。由果溯因研究历史，不能根据历史事件结局来解释历史事件发生的时候不存在与这种结局对立的可能性，而是要从历史事件当事人的行为选择中，挖掘其避免对立结局发生的深刻原因。正视导致历史失败的可能性，总结失败的教训，既有利于深刻洞悉和把握历史规律，也有利于激发和发挥社会实践主体当下、未来创造历史的主观能动性。历史创造者的主观能动性的发挥也是创造历史的社会实践活动突破和超越现有客观条件的限制的深层原因。在历史绽放多种方式中，那种矛盾斗争性质的博弈或者探索性质的创新比可行性选择更具有普遍意义，因为它们充分尊重了社会发展的偶然性、意外性、创新性。正如哈贝马斯所指出："一个社会是否会在发展过程中丧失其生命力，或者是否借助于发展新的结构去解决它的体制问题，这取决于偶然的情况。说到底，倒退在进化中是可能的，并且已被多种经验所证明。"① 所谓"与其坐以待毙，不如主动出击""置之死地而后生""狭路相逢勇者胜"，都是对发挥主观能动性以克服和超越客观条件的揭示和描述。

社会实践是人的主观能动性融入历史规律生成的中介。意识的主观能动性影响社会实践，本质是人依据对客观存在的历史规律的主观认识，观念表达的客观规律，影响社会实践。历史规律是隐藏在历史事件背后不以人的主观意志为转移的逻辑必然性，但这并不意味着人只能被动地接受和适应历史规律，对历史规律的生成毫无作用。历史规律的逻辑必然性借助于大量的历史事件——受到偶然性因素作用的具体社会实践而表现出来。历史规律是从大量的历史活动中抽象出来的，其必然性在于大量带有偶然性的历史活动汇集冲抵具体历史实践的偶然性，沉淀出历史规律的必然性。借助于社会实践，人的主观能动性融入历史规律生成，使历史规律附带呈现出内含人的主观意愿的色彩。历史实践作为具体的社会实践，总会受到偶然性的影响；社会实践遵循现实的实践规

① 龚培河．马克思主义关于历史规律及其实现方式研究［M］．北京：中国社会科学出版社，2014：102.

律，偶然因素对具体实践有着重要的影响，现实的实践规律排除了偶然性因素的影响。人发挥主观能动性，可能使具体社会实践违背实践规律，取得正常人所不能成就的成功，借助于偶然因素取得的成功很难复制，这正是实践规律的客观性，实践规律排除了偶然性因素影响的缘故。

（二）历史规律与实践规律的内在联系

历史规律是以较长的时间跨度、较大的空间范围为表征条件的规律，实践规律则是以较短的时间跨度、较小的空间范围为表征条件的规律。历史规律隐藏在历史活动、历史事件之中，当创造历史的实践活动违背历史规律，历史规律就以实践主体遭受实践规律的惩罚，不得不修正和完善自身的实践活动，最终顺应历史规律做出行为选择的方式出场。人的主观能动性是实践规律和历史规律的中介，“虽然实践规律对人的能动性产生直接制约作用，但却不能凌驾于人的能动性之上；虽然历史规律制约作用凌驾于人的能动性之上，但不能具体规定人的能动性如何在实践中表现出来”①。相较而言，实践规律比历史规律具体，历史规律比实践规律抽象，历史规律与实践规律的内在联系体现和蕴含在“抽象—具体”的矛盾对立统一之中。

社会实践成就规律的层次结构性特征。社会规律揭示和反映人活动的共时必然性，从人的现实社会实践的遵循看，社会规律表现为人的社会实践规律。社会实践规律是体现和反映人对实践活动要素、实践活动结构、实践活动组织方式等理性认知的逻辑思维。遵循实践活动规律，实践活动就取得预期成果、实现预期目标；违背实践活动规律，现实的实践结果不符合预期实践结果，背离实践目标预期，社会实践遭受挫折、遭遇失败。历史规律揭示和反映人活动的历时必然性，是隐藏在历史活动背后不以人的主观意志为转移，体现和反映历史发展方向、历史趋势、历史发展潮流的逻辑规律和逻辑联系；历史规律客观存在，不以人的主观意志为转移，人的思维反映和揭示了抽象历史规律，就形成了对历史规律的正确认识。人的社会实践活动体现和顺应了历史规律，就成为顺应历史潮流、推动历史发展的历史活动；如果违背历史规律，逆历史潮流，就成为历史发展的阻碍。正所谓天下大势，顺之者昌、逆之者亡，历史规律就是天下大势在人的思维中的体现和反映。

历史规律存在于社会实践之外蕴含在社会实践之中。人不能制造自然规律，只能认识自然规律，顺应自然规律，自然规律的存在和发生作用不以人的主观

① 龚培河．马克思主义关于历史规律及其实现方式研究［M］．北京：中国社会科学出版社，2014：142.

意志为转移。历史规律的自然性，是借用人与自然规律的关系，强调历史当事人只能认识和顺应历史规律，不能凭借主观意志制造历史规律，是对历史规律的客观必然性的再反映和再强调。恩格斯在论及资本主义经济危机时指出，“我们应该怎样理解这个只有通过周期性的革命才能为自己开辟道路的规律呢？这是一个以当事人的无意识活动为基础的自然规律”①。作为历史当事人的资本家，推动资本运动的实践导致了经济危机，经济危机作为不以资本家主观意志为转移的实践结果，迫使资本家认识资本运动规律，接受资本运动规律作用的结果，这创造了资本运动规律出场、进入社会公众视野的机会。

实践中的趋利避害以认识和把握规律为基础和前提。实践主体存在趋利避害的本能。真正实现趋利避害的目标，前提是识别和发现“利”和“害”。识别作为未来的实践结果的“利”和“害”，实质是在认识和把握历史规律的前提下，借助于逻辑思维的力量，预演实践过程及结果。习近平总书记强调的风险意识，就是对实践结果进行“利”与“害”的预判；没有对规律的认识、理解和把握，不能利用历史规律把握必然趋势，识别“利”与“害”的成因，就根本不可能真正树立起风险意识。风险防范，是借助于外力，中断会产生不利结果的趋势，对规律所规定的逻辑必然进行干涉和控制。风险防范、趋利避害的实践表明，不同于自然规律的逻辑运动与事物实际运动的重合，社会规律的逻辑运动线路与人们实践活动结果往往不一致，其原因在于，“社会规律建立在人的能动性基础之上，人的能动性既是社会规律存在并发挥作用的理由，也是实践活动偏离社会规律制约作用的原因”②，实践中的趋利避害，缘于社会历史主体对规律的认识和把握内化成为其思维的理性和行为选择的惯性。

历史规律通过实践规律的现实表现得以验证和彰显。实践规律借助人的思维，借助于现实的实践结果和预期实践结果的比较得以验证。历史规律是贯穿于、体现于巨大社会时空范围内的必然性，认识历史规律，实质是对大视野下的大时空范围的社会实践规律的把握和认识。“人们各种各样的实践活动是在实践规律直接制约下，构成‘历史合力’推动整个历史演变。在这个过程中，如果历史必然性能够顺利贯彻下来，历史规律不会出场，如果出现了曲折性历史事件，历史规律就会出场，将偏离可允许空间的历史轨迹‘纠正’折回到可允许的空间之内，保证历史必然性坚定不移贯彻下去，这时候，历史规律制约作

① 中共中央马克思恩格斯列宁斯大林著作编译局．马克思恩格斯文集：第1卷［M］．北京：人民出版社，2009：74.

② 龚培河．马克思主义关于历史规律及其实现方式研究［M］．北京：中国社会科学出版社，2014：64.

用就是以这种方式表现出来。因此，出现曲折性历史事件不是例外，而是历史规律制约作用表现出来的时候。”① 历史规律出场，是以社会实践遭受挫折和失败，迫使社会实践主体做出行为选择的调整，从而使偏离，甚至是背离历史规律的社会活动回到历史正轨。历史规律以一种默默在场，迫使社会实践主体主动选择、主动做出行为调整的方式，彰显自身的价值及存在。社会实践主体正确认识和把握住了历史规律，就以实践规律吻合历史规律的方式，取得实践成功，融入创造历史伟业的洪流。社会实践的时空范围远远小于历史实践的时空范围，偶然性因素在社会实践中扮演了重要角色、发挥了重要作用；违背历史规律的社会实践也可能在狭小的社会时空范围内符合预期，取得“成功”，但这种逆历史规律、逆历史潮流的成功仅仅只是一时的喧嚣，暂时的成功。近代历史上，汉奸卖国贼尽管在狭小的社会时空范围内实现预期实践目标，现实实践成果吻合，甚至是超越预期实践成果，但逆历史潮流的暂时胜利终会被历史的车轮碾压得粉碎。

客观存在的历史规律是人的社会实践求解的认识极限。借用数学上求极限值的思维方式，历史创造过程，是人以自身的社会实践去求解历史规律的认识极限的过程。“人们自己创造自己的历史，但是到现在为止，他们并不是按照共同的意志，根据一个共同的计划，甚至不是在一个有明确界限的既定社会内来创造自己的历史，他们的意向是相互交错的。”② 在根本利益相一致的情况下，分散的社会实践主体可以通过协商规划历史发展前景；而在根本利益不一致，甚至根本利益绝对冲突的情况下，社会实践主体往往是通过斗争，以成王败寇的方式决定历史发展前景。创造历史合力的方向很难与哪一个分力的方向完全重合，历史创造活动最后出现的结果难以完全符合历史主体的希望和预期，甚至可能是谁都不希望看到的结果。

（三）社会历史规律借助实践批判出场

人既是规律的施动者，也是规律的受动者。社会历史活动，是实践主体依据其理性对客观规律的认识和把握做出的行为选择。规律不仅以顺应规律的社会实践取得辉煌成就的方式发挥正向的激励、奖励作用，而且以违逆规律的社会实践遭受重大损失倒逼实践主体纠错，发挥反向的惩戒、调节作用。“习惯上所说的违背规律受到规律的惩罚，其实那不是规律在‘惩罚’人，而是人自己

① 龚培河．马克思主义关于历史规律及其实现方式研究［M］．北京：中国社会科学出版社，2014：94.

② 中共中央马克思恩格斯列宁斯大林著作编译局．马克思恩格斯文集：第 10 卷［M］．北京：人民出版社，2009：669.

没有创造规律要求的正向结果所必备的条件，就导致了反向的结果。”① 历史创造者的社会实践的时序展开就形成了历史，历史挫折必然是历史创造的实践挫折，实践挫折不一定就是历史挫折，只有在重大历史关口的实践挫折，可能导致历史发展方向、发展道路改变的实践挫折才能算是历史挫折。社会主义建设难免会遭遇实践挫败，深刻把握社会主义的本质、社会主义建设规律，不走改旗易帜的邪路，就是要防止堪称历史挫折的实践挫败。可容可纠之错，绝不是算得上历史挫败的实践挫折。社会主义建设实践遭受挫折、曲折，是历史规律出场的方式；挫折和曲折总是事出有因，是实践规律背离了客观存在的历史规律而遭受历史挫折。习近平总书记指出，“中国是一个大国，决不能在根本性问题上出现颠覆性错误，一旦出现就无法挽回、无法弥补”②；这实际上对全面深化改革进程中可能发生的可容可纠之错，可能遭受的实践挫败与历史挫败进行的区分。

历史挫折是历史规律以实践纠偏的形式的出场。社会历史规律不是超然于人的社会历史活动之外的存在，而是蕴含和体现在社会历史活动中的客观辩证法。对历史规律缺乏深入的研究和认知，规律的必然性以实践盲目性的方式出现，遭受的历史挫败既是对历史主体的警醒和告诫，也为其认识和研究历史规律创造条件。认识和研究社会历史规律，就是人借助概念，以逻辑推理的方式，反映和揭示蕴含在历史活动中的客观辩证法，是人的主观辩证法无限靠拢和接近客观辩证法的过程。社会历史当事人的实践活动有着明确的使命和目的，而“前期历史的‘使命’‘目的’‘萌芽’‘观念’等词所表示的东西，终究不过是从后期历史中得出的抽象，不过是从前期历史对后期历史发生的积极影响中得出的抽象”③。历史当事人预期的实践目标与实践活动结果之间差异，是历史当事人实践反思、实践批判的重要内容；历史当事人遭受的实践挫败，是其借助于实践反思实践批判认识和把握历史规律的基础。

人从盲目、被动接受规律的安排向自觉、主动适应规律转变。规律的存在及其发挥作用都不以人的主观意志为转移，人在违背规律招致失败的教训中发现和认识规律，规律在成功经验总结和失败的教训反思中走入人的视野；人与规律的关系也经历了从未认识规律时的被动盲目接受规律安排到发现和认识规

---

① 庞卓恒．唯物史观与历史科学［M］．北京：高等教育出版社，1999：60.

② 习近平．习近平谈治国理政：第一卷［M］．北京：外文出版社，2014：348.

③ 中共中央马克思恩格斯列宁斯大林著作编译局．马克思恩格斯文集：第1卷［M］．北京：人民出版社，2009：540.

律之后的自觉、主动顺应规律的转变。正如恩格斯对商品生产规律的揭示，“商品生产和同任何其他生产形式一样，有其特殊的、固有的和它分不开的规律；这些规律不顾无政府状态，在无政府状态中，通过无政府状态而为自己开辟道路。这些规律在社会联系的唯一继续存在的形式即交换中表现出来，并且作为竞争的强制规律对各个生产者发生作用。所以，这些规律期初连这些生产者也不知道，只有通过长期的积累经验才逐渐被他们发现。所以，这些规律是在不经过生产者并且同生产者对立的情况下，作为他们的生产形式的盲目起作用的自然规律而为自己开辟道路”①。社会历史主体正是借助实践挫败、历史挫折激发的批判反思，为深化对社会历史规律的认识开辟道路，实现从被动盲目地接受规律向主动应用规律的转变和飞跃。

第二节 新时代对社会历史规律的创造性应用

历史是追求自由目的的人的活动，历史规律不是外在于人的活动的抽象存在，而是内在于人的活动的具体存在。马克思主义唯物史观认为，历史发展有其内在的客观规律：人民群众是历史的主体，社会基本矛盾运动是历史发展的根本动力，从民族史发展为世界史是人类社会发展的必然趋势。新时代的中国特色社会主义建设实践顺应了人类社会历史规律，新时代的实践经验总结又丰富和发展了对社会历史规律的认识。新时代坚持以人民为中心的发展，顺应社会主要矛盾转换制定实施经济社会发展战略，在逆全球化潮流沉渣泛起，单边主义、贸易保护主义、霸权主义对社会主义事业形成严重冲击的条件下，依然坚持改革开放，成为维护国际公平正义的中流砥柱，创造性地应用了社会历史规律。

一、对历史主体理论的创造性应用

历史是人的历史。每个人都是历史剧中人，但历史剧中人并非自然就是历史主体，也并非每一个历史剧中人都堪称历史主体。人民群众是历史创造者，人民群众自然就是历史主体。人民群众由人民这个定性概念和群众这个定量概念构成的复合概念，泛指特定历史时期推动社会发展和文明繁荣的社会绝大多

① 恩格斯．社会主义从空想到科学的发展［M］．中共中央马克思恩格斯列宁斯大林著作编译局，译．北京：人民出版社，2018：66.

数人口。人民既有抽象的质的规定，也有具体的量的要求，在不同的时空条件下，人民的属性和具体特征，人民的具体所指都存在显著的差异。无论是深入分析历史进程，还是深刻揭示历史规律，都提出创新发展历史主体理论的诉求。

（一）历史主体的“抽象—具体”二重性

历史是人的社会实践活动在时间序列的展开，历史主体自然具有丰富的“人学”特征。历史活动一定是社会实践活动，不是所有的实践活动都可以称为历史活动；只有具有时间延展性、能够对后续实践施加直接影响，具有历史影响力和历史意义的实践活动方能称为历史活动。历史主体是对历史参与者的总称，是对客观存在的现实的、具体的社会人的抽象，不能脱离具体历史条件下现实的人而存在，但任何具体的现实的人又不能直接等同于历史主体。历史进程中每个具体人都是历史参与者，依据历史参与者在历史活动中的地位和作用及其与历史规律的关系，历史参与者有自发和自觉的差异。自发的历史参与者无意识地、盲目地、被动地接受历史规律的约束，往往被称为历史中的“沉默的大多数”；自觉历史参与者有意识地探寻历史规律，主动发现和利用历史规律，常常被赞誉为历史英雄。自觉的历史参与者团结带领自发的历史参与者形成历史主体。如果把历史直接看作是历史主体的活动，依据“历史合力论”，任何现实的个体人都仅只是历史主体的一个组分。依据历史主体在具体历史活动中的表现，在具体历史活动中扮演的角色的差异，历史主体又有引领型和追随型之别。引领型历史主体是历史活动的发起者、领导者，追随型历史主体是响应引领型历史主体的历史参与者。

实践主体和历史主体的辩证统一。实践主体和历史主体既有紧密联系又有显著区别。从社会实践活动中剥离出历史活动，以深入揭示历史规律和实践规律的关系角度，实践活动是实践主体、实践客体、实践工具（中介）等要素的组合，历史活动是有历史影响的实践活动。从理论上讲，实践活动有机会、有条件排除偶然性的影响，依据实践规律制定实践方案，以实践方案规范行为选择，实践活动可以重复发生；实践规律是实践要素优化组合的规则，可以直接体现在具体的实践活动中，实践活动直接就是实践规律的承载者。具体的历史活动难以完全排除偶然性的影响，难以再复制，不可能“原封不动”地重复发生，是历史规律的必然性和历史条件偶然性的综合结果，违背历史规律的历史活动必然面临失败而遭受历史的惩罚。历史规律隐藏在大量相似的历史活动背后，具体的历史活动受历史规律的制约，也受偶然性因素的影响；历史活动虽然体现历史规律，但又不是历史规律的直接表现。从探究实践规律和历史规律的关系的角度，实践主体可以是具体人、抽象人，可以是个体人、群体人，甚至是整个人类；历史主体不是具体人、个体人，而是抽象人、群体人。

历史人物与历史主体的辩证统一。历史人物是历史事件的当事者和见证人，是具有历史影响力的社会实践主体，是自觉历史参与者中的佼佼者。历史人物是实践主体，但不是所有的实践主体都是历史人物。从数学集合论的角度，将实践主体视为全集（I），历史人物是这个全集的真子集（A），A⊂I。从历史主体是历史规律的物质载体的角度，历史主体是历史人物的集合体；历史人物是历史主体的构成要素，但历史人物不直接等同于历史主体；历史人物只有处于一定的社会关系之中，活跃在特定的社会历史场景中，团结带领众多的自发历史参与者，形成推动历史发展的集合主体并能有效代表这个集合主体时，方能称为历史主体。历史规律不直接表现在历史人物的个体实践活动中，而是存在于历史参与者的总体——历史主体的活动中。历史人物之所以名垂青史，根源于历史人物的才能、信仰、气节及其对自为的历史参与者的卓越示范引领和组织领导。在历史学习研究中，简单地对历史人物做出“成王败寇”的论断和评价，虽然注意到历史事件的不可重复性，但因直接把孤立的历史事件看作历史规律的载体，而难以认识和把握历史必然性，难以科学认识历史规律，也不可能客观公正地评价历史人物。历史人物是相对于自为的历史参与者而言的，正如“百里挑一”“万里挑一”等词语表达的内涵一样，言说历史参与者的数量规模，其实是要凸显历史人物的不可多得。没有沉默的大多数的陪衬，也就难以展现少数历史人物的难能可贵。

（二）新时代将“共同体”培育成为历史主体

“共同体”是新时代孕育的理论范畴。我们党引导和培育各种类型的“共同体”，正在成为推动历史发展、承载历史规律的历史主体。在国内“中华民族共同体”正成为续写辉煌成就的历史主体，在国际舞台上，人类“命运共同体”“利益共同体”“责任共同体”“生命健康共同体”等形式各异的“共同体”，正日益彰显其推动人类社会发展的历史主体地位。

“中华民族共同体”是新时代续写“两大奇迹”的历史主体。民族问题、民族政策，历来是关系多民族国家社会稳定的大事情。习近平总书记在 2014 年 5 月 28 日至 29 日召开的第二次中央新疆工作座谈会上提出，“牢固树立中华民族共同体意识”；党的十九大强调，“铸牢中华民族共同体意识，加强各民族交往交流交融，促进各民族像石榴籽一样紧紧抱在一起”①；党的二十大从发展全

---

① 习近平．决胜全面建成小康社会　夺取新时代中国特色社会主义伟大胜利——在中国共产党第十九次全国代表大会上的报告［M］．北京：人民出版社，2017：40.

过程人民民主，保障人民当家作主的角度，强调要“以铸牢中华民族共同体意识为主线，坚定不移走中国特色解决民族问题的正确道路，坚持和完善民族区域自治制度，加强和改进党的民族工作，全面推进民族团结进步事业”①。在党的领导下，“中华民族共同体”正成为实现中华民族伟大复兴的中国梦，续写“经济快速发展”和“社会长期稳定”两大奇迹的历史主体。“中华民族共同体是中华各族人民在长期历史发展中形成的政治上团结统一，文化上兼容并蓄，经济上相互依存，情感上相互亲近，你中有我、我中有你、谁也离不开谁的民族共同体，是建立在共同历史条件、共同价值追求、共同物质基础、共同身份认同、共有精神家园基础上的命运共同体。”② 打着民族旗号的国家分裂势力，以强调少数民族的特殊性、独特性之名行分裂国家之实，其理论本质是脱离矛盾普遍性强调矛盾特殊性，用矛盾特殊性否定矛盾普遍性。铸牢中华民族共同体意识，强调各民族只有在将自己视为中华民族的一分子的前提下才能强调各自的民族特性，是矛盾“普遍性—特殊性”原理的生动体现。

“人类命运共同体”成为新时代繁荣发展人类文明的世界历史主体。2020年，新冠疫情全球大爆发再次警醒世界，人类社会是休戚相关的命运共同体。霸权主义、强权政治绑架国际社会以实现其一己之私越来越举步维艰，当今世界正处于百年未有之大变局。世界怎么了，世界历史应该如何续写，人类社会究竟该去向何方，人类文明繁荣发展的前途在哪里，已经成为这个时代的灵魂拷问。中国共产党是为世界谋大同、为人类求解放的马克思主义政党；习近平总书记先后向世界各国发出打造“利益共同体”“责任共同体”“生命健康共同体”等倡议；中国率先垂范，推动构建人类命运共同体迈出坚实的步伐，取得了让国际社会眼前一亮的成就，人类命运共同体理念被写入联合国文件，正在获得越来越广泛的国际认同。推动构建人类命运共同体，已经成为这个时代灵魂拷问的标准答案，“人类命运共同体”也就成为新时代的世界历史主体。正如“一切规模较大的直接社会劳动或共同劳动，都或多或少地需要指挥，以协调个人的活动，并执行生产总体的运动——不同于这一总体的独立器官的运动——所产生的各种一般职能。一个单独的提琴手是自己指挥自己，一个乐队就需要

① 习近平．高举中国特色社会主义伟大旗帜　为全面建设社会主义现代化国家而团结奋斗——在中国共产党第二十次全国代表大会上的报告［M］．北京：人民出版社，2022：39-40.

② 马虎成．不断增强“五个认同”，铸牢中华民族共同体意识［N］．中国民族报，2018-04-08.

一个乐队指挥”①。要把众多的主权国家、数量规模庞大的民族聚合成为“人类命运共同体”这个世界历史主体、人类社会的历史主体，必然也需要杰出历史人物的卓越指挥。习近平总书记是“人类命运共同体”理念的提出者，中国是推动构建人类命运共同体的卓越贡献者，新时代以行示范，与霸权主义强权政治进行的有理有利有节的斗争，对肆意歪曲恶意中伤的及时揭批，对弱小国家和民族的帮扶，都是发挥指挥职能的重要方式。

二、对历史动力理论的创造性应用

力是事物运动状态改变的原因。历史动力理论，重在探究和回答历史事件、历史运动何以会发生。马克思主义关于历史动力有许多经典的论断：生产力是历史发展的根本动力，生产力与生产关系之间的矛盾、经济基础与上层建筑之间的矛盾推动人类社会形态从低级阶段向高级阶段发展，是社会发展历史进步的动力；阶级斗争是阶级社会发展的直接动力，历史结局取决于历史合力……这些论断，从不同的角度，揭示和回答历史发展动力的问题。新时代，我们党做出社会主要矛盾转化、世界正处于百年未有之大变局等论断，丰富和发展了马克思主义历史动力论。

（一）社会主要矛盾转化蕴含的历史动力

矛盾是双方对立统一的关系，是一种客观存在。生产力与生产关系之间的矛盾是人类社会的基本矛盾，是人类社会存在的客观依据和现实标志；社会基本矛盾在不同方面、不同层次上的具体表现，汇聚形成社会矛盾系统。社会矛盾系统中，社会根本矛盾决定社会的性质，是识别和判断社会形态的主要依据；社会主要矛盾的作用范围最广泛，对社会发展变化的贡献最大。历史主体要发挥推动历史发展的主观能动性，必须准确判断、全面认识社会主要矛盾，并依据这种判断和认识做出合理的决策。中国特色社会主义进入新时代，我国社会主要矛盾已经转化为人民日益增长的美好生活需要和不平衡不充分的发展之间的矛盾②；对新时代社会主要矛盾的科学判断以及据此做出的决策部署，激发和释放出巨大的历史动力。

适应社会主要矛盾转化的决策部署释放历史发展动力。依据对新时代社会

① 中共中央马克思恩格斯列宁斯大林著作编译局．马克思恩格斯文集：第5卷［M］．北京：人民出版社，2009：384.

② 习近平．决胜全面建成小康社会　夺取新时代中国特色社会主义伟大胜利——在中国共产党第十九次全国代表大会上的报告［M］．北京：人民出版社，2017：11.

主要矛盾的认识和判断，以习近平同志为核心的党中央做出了一系列的重大决策和部署，使党和国家的面貌发生了重大而深刻的变化，办成了许多过去想办而没有办成的大事要事，解决了许多长期想解决而没有解决的难题，中国特色社会主义的世界影响空前扩大。对这种世界影响的正反两方面的表达，蕴含和彰显新时代对历史动力论的创造性应用。中国率先取得抗击新冠疫情的决定性胜利并对全球抗疫做出巨大贡献，率先摆脱疫情对经济的迟滞成为世界经济复苏增长的火车头，这是对新时代中国特色社会主义巨大的世界影响的正面表达。对适应新时代社会主要矛盾转换的决策部署进行理论提炼，全面总结落实决策部署的实践经验，正是洞悉新时代的历史发展动力的重要方式。

社会主要矛盾转化蕴含着历史的根本动力。矛盾是事物运动变化发展的内在动力，生产力是社会发展、历史进步的根本动力。社会生产力发展，从刺激社会需求膨胀和满足社会需要两个维度，激发历史发展动力。党的十一届六中全会指出，“社会主义改造基本完成后，我国所要解决的主要矛盾是人民日益增长的物质文化需要同落后的社会生产之间的矛盾”①，这既客观真实地反映了中国特色社会主义建设初期人民群众需求层次低、内容简单，主要集中在满足基本生存的物质产品的事实，也客观真实地揭示了我国虽有相对独立和完整的工业体系，但满足人民诉求的物质保障条件不好、能力不强的事实。改革开放大幅提高了我国生产力水平，实现由低收入国家向中等收入国家的跨越并即将迈向高收入国家，科学技术也经历了主要依靠“市场换技术”向自主研发核心技术推动科学技术全面赶超的转变，传统文化精髓的挖掘和对外文化交流也使国人文化价值理念发生了深刻的变化。不断提高的居民收入水平，不断改善的技术条件，不断丰富发展的文化生活大大拓展了人民群众需求的范围，提高了需求的层次；过去被无视的生态环境诉求得以广泛发现和充分激活，被忽视的文化娱乐等精神诉求得以重视，被压抑的个人发展诉求也得以深度激发和充分释放，人民诉求实现从满足生存需要向满足发展需要、自我价值实现需要的转变，总体呈现出多元化、个性化、动态化的特征。党的十九大用美好生活需要表述人民诉求，不仅客观真实地反映了人民群众需要内容扩容、需要层次提升，需求品追求更高品质、更高标准的事实，而且客观真实地揭示了人民群众需要动态变化的趋势。人民群众日益增长的美好生活需要从社会需求端激发历史发展动力，化解不平衡不充分的发展从供给端激发历史发展动力，新时代社会主要

① 中共中央党史研究室．中国共产党的九十年：改革开放和社会主义现代化建设新时期［M］．北京：中共党史出版社、党建读物出版社，2016：667.

矛盾的重大判断，凝聚着对历史动力理论的创造性应用。

社会主要矛盾转化蕴含着历史的最终动力。历史发展最终取决于人的发展。人的发展能力，历史主体创造历史的动力和能力，是历史发展的最终动力。新时代社会主要矛盾的重大判断，体现了中国共产党以人民为中心的优良品格，是对历史发展最终动力论的创造性应用。首先，党以人民为中心的优良品格体现在对人民需要的激发中。需要有潜在和现实之分，隐性和显性之别。社会生活中，需要的滋生激发和膨胀具有典型的示范引导特性，一个人往往在社会供给、其他人行为示范的作用下，发现自己的潜在隐性需要。现实显性的物质文化需要的范围相对固定，需要层次提升也较为缓慢；美好生活需要包含大量潜在隐性需要的内容，始终处于范围快速扩张、层次大幅提升之中。相较于物质文化需要，美好生活的需要个体间差别更大，趋同性趋势更弱；满足美好生活需要必然要面对“众口难调”的现实，其难度更大、挑战更多。新时代社会主要矛盾的重大判断，从激发人的需要以适应历史主体发展能力提升的角度，彰显了对历史发展最终动力论的创造性应用。其次，党以人民为中心的优良品格体现在满足人民需要的作为中。在表述社会主要矛盾时，党一直是以需要而不是需求表达人民的诉求。与需求是有货币支付能力的需要不同，需求满足强调需求者自己个人努力、以市场化的方式实现，需要满足则更强调政府的责任，强调政府以公共服务的方式满足人民需要。民生发展是人民美好生活需要满足的衡量标尺，党满足人民需要的作为具体表现在民生改善战略和政策设计之中。党的十九大强调，保障和改善民生要抓住人民最关心最直接最现实的利益问题，既要坚守底线、突出重点、尽力而为，又要引导预期、量力而行，使人民获得感、幸福感、安全感，既充实有保障，又可持续，既适应了人民美好生活需要不断扩张的特性，也体现了党极尽可能满足人民需要，坚决禁止为取悦民众、哗众取宠而随性承诺、乱开空头支票的务实特征。党的二十大强调，增进民生福祉，提高人民生活品质，紧紧抓住人民最关心最直接最现实的利益问题，不断实现人民对美好生活的向往，对满足人民需要的作为提出了新的更高要求。新时代社会主要矛盾的重大判断，从满足人的需要以适应历史主体发展能力提升的角度，彰显了对历史发展最终动力论的创造性应用。

（二）百年变局中蕴含的历史动力

应对百年未有之大变局激发历史发展动力。习近平总书记审时度势，做出世界正经历百年未有之大变局的重大判断。回望过去百年，世界经历了从战争向和平，两极争霸到一霸多强的风云变幻；国际事务中的霸权正面临越来越强大的国际民主呼声的阻遏，一度曾浩浩荡荡的经济全球化潮流正遭遇强劲的逆全球化暗流；世界究竟去向何处，国际格局究竟怎么建构，正考验着人类的智慧。中华民族在过去百年先后取得救亡图存、新民主主义革命的胜利，继成立新中国选择社会主义制度，正在取得改革开放的辉煌成就；中国正加快实现从学习效仿他人到为世界贡献中国智慧，从被动应对国际时局到为解决全球问题提供中国方案的转变。人类正迎来以5G技术、人工智能、基因技术等高新技术对社会生产生活的颠覆性变革，也面临极端主义和恐怖主义、生态环境灾害、大规模杀伤性武器毁灭地球、摧毁人类文明的风险和危机。没有哪个国家和民族能无视国际变局独善其身，中国正以自身的努力和发展促进世界走向民主公平和正义，促使人类社会摆脱阴霾走向光明。① 应对百年未有之大变局需要大智慧，更需要大行动；新时代应对百年未有之大变局，也必将激发和释放历史发展的新动力。

三"为"三"谋"应对百年未有之巨变激发和释放历史发展动力。中国共产党从诞生那一天起，就把为人民谋幸福、为人类谋发展作为奋斗目标。以习近平同志为核心的中国共产党秉承"为中国人民谋幸福、为中华民族谋复兴、为人类谋发展"的执政理念，不断开创三"为"三"谋"的新境界，取得了携手构建人类命运共同体、抗击新冠疫情等应对百年未有之大变局的丰硕成就，昭示了科学社会主义的远大前景和人类社会的美好未来。三"为"三"谋"是不可分割的整体。中国共产党在为中国人民谋幸福、为中华民族谋复兴的过程中，探寻为人类谋和平与发展，为世界谋大同的途径和出路。党的事业得益于世界的发展、人类社会的进步，又为世界发展注入强大动力，为人类社会繁荣带来生机。三"为"三"谋"需要保持战略定力，百年未有之大变局表现丰富，成因复杂，没有一双慧眼，不能分清变局的主次，不能透过变局的表象看本质，被变局牵着鼻子走，不仅有违三"为"三"谋"的初衷，也难以取得应对变局的成功。保持战略定力，始终坚持以办好自己的事情为首要任务，不随挑衅者的长袖起舞，又给挑衅者恰如其分地回击，才能更好地实现三"为"三"谋"。中国共产党作为自觉引领型历史主体，坚持以三"为"三"谋"应对百年未有之大变局，在开创党的事业发展新境界的同时为人类社会和世界历史发展注入强劲动力。

接续斗争以应对百年未有之巨变激发和释放历史发展动力。阶级斗争是阶级社会发展的直接动力。在我国，剥削阶级作为一个阶级虽已消灭，但阶级斗

---

① 杜黎明．保持战略定力，应对百年未有之大变局——深入学习贯彻《习近平谈治国理政》第三卷［J］．人民论坛，2020（11）：72-75.

争现象还将长期存在，甚至在一定条件下还会激化。百年变局增添了我国阶级斗争现象的复杂性。世界范围内，霸权主义与反霸权的力量之间的冲突和斗争，资本主义对社会主义围堵和遏制，及其和平演变社会主义国家的图谋，实质是阶级斗争在国际舞台上的具体表现。中国共产党是一个敢于斗争又善于斗争，在同阻碍民族复兴的落后势力、反动势力的不懈斗争中应对各种困难和风险的政党。要在接续斗争中激发和释放应对百年未有之巨变的历史发展动力，一是坚持在斗争中牢牢把握维护国家安全的战略主动权。发展是人类社会永恒的主题，发展是中国特色社会主义的第一要务，发展必须要有安全的环境。国家安全是我们生存和发展之本。应对变幻莫测、风险频现、危机不断的国际形势，处置百年未有变局引发的各种矛盾，必须牢牢把握维护国家安全的战略主动权。二是强军备战应对战争风险充实捍卫和平的力量。战争威胁、军事恫吓、军事干预，是霸权主义惯常玩弄的伎俩，是世界和平的最大障碍。历史一再昭示，落后就要挨打；拥有强大的国防和世界一流的军队，具有应对霸权者军事挑衅、军事干预的军事实力，才能最终遏制霸权；敢应战、善打仗、能获胜，具有强大的战争机器驾驭能力，才能真正避免战争，求得和平与安宁。三是自主创新突破瓶颈制约，打赢卡脖子的技术攻坚战。科学技术是第一生产力，科学技术是国际竞争的战略制高点。科学技术无国界，是资本利用市场实现逐利追求的条件，是霸权者在没有感受到科技竞争压力时汲取汇聚科研力量的最好借口。

变局中开新局蕴含历史发展动力。转危为机，危机中育先机、变局中开新局，既是危与机的辩证法，也是新时代的历史发展动力。在危机中育先机，就是要看到危与机并存、危中有机、危可转机，创造一切有利条件发现机遇、把握机遇、捕捉机遇，为下好先手棋、发挥先发优势赢得机会、创造条件；于变局中开新局，就是善于准确识变、科学应变、主动求变，为开辟新天地、打开新局面创造历史机遇、营造良好发展环境。新冠疫情是人类社会与病毒之间的世界大战，中国虽然最先尝到这场战争的苦头，但最大限度地控制了这场战争对经济社会发展的负面影响，还成功把握住这场战争“制造”的经济发展机会，并在打赢这场战争的过程中加快了走近世界舞台中央的步伐。在新一轮科技革命和产业变革深入推进的背景下，我国完善的产业体系，特别是完善的工业体系所成就的生产力发展优势，与14亿人口奔向共同富裕所成就的超大规模国内市场优势叠加，为转危为机、在变局中开新局奠定了坚实的物质基础。沉着应对危机，在变局中审慎开新局，激发和孕育了新时代的历史动力。

三、对经济全球化发展规律的创造性应用

经济全球化既是历史大势，也是历史规律。无论是参与全球化的机会和能力，还是对经济全球化规律的把握和利用，还是经济全球化的成果分配，都存在显著的国别差异。参与经济全球化的预期与全球化发展现实之间的巨大差异，滋生逆全球化思潮。中国在主动融入积极参与经济全球化的进程中不断深化对全球化规律的认识，坚持平等互利、合作共赢，推动开放型经济持续稳定健康发展；依托庞大的国内市场、完整的工业体系、不懈的技术创新和制度创新，铸就了应对经济全球化逆流的底气和定力。

（一）坚持自我发展壮大以应对逆全球化潮流

经济全球化是西方发达国家控制后发国家的手段和工具。资本逐利是经济全球化的原初动因，逐利资本与国家政权、特别是西方霸权的结合，使全球化的动因和现实表现更为复杂。早期的经济全球化，本质是以美国为首的西方发达国家凭借其资本输出优势，打着自由、民主的幌子，拓展资本逐利的地理空间，利用市场竞争、优胜劣汰的市场机制，控制和盘剥后发国家。随着后发国家在全球化中的竞争力提升，美西方国家逐渐暴露其霸权的本性，公然撕开其一贯标榜的自由、民主画皮，不惜利用国家机器的力量，左右和干涉经济全球化的正常进程，甚至是祭出逆全球化的威逼手段。逆全球化潮流中，既有全球化中的利益受损者为维护自身利益而发出的呐喊，更有美西方霸权国家打压后发者，维护和强化其优势和霸权的任性妄为。美国从最初的经济全球化引领者、国际规则制定者沦为逆全球化潮流的鼓动者，既缘于其霸权的衰落，也缘于经济全球化动力的演变，缘于新兴国家的崛起，特别是中国的和平崛起；应对逆全球化潮流，同反对霸权、争取国际民主，完善国际治理，重塑国际经济格局不可避免地融合为一体。

中国在经济全球化进程中保持了自我发展的独立性。改革开放使中国逐渐适应经济全球化，加入 WTO 是中国融入经济全球化的重要标志和里程碑。中国成功融入经济全球化，一方面缘于自身的改革开放，另一方面也缘于以美国为首的西方企图借改革开放和平演变中国，把中国纳入其预设的发展轨道。在融入经济全球化的过程中，在党的坚强领导下，中国高举和平、发展、合作、共赢的旗帜，制定实施自主独立的国民经济和社会发展战略，保持并不断充实自己具有的完整产业体系、特别是完整的工业体系的优势，使西方企图借中国融入经济全球化之机消解中国发展的独立性，强化对西方国家的依赖的阴谋算计

落空。中国积极发展全球伙伴关系，促进贸易和投资自由便利化，推动经济全球化朝着更加开放、包容、普惠、平衡、共赢的方向发展，树立践行真正的多边主义的典范，日益成为应对逆全球化潮流的中坚，促进经济全球化健康发展的引领者。

规划制定实施蕴含着思维和存在的关系这一哲学基本问题。善于制定实施规划，保持经济发展战略的自主独立性，是中国改革开放重要的实践经验。中国的实践成就，从经济全球化的后来者发展成为经济全球化引领者，是对马克思主义科学真理性的确证。无论国际风云变幻，保持战略定力，坚持以发展规划落实发展战略，以年度计划分解落实规划任务，为中国沉着应对经济全球化逆流奠定了坚实的基础。已经实现的目标、已经取得的发展成就是思维要求改变的现实对象，是现实的存在。现实的存在是制定实施规划的基础和前提，是过去经济社会发展的结果，正如马克思所言，人的“周围的感性世界绝不是某种开天辟地以来就直接存在的、始终如一的东西，而是工业和社会状况的产物，是历史的产物，是世世代代活动的结果”①。规划目标是被思维否定的非实现的存在，规划目标能否变成未来的现实存在，一是取决于规划目标设计是否合理，二是取决于实现目标的方式、方法、路径设计是否符合客观规律，三是取决于落实规划的实践主体主观能动性的发挥。“人在怎样的程度上学会改变自然界，人的智力就在怎样的程度上发展起来。”② 制定实施规划的实践既改变了“思维”也改变了“存在”，继而使“思维”和“存在”的关系变得更为复杂，使这种关系取得了越来越丰富、越来越深刻的现实内容。

（二）增强发展新动能适应经济全球化的动力转换

经济全球化是社会生产力发展的客观要求，是科技进步的必然结果，事实上也是成为先发国家和后发国家较量和角逐的舞台。先发国家试图利用全球化控制后发国家，将后发国家纳入其预设的发展轨道；后发国家积极融入经济全球化，很大程度上是出于对资本、知识、技术、劳动力等生产要素在全球范围内优化配置，为国民经济和社会发展寻求物质技术支撑，获得发展新机遇的考虑。当今全球化发展的大势遭遇逆全球化潮流的侵蚀和遏制，亟需中国增强发展新动能适应经济全球化动力转换。

技术和资本协同驱动成为经济全球化的新动能。逐利资本在全球范围内寻

① 中共中央马克思恩格斯列宁斯大林著作编译局．马克思恩格斯文集：第 1 卷［M］．北京：人民出版社，2009：528.

② 中共中央马克思恩格斯列宁斯大林著作编译局．马克思恩格斯文集：第 9 卷［M］．北京：人民出版社，2009：483.

找最佳的盈利地点与机会，是经济全球化的原初动力。科学技术的快速发展，深刻地改变和挑战科技研发和经济发展的关系，技术研发和技术应用的时空特征发生深刻的变化。先有技术研究，再有技术转让和技术应用的旧关系，逐渐转变为技术研发、技术转让及技术应用协同的经济和科学融合发展的新关系。科技与经济融合发展，滋生和释放了经济全球化的新动力。社会主义经济制度构筑资本野蛮扩张的防火墙，打破资本对技术研发与应用的控制，创造资本和科技协同联动的条件，同样会滋生和释放经济全球化的新动能。中国庞大的市场优势，对科技与经济融合所释放的新动能有着一种激发和放大作用。互联网极大地克服了经济活动的时空限制，以互联网、人工智能为代表的新技术创生新的“互联网+”“共享经济”“体验经济”等商业模式，任何新的商业模式的生存和发展都需要以足够大的市场容量为支持；中国庞大的市场优势为新的商业模式孕育、生成和发展提供了市场容量的保障，为应对逆全球化注入了强劲的力量。

新的经济模式孕育和释放经济全球化的新动能。互联网、人工智能等新兴技术的广泛应用，极大地改变了原来的先有产品构思和产品设计、再有产品生产；先有产品生产、再有产品消费的经济发展模式。产品设计、产品生产、产品消费的时空隔阻，以及产品研发设计者、产品生产者、产品消费者的角色身份差别逐渐消融；以人的能力发挥、人的需要满足、人的个性张扬交相融合为特征的新的经济模式表现出强大的生机和活力。新时代全面深化改革，以新技术、新产品、新模式、新业态、新产业的创生和发展的现实需求为导向，持续推进体制机制改革和制度创新，在推动新经济发展中充实国民经济发展的根基，释放应对沉渣泛起的逆全球化潮流的新动能。新经济不是简单的经济现象，也不是简单的技术现象，而是科技和经济融合的结晶，是虚拟经济链接实体经济、资本与技术深度黏合、科技创新与制度创新相互作用的经济形态，本质上是一种创新经济。新时代践行创新发展理念，“大众创业，万众创新”的战略和政策设计，为新经济发展营造了良好的氛围，使发展新经济成为适应全球化动力转换，应对逆全球化潮流的重要手段。

新时代推动经济和科技融合发展，大力发展符合经济发展趋势和潮流的新经济，势必进一步充实应对逆全球化潮流的物质基础，提高对经济全球化发展的引领能力。构建以国内大循环为主体、国内国际双循环相互促进的新发展格局，增强发展新动能，正成为中国适应经济全球化动能转化，引领经济全球化趋势和潮流的重要工具。

（三）推动弥补国际治理赤字中完善经济全球化的规则

“逆全球化”正以民族主义、保护主义、民粹主义等形式表现出来，其背后隐藏的是全球治理的民主赤字、分配赤字、责任赤字等长期积累的问题。第二次世界大战以后，基于各战胜国妥协协商建立起以联合国安理会为中心的全球安全治理体制，美国凭借其免受二战战火摧残的经济体系、特别是完整的工业体系所主导建立的经济治理体制，构成现行全球治理体制的两大核心。“在过去的半个多世纪里，现行的全球治理体制，尤其是在推进经济全球化方面发挥了积极作用。但是，这个建立在实力基础上的、以新自由主义为指导理念、以主权国家为中心的全球治理体制，在治理全球化过程中却面临着严重的赤字。”① 以美国为首的西方霸权国家总是企图操纵联合国、利用联合国，把联合国当作其维护和主张霸权的工具，严重践踏国际民主，成为国际治理赤字节节攀升的强大推手。

中国在奉行真正的多边主义中推动国际关系民主。多边主义的核心要义是国际关系民主，强调大家的事情，大家一起商量、一起推动；大家一起协商制定行为规则，大家一起遵守行为规则。伪多边主义则是以多边主义之名，行“小圈子”和集团政治之实，常常以意识形态站队、阵营之间选边来割裂世界，践踏破坏国际秩序，刻意制造对抗和分裂。中国始终坚持以联合国宪章宗旨和原则为遵循，坚持共商共建共享，坚决反对奉行丛林法则，反对从所谓“实力地位”出发，推行霸权、霸道、霸凌；始终坚持以言传道、以行示范，推动区域经济一体化高质量发展以应对逆全球化，同打着所谓“规则”旗号破坏国际秩序、制造对抗和分裂的行径做坚决的斗争。中国主张国家不分大小一律是平等的世界交往主体，始终倡导国际关系民主，致力于推动建设相互尊重、公平正义、合作共赢的新型国际关系，并以持续深入推进“一带一路”国际合作，推动构建“人类命运共同体”等为载体和抓手，着力弥补全球治理赤字，凝聚完善经济全球化秩序与规则的国际共识。

第三节　新时代的三大规律协同张力

中国共产党执政规律、社会主义建设规律、人类社会发展规律是不可分割的有机整体。共产党执政规律是着眼于党这个执政主体的特殊地位、独特作用

---

① 卢静．“逆全球化”凸显全球治理赤字［J］．人民论坛，2018（7）：39-41.

和活动，分析揭示党的实践规律；社会主义建设规律是从世界社会主义运动，特别是中国特色社会主义发展实践的独特视角，揭示一种特定社会形态活动的规律；人类社会发展规律则是以人类从古至今及未来发展的宏阔视野，揭示社会发展的普遍规律。共产党执政规律、社会主义建设规律，是人类社会发展的特殊规律，唯有深刻认识和理解人类社会发展的规律，才能正确认识和把握共产党执政规律和社会主义建设规律。① 改革开放实践积累了深化对三大规律的认识的素材，不断深化对三大规律的认识，是持续深入推进改革的思想基础和前提。正如恩格斯所言，“一切社会变迁和政治变革的终极原因，不应当到人们的头脑中，到人们对永恒真理和正义的日益增进的认识中去寻找，而应当到生产方式和交换方式的变更中去寻找”②。中国特色社会主义新时代，我们党力图为解决人类问题，为世界上那些既希望加快发展又希望保持自身独立性的国家和民族提供中国方案，贡献中国智慧；新时代的中国实践为揭示和阐释三大规律的内在联系创造了绝佳的机会，不断深入对三大规律的认识，也是不断开拓新时代发展新境界的客观要求和重要保障。

一、三大规律的逻辑联系与理论使命

作为人类社会历史的一个组成部分，人类社会每个特殊的发展阶段都内隐着人类社会发展的一般趋势和一般规律。马克思正是在对资本主义的批判中发现人类社会发展的一般规律。马克思对资产阶级顺应和把握资本逻辑创造世界，使历史成为世界史予以高度的评价：“不断扩大产品销路的需要，驱使资产阶级奔走于全球各地。它必须到处落户，到处开发，到处建立联系。资产阶级，由于开拓了世界市场，使一切国家的生产和消费都成为世界性的了。……旧的、靠本国产品来满足的需要被新的、靠极其遥远的国家和地带的产品来满足的需要所代替了。过去那种地方的民族的自给自足和闭关自守状态，被各民族的各方面的互相往来和各方面的互相依赖所代替了。物质的生产是如此，精神的生产也是如此。”③ “一句话，它按照自己的面貌为自己创造了一个世界。”④ 世界

① 曲青山．共产党执政规律研究［M］．北京：人民出版社，2020：19.

② 中共中央马克思恩格斯列宁斯大林著作编译局．马克思恩格斯文集：第3卷［M］．北京：人民出版社，2009：547.

③ 中共中央马克思恩格斯列宁斯大林著作编译局．马克思恩格斯文集：第2卷［M］．北京：人民出版社，2009：35.

④ 中共中央马克思恩格斯列宁斯大林著作编译局．马克思恩格斯文集：第2卷［M］．北京：人民出版社，2009：36.

历史就是资本的历史，对资本的深入批判，对世界史的深刻反思中蕴含着认识和发现人类社会发展规律的机会和条件。中国关怀人类福祉的大国担当，堪称教科书的抗击新冠疫情实践，为弥补当今世界的和平赤字、发展赤字、治理赤字而做出的巨大努力和贡献，都蕴含着三大规律的内在逻辑。

（一）总结提炼实践经验形成历史规律

实践活动是当代人创造未来历史的活动。作为历史主体共时活动的规律，社会规律是当代人的实践活动的遵循；当代人的实践经验中，既有体现和反映社会规律的内容，也存在能够在历史长河中经受洗礼成为历史规律的内容。实践经验直接体现在当代人的社会实践活动中，相较于社会规律而言更为直观、更为具体；对实践经验进行抽象总结和提炼，是认识客观存在的历史规律，即体现和反映本体论意义上的历史规律，形成认识论意义上历史规律的重要途径和方式。

马克思主义的三大批判成就三大规律的内在逻辑。马克思主义者的理论批判、实践批判和自我批判，是动态开放的马克思主义保持科学性的根本保证。中国共产党是一个高度重视自我革命，重视理论创新，把三大批判融入治国理政实践的政党。总结提炼党的执政经验，对党的执政经验进行理论逻辑的检视，是识别和发现党的执政规律的基本方式。组织和领导人民群众进行社会主义建设，不断提高人的全面发展水平，是党执政的根本使命，也是执政活动的基本内容。社会主义建设实践对执政经验进行真理性检验，创造了深化对党的执政规律的认识的条件；社会主义建设实践使党的执政规律上升为社会主义建设规律。中国实践为世界、为人类社会贡献中国经验、中国智慧和中国方案，中国经验在世界舞台上经受人类社会的广泛检验，成为人类社会的广泛共识，自然也就上升为人类社会发展规律。从普遍和特殊的关系角度看，党的执政规律是社会主义建设的特殊规律，社会主义建设规律是人类社会发展的特殊规律；从社会实践生成规律的角度看，三大规律结成的有机整体在中国特色社会主义的实践场域中，党的执政规律属于原生规律的范畴，社会主义建设规律和人类社会发展规律属于次生规律的范畴。从特殊到普遍，从具体到抽象，是思维发展的一般规律。从彰显意识主观能动性的原生规律出发，对原生规律指引下的社会实践进行经验总结和理论提炼，进而发现并丰富和发展次生规律，是认识和把握社会历史规律的惯用方式。由此观之，三大规律的内在逻辑既是人的思维规律的外化，也是人认识和把握规律的思维方式的外显。

坚持党的领导从实践经验升华为历史规律。历史选择了中国共产党，中国共产党领导中国人民站起来，富起来，正在实现强起来的伟大飞跃；坚持党对一切工作的领导，是我国改革开放40多年积累的宝贵经验。改革开放的亲历者、见证者只要秉承客观的立场，不为形形色色的别有用心的言论和主张遮蔽双眼，仅凭借感性的直观，都能形成一个体现和反映改革开放实践经验的认识：没有党的领导，就没有改革开放的成就，就没有中国特色社会主义事业的长足发展。对党领导改革开放的实践经验进行全面深刻的总结，追问和反思“坚持党对一切工作的领导，不断加强和改善党的领导”① 这一改革开放积累的宝贵经验，正是深化党的执政规律，社会主义建设规律和人类社会发展规律的有效方式。对“党为什么可以、为什么能够领导改革开放”的追问，开辟了深化对党的执政规律、社会主义建设规律的认识的道路，对“党如何领导改革开放”的追问，开辟了深化对社会主义建设规律、人类社会发展规律的认识的道路。历史充满偶然性，历史实践不可能复制，是历史规律反对者常常使用的借口和理由。历史的偶然性和必然性背后，折射的是历史跨度的差异；历史偶然性是针对短跨度的历史而言，历史必然性则是针对长跨度的历史而言。历史事件虽然不能完全重复，但类似历史事件的比较，历史主体纵向的自我比较，不同历史主体的横向比较，是将偶然性因素的影响从对历史规律的认识中剔除的重要手段。中国共产党长期执政，既勇于自我批判，又善于理论批判和实践批判，这创造了党纵向的自我比较，与同时代的其他执政党的横向比较的绝无仅有的有利条件；坚持党的领导之所以能从实践经验升华为历史规律，既缘于长时期的执政剔除了历史偶然性，更源于中国共产党作为执政党的自我比较以及与他者的比较。“马克思主义作为完成的社会主义的理论和实践来说，它主要不是一种理解历史而是创造历史的方法。”② 中国共产党作为一个马克思主义政党，其执政规律是领导人民创造历史的实践规律；实践虽然是主观见之于客观的活动，但任何实践活动都必须接受和遵从不以实践主体意志为转移的客观制约。党执政实践必须接受的客观制约中隐藏着社会主义建设和人类社会发展内在的必然性，深刻认识党的执政规律，是把握社会主义建设规律和人类社会发展规律的阶梯。

（二）三大规律揭示和阐释中国之治的两大奇迹

中国之治的奇迹需要融汇中西文明精髓的中国话语来阐释。生成中国话语是讲好中国故事、传播好中国故事的基础和前提。揭示和阐释社会历史规律，

---

① 习近平．习近平谈治国理政：第三卷［M］．北京：外文出版社，2020：181.

② 胡克．理性、社会神话和民主［M］．金克，徐崇温，译．上海：上海人民出版社，2006：108.

形成和凝聚有关规律的共识，是生成话语的重要条件。揭示和阐释社会历史规律包含两重任务，一是揭示不以任何个体人的意志为转移的必然性，二是阐释社会实践主体、历史创造者的主观能动性。正如马克思所说："人们自己创造自己的历史，但是他们并不是随心所欲地创造，并不是在他们自己选定的条件下创造，而是在直接碰到的、既定的、从过去承继下来的条件下创造的。"① 历史创造者的无可奈何、不得不接受的现实，不得不遵从的原则中往往蕴含着历史的必然性，历史创造者的机遇、幸运和偶然则蕴含着历史创造者的主观能动性。历史唯物主义既要揭示历史的自然过程，也要揭示历史创造者的主观努力，不管是揭示自然过程还是描述主观努力，都需要能得到广泛认同的规范术语。正如国际史学界颇享盛名的英国历史学家杰弗里·巴勒克拉夫对马克思的评价："马克思认为，历史既是服从一定规律的自然过程，又是人类自己写作和上演的全人类的戏剧。马克思和恩格斯一方面强调历史学家不仅应当记载按年代顺序发生的一系列事件，而且应当从理论上对这些事件进行解释，为此目的，就应当使用一整套成熟的概念。"② 三大规律根植于并统一于人的实践，实践范畴是三大规律的逻辑纽带。中国共产党的执政规律是党执政的实践经验总结和提炼，是记载中国建设社会主义的具体事件，阐释中国当代史、社会主义建设史的理论范畴，也是阐释和论证中国之治所取得的世所罕见的两大奇迹，即经济快速发展奇迹和社会长期稳定奇迹的理论工具。

三大规律承载着揭示中国奇迹的成因的使命。揭示中国奇迹的成因，不是单纯的思维问题；中国奇迹的成因也不是纯粹的理论问题，而是理论指导实践、实践丰富和发展理论的理论—实践协同问题。"人的思维是否具有客观的真理性，这不是一个理论的问题，而是一个实践的问题。人应该在实践中证明自己思维的真理性，即自己思维的现实性和力量，自己思维的此岸性。关于离开实践的思维的现实性或非现实性的争论，是一个纯经院哲学的问题。"③ 党的执政过程，是党基于对社会主义建设规律、人类社会发展规律的认识，组织和领导人民进行社会主义建设，追求自由全面发展的过程。党的执政规律，本质上是人的思维对执政实践的把握。党的执政检验关于社会主义建设规律和人类社会

① 中共中央马克思恩格斯列宁斯大林著作编译局．马克思恩格斯文集：第 2 卷［M］．北京：人民出版社，2009：470-471.

② 杰弗里·巴勒克拉夫．当代史学主要趋势［M］．杨豫，译．上海：上海译文出版社，1987：26-27.

③ 中共中央马克思恩格斯列宁斯大林著作编译局．马克思恩格斯文集：第 1 卷［M］．北京：人民出版社，2009：503-504.

发展规律的思维真理性，同时又丰富对社会主义建设规律和人类社会发展规律的认识。三大规律，辩证统一于党的执政实践、中国特色社会主义建设的伟大实践；三大规律自然也就承载着阐释中国之治的成因这一伟大的使命。

中西制度实践逻辑的差异揭示了中国之治的成因。中国之治、中国奇迹的根基在于中国的制度，而西方话语攻击中国的核心和重点也在于中国的制度。任何正式的制度供给都有其规范的流程，中西国家治理中制度实践的差异不仅在于制度供给理念的差异，更在于制度供给流程、制度供给方式的差异。西方世界把实行多党制作为国家治理民主的标志。殊不知多党制下，政党和民众之间、不同政党之间都存在利益和意志的差异，代表特定群体利益的制度倡导者，在走完规范的投票决策程序使制度倡议成为正式的制度安排和制度供给之后，如果缺乏制度实践的跟踪反馈，没有相应的机制和制度供给去弥合不同主体之间的利益和意志冲突，没有对制度实施的相对受损者的弥补，必然会埋下社会动荡和分裂的种子。西方的制度供给流程供给方式是工业革命之前的社会存在的产物，西方的傲慢制约和窒息了其制度供给创新的动力。中国共产党领导的多党合作制集成了一党制和多党制的优势，长期执政的中国共产党始终代表最广大多数人民群众的利益而没有任何私利；党治国理政中的制度供给具有显著的实践性特征，具体制度安排和制度供给有两种典型的方式。一是总结实践经验，把在实践中行之有效的规则、举措上升为正式的制度安排；二是制度倡议者提出制度安排的初步设想，国家先就制度设想展开制度供给的试点，在总结试点经验的基础上形成统一的制度安排。中国制度实践中蕴含了党的执政规律，中国的制度实践为揭示社会主义建设规律和人类社会发展规律提供了可能、创造了条件，揭示中国之治的制度根源，也就是在阐释论断三大规律的内在逻辑。

二、新时代蕴含的党的执政规律

执政规律是执政党活动和建设规律，是对具体执政经验的抽象和概括。人们总结概括出的执政规律要既能够得以理论阐释，经受理论逻辑的检验，又要能接受实践检验，能得到民众的普遍认同。比较不同执政党的执政理念、执政绩效，是发现和总结执政规律的常用方式。新时代是党治国理政开创的新境界，新时代的理论、新时代的实践蕴含和承载着党的执政规律。

（一）“出卷—答卷—评卷”立体回应人民诉求

人民群众是社会历史的主体。始终代表好、实现好最广大人民群众的利益，是我们党执政的目标和追求。人民是党执政最大的底气，也是党执政最深厚的根基。习近平总书记关于“时代是出卷人，我们是答卷人，人民是阅卷人”①的精辟论述，以简洁凝练的语言、形象生动的比喻，回答了我们党作为执政党的地位和作用；彰显出共产党人彻底的唯物主义精神、强烈的历史担当和深厚的人民情怀。新时代坚持以人民为中心的发展，把治国理政作为对时代、对出卷人提出的问题的回答，让人民群众作为评卷人；把清除和化解人民群众追求发展的现实障碍作为治国执政的行为指引，形成了“出卷—答卷—评卷”立体回应人民诉求的机制。

立体回应人民诉求蕴含了马克思主义自由观的实践伟力。自由和民主，一直是以美国为首的西方国家自我标榜的噱头，“建构”和“维护”国际秩序、干预和胁迫他国的借口。与马克思主义强调自由是对必然的认识和超越，中国传统文化强调的自由是担负责任之后享受的权利不同，西方追求的自由是个体不受约束的权利。中国共产党坚持马克思主义自由观，在治国理政、推进国家治理现代化进程中，坚持把化解人民群众追求自我发展的必然性制约作为实现自由的行为准则；拒绝抽象的自由，强调不断深化对客观规律的认识，注重利用规律与时俱进地化解和超越客观必然性对人民群众追求发展的现实制约。

（二）执政重在堪当社会主义建设的领路人和主心骨

社会历史事实是历史合力的结果。中国共产党执政为民，始终围绕社会主义建设领路人和主心骨的职能发挥开展执政。执政的中国共产党除了代表人民的根本利益、长远利益和全局利益，并没有自己的任何私利。这使党在不同地区、不同部门、汉族和少数民族之间、不同少数民族之间存在利益分歧，局部利益和整体利益、短期利益和长远利益存在矛盾冲突时，成为客观公正的利益协调者和矛盾冲突化解者。党治国理政确保利益协调能够坚持公正无私，利益分配向弱者倾斜，为缩小贫富差距，最终实现共同富裕奠定坚实基础。党治国理政使矛盾冲突化解指向最大程度凝聚共识，最大程度实现共同的利益，推动中华民族走向包容性更强、凝聚力更大的命运共同体。新事物最初总是被大量旧事物裹挟，经济社会发展机遇、发展风险总是隐含在看似平静的现实之中，人类社会的发展方向、发展前途总是存在于错综交织的现实矛盾冲突之中；中国共产党不存私利，推动自我建设自我革命不断走向深入，不断推动理论创新和实践创新，始终保持着及时发现和识别新事物、新机遇、新挑战，准确把握人类社会前进的方向的高度敏锐和卓越能力。

新时代进一步释放和激发对社会主义建设领路人和主心骨的需要。社会主

① 习近平．习近平谈治国理政：第三卷［M］．北京：外文出版社，2020：70.

义和资本主义两种制度并存的世界格局中，社会主义建设既受制于自身发展不足，又不得不面对资本主义的遏制和挤压。当今世界正经历百年未有之大变局，正经历国际和平与民主的力量同霸权主义激烈交锋的风云变幻，一度曾浩浩荡荡的经济全球化潮流正遭遇强劲的逆全球化暗流；世界究竟去向何处，国际格局究竟怎么建构，正考验着人类的智慧。科学技术迅猛发展，人类正面临5G技术、人工智能、基因技术等高新技术对社会生产生活的颠覆性变革。无论是应对国际风云变幻，还是顺应社会生产生活方式的颠覆性变革，都较以往更加凸显把舵定航的人民领袖、高瞻远瞩的领路人、凝心聚力的主心骨对社会主义建设的重要作用。习近平总书记强调，“我们党要总揽全局、协调各方，坚持科学执政、民主执政、依法执政，完善党的领导方式和执政方式，提高党的执政能力和领导水平，不断提高党把方向、谋大局、定政策、促改革的能力和定力”①，生动诠释党深入推进自我革命，加强党的建设，长期执政仅为堪当社会主义建设的领路人和主心骨的特色和实质。

长期执政形成战略规划和计划的协同机制。中国共产党领导的多党合作制集成了一党制的政权稳定和多党制的政党监督，汲取广泛执政智慧的优势，党长期执政形成了战略、规划、计划的协同机制。中长期战略确定经济社会发展的大方向，国民经济和社会发展五年规划确定顺应大方向的发展任务，经济社会发展年度计划确定完成发展任务的行动。中长期战略方向指引规划任务确定，指引战略目标分阶段具体落实为规划目标和规划任务，指引年度计划将战略任务落实为具体工作、具体行动。战略规划和计划的协同，既为经济快速发展提供保障，也成为社会长期稳定的基石。党长期执政，使党能够始终奉行大历史观，恪守“过去—现在—未来”一以贯通的原则，确保发展方向不违背初衷，不偏离共产主义的崇高追求；坚持党的领导，不仅使发展方向不是悬停在想象中，而是体现和落实到具体的任务，而且使发展任务分解落实到具体的行动，确保发展方向不偏航、发展目标不落空。

（三）“以上率下”“以行示范”的执政权威生成法则

“以上率下”突出和强调行为示范、实践引领的智慧。“以上率下”“以行示范”使执政者的权威生成不仅源于法定和强制，而且源于行为的感召和认同。我国具有率先垂范以求认同的文化传统，中国共产党更是强调以自身的先锋模范作用凝聚共识。改革开放以来，走向共同富裕进程中的“先富带后富”，政策制定实施中的“试点先行”，全面深化改革中的“改革开放先行示范区”建设，

① 习近平．习近平谈治国理政：第三卷［M］．北京：外文出版社，2020：182.

无不蕴含“以上率下”执政规律的基因。

“以上率下”是党的作风建设的新成就。加强作风建设、发挥党员干部的先进模范作用，是党的建设的一条基本经验。依法依规治党，用制度规范和约束党员干部的行为，引导党员干部发挥先进模范作用，一直是改革开放以来重要的党建工作。相对于快速变化的形势，规章制度供给总是具有滞后性；一些制度制定者存在的管住下级对自己网开一面，把自己排除在制度规范约束之外的“例外心理”；规章制度执行中的“下不为例”“网开一面”的“灵活变通”，以及“上有政策、下有对策”的机会主义等因素，严重影响党的作风建设成效，反腐败斗争也因此长期面临严峻的形势。党的十八大以来，以习近平同志为核心的党中央以落实“八项规定”为切入口和动员令，全党上下将落实中央八项规定精神作为作风建设的破题之笔，强调和坚持“一级带着一级干，一级做给一级看”，开创了“以上率下”“以行示范”促进党的作风建设的新境界。

“以上率下”是新时代党治国理政实践蕴含的执政规律。党在新时代既抓思想引导又抓行为规范、执纪问责，把“以上率下”“以行示范”体现落实在治国理政的各领域各方面各层级，党和国家的面貌都发生了重大而深刻的变化，“以上率下”实现了从实践经验、实践要求到执政规律的升华。坚持抓住“关键少数”以上率下，正是新时代对建设什么样的长期执政的马克思主义政党、怎样建设长期执政的马克思主义政党的规律性认识达到的新高度。① 依据实践主客体分析框架，“上”是实践主体，“下”是实践客体，“率”是主体作用和影响客体的方式和方法，是主体以身作则对客体做出示范，是主客体联系的纽带。作为实践经验、实践要求中的“上”自然是指党的上级组织、领导干部，特别是执掌决策权柄的“关键少数”；作为执政规律中的“上”除了实践经验、实践要求中的内涵外，还泛指掌握和执行公权力的所有党员干部、公职人员。作为实践经验、实践要求中的“下”自然是指与“上”相对应的组织和人员，作为执政规律中的“下”除了公权力的直接作用对象外，还泛指全体社会成员。“以上率下”执政规律的内涵和要义是指，各级领导机关、干部、公职人员以身作则，在理想信念、纪律规律、生活作风等各个领域做出榜样，为全党全社会做出示范。

“以上率下”执政规律有着深刻的理论根基。首先，这是对党先进性品格的理论提炼。坚持党的领导是近代以来中国人民取得革命、建设、改革胜利的重要经验，始终保持党的先进性是中国人民接受和坚持党的领导的深刻原因。党

---

① 习近平．习近平谈治国理政：第四卷［M］．北京：外文出版社，2022：550.

组织、党员干部在社会实践中的先锋模范作用，是党的高尚品格、是党的先进本质的彰显，“以上率下”是彰显党的品格和本质的准则和要求。其次，这是国家治理现代化的实践经验总结。国家治理现代化水平主要取决于三个要素：一是国家治理的制度体系，二是制度执行能力，三是制度体系和制度执行能力耦合所形成的国家治理效能。① 依法治国和以德治国相结合，是我们党推进国家治理现代化的基本经验，在理想信念和道德家风领域，以德治国发挥着不可替代的作用；“以上率下”是对以德治国优秀治理经验的总结和发挥，把榜样、示范等以德为先转化为一条重要的治理规律。最后，这是对党的群众路线的总结和提炼。革命、建设、改革的实践经验反复证明，深入群众才能了解群众，示范群众才能组织和领导群众；“上”要想实现和发挥“率”的职责和功能，必须深入了解“下”、示范和感动“下”；上级组织、党员干部只有首先做到自己对基层、对群众提出的实践要求，才能把公共权力的权威切实转化为社会主义建设实践的动力。

三、新时代蕴含的社会主义建设规律

新时代是对社会主义初级阶段发生的阶段性质变做出的理论概括。新时代的社会主义建设既有新要求，更有新作为，新要求新作为展现在新时代中国特色社会主义的新风貌之中。新时代的新要求、新作为、新风貌，是深化对社会主义建设规律认识的理论结晶和实践成果，其中也蕴含着生产于这个时代的社会主义建设规律。

（一）新时代的任务分解和目标落实规律

理想和信仰指引人前进的方向。信仰是系统持久而稳定的理想，理想是制定行动目标的依据。“哲学本体论的生活价值在于，人类总是悬设某种基于现实而又超越现实的理想目标，否定自己的现实存在，把现实变成更加理想的现实；哲学本体论追求的真实意义在于，它引导人类在理想与现实、终极的指向性与历史的确定性之间，既永远保持一种必要的张力，又不断打破这种微妙的平衡，从而使人类自己的全部生活中保持生机勃勃的求真意识、向善意识和审美意识，永远敞开自我批判和自我超越的空间。”② 中国共产党自成立伊始，就把实现共产主义作为自己奋斗的终极指向，一部党史，就是党不断地自我批判和自我超

① 杜黎明．扬弃与开创：新时代推进国家治理现代化的三大贡献［J］．兰州学刊，2020（10）：14-23.

② 孙正聿．马克思主义辩证法研究［M］．北京：北京师范大学出版社，2017：84-85.

越的历史。新中国的战略及规划实践、发展目标的分解落实，直观生动地体现了中国特色社会主义发展史的生成逻辑。我们党既立足现实，又着眼共产主义崇高理想在未来较长一段时期内的具体落实，制定中长期战略，提出战略目标。战略目标分解落实到国民经济和社会发展五年规划中，形成规划目标；规划目标分解落实到规划周期的五年之中，提出年度发展的计划指标。战略定方向，规划定任务，计划定行动；战略—规划—计划的任务分解和目标落实，形成了社会主义建设的历史。新时代的建设目标引导创造新时代历史的人的活动，融入新时代历史规律的生成之中，体现在新时代的历史规律中。

新时代的总目标与总任务相辅相成的内在逻辑。时代总目标，是对一个时代人们共同的奋斗方向、使命任务的集中归纳概括，它反映时代的主题，体现时代的基本特征，汇聚了这个时代人们的共同追求。① 党的十九大把新时代的总任务概括为"实现社会主义现代化和中华民族伟大复兴，在全面建成小康社会的基础上，分两步走在21世纪中叶建成富强民主文明和谐美丽的社会主义现代化强国"；这事实上是把"全面建成社会主义现代化强国、成功实现中华民族伟大复兴"确立为新时代的总目标。党的二十大强调，"从现在起，中国共产党的中心任务就是团结带领全国各族人民全面建成社会主义现代化强国、实现第二个百年奋斗目标，以中国式现代化全面推进中华民族伟大复兴"②。"实现中华民族伟大复兴"既是新时代的"战略全局"，也是新时代"宏伟目标"；"全面建成社会主义现代化强国"既是中华民族实现伟大复兴的显著标志，也是中华民族实现伟大复兴的前提和保障。紧紧咬住新时代总目标不放松，努力克服困难，竭力摆脱阻挠，精心排除干扰，紧紧抓住机遇，着力化解危机，是新时代的总任务和总目标相辅相成的内在逻辑的实践要求。立足已经完成的任务、已经实现的目标，做出顺应社会主要矛盾变化的新决策，既是新时代中华民族伟大复兴进程中的基本经验，也是社会主义建设的实践要求。党的十八大以来，我们党统筹推进"五位一体"总体布局、协调推进"四个全面"战略布局，指引新时代顺应社会主要矛盾变化。无论是"五位一体"总体布局，还是"四个全面"战略布局，都是在中国特色社会主义建设实践中逐渐形成，其内涵和具体要求也是在实践中不断升华和完善。新时代决胜全面建成小康社会的目标如

① 贾立政．新时代主题、总目标、总任务及其关系的理论思考［J］. 人民论坛，2020（12）：44-48.

② 习近平．高举中国特色社会主义伟大旗帜　为全面建设社会主义现代化国家而团结奋斗——在中国共产党第二十次全国代表大会上的报告［M］. 北京：人民出版社，2022：21.

期实现之际，党的十九届五中全会及时用全面建设社会主义现代化国家代替“四个全面”战略布局中的“全面建成小康社会”，正是依据目标实现和任务完成的最新动态调整和完善战略的生动范例。

（二）新时代驾驭社会矛盾的战略分类部署规律

社会矛盾是特定时空条件下的社会存在，不以人的主观意志为转移。生产力和生产关系这对社会基本矛盾在不同维度、不同层次的现实具体表现，形成社会矛盾体系。社会根本矛盾和社会主要矛盾，是认识主体分别从社会具体矛盾的“质”和“量”的角度对社会矛盾体系中的具体矛盾做出的审视和判断。社会根本矛盾是体现和反应社会形态性质的矛盾，社会主要矛盾是在特定社会中作用和影响的范围最广泛的矛盾。对社会根本矛盾的判断体现和反映认识主体的立场，对社会主要矛盾的判断体现和反映认识主体适应社会、驾驭社会运行的能力。[①] 依据矛盾的性质，分类部署经济社会发展战略，才能充分激发和释放社会发展、历史进步的动力。

新时代依据社会根本矛盾部署极端重要的工作的战略。习近平总书记在“8·19 重要讲话”中强调“经济建设是党的中心工作，意识形态工作是党的一项极端重要的工作”[②]，这是深刻把握社会基本矛盾和根本矛盾做出的重大论断。生产力是历史发展、社会进步的根本动力；经济建设工作的中心地位，是社会基本矛盾使然。经济领域，既有属于社会根本矛盾的生产资料公有制和非公有制之间、公有经济和非公有经济之间的矛盾，也有大量的诸如城乡区域之间、经济效率和经济公平之间的非社会根本矛盾。意识形态领域的矛盾，无不归结为马克思主义与反马克思主义，赞同坚持中国共产党的领导与否定、反对中国共产党的领导之间的矛盾，这些矛盾全属于社会根本矛盾，意识形态的极端重要性也正缘于此。每年召开的中央经济工作会议为中国经济航船把舵定向，依据动态变化的经济形势提出经济工作的新要求，做出促进经济高质量发展的新安排；就是在新冠疫情导致世界各国经济普遍萎缩的大背景下，中国经济依然保持了强劲增长。以习近平同志为核心的党中央高度重视文化领域的根本制度建设与落实，稳步推进网络强国建设，马克思主义理论研究和建设重点工程不断取得新成果，马克思主义在意识形态领域的指导地位不断得以充实和加强，实现中华民族伟大复兴的精神动力在新时代不断得以激发和汇聚。

---

① 杜黎明. 规范与建构：毛泽东对马克思主义社会矛盾学说的贡献［J］. 三明学院学报，2020（5）：1-8.

② 习近平. 习近平谈治国理政：第一卷［M］. 北京：外文出版社，2014：153.

新时代依据社会主要矛盾转换部署战略安排。社会主要矛盾是社会供给和社会需要之间的矛盾，在经济社会发展的不同阶段，其现实具体表现存在差异；对社会主要矛盾的主观认识和判断与客观现实一致，推动经济社会发展的实践就能取得显著成就，就能很好地实现预期，反之，社会实践就可能遭受损失，实践预期就会落空。新时代我们既面临过去长期积累的矛盾，也面临解决旧矛盾过程中产生的新矛盾；社会矛盾体系中，既有建成富强、民主、文明、和谐、美丽的社会主义现代化强国的目标和任务分解到当下所形成的新矛盾，也有急剧变化的国际形势、不可预期的国际环境所引致的突发矛盾。无论是百年未有之大变局，还是以人工智能、5G 通信为代表的高新技术对社会生产生活方式的颠覆性变革，无不加剧新时代各类具体社会矛盾错综交织的态势。新时代社会主要矛盾判断既成为认识和把握错综复杂的矛盾形势的思想共识，又成为全面深化改革、规划和构思统筹兼顾、协调各类具体社会矛盾的顶层设计方案的思想基础。围绕人民日益增长的美好生活需要的满足，我们党把为中国人民谋幸福，为中华民族谋复兴的初心和使命细化落实到从全面建成小康社会到基本实现现代化，再到全面建成社会主义现代化强国的战略安排和决策部署之中。2020 年，新冠疫情全球大爆发，我们党及时把握疫情给社会矛盾运动带来的新特点，准确识变、科学应变、科学决策，及时调整国民经济和社会发展战略部署，创造性应对，主动求变，成为唯一实现经济正增长的世界主要经济体，生动演绎了依据社会主要矛盾转换部署战略安排的社会主义建设规律。

（三）新时代蕴含的社会主义共同富裕规律

实现共同富裕是社会主义的本质要求。共同富裕不是同等程度的富裕，不是同时的富裕，富裕程度和水平存在时空差异和时空转移。共同富裕是全体社会成员共同劳动、追求自由全面发展的社会实践的结果，是追求共同富裕的动态过程和静态结果的辩证统一。“共同富裕的静态结果有上下限两层含义，下限含义是所有社会成员都拥有一定数量规模和质量要求的社会财富，生活水平都在取得社会共识的某一水平之上，上限含义是社会最富裕的成员和最不富裕成员之间的富裕程度极差不能超过某一水平。共同富裕的动态过程一是指社会富裕程度下限的绝对水平不断提高，二是社会弱势群体富裕程度更快提高、富裕程度极差不断缩小。发展不平衡，城市农村还存在部分困难群众，是新时代实现共同富裕的最大短板制约。”① 新时代不仅丰富了共同富裕的理论内涵，而且丰富了实现共同富裕的手段和方式。

---

① 杜黎明．新时代超越于西方的经济理性研究［J］．党政研究，2020（5）：119-128.

新时代“共富”优先的政策设计体现共同富裕公理。生产力落后、物资全面短缺，全社会普遍贫穷的条件下，实现共同富裕是人们美好的期望，更是凝聚发展共识、实现发展动员的最有效的方式。改革开放大大提高了我国生产力水平，我国已经成为世界第二大经济体，第一大工业产品生产国，彻底摆脱了物资短缺的困扰。新时代，共同富裕已经摆脱了生产力普遍发展不足的制约，社会主要矛盾转化，使经济增长、社会生产和共同富裕的关系呈现新的特点。新时代践行共同富裕公理，“不是什么‘国富优先’转变为‘民富优先’，而是应明确宣布‘让一部分先富起来’的政策已经完成任务，把这一政策转变为‘实现共同富裕’的政策，完成‘先富’向‘共富’的过渡”①。新时代共富优先的政策设计，集中表现为集中全党、全社会力量实施精准扶贫，打赢脱贫攻坚战，啃下制约全面建成小康社会的最后一块硬骨头的生动实践。

新时代的社会生产和收入分配体现共同富裕公理。共同富裕不可能通过社会财富的平均分配得以实现；社会生产决定社会分配，单纯调整社会财富分配，不可能完全化解共同富裕的现实制约；生产条件分配和社会财富分配协同，才能实现共同富裕。新时代既要重视缩小城乡收入差距、地区收入差距、行业收入差距，在收入分配环节夯实共同富裕的基石，又要重视缩小不同社会群体在收入转变为资本、物质财产转变为生产资料，凭借资产获取收入等方面的差距，在社会生产环节夯实共同富裕的基石。新时代深化国有企业生产经营利润分配改革，国企利润给民众分红、与居民养老保险个人账户关联挂钩，既有利于增强人民群众对其作为生产资料所有者的身份感知和认同，拓展其凭借全民所有的生产资料参与财富分配的渠道，也有利于激发人民群众监督国企生产经营、为改善国企生产经营献计献策的主动性和积极性。新时代大力发展普惠金融，利用金融工具化解中低收入民众的货币资金转化为货币资本的门槛制约，拓展普通民众获取资产性收入的渠道，是社会生产和收入分配协同促进共同富裕的有效途径。

四、新时代蕴含的人类社会发展规律

人类社会发展有其内在的规律。人类社会发展规律不是既成的、先定的，它就形成和存在于人类创造历史的实践活动之中。从不发达走向发达，从低级形态向高级形态演变，从民族史演化为世界史，是不以人的主观意志为转移的

① 刘国光．是“国富优先”转向“民富优先”还是“一部分人先富起来”转向“共同富裕”？[J]．探索，2011（4）：54-57.

必然趋势。世界格局世界秩序从混沌走向清晰，再经历从清晰到变局，最后在调整中趋向新的稳定，正是人类社会发展规律的现实表现，是人类社会形态变迁的直观刻画。“当今世界正在经历新一轮大发展大变革大调整，各国经济社会发展联系日益密切，全球治理体系和国际秩序变革加速推进。同时，世界经济深刻调整，保护主义、单边主义抬头，经济全球化遭遇波折，多边主义和自由贸易体制受到冲击，不稳定不确定因素依然很多，风险挑战加剧。”① 认清大势，应对变局，化解风险，从纷繁复杂的局势中把握发展机遇，必定会深化对人类社会发展规律的认识。

（一）平等互利合作共赢的命运与共规律

历史变迁其实是人命运与共的方式变迁。尽管原始人自己并未意识到，人类最初就是以平等互利合作共赢的方式实现命运与共。个体人在社会交往中，在体现和彰显自己的社会属性中结成命运与共的整体。从人类历史记载社会交往变迁的角度，社会交往、社会属性在时光舞台上的现实表现既见证人类历史的进步，也蕴含着人类社会发展的规律。

平等互利合作共赢是原始共同体的基本特征。人类社会最初以原始共同体的形式存在。面对神奇的自然，原始共同体中的每个个体，只有通力合作，结合成一个统一的整体，才能在恶劣的生存环境中存活下来。尽管原始共同体中的个体思维水平、意识能力极其低下，不可能主动秉承和坚持平等互利合作共赢的原则，他们事实上只有当他们的行为符合这一原则，形成个体与整体共生共在的关系，把个体单薄的力量汇集为能够对抗生存风险的强大合力，个体生命才能得以保持，共同体也才可能存续。平等互利合作共赢最初是以原始人的本能、原始人面对自然的应激反应的方式，成为共同体的特征。

阶级斗争淹没了平等互利合作共赢的人类初心。生产力发展，剩余产品的出现引发原始共同体内部的个体分化，最终导致原始共同体的破灭，使人类社会步入直接依赖阶级斗争推动社会发展的社会集团对抗时期。掌握了生产力发展成果，能够强制被统治者服从自己，进而形成共生共在的社会整体，是统治阶级放弃和否定人类最初奉行的平等互利合作共赢的命运与共原则的内在原因。国际舞台上的霸权主义、强权政治是国家内部的阶级斗争在活动空间、作用范围上的拓展，霸权主义一度横行天下，强权政治也曾流行一时，实乃霸权者、强权者拥有强大控制能力，能迫使其他的世界交往主体屈从于他，迁就于他。阶级斗争、霸权和强权对平等互利合作共赢的人类初心的否定，根植于科学技

① 习近平．习近平谈治国理政：第三卷［M］．北京：外文出版社，2020：200.

术发展、社会生产力进步，是人类社会螺旋发展的阶梯。

新时代唤醒平等互利合作共赢的命运与共人类社会发展规律。霸权强权者与被欺凌者的矛盾冲突是变革国际秩序，完善国际治理的直接动力。被欺凌者的觉醒和发展壮大，是平等互利合作共赢的人类初心得以唤醒的重要原因，这使人类社会迈向更好更公平的发展阶段，更符合每一个人都实现自由而全面发展的价值追求的共生共在统一体。霸权强权者刻意炮制的“中心—外围”世界格局，精心包装的自由民主理论，以及由此引发的人们思维的惰性、发展存在的路径依赖，对唤醒平等互利合作共赢的人类初心形成严重的制约。新时代推动构建人类命运共同体，切实推进“一带一路”国际合作，凝聚应对全球气候变化的世界共识和国际行动，既以实实在在的发展成就彰显人类初心的实践伟力，也通过变革和完善世界交往方式示范推广践行人类初心的行为规范，还以文化的沟通交流凝聚和扩大唤醒人类初心的国际共识。

（二）社会再生产各环节协同规律

社会再生产包括生产、分配、交换、消费环节。社会再生产各环节相互作用、相互影响，社会再生产各环节有机协同的程度，是表征和衡量社会生产管理水平的重要依据。工业化以来的较长历史时期内，生产、分配、交换、消费各环节呈现时空分隔的特征，各环节的关系存在前后关联的链式法则。以 5G 通讯、人工智能为代表的高新技术在新时代的深入开发和广泛应用，极大地改变了社会再生产各环节的关系，各环节之间关系的链式发展日益为融合贯通法则所代替，为社会再生产各环节协同规律增添了新的色彩。

科学技术大大压缩社会再生产环节之间的时空隔阻。长期以来，人们已经形成了一种思维定式：物质产品生产是物质产品分配、交换、消费的前提，先有产品生产后才有产品分配、交换和消费，四个环节串联形成社会再生产的完整过程。马克思主义创始人“得到的结论并不是说，生产、分配、交换、消费是同一的东西，而是说，它们构成一个总体的各个环节、一个统一体内部的差别。生产既支配着与其他要素相对而言的生产自身，也支配着其他要素。过程总是从生产重新开始。交换和消费不能是起支配作用的东西，这是不言而喻的。分配，作为产品的分配，也是这样，而作为生产要素的分配，它本身就是生产的一个要素。因此，一定的生产决定一定的消费、分配、交换和这些不同要素相互间的一定关系。当然，生产就其单方面形式来说也决定于其他要素”①。四

---

① 中共中央马克思恩格斯列宁斯大林著作编译局．马克思恩格斯文集：第 8 卷［M］．北京：人民出版社，2009：23.

个环节的时空分离，是社会生产关系得以生成的根本原因。道路交通条件的改善，互联网、信息技术的发展，大大压缩了四个环节的时空隔阻，引发社会生产再生产规律表现形式的变化。消费不再是被动地决定于生产，消费信息的及时反馈，使生产迅速做出调整；及时反馈的消费信息甚至成为一些生产决策的直接依据。在资讯信息领域，信息产品消费同时也就是生产，阅读网络资讯消费消息产品，同时也就是为大数据平台公司生产信息，平台公司据此做出定向推送的服务决策。信息产品的生产和消费呈现出一体化趋势，突破了先生产再消费、生产居于消费环节之前的“铁律”。

新时代形成社会再生产各环节混联协同发展规律。5G 技术引发社会生产生活方式的颠覆性变革，重要的原因在于 5G 技术极大压缩甚至是突破社会再生产各环节的时空隔阻，实现社会再生产各环节由串联向混联的转变。新时代，我国突破以美国为首的西方世界的技术遏制，5G 技术开发和应用取得领先世界的突破性进展，人工智能技术、区块链、大数据等孕育和推动新一轮产业革命的新技术开发和运用，不仅为生产力系统注入丰富的科技因素，促进社会生产力的爆发式发展，而且引发社会再生产各环节之间的关系的深刻调整。新时代坚持以人民为中心的发展，社会再生产各环节的关系调整围绕并服务于人民日益增长的美好生活需要的满足；新时代构建“以国内大循环为主体，国内、国际双循环相互促进”的新发展格局，新时代推动构建人类命运共同体，必然使社会再生产各环节的关系调整突破国土疆界范围，引发世界范围内的生产关系调整，使社会再生产各环节混联协同发展的规律上升为人类社会发展的一般规律。

第五章

新时代的现代化理论张力

现代化是由现代引申出的理论范畴。顾名思义，现代是指现在这个时代，是区分现在和过去、当前和历史的自然时间概念。创造历史的实践主体把握时间的连续性，进行历史分期、总结实践经验时，都需要确定现代的起始点，现代也因此成为具有深刻内涵的理论范畴。在与传统相对而言的意义上，现代被贴上发达、先进的标签。现代化是基于事物发展的变动性与连续性，揭示和反映经济社会快速变化的理论范畴，泛指人类社会由传统的、落后的农业社会向现代的、发达的工业社会转变历史进程。现代化被赋予摆脱落后、追赶先进的历史使命，也用于表征落后国家适应现代社会要求，学习世界先进技术，效仿追随甚至赶超发达国家的实践历程；实现现代化，自然也就成为追求发展，大展宏图的社会动员令。

第一节　现代化理论的生成机理

现代化是无止境的过程和不断取得新成果的有机统一。现代化成果是评价、反思和改进完善现代化进程的基本依据。解放思想是现代化的重要前提，积极进取、不懈创新是现代化的现实条件。现代化理论是人的精神解放的产物，是对现代、现代性的理论思考的结晶，也是对现代化战略实践经验的深刻总结。

一、现代化范畴的出场背景与依据

现代化在人的精神冲破和摆脱神性的统治的进程中粉墨登场，在科技革命、工业革命推动生产力发展，促进社会进步的历史进程中不断丰富自身的内涵。现代化作为精神解放的旗帜，指引人类文明的发展；现代化作为社会实践的目标，作为历史运动的方向，不断地从实践中汲取理论发展的动力。

（一）现代化是表征文明发展的快速度的理论范畴

物质决定意识，社会存在决定社会意识，任何理论范畴都有其孕育和赖以存在的社会条件。经济社会的快速发展一方面引发人们对过去缓慢发展的反思，另一方面激发人们追求更快发展的欲望。现代化意在表征人们积极追求进步的过程及结果，只有快速发展快速进步的物质文明，才能孕育出现代化的理论范畴。

农业文明时期没有孕育现代化的条件和能力。“文明是人类实践活动的结晶，既是与蒙昧、野蛮相对立的历史范畴，也是标志人类社会进步状态的社会范畴。动态的文明是人类社会不断进化发展的具体过程，静态的文明是人类社会创造的一切进步成果。”① 从已存在的静态文明看，文明有物质文明和精神文明之分，有政治文明、经济文明等类型之别；从文明的动态演进看，人类文明经过了原始文明、农业文明、工业文明，正在迈入生态文明。文明并无高低贵贱优劣之分，文明演进不是先进文明对落后文明的战胜和取代，而是新的文明形式取代旧的文明形式占据社会文明系统的主导地位，且占主导的新文明改造提升并指引既有文明的进化和发展。脱胎于蒙昧状态的原始文明以人被动地接受自然安排以求得生存为特征，人类活动留在自然中的痕迹对自然发展几乎不会施加影响，人同其他动物一样，以生物本能的方式同自然发生联系。农业文明以人类主动顺应自然规律、发展农耕生产为特征，人类活动留在自然中的痕迹虽然对自然生态系统运行、自然发展造成一定的影响，但自然的自我修复能力尚能抵消、克服和修复这种影响，人类总体而言还是依附于自然而存在，接受自然的必然性的安排。漫长的农业文明时期，生产力发展缓慢，经济社会面貌是几十年，甚至是几百年、上千年如一日；依据历史唯物主义社会存在决定社会意识的原理，缓慢发展的社会生产力不可能生成现代化这一理论范畴。

现代化发端于快速发展的工业文明。工业革命以来，快速发展的社会生产力使社会生产生活呈现出越来越明显的今非昔比的特征；快速变化的环境常常使人不由得产生恍如隔世的感觉，现代化的理论范畴应运而生。现代化的基本含义就是适应快速变化的形势，跟上快速变化的节奏，把握快速变化的规律，满足快速变化的诉求，实现快速变化的目标。封建社会末期，新兴的资产阶级正是因为掌握了科技革命、工业革命的工具和武器，才取得反封建革命的胜利，成为现代化的引领者。马克思对资产阶级推动社会生产力发展，引领现代化的历史成就给予了高度的评价，“资产阶级在它的不到一百年的阶级统治中所创造

---

① 王寿林. 论文明的内涵及其特性 [J]. 北京行政学院学报，2003（6）：70-75.

的生产力，比过去一切世代创造的全部生产力还要多还要大"①。科技革命、工业革命、资产阶级、资本主义制度在历史舞台同框出场，为"现代化始于资产阶级革命""资本主义是现代化的同义语"等似是而非的观点，以及"实现现代化必须走资本主义道路""资产阶级是现代化的祖师爷""现代化就是西化"等错误主张创造了条件，提供了"事实依据"。事物的本质往往隐含在纷繁复杂的表象之中，不从光怪陆离的现代化现象中抽象出现代化的本质，关于现代化错误的论断和主张把现代化实践引向深坑和陷阱的悲剧就难以避免。

（二）现代化是表征渴求发展的迫切愿望的理论范畴

社会意识具有相对独立性，理论范畴一经出场，又有自在的衍生新范畴新理论的逻辑张力。意识对物质具有能动的反作用，社会意识一旦内化到社会实践，一经转化为社会发展战略，又滋生和激发社会意识的发展动力。现代化作为一个理论范畴，孕育和存在于人类文明快速发展的背景中；推进现代化、实现现代化也就成为表征渴求发展的迫切愿望的符号。现代化蕴含的对发展速度的崇尚和追求，适应了资本增殖和资本家发财致富的诉求，现代化理论因此成为资本主义话语输出和话语控制的工具和武器。

现代化体现和反映了资本的逻辑。资本渴求在运动中增殖，竭尽可能获取高额利润、尽快实现规模扩张是资本不懈的追求，资本始终遵循追求剩余价值最大化的扩张逻辑。资本增殖是资本规模扩张的基础和前提，资本运动速度与资本增殖程度紧密关联。首先，加快资本周转速度可以节约预付资本量，从而提高资本增殖程度；其次，资本周转速度还可以通过年剩余价值率而影响资本增殖程度。资本家是人格化的资本，渴求发财致富是资本家的天性，资本主义制度是资本诉求和资本家天性的规范化表达。利润终归源于必要劳动时间的压缩和节约，现代化蕴含的对发展速度的追求，契合了资本的快速增殖诉求和快速扩张的逻辑，适应了资本家用自由平等的外衣掩盖对工人劳动时间的占有，对工人闲暇时间的剥夺的现实需求。现代化蕴含的对速度的追求符合资本利益，与资本驱动生产力快速发展社会财富快速积累保持了表象的一致性，从这个角度讲，现代化本质就是资本运动的现代化。

现代化是资本主义力图控制世界的理论工具。20世纪中叶以来，现代化这一范畴越来越广泛地被用于反映和体现人们追求进步、渴望发展的美好愿望和强烈动机。人们把现代化过程理解为战胜贫穷、摆脱落后，为追赶、达到和保

---

① 中共中央马克思恩格斯列宁斯大林著作编译局．马克思恩格斯文集：第2卷［M］．北京：人民出版社，2009：36.

持世界先进水平而积极进取、不懈努力的实践活动在人类历史时间轴上的延展；现代化水平是现代化实践的结果，是追求现代化的努力取得的实际成就；实现现代化则是追求现代化的主观努力达到了预期计划、事先设定的水平，现代化实践实现了预期的目标。跨越资本主义“卡夫丁峡谷”的社会主义国家，生产力水平较长时间内落后于同时期的资本主义国家；在资本主义制度和社会主义制度并存的格局中，资本主义凭借生产力发展优势攫取和掌控国际话语权。输出以现代化为核心的话语体系，既成为资本主义控制世界的武器，也成为资本主义诱导社会主义国家和平演变的工具。苏联、东欧社会主义国家对现代化所隐含的西化陷阱缺乏必要的警惕和反思，对现代化的追求酿成社会制度蜕变的悲剧。我国国有企业现代企业制度建设进程中，一度曾将以美国为首的西方发达国家企业制度作为参考借鉴的蓝本，对西方企业所有权的私有、企业经营的唯利是图等资本主义特性未能保持足够的警醒，结果导致国有资产流失、高管腐败，国企高管天价高薪与劳动者低薪引发社会冲突等有违社会主义本质要求的问题，引发人民群众的现代化“忧虑”。后发国家制定实施现代化战略，既不能为西方现代化话语所迷惑，更不能简单套用资本主义现代化模式；必须透过现代化的现象洞悉现代化的本质，激发和释放现代化促进社会形态演进的动力。

二、范畴运动生成现代化理论

理论范畴的逻辑运动生成理论观点、提出实践主张，是社会意识独立性的现实表现，也是学术研究推动理论创新的重要方式。从词语起源的时间顺序看，现代性居于现代化之前，这为以现代性为逻辑起点的范畴运动生成现代化理论提供了“历史依据”。社会存在决定社会意识，生产力和生产关系、经济基础和上层建筑之间的矛盾运动推动社会发展，是社会存在的终极依据；基于唯物史观的范畴运动，也是现代化理论的生成逻辑。

（一）始于现代性的现代化理论

现代性是与人类社会发展的阶段性和人的精神变革紧密联系的理论范畴，是一种以理性精神和人的主体性为核心内容的直线向前、不可重复的历史时间意识，是划分历史进程、把握历史进步的一个重要尺度。“马克思恩格斯把现代性置于历史的维度中，从生产力和人类解放的角度充分肯定了资本主义现代性的历史进步性，同时又以‘资本’为规范基础的批判范式，通过对异化的批判，深刻揭示了资本主义现代性灾难的根源。”① 人类为了追求现代性，于是有了现

① 杜艳华．现代性内涵与现代化问题［J］．求索，2015（5）：4-9.

代化运动；对现代性内涵认识的分异，必然体现在以现代性为逻辑起点的现代化理论中。

现代性提供现代化的产生前提和基础。一旦把现代化看作是彰显现代性、追求现代性的活动，对现代性的纷争自然延伸到现代化，对现代性话语权的掌控和把握也随之延伸到现代化。国内关于现代化的观点和主张的分异，一些似是而非甚至是错误观点的流行，其思想的源头正在于此。在最早提出“现代性”的法国诗人波德莱尔看来，现代性是一种过渡、短暂、偶然，一种生活中所流行的东西。① 快速变化是生成过渡、短暂和偶然的原因，从词源的角度，快速变化隐含在现代性的原初内涵中。现代性是欧美近代社会变迁的产物，以现代性为核心范畴生成现代化的理论和话语，也就成为西方中心者“理所当然”的选择。当代西方学者对现代性有 5 种基本理解：一是安东尼·吉登斯、福柯等认为，现代性指工业文明；二是哈贝马斯、米歇尔·德普兰等认为，现代性指以启蒙理性为核心的资本主义生活方式；三是以齐格蒙特·鲍曼为代表，认为现代性是指以计划管理、专制权力为主要特征的社会或社会发展阶段；四是以华勒斯坦为代表，认为现代性指技术进步与人类解放的交织；五是以马歇尔·伯曼为代表，认为现代性是中世纪以后欧洲影响世界的各种社会文化规范的集合。抛开对现代性认识的纷争和分异，学者关于现代性的一致主张在于，现代性与现代历史时期密切相关，它是相对于中世纪传统而言的不断发展和不断展开的精神状态、生活方式、社会状态；现代性与西方文化密切相关，特别是受到西方近代启蒙运动中基本精神原则的影响与推动；现代性的核心是个人自由、批判精神以及相关的制度保障；现代性推动了近代科学技术的发展，促进了工业文明的进步与繁荣，并塑造了现代生活的基本状况。② 顾名思义，现代性是对现代的时代特征的描述和界定，对现代性内涵的不同认识，反映和体现学者对现代的时代特征及其成因的不同判断。对现代性的反思引发对现代应然特征的追问，现代的应然特征和实然特征之间的落差，就成为现代化运动、现代化实践的驱动力。

批判借鉴始于现代性的现代化理论主张。从现代性这一理论范畴出发，可以衍生出丰富的现代化理论观点和主张，这大大丰富了现代化理论的内容，同时也提出了现代化理论主张的批判借鉴的问题。首先，批判借鉴现代化同质性特征的理论主张。现代性是对神性的祛魅，现代性的弘扬使人摆脱神的奴役，

---

① 波德莱尔 . 1846 年的沙龙［M］. 郭宏安，译 . 桂林：广西师范大学出版社，2003：424.

② 欧阳康 . 新时代国家治理现代化［M］. 北京：中国社会科学出版社，2019：93-106.

使科学理性成为人的追求；现代化的根源是科学理性，目标是发展和进步，但这并不意味着不同国家或社会最后一定会出现某种同质性的现代化特征。一个国家或社会的现代化特征是现代化实践的结果，不是理论逻辑的产物；不同的文化背景滋生孕育不同的发展进步诉求和目标，以及现代化条件与战略的差异，都会导致现代化特征的差异。霸权主义、西方中心主义从现代性的范畴运动中得出现代化的特征，并试图据此规范和矫正他国的现代化实践，其本质是历史唯心主义。其次，批判借鉴现代性内涵衍生现代化目标任务的理论主张。现代性作为现代化的基础和前提，由其内涵自然衍生出现代化的目标和任务。现代性的复杂内涵以及对其的纷争衍生到对现代化目标和任务的论断，既可能因对前者认识的分异而导致对后者的莫衷一是，也为强势话语者武断论说现代化目标和任务创造了条件。简单地把中国现代化理解为科学技术的发展、传统农业社会向城市化、工业化的转变，围绕国家治理现代化是不是第五个现代化的争论，其深层的理论根源依然是对现代性内涵的认识纷争。第三，批判借鉴抽象的人的现代化理论主张。现代性注重现在的精神气质，它包含着一种超越自身、不断地改造世界的内在要求；现代性根本上是人本身的转变，人是现代化过程中的一个基本因素。现代化的本质和核心是人的现代化，这本是由现代性合乎逻辑的主张，但脱离社会现实仅基于抽象的人性和现代性论断人的现代化，并据此做出现代人的行为选择，不免引发社会混乱。现代化是一场无止境的社会变革，对始于现代性的现代化理论主张的批判借鉴，是要在发挥现代化理论对现代化实践的指导作用的同时，防止沉迷于现代的某种理论、某种模式而故步自封，保持现代化的“理论—实践”协同互动发展的张力。

现代化实践进程中彰显现代性。先发国家的经验借鉴，始于现代性以及由现代性的内涵衍生的现代化理论，为后发国家制定实施现代化战略，有目的、有计划，以较短的时间实现社会转型提供了条件。既然现代性是现代化的基础和前提，现代化自然也就成为彰显现代性的载体和方式。快速推动社会转型的现代化进程中，一是在对传统的反思中彰显现代性。传统与现代是一种对立的统一，追问反思传统能驱动现代性发展。在反思历史、批判过去的实践中扬弃传统，发现并克服传统的不足，弘扬优良传统，创新性发展传统优势中彰显现代性。二是在对目标的追求中彰显现代性。思维发展、思想解放、视野拓展，滋生了过去的历史创造者无法设想的目标，构思了超越历史传统的规划和使命，追求目标、落实规划、履行使命，促成社会巨变，彰显现代性。

（二）基于唯物史观的现代化理论

马克思主义唯物史观认为，生产力和生产关系、经济基础和上层建筑的矛盾是社会基本矛盾。社会基本矛盾运动是人类社会发展的根本动力，是人类社会形态演进的基本依据。现代化是社会基本矛盾运动的现代表达。资本主义发展并不平衡，先发资本主义国家凭借其强大的政治、经济和军事实力，压榨剥削后发国家，并将自身塑造成现代化实践的标杆。把现代化理论看作是一种关于发展中国家的发展研究的学说，主要探讨发展中国家社会、政治、经济、文化和教育现代化的理论、模式、战略方针乃至具体政策，有其深刻的历史依据和现实原因。

现代化是快速发展的生产力引发社会生产生活方式发生的广泛而深刻的变化。生产力是历史进步的根本动力，也是现代化的根本原因。生产力是由劳动资料、劳动对象、劳动者、科学技术等生产力要素构成的系统，一个社会的生产力水平绝非同质的，总是一个广泛存在的生产力水平和多个零星的、分散存在的生产力水平形成“一广泛多零星”的多层次格局。社会生产力的总体水平主要取决于广泛存在的生产力，是不同层次生产力的综合表现。生产关系是人们在物质生产过程中形成的不以人的意志为转移的经济关系，是由生产资料所有制关系、生产过程中人与人的关系和产品分配关系等要素形成的系统。任何社会的生产关系都不会是单一纯粹的，一个社会的生产关系总是呈现出“一主多辅”的格局。大致相同的生产力可能与多种生产关系结合形成不同的生产方式，大致相同的生产关系也可能和不同的生产力条件结合形成不同的生产方式。生产力决定生产关系绝非简单机械的决定，并非有一种生产力就会自然产生与之匹配的生产关系。生产力决定生产关系，是强调生产关系虽然是人与人之间的经济关系，但绝非人的主观意志的产物，任何一种生产关系都有其赖以存在的生产力条件；“一主多辅”的生产关系中，现实存在的任何一种生产关系总能在社会多层次的生产力格局中找到与其相适应的社会生产力条件。大致相同的生产力与不同的自然地理、人文历史条件相结合，会结成形态面貌存在显著差异的社会。现代化进程中，生产力要素，特别是科学技术和生产力系统，以及社会生产力多层次格局的变化，必然引致生产关系、社会生产生活方式发生变化，进而引发社会面貌发生广泛而深刻的变化。现代化发展成就实质是社会生产生活方式、社会面貌朝着人们所期望的方向发生的急剧变化；现代化理论，是要描述这些变化并揭示变化的原因，揭示不同变化之间的内在联系，进而揭示现代化进程的特征和态势，总结提炼现代化的基本规律。

历史创造者主观能动性影响现代化水平和进程。人是生产力系统能动性要素，历史创造者的主观能动性对生产力要素培育、选择以及优化配置，进而对生产力发展施加重要的影响。现代化不是社会生活各领域同时、同步、同节奏地发生重大而深刻的变化，历史创造者不仅可以主动选择发生变化的社会领域，并对该领域变化的速度和节奏等施加影响，而且在同时发生重大变化的不同社会领域之间的关系建构中也有着至关重要的作用。现代化水平、现代化的成就既取决于生产力发生的变化，也取决于生产力变化和生产关系变化的协同性；历史创造者借助于现代化战略，通过政治运行对生产力与生产关系的协同方式、协同效果施加影响。把现代化理论界定为关于发展中国家发展研究的一种学说，主要探讨发展中国家社会、政治、经济、文化和教育现代化的理论、模式、战略方针乃至具体政策，其实正是从历史创造者主观能动性发挥的角度审视现代运动。

三、实践批判与反思生成现代化理论

"传统"与"现代性"这对对立统一的概念是建构现代化理论的基础。"传统"实质上是"现代性"确定之后的一个"剩余概念"，是一个包罗广泛的大杂烩，所谓"现代性"的东西也不见得都优于传统的东西。现代化理论本身并未有一个得到公认的理论体系和方法，甚至也没有公认的界说，批判者所持的观点、理论与方法，自然也反映不同学派的看法。① 理论架构是一种经不起实践验证的主观构想，是现代化理论受到的非难。现代化理论研究长期落后于现代化的实践，总结提炼现代化实践经验，对现代化实践进行批判与反思以生成现代化理论，无论是对现代化理论的发展，还是更好地发挥现代化理论的实践指导作用，都有着极为重要的意义。

（一）现代化的社会制度属性

尽管对现代化理论存在认识分歧和非议，但现代化实践起始于工业革命的认识已得到广泛的认同。资本主义带来社会生产方式的根本性变革，资产阶级开启现代化的历史征程。世界范围内，一个国家和民族之所以能成为现代化实践中心，既在于其突出的现代化实践成就，也在于其对推动世界现代化进程的贡献。现代化实践中心的变迁，既体现现代化驱动力的变迁，也反映出关于现代化的国际话语权变迁。

1. 对现代化与西化关系的批判反思

现代化等同于西化的理论主张一度流行于学界，这不仅引发社会思潮的混乱，也对现代化实践产生了严重的负面影响。现代化实践始于西方，将现代化等同于西化，不仅有对世界现代化实践中心变迁的理论包装，而且有现代化话

① 罗荣渠．现代化新论［M］．上海：华东师范大学出版社，2013：31.

语权把持的理论考量。

世界现代化实践中心占有把控现代化话语权的先机。工业革命策源地成为早期的世界现代化实践中心。工业社会的发展环境、发展机制、发展速度、发展方向都不同于人类历史上的任何时代，将现代化等同于工业化，虽然有思维方式简单之嫌，但也并非毫无道理。现代化作为划分人类历史时代的标志和里程碑，是从 18 世纪后半期西方工业革命以后出现的一个世界性的发展进程。英国是工业革命的策源地，也是最早的世界现代化实践中心；工业革命的浪潮从英国蔓延到西欧多国，西欧激起世界现代化运动第一波浪潮。第二次世界大战虽然使欧洲成为一片废墟，让激起第一波现代化浪潮的西欧满目疮痍，却使美国一跃而居资本主义世界经济政治发展的顶峰，成为继西欧之后的世界现代化实践中心。美国凭借其重塑二战战后格局的主导地位，大肆自我吹嘘为现代资本主义的"样板"与"橱窗"；现代化的过程就是"西方化"，实质是"美国化"的理论主张由此产生并不断被得以强化。战后的日本，被美国强行拉入西方阵营；赶上第三次科技革命浪潮的日本抓住机会，以市场机制为基础，以国家对经济的干预为辅助，施行"国家导向型"的资源配置，建立起现代资本主义国家的体制、法制，成为世界现代化新的实践中心。西方世界用欧美经验解释日本的现代化成就，把日本塑造成东方国家西化而实现现代化的样板，进一步巩固和强化欧美在把控现代化话语权上的强势地位。十月革命后，苏联的社会主义现代化取得重大成就，为二战战胜法西斯提供了坚实的物质保障；凭借其在社会主义阵营的影响，苏联一度曾成为与欧美及日本并立的世界现代化实践中心。但苏联解体、东欧剧变引发"历史终结论"，也为将现代化等同于西化的理论主张再添新论据，西方对现代化话语权的把控能力得以空前高涨。

成为世界现代化实践中心的中国面临现代化话语权获取的障碍。由于历史条件不同，社会变革具有极大的复杂性和多样性，各个现代化社会之间也必然有很大的差异性，而不是同一模式的重复。把现代化的世界性进程解释为传统社会向着某种单一的现代性模式发生单线式渐进变化的过程，被批判为一种"我族中心主义"的观点。同时现代化的实现也不是"一揽子"式，而是有选择的现代化，即某些方面的社会变革可能很顺利，而另一些方面的社会变革却可能阻碍重重。① 尽管如此，西方世界并不愿意看到，也不愿意承认非西方国家取得超越西方的现代化成就，一方面总是试图用西方话语、西方现代化理论解释非西方国家的现代化成就；另一方面，对非西方国家现代化进程，特别是对

① 罗荣渠．现代化新论［M］．上海：华东师范大学出版社，2013：32.

非西方国家领先世界的发展领域进行无端非议和肆意遏制。新中国成功实现社会主义改造以来，特别是改革开放以来，我国自主独立又开放包容，广泛借鉴外来经验的社会主义现代化实践取得了举世瞩目的成就；在一穷二白的基础上建立起了世界上最完善的工业体系，让占世界总人口五分之一的中国人民彻底摆脱贫困过上小康生活，成为维护国际公平正义的中坚和世界经济增长最大贡献者，新时代的中国应该也必然成为世界现代化新的实践中心。中国卓越的现代化成就并未有效转化为现代化理论研究、现代化话语权力获取的优势。究其客观原因，国内国外的西方中心主义者顽固地用西方理论、西方现代化的话语解释中国成就；当西方理论、西方话语解释不了中国成就时，不是去反思理论和话语本身的缺陷，而是无端质疑中伤中国现代化实践。从自身主观原因看，虽然中国的社会主义现代化实践是现代化理论研究的富矿，但理论工作者挖掘开采富矿的绩效亟须改进；无论是对中国现代化成就的成因揭示，对中国现代化实践经验总结及其理论提炼，还是对社会主义现代化特质，对社会主义现代化与资本主义现代化的比较研究，都还亟待深入和深化。

2. 社会主义现代化与资本主义现代化的关系

现代化是快速发展的生产力驱动的社会革命，现代化自然需要顺应和实现生产力的快速发展。生产力是历史进步、社会变迁的根本动力，生产力发展无止境，因而现代化进程也就没有尽头。世界历史上，资产阶级最先开启现代化的大门。按照马克思主义创始人的最初的理论设想，人类社会经由资本主义进入社会主义，因此资本主义现代化的终点也就是社会主义现代化的起点，资本主义现代化与社会主义现代化是前后接续的关系。世界历史的现实却是苏俄、中国跨越“卡夫丁峡谷”进入社会主义，现代化的世界格局由此经历从资本主义现代化独霸天下向资本主义现代化和社会主义现代化并存的转变。社会主义制度是比资本主义制度更优越的制度，社会主义现代化是比资本主义现代化更深刻的社会革命。苏联解体、东欧剧变的深层原因是背离和放弃马克思主义的指导，社会主义制度在现实运行中违背了社会主义革命的初衷，偏离了社会主义制度的本质；苏联解体、东欧剧变并不是社会主义现代化优越资本主义现代化的证伪。改革开放以来，我国用几十年时间就走过西方百年现代化的历程，取得了举世瞩目的成就；中国的现代化成就证明了社会主义较资本主义的制度优势。从与西方现代化比较的角度，坚持基本经济制度、有为政府和有效市场优势叠加，执政的中国共产党没有任何私利，始终践行全心全意为人民服务的立党宗旨，与时俱进推进以人民为中心的发展，是中国现代化成就的根本成因。

生产资料所有制引发现代化结果的差异。生产资料私有制和市场经济，是资本主义现代化的大背景。优胜劣汰的市场竞争，不仅造成资产阶级和无产阶级在财富占有的两极分化，也带来资本家集团内部在生产资料占有上的两极分化，日益庞大的生产资料掌握在越来越少的资本家手中。资本主义现代化必然导致两极分化，尽管资本主义国家高调宣扬全社会甚至全人类的自由、民主、平等，资本主义现代化必然导致民主异化为“钱主”“金主”，形成自由、民主、平等的形式与实质的反差。我国社会主义现代化在生产资料公有制的制度背景下展开，大一统的生产资料公有制与计划经济体制相结合，从源头上遏制和消除两极分化的诱因；生产资料公有制为主体多种经济共同发展的所有制结构与市场机制相结合，虽然存在社会财富分配和占有的显著差异，但由于任何一个社会成员都同时拥有生产资料所有者和劳动者的双重身份，阻断了生产资料所有者无偿占有劳动者成果导致二者在财富占有上的极化机理的运作；再加上诸如社会救助、对口帮扶、精准扶贫等对社会弱势群体予以特别关照，社会主义现代化成为通向共同富裕的道路。

国家介入导致现代化动力增长持续性的差异。世界现代化的历程中，仅有少数工业化的开拓开创国家早期现代化游离于国家力量之外；国家介入社会现代化进程是一个惯例和常态。国家介入，现实表现为政府干预，在政府和市场关系协调的表象背后，实质是执政党的作为。为所欲为、不甘约束的绝对自由精神，私人资本甚至是私人冒险家在资本主义早期发展中的巧取豪夺、协商分赃的强盗作风，内化为资本主义现代化的文化血脉；资本主义现代化进程中的政府和市场协调，总是表现为二者作用此长彼消的跷跷板游戏，政府充当守夜人、政府弥补市场失灵等理论主张和实践原则就是其生动的现实场景。亚当·斯密无形的手理论及其“重市场、轻政府”的实践主张，凯恩斯有效需求不足、政府干预经济理论及其“重政府、轻市场”的实践主张，新自由主义理论及实践主张再次回到“重市场、轻政府”的立场；直观勾画、生动演绎出跷跷板游戏的实践历程。各为其主、各有私利、自有图谋的两党制、多党制，随着现代化创造财富的规模剧增引发分赃困难，使政党运行日益销蚀，党际共识沦为党争，使政治运行沦为否决政治，国家介入以汇聚现代化动力、保持现代化动力持续增长逐渐成为镜中月水中花。我国社会主义现代化进程中尽管经历从计划经济向市场经济的巨大转变，经济体制改革、市场经济体制建立和健全始终坚持为人民谋发展的价值立场，始终坚持了问题导向；由于处理政府和市场的关系不是运用“非此即彼、此长彼消”的对立思维，而是运用政府和市场各展所长、有效结合的辩证思维，因而现代化的动力实现了稳定持续增长。尽管在经济体制改革的不同历史时期、不同阶段，在经济发展的不同现实背景中，政府和市场各展所长、有效结合的具体要求和现实表现存在差异，但我国经济体制改革一直是力图实现对有为的政府和有效的市场的同时追求。计划经济条件下的经济体制改革以放松中央控制、释放地方活力，放松政府控制、释放民间活力为中心；建构中国特色社会主义市场经济体制的最初要求是，市场在政府宏观调控下在资源配置中发挥基础性作用，完善中国特色社会主义市场经济体制的最新要求是，市场在资源配置中发挥决定性作用和更好地发挥政府的作用。从提出最初要求到提出最新要求的 20 余年时间里，尽管也有“小政府、大市场”之类的单纯以两者活动空间、活动范围作为彼此关系协调依据的理论主张和实践尝试，政府和市场关系协调始终成为经济体制改革坚持的基本原则。① 中国现代化进程中的政府介入，既使现代化的战略部署、实践推进的科学性合理性得以持续改进和完善，也使现代化的动力汇聚动力激发始终呈现勃勃生机，这是中国在现代化进程中成为人类文明发展引领者的重要原因。

（二）现代化的实践类型

现代化是快速发展的生产力引发的社会革命。大致相似的生产力在不同的文化背景、不同的国际国内环境、不同的发展基础与发展条件下，会形成不同的实践方式。世界历史进程中，尽管现代化的先发国家一直试图凭借其先发优势，凭借其政治经济军事实力和霸权，威逼利诱后发国家按其推销的模式推进现代化，但世界历史进程中的现代化国别差异依然十分显著。罗荣渠教授从世界历史的角度，总结区分了世界现代化的三种类型：一是西方现代化模型的“资本主义私有制+自由市场+分权型或集权型现代国家机构”的经济发展格局，二是苏联社会主义现代化的“社会主义公有制+计划指令与有限市场结合+集权型现代国家机构”的基本发展格局，三是第三世界发展中国家的“混合经济+自由市场+集权或分权型现代国家机构”的基本格局。② 立足于 20 世纪 90 年代前的现代化历史，这样的三种类型的区分虽然从现象层面对现代化实践进行了较为全面的聚类分析，但对现代化的动力机制和本质原因仍缺乏深刻地揭示。从现代化实践中区分出引领型现代化和跟随型现代化、串联现代化与并联现代化，意在深刻分析和揭示中国现代化成就的成因，探索构建中国的国际话语，彻底解决挨骂问题的现实出路。

---

① 杜黎明．中国特色社会主义新时代生产力安全发展研究［M］．成都：四川大学出版社，2019：238.

② 罗荣渠．现代化新论［M］．上海：华东师范大学出版社，2013：122-129.

1. 内源性现代化与外源性现代化

内源性和外源性现代化的区分依据在于现代化动力的来源。一个国家在其快速发展的生产力驱动下的现代化，是内源性现代化。最先开启现代化进程的西方国家早期的现代化就属于内源性现代化。生产力发展有其内在的规律，在没有或很少有外部因素作用下，一个国家的生产力难以实现爆发式增长，往往呈现一种平稳发展的趋势，内源现代化因而是以比较平稳的阶梯式推进。一个国家的社会矛盾在外部因素的激发下变得更加复杂和剧烈，外部因素的引入成为开启现代化进程的直接诱因，这样的现代化就属于外源性现代化。

区分内源性和外源性现代化意在深刻揭示和理解一个国家的现代化历程。严格意义的内源性现代化仅具有理论意义，除了工业革命发源地英国早期的现代化可谓严格的内源性现代化外，世界历史的形成和发展，使外源性现代化成为一种常态。事物发展过程中，外因始终通过并借助于内因而起作用；研究外源性现代化，重在条分缕析外源性因素，并对其影响内源性因素的方式和机理进行深入的剖析。不同国家面对大致相同的外来冲击，不同的内因和大致相同的外因结合，大致相同的内因和大致相同的外因以不同的方式结合，都会产生不同的结果。同样是面对西方在19世纪的殖民扩张，印度丧失了自己的独立而沦为殖民地，日本成功地克服殖民地化危机，发展成为独立工业国，近代中国则丧权辱国，走上半殖民地化。一个国家或民族应付外来的挑战有多种选择，这种选择既取决于外来挑战的特质和强度，更取决于被挑战主体内在结构的牢固性、自身发展水平和应付外来挑战的能力。新时代中华民族在从富起来向强起来伟大飞跃的过程中，国家始终坚持以做好自己的事情为要，为既希望加快发展又希望保持自身独立的国家应对现代化的外来冲击提供了中国经验。

2. 引领型现代化与跟随型现代化

引领型现代化是一个国家、一个领域，以其率先开启的现代化进程，现代化实践的高质量高水平，对其他国家、其他领域有着示范指导意义的现代化。跟随型现代化是实践主体学习效仿外来经验，在先发者的示范带动下推进的现代化。依据引领者和跟随者的关系，一是跟随者丧失了部分自主权，对引领者存在一定程度的依赖，而引领者以“灯塔示范”自居，对跟随者指手画脚，妄加评论，横加干涉的强制关系型；二是跟随者为引领者的现代化实践经验和成就所折服，自愿学习效仿引领者，引领者和跟随者平等互利合作，不存在干涉和依附的自由关系型。引领者和跟随者的交流互动，形成了工业革命以来的世界历史；引领者和跟随者之间的交流互动关系，存在强制关系和自由关系之分。强制关系型的现代化虽然普遍存在，是一种非正常非合理的常态，形成了世界的“中心—外围”格局，但随着广大跟随者的觉醒，必将变得越来越难以为继。自由关系型的现代化是中国的和平崛起，中国的平等互利、合作共赢的国际交流孕育的新生事物，“一带一路”国际合作的瞩目成就，昭示了这个新生事物的强大的生命力和远大的发展前景。

中国既是现代化的跟随者也是现代化的引领者。历史上中华民族长期引领人类文明发展，清王朝的傲慢自大、闭关锁国，使中国丧失了接纳拥抱工业革命的机会，丢失了引领文明发展、引领世界发展的地位。帝国主义用坚船利炮撬开国门，使中国人民在感知到现代化绚烂色彩的同时被绑上为资本主义现代化服务的战车。新中国的成立为中华民族创造了摆脱对外依附，走独立自主现代化道路的政治条件；制定实施社会主义现代化战略的初衷正是尽快缩小中国与世界发达的现代化国家之间的差距。改革开放开启了学习借鉴西方经验，加快推进社会主义现代化进程的大幕，时至今日，虽然中国的现代化总体而言依然还是跟随型现代化，但在局部领域已经跻身世界一流水平，个别领域已成为现代化发展的引领者。新时代的现代化征程，既要尽快缩小跟随领域与世界先进水平之间的发展差距，尽快使跟随领域跻身世界一流水平；又要竭力促使已跻身一流水平的领域实现向引领的飞跃，还要着力使已经位居引领地位的领域巩固和扩大领先优势。综观我国现代化从全面跟随型向跟随与引领并存型转变的历程，既重视学习借鉴西方现代化的先进经验，又打消对西方的幻想，破除对西方的迷信，始终坚持既自主独立又开放包容的现代化发展道路，是中国特色社会主义的重要经验。

3. 串联式现代化与并联式现代化

串联式现代化与并联式现代化是对一国现代化进程的形象直观描述。快速发展的生产力驱动的现代化有其自身的规律，对现代化的串并联的理论区分意在更好地认识和理解现代化的规律。现代化实践的时序展开总会有阶段性的飞跃，形成堪称现代化里程碑的标志性事件；一个国家制定实施现代化战略自然也会有前后相继的目标和任务安排。所谓串联式现代化，是指一个国家顺次走过现代化发展的阶段，依次经历了现代化进程中的标志性事件。所谓并联式现代化，则是一个国家同时经历现代化进程中的标志性事件，呈现出时空压缩的特征。最先开启现代化进程的国家，无经验可借鉴，只能在实践中摸索前行，其现代化自然是串联式现代化；后发国家的跟随型现代化，在充分借鉴吸收现代化先发国家的成功经验的基础上，避免先发国家现代化的实践曲折，走出一条并联式现代化的道路。自英国工业革命开启现代化的实践进程以来，西方现代化先后经历了以工业化、城镇化、农业现代化、信息化为标志事件的实践历程，呈现出“串联式”的特征。改革开放以来，我国社会主义现代化充分发挥历史创造者的主观能动性，统筹推进工业化、城镇化、农业现代化、信息化，走出了一条并联式现代化道路。

串联式现代化反映现代化进程中重大变化的出场顺序。农业文明时期，人的生存和发展遵循和服从可耕作土地的自然地理分布的约束，以零星集聚的方式散布在地理空间内。工业革命开启了工业文明发展的新纪元，工业生产存在规模经济效益，集中和集聚是工业的产业特征；工业集中集聚自然引发人口在地理空间的集中，形成城镇化发展的动力和潮流。人口城镇化需要有高水平高效率的农业生产做支撑，工业技术、工业文明的发展改进农业生产方式，促进农业生产率提高，工业武装和改进农业掀起农业现代化的高潮。20 世纪 40 年代中期计算机问世，世界范围内兴起第一次信息革命，信息产业应运而生，人类迈向信息社会；20 世纪 90 年代兴起的全球互联网拉开第二次信息革命的序幕，掀起现代化进程中的信息化热潮。信息化为工业化、城镇化、农业现代化注入新动力，开创现代化发展的新境界。并联式现代化的核心和关键在于，抢抓以信息技术为代表的新兴技术带来的发展机遇，执政党强大的组织领导和社会动员能力转化、体现和落实为强大的现代化战略创新能力和实践能力；信息化改进和完善工业化、城镇化、农业现代化的实践模式，工业化、城镇化、农业现代化为信息化创造机会、提供丰富的物质载体，原本是现代化渐次梯级递进的线性发展进程转变为多进程同时协同发展的格局。

第二节　社会主义现代化的特质与使命

社会主义不是一成不变的模式，而是需要在实践中不断发展和完善的过程。现代化是生产力快速发展引发的广泛而深刻的社会革命，社会主义现代化叠加了社会主义和现代化的双重属性，这提出了加强社会主义现代化的研究，不断深化对社会主义现代化规律的认识的现实诉求。苏联社会主义现代化模式走向僵化以及苏联解体与中国特色社会主义现代化不断焕发新生机，不断开创新境界取得举世瞩目的成就形成鲜明的对比，这既深刻昭示一条道理，对社会主义现代化实践发出警醒，即应对社会主义现代化面临的风险，解决社会主义现代化实践中存在的矛盾与问题，必须坚持科学社会主义的基本原则，对社会主义制度进行自我革新与自我完善，也为深化对社会主义现代化规律的认识创造了良好的条件。

一、社会主义现代化的生产力条件

世界历史上，资本主义开启现代化进程，资本主义是社会主义的前夜，这使社会主义现代化不可避免地带有跟随现代化的属性，处于资本主义的包围遏制与诱变之中。应对相较于与资本主义现代化而言的特殊的风险和挑战，社会主义现代化必须具有坚定的理论信仰，强大的道路自信和制度自信。

（一）两个“决不会”思想的生产力理论内核

生产力发展是社会形态变迁的根本原因。社会生产关系是描述社会整体形态的一种方式，生产力发展是连续性和间断性的有机统一，社会形态演变次序既决定于也反映生产力水平的跃迁。马克思在《〈政治经济学批判〉序言》中指出，“无论哪一个社会形态，在它所能容纳的全部生产力发挥出来以前，是决不会灭亡的；而新的更高的生产关系，在它的物质存在条件在旧社会的胎胞里成熟以前，是决不会出现的”①。两个“决不会”思想，阐释了社会形态变迁的基本规律，揭示了后资本主义社会实行生产资料公有制的内在原因，蕴含了社会主义制度的产生条件。依据两个“决不会”的理论构想，社会主义制度之所以得以生成，一是社会生产力发展积累和创造了新社会生成所需的物质条件，新社会继承了资本主义高度发达的社会生产力；二是资本主义基本矛盾激烈爆发，使生产资料私有制难以为继，人类社会要继续生存和发展，就必须利用生产资料公有制化解生产社会化和生产资料私有引发的冲突；三是社会现实使人的精神发展水平达到相当的高度，社会人的思想觉悟的高度使生产力发展所需的人的激励问题得以彻底解决。这种思想觉悟和精神发展不是直接的思维运动产物，而是面对资本主义社会基本矛盾大爆发的客观现实，社会人继续生存和发展的诉求在头脑中的反映，包括昔日尖锐对立的资本家和劳动者在内的社会人实现了精神解放，成功地解决了社会生产力发展中的劳动者激励问题。

社会形态跨越是对两个“决不会”的创造性发展。基于对东方社会的观察和研究，马克思晚年提出“跨越资本主义卡夫丁峡谷”的构想，这不是对两个“决不会”的修正，更不是对两个“决不会”的否定，而是针对世界资本主义不平衡发展背景下的东方国家，特别是俄国无产阶级革命迅猛发展的形势及结果做出的理论归纳与预期。两个“决不会”是对历史唯物主义“生产力—生产关系”原理的创造性应用，是跨越“卡夫丁峡谷”后的无产阶级运动的理论指

① 中共中央马克思恩格斯列宁斯大林著作编译局．马克思恩格斯文集：第2卷［M］．北京：人民出版社，2009：592.

导。跨越“卡夫丁峡谷”给予劳动者极大的精神激励，克服了生产力发展不足、物质资料匮乏对劳动者发挥主观能动性、劳动积极性的制约，也使单一公有制与生产力发展不平衡、生产力总体落后的现实之间的失调得以暂时掩盖。物质决定意识，缺乏物质支撑的精神激励不可能长久持续；没有生产力快速发展的跟进，没有对劳动者物质诉求的满足，没有社会物质生活水平的提高，单纯由精神激励焕发的生产力发展动力终归会逐渐消退；长期的物质匮乏，社会物质生活水平长时期徘徊在低水平，不仅难以巩固社会形态跨越的历史成果，而且会导致社会蜕变陷入“卡夫丁峡谷”。

（二）社会形态跨越引致生产力先天发展不足

社会主义现代化实践面临生产力发展先天不足的困境。世界上第一个社会主义国家苏联，当今最有影响力的社会主义国家中国，都是跨越“卡夫丁峡谷”，在落后的生产力的基础上开启社会主义现代化实践。马克思主义创始人关于未来社会的诸多设想，往往是建立在社会主义社会继承了资本主义高度发达的生产力的前提下；理论和现实的巨大反差，使以社会形态跨越的方式进入社会主义社会的国家难以直接从马克思主义创始人的理论构想中寻求现代化的实践指导。在现代化实践中坚持和发展马克思主义，尽快改观生产力落后的局面，是社会主义现代化实践的两重使命。苏联在这两重使命上的表现都不尽如人意。苏联的社会主义现代化实践，特别是在二战后的美苏争霸过程中，逐渐偏离甚至最终背离马克思主义的要求，埋下了苏联解体的“精神地雷”。在生产力发展方面，苏联未能构建起合理的产业结构，农业、轻工业、重工业之间的比例失衡。尽管生产力水平有较快的提高，但内部结构失衡的生产力系统没有为民众提供物质生活改善的支撑，社会主义生产关系相较于资本主义生产关系应有的优势并未能得以发挥，进而动摇了社会主义制度的信心，最终酿成了苏联解体的历史悲剧。与苏联社会主义现代化实践形成鲜明对比，中国尽管存在一度机械地照抄照搬马克思主义理论教条的历史遗憾，但始终坚持马克思主义，坚持现代化实践要服务于人民群众生活改善。我国社会主义现代化实践之初，就正确认识到社会主义国家理应是先进的工业国；党的八大宣布：“我国国内的主要矛盾已经是人民对于建立先进的工业国的要求同落后的农业国的现实之间的矛盾，已经是人民对于经济文化迅速发展的需要同当前经济文化不能满足人民需要的状况之间的矛盾。”① 始终把人的发展作为现代化的核心，坚持人民生活改

① 中共中央党史研究室．中国共产党的九十年：社会主义革命和建设时期［M］．北京：中共党史出版社、党建读物出版社，2016：473.

善与社会生产力发展协同，是中国社会主义现代化实践的重要经验。社会主义现代化实践既提出创造性运用两个“决不会”思想的诉求，也充分证明了两个“决不会”思想的科学性。无论是苏联社会主义现代化实践中，列宁消灭资本主义制度又允许资本主义经济发展的新经济政策；还是中国特色社会主义基本经济制度坚持以生产资料公有制为主体，多种经济共同发展，都是无产阶级在跨越“卡夫丁峡谷”后补生产力发展不足的课的生动范例。

（三）两种社会制度竞争放大生产力发展不足的风险

跨越“卡夫丁峡谷”的社会主义国家，没有高度发达的生产力可以继承，又身处资本主义国家的包围之中，必然遭受资本主义残酷遏制和竭力围堵。社会主义和资本主义两种社会制度并存，社会主义国家在初始落后的生产力条件下应对资本主义的遏制和围堵，不得不以主观能动性的充分激发，以比资本主义更快发展的生产力为依托。从社会形态跨越引致生产力先天发展不足的角度，社会主义国家立国后的较长一段时间内，追求高积累，生产挤压生活，人民群众一度徘徊停滞在较低的生活水平上，既是历史的必然也是历史的自然。竭尽可能压缩这种历史必然和历史自然存续的时空范围，正是社会主义现代化的一个重要任务。在一国推进社会主义现代化的环境中，苏联形成以保障重工业建设为核心目的的资源调配机制和社会发展体系，构建起“公有制+计划指令+集权型现代国家机构”的基本格局，确实有社会主义现代化的探索者和先行者的世界意义。

世界舞台上的社会主义现代化一开始就处于同资本主义现代化的竞争之中。不管是苏联还是新中国，在社会主义现代化之初，尽管生产力水平落后于同时代的资本主义国家，在与资本主义现代化的竞争中都表现更强的活力和更快的速度，取得了让世界瞩目的成就。由于对社会主义制度优势的教条化理解，对发挥社会主义制度优势的条件也缺乏深入的研究和清醒的认识，社会主义现代化并未能一以贯之地持续保持其初期显示出的强劲活力和动力。在内外因素的综合作用下，苏联社会主义现代化最终未能走出迷局，在与资本主义现代化的竞争中败下阵来。中国的社会主义现代化既坚持独立自主，又坚持开放包容，广泛吸取外来经验与教训，及时纠正社会主义现代化道路探索中出现的失误，走出了一条成功的、具有中国特色富有示范意义的社会主义现代化道路。

中国式现代化赢得了两种社会制度竞争的历史主动。从现代化是表征生产力快速发展，经济社会发生系统而深刻变革的理论范畴的角度，跨越“卡夫丁峡谷”的社会主义国家以现代化为舞台，同资本主义展开两种制度的竞争具有历史的必然性。“在新中国成立特别是改革开放以来长期探索和实践基础上，经过十八大以来在理论和实践上的创新突破，我们党成功推进和拓展了中国式现代化。中国式现代化，是中国共产党领导的社会主义现代化，既有各国现代化的共同特征，更有基于自己国情的中国特色。"① 中国式现代化赢得超越资本主义现代化的竞争优势，彰显了社会主义制度的强大生机和活力，为马克思主义"两个必然"结论提供了翔实的实践论证。中国式现代化使超过现有发达国家人口总和的14亿多人口实现人的现代化，为解决人类社会面临的贫困顽疾提供了中国方案，这本身就是对人类解放事业的巨大贡献，是资本主义现代化无法企及的成就。资本主义现代化以资本逐利为导向，形成了让人触目惊心的财富占有的两极分化，而中国式现代化是全体人民共同富裕的现代化。资本主义现代化造就了物质丰富和精神贫乏的巨大反差，而中国式现代化是物质文明和精神文明相协调的现代化。逐利资本总是试图免费利用自然资源、免费向自然排放污染；当今发达资本主义国家在应对全球气候变化、国际污染治理中的假仁假义做派，惯开空头支票甩锅推责又好为人师，淋漓尽致地展示了资本主义现代化无法避免的人与自然的冲突，而中国式现代化是人与自然和谐共生的现代化。资本主义发达国家通过战争、殖民、掠夺实现现代化，而中国式现代化是走和平发展的现代化。中国式现代化相较于资本主义现代化的特色和成就，昭示了两种社会制度竞争的历史大势和最终结局；只要牢牢把握中国式现代化的本质要求，就紧紧掌握了两种社会制度竞争的历史主动。

（四）社会主义现代化超越并最终取代资本主义

尽管社会主义现代化实践从一开始就遭受资本主义的围堵和遏制，但社会主义现代化超越并最终取代资本主义却是理论的必然和历史的必然。马克思深刻批判了资本逻辑主导下资本主义现代化道路的野蛮性和暴力性，系统揭露了资本积累所造成的两极分化和剥削压迫现象的制度根源，立足于资本主义基本矛盾不可消除以及周期性经济危机无法避免的客观事实和理论逻辑，论证了资本主义现代化道路的难以为继。

中国社会主义现代化具有超越西方资本主义现代化的逻辑。现代化社会的形而上学抽象表现为资本的逻辑、权力的逻辑、技术的逻辑等，现代化的现实样态既是这些逻辑运动的结果，也体现这些逻辑之间的联系。资本主义社会中，资本逻辑和权力逻辑的交织，权力资本化、资本权力化是人所尽知并习以为常

① 习近平．高举中国特色社会主义伟大旗帜　为全面建设社会主义现代化国家而团结奋斗——在中国共产党第二十次全国代表大会上的报告［M］．北京：人民出版社，2022：22.

的客观现实。我们党强调的“权为民所系”“利为民所谋”“当官不发财”“想发财就别当官”“亲清政商关系”，生动直观地体现我国的资本逻辑和权力逻辑的各自独立运动而又紧密联系的特征。现代化进程中的这些逻辑运动，既是资本主义现代化有别于社会主义现代化的具体表现，也是预期资本主义现代化和社会主义现代化的成就及前途的基本依据。

二、中国社会主义现代化的历史回顾

新中国成立以来，中国共产党既坚持独立自主，又积极借鉴吸收现代化的国外经验，领导全国人民探索适合中国国情的现代化道路，认真学习并积极扬弃苏联社会主义现代化模式，广泛借鉴吸收世界现代化进程中的文明成果，走出了一条超越西方资本主义现代化的中国特色社会主义现代化道路。习近平总书记深刻总结了我国现代化和西方现代化的差异，“我国现代化同西方发达国家有很大不同。西方发达国家是一个‘串联式’的发展过程，工业化、城镇化、农业现代化、信息化顺序发展，发展到目前水平用了二百多年时间。我们要后来居上，把‘失去的二百年’找回来，决定了我国发展必然是一个‘并联式’的过程，工业化、信息化、城镇化、农业现代化是叠加发展的”①。中国共产党坚强有力的领导，是“并联式”现代化得以顺利推进的根本原因；始终坚持公有制经济的主导和主体作用，使我国社会主义现代化始终指向共同富裕，共同富裕又转而成为现代化的重要推力；这与西方生产资料私有制驱动的现代化导致两极分化，现代化指向资本主义制度灭亡的历史宿命形成鲜明的对比。

（一）效仿与扬弃苏联社会主义现代化模式

苏联是世界上第一个社会主义国家，社会主义现代化的理论与实践探索始于苏联。学习和效仿苏联，是社会主义国家开启现代化进程时近乎本能的选择。苏联模式是特殊历史条件的产物，在世界现代化进程中一度也有非常抢眼的表现；现代化蕴含着与时俱进，不断创新，追赶先进、保持先进的实践要求；苏联模式在实践中走向僵化，这本身是现代化进程中的异化产物。中国特色社会主义始终秉承现代化的实践要求，成为世界现代化进程中不断克服实践异化的典范。

苏联的追赶型现代化模式在实践中走向僵化。十月革命之后，为应对帝国主义的包围和外部的强大军事和经济压力，苏联逐渐形成了一种赶超型现代化

① 中共中央党史研究室．习近平关于科技创新论述摘编［M］．北京：中央文献出版社，2016：24-25.

模式。尽管学界对苏联模式存在认识的分歧，但苏联采用高度集中的政治经济体制进行社会主义建设，以政治动员方式配置经济资源，国家集中统一推进现代化已为学界的共识。苏联模式在二战战胜法西斯，战后相当长一段时间内为赢得美苏竞争的优势发挥了重要作用。苏联模式的悲哀在于，在实践中取得的成功形成和强化对模式的依赖，继而成为修改完善模式的障碍，这导致模式的活力逐渐衰减，使模式最终走向僵化，社会主义现代化实践发生异化，为苏联解体埋下祸根。

中国学习借鉴但不盲目迷信苏联模式。在社会主义和资本主义两大阵营尖锐对立的背景下，学习借鉴苏联经验是新中国开启社会主义现代化进程时下意识的行为选择。在经历短暂的照抄苏联模式之后，以毛泽东为代表的中国共产党发现苏联模式的弊端，在扬弃苏联模式的基础上自主探索现代化道路。毛泽东的《论十大关系》堪称扬弃苏联模式、自主探索中国社会主义现代化道路的理论成果的代表。尽快改观农业国落后的生产力面貌，围绕工业国建设落实“四个现代化”的战略部署；“一五”计划顺利实施，建成初步完整的工业体系，堪称中国社会主义现代化的重要实践成果。毛泽东深刻反思苏联社会主义建设过程中的缺点和错误，批判借鉴苏联关于社会主义社会矛盾问题的认识，创造性地回答了在社会主义社会中存不存在矛盾、存在什么矛盾以及怎样解决这些矛盾的问题，提出了中国特色社会主义社会矛盾的特殊性以及独立自主地建设社会主义的思想。

对社会主要矛盾的认识偏差导致社会主义现代化道路探索的曲折。正确判断深刻认识社会主要矛盾，并据此制定实践方针和政策，是中国共产党领导人民开创伟业的基本经验。党的八大正确地认识到，我国无产阶级同资产阶级之间的矛盾已经基本解决，几千年来的阶级剥削制度的历史已经基本结束，社会主义的社会制度在我国已经基本上建立起来；我国国内的主要矛盾已经是人民对于建立先进的工业国的要求同落后的农业国的现实之间的矛盾，已经是人民对于经济文化迅速发展的需要同当前经济文化不能满足人民需要的状况之间的矛盾。由于国际国内的复杂原因，党的八届三中全会修改了八大关于社会主要矛盾的认识和论断，最终导致社会主义现代化道路探索的曲折。

（二）借鉴吸收世界现代化进程中的有益经验

中国共产党是高度重视自身建设、自我革命的政党，不仅善于总结反思自身实践，也善于从外来经验中吸取实践智慧。社会主义道路探索遭受曲折，没有成为社会主义现代化的实践障碍，而是为开创中国特色社会主义伟业提供了契机。党的十一届三中全会以来，“中国现实的大变革主题发生了重大变化：从革命转向现代化，而且是在改革开放新形势下的现代化"①。我国借鉴吸收世界现代化进程中的有益经验，始终立足自身实际推动外来经验在中国现代化实践中的创造性应用，走出了一条既学习借鉴西方而又超越西方的现代化道路。

不断推进现代化的认识深化和领域扩容。生产力是历史进步的根本动力，相较于传统的农业生产力，工业代表更高级更发达更有效率的生产力。新中国在建国之初就确立了建设工业国的目标，对工业国的认识也是在社会主义现代化进程中不断得以深化。"四个现代化"承载着新中国对工业国的最初构想，改革开放开启中国特色社会主义建设征程，实现社会主义现代化设定为这个征程的总任务总目标；中国特色社会主义建设布局凝聚着对社会主义现代化期冀，是对总任务总目标的分解落实和现实具体化。中国特色社会主义总布局从改革开放初期的"物质文明和精神文明两手抓、两手都要硬"，到"政治—经济—文化三位一体"，到"政治—经济—文化—社会四位一体"，再到"政治—经济—文化—社会—生态文明建设五位一体"的演变历程，见证了社会主义现代化建设领域的拓展历程，体现了对社会主义现代化规律认识的不断深化。

经济现代化联动社会各领域现代化进程。经济基础决定上层建筑，我国以社会形态跨越的方式进入社会主义，加快推进生产力发展，对提高经济现代化水平有着特别重要的作用。经济现代化建设坚持试点先行，总结试点经验，再遵循"以线串点，连线成面"的原则，拓展经济现代化的地理空间。经济建设为中心，以化解经济建设的现实障碍，提高经济现代化水平倒逼改革开放，联动其他领域的现代化建设，为现代化建设持续稳定展开奠定坚实的基石。市场配置经济资源，资本驱动经济效率提升，是世界现代化实践经验总结和提炼。我国走过了一条借鉴世界现代化一般经验，坚持有为政府和有效市场协同的经济现代化道路：政府直接配置资源的领域收缩，换取市场配置资源的空间拓展；政府职能优化、管理经济方式改进，带动市场配置资源效率提升；市场激发资本逐利动机和财富创造功能，政府兜底，防范资本逻辑泛滥，控制和修复资本危及社会主义现代化的负面效应。

中国特色社会主义制度建设巩固现代化成果。中国特色社会主义制度安排，是现代化实践经验的总结和提炼，也是深入推进现代化进程的实践原则。我国社会主义现代化既借鉴了现代性引发的现代化理论，又深刻总结改革开放实践经验，为推动现代化理论发展做出重大贡献。我国改革开放推进现代化进程凸显了四重转变：一是从"摸着石头过河"到"顶层设计和摸着石头过河相结

① 罗荣渠．现代化新论［M］．上海：华东师范大学出版社，2013：375.

合”的转变，二是从各地区各部门“分散作为”到全国全社会整体“系统推进”的转变，三是从加入 WTO 前被动接受世界现代化进程的影响，向加入 WTO 后主动融入世界现代化进程的转变，四是从改革开放新时期分散作为、重点突破的成果汇总形成现代化总体成果，向全面深化改革新时代整体推进和重点突破相促进直接生成现代化总体成果的转变。四重转变的制度化成果，既是社会主义现代化的实践结晶，更是社会主义现代化行稳致远的重要保障。

（三）开创中国特色社会主义现代化的崭新境界

新时代开创国家治理现代化牵引现代化总进程的新境界。国家治理现代化既是制度体系的不断丰富和完善，是制度执行能力的提升并稳定维持在高水平，更是制度体系和制度执行能力耦合而成的国家治理高效能。国家治理现代化构筑各地区、各部门、各领域的现代化能力提升的基石，各地区、各部门、各领域现代化发展诉求融汇于国家治理现代化的总体构思和设计中。新时代创新和完善中国特色社会主义制度体系以巩固现代化成果，使中国日益走近世界舞台中央，为欠发达国家现代化提供中国经验，为化解世界现代化进程的障碍提供中国方案，在不断为人类文明进步多做贡献的过程中日益成为世界现代化的引领者。

新时代推进全过程人民民主开创人的现代化的新境界。现代化的本质和核心是人的现代化，全过程人民民主提升人的现代化水平，必将开创新时代现代化建设的新境界。新时代社会主义现代化新的征程上，必须“践行以人民为中心的发展思想，发展全过程人民民主，维护社会公平正义，着力解决发展不平衡不充分的问题和人民群众急难愁盼问题，推动人的全面发展、全体人民共同富裕取得更明显的实质性进展”①。发展全过程人民民主，其基础和前提是坚持党的领导、人民当家作主、依法治国有机统一，其重点是“健全全面、广泛、有机衔接的人民当家作主制度体系，构建多样、畅通、有序的民主渠道，丰富民主形式，从各层次各领域扩大人民有序政治参与，使各方面制度安排和国家治理更好体现人民意志、保障人民权益、激发人民创造”②。全过程人民民主贯穿于人民参与政治生活的整个过程，建构起民主选举、民主协商、民主决策、民主管理与民主监督的完整闭环链，把顺应和满足人民群众的诉求贯穿到从选举、决策、管理到监督的全过程，在涵盖决策前、决策中与决策后的各环节，

① 习近平．在庆祝中国共产党成立 100 周年大会上的讲话［M］．北京：人民出版社，2021：12.

② 中共中央关于党的百年奋斗重大成就和历史经验的决议［M］．北京：人民出版社，2021：39.

都强调人民群众参与公共决策的重要性，实现国家治理现代化和人的现代化的有机融合，开创了我国社会主义现代化的新境界。

三、中国社会主义现代化的基本经验

世界现代化进程中，中国是后来者、跟随学习者。近代历史上，现代化曾作为一种文化现象，引发了中国知识分子广泛而深刻的讨论；抗日战争爆发之后，全民族的注意力转向伟大的民族解放战争，现代化这个大课题一时似乎销声匿迹了。新中国成立后，中国共产党视现代化为追求经济社会发展、文明进步，人民生活改善的历史实践，领导中国社会主义现代化取得举世瞩目的成绩，积累了宝贵的经验。

（一）现代化的诉求根植于社会主义制度实践

中国共产党认识到，囿于落后的生产力，中国的无产阶级革命不能直接步入社会主义，必须经过一个过渡时期补上发展生产力的课。毛泽东强调，“革命胜利之后，因为肃清了资本主义发展道路上的障碍物，资本主义经济在中国社会中会有一个相当程度的发展，是可以想象得到的，也是不足为怪的。……这是经济落后的中国在民主革命胜利之后不可避免的结果”①。当然，资本主义的发展是在“替社会主义创造前提”②。1952 年，我们党提出的“过渡时期总路线好比展翅高飞的大鸟，社会主义工业化是它的主体，对个体农业、手工业的社会主义改造，对资本主义工商业的社会主义改造，分别为两翼”③。从“一化”和“三改”的关系看，前者是后者的目标，后者是前者的保障；选择社会主义制度和确立现代化的历史任务就成为新中国国史分期的第一个里程碑。通过对生产资料进行社会主义改造，新中国在“一穷二白”的基础上，迅速“构建起以农村集体经济和城市国有企业为主体的公有制经济体系，并据此形成‘单位制’的社会结构体系。在全国党政组织系统的连接下，全国各民族、各阶层被组织动员起来，国家计划指令的调配得以高效实施，将大量农业剩余产品在未经商品化的情况下转化为工业积累，迅速构建起比较完整的工业和国防体系”④，迈出了学习效仿苏联模式，实践以重工业为主导的赶超型国家现代化模

---

① 毛泽东．毛泽东选集：第 2 卷［M］．北京：人民出版社，1991：650.

② 毛泽东．毛泽东选集：第 2 卷［M］．北京：人民出版社，1991：647.

③ 中共中央党史研究室．中国共产党的九十年：社会主义革命和建设时期［M］．北京：中共党史出版社、党建读物出版社，2016：418.

④ 王长江，郭强．论社会主义与现代化的关系——基于新中国成立以来中国现代化实践历程的研究［J］．社会主义研究，2020（1）：45-53.

式。社会主义改造进程中，我们党充分发挥思想政治工作的优势，把农民人文技能素养培育融入农村的合作化运动中，资本主义工商业改造中创造性地运用和发展马克思主义的赎买理论，走出了一条从流通领域到生产领域，从物的改造到人的改造有机结合的中国特色民族资本改造道路①，这深刻启示我们，社会主义现代化的本质和核心是人的现代化。

（二）现代化进程中保持改革发展和稳定的统一

现代化进程中总是充满风险。推进现代化意味着破旧立新、打破习俗，摆脱经济社会发展既有的路径依赖，滋生和孕育导致社会不稳定，引致社会动荡的因素。英国社会学家安东尼·吉登斯认为风险与现代性如影相随、与生俱来。美国政治学家塞缪尔·亨廷顿认为，现代性意味着稳定，而现代化意味着动乱。浙江大学刘同舫教授认为，“在追求现代性、实现现代化的过程中，社会理想和现实条件之间的张力，社会转型带来的种种矛盾，都将在现代化进程中聚合释放，引发各种震荡。多个发展中国家的现代化实践印证了这些关于现代化风险的理论，它们在发展进程中面临诸如‘中等收入陷阱’‘转型陷阱’‘修昔底德陷阱’‘新自由主义陷阱’等现实挑战”②。改革开放40多年以来，我国发生了翻天覆地的变化，既实现了经济的持续增长，也有效避免了社会动荡，创造了社会主义现代化的“发展奇迹”和“稳定奇迹”。

改革开放创造的“奇迹”中蕴含社会主义现代化的重要经验。屡屡被印证的现代化的风险理论在中国失效，既证伪了把现代化等同于西化的理论观点和实践主张，也提出总结中国社会主义现代化实践经验，丰富和完善现代化理论的强烈诉求。我国社会主义现代化的这两大奇迹，首先，源于“摸着石头过河”的实践智慧。我们党高度重视改革、发展和稳定的关系，强调把改革的力度、发展的速度和社会可以承受的程度统一。习近平总书记强调，谋划和推进党和国家各项工作必须“深刻认识和准确把握外部环境的深刻变化和我国改革发展稳定面临的新情况新问题新挑战，坚持底线思维，增强忧患意识，提高防控能力，着力防范化解重大风险”③，决不能在根本性问题上出现颠覆性错误。其次，发展和稳定两大奇迹是统筹兼顾的实践结晶。唯物辩证法强调“两点论”和“重点论”统一，我们党在革命、建设和改革开放中坚持创造性应用辩证法，形成了统筹兼顾的工作方法和实践传统。毛泽东《论十大关系》的理论著述，

---

① 葛扬．中国特色社会主义基本经济制度［M］．北京：经济科学出版社，2018：77.

② 本刊记者．中国奇迹“奇”在哪里？——访浙江大学马克思主义学院院长刘同舫教授［J］．马克思主义研究，2020（4）：17-26.

③ 习近平．习近平谈治国理政：第三卷［M］．北京：外文出版社，2020：219.

新世纪实施的“五个统筹”战略，彰显了我们党驾驭统筹兼顾实践原则的高超艺术，内蕴了发展和稳定两大奇迹的成因。再次，先行先试的改革铺开方式成就发展和稳定两大奇迹。改革是发展的动力，也是打破平衡，滋生和诱发风险的原因。我国重大改革举措总是试点先行，总结试点经验后再全面铺开，既保证了改革举措的实效性，也最大程度克服和化解改革带来的不稳定风险。最后，对弱势群体特别关照夯实社会稳定的基石。社会弱势群体、发展滞后的弱势地区、发展不足的弱势领域因分享发展成果的机会缺乏和能力不足而被拒斥在现代化进程之外，进而引发社会分裂，导致社会动荡，已经成为许多国家的顽疾。我国改革开放始终重视对弱势群体、弱势领域的特别关照，不仅有诸如“对口帮扶”“精准扶贫”“以工补农，工业反哺农业”的关照弱势群体的系统性战略部署和政策设计，也有特别救济、社会救助、专项补助等关照零星偶发的弱势群体的制度安排。

（三）自主独立开放包容守正创新的现代化道路

我国现代化建设的辉煌成就，归根结底是党领导人民，自主独立地探索出了一条既开放包容，又守正创新的道路。只有坚持自主独立，开放包容才不会发生异化，不会成为别有用心者加以利用的机会。自主独立绝非固执己见，墨守成规；开放包容为自主独立注入新动力，提升自主独立的能力和水平。自主独立和开放包容统一于守正创新的现代化实践，使现代化建设在机遇与挑战并存的局势下始终坚持信心和耐心不动摇，保持了自我发展的秉性和风格。

自主独立规避了西方预设的现代化陷阱。西方先发国家引领世界现代化的过程中，总是试图将后发国家纳入其所主导的“中心—外围”体系中，使后发国家走上一条依附型发展道路。一是凭借其强大的政治、经济和军事实力，采用向后发国家输入资本、技术，转移其产业升级进程中淘汰的低端产业，产业链低端环节等方式，形成和强化后发国家对其物质层面的硬依附。二是凭借其主导国际话语的优势，向后发国家推销民主、自由、私有化、市场化等极具欺骗性的话语，形成和强化后发国家对其精神层面的软依附。西方的自由、民主等话语，实则是以华丽的话语、虚幻的形式，掩盖资本、技术、军事实力雄厚的先发者掠夺后发者的强权。三是抓住和利用后发者渴望发展，急于推进现代化的迫切愿望，向后发国家强行兜售成套的新自由主义方案。我国社会主义现代化始终坚持了自主独立，虽然积极借鉴吸收外来经验，但绝不偏听偏信，始终坚持在现代化实践中检验外来经验的有效性，成功规避了西方兜售方案的预设陷阱。

守正创新同向聚合现代化与中华民族伟大复兴的实践伟力。现代化是顺应生产力快速发展趋势和要求的系统而复杂的社会变革，中华民族伟大复兴是在科学技术加快发展、各种文明竞相繁荣的世界大格局中，再次成为人类文明发展的引领者的实践探索。守正是始终坚持马克思主义指导地位不动摇，坚持科学社会主义基本原则不动摇，坚持中国共产党的领导不动摇，坚持中国特色社会主义不动摇；是在急剧变化的环境中保持头脑清醒，在不断扩大开放中辨识形形色色的主义和主张，防止迷失方向和实践异化的前提和保障。在苏联解体之前，不少社会主义国家已经意识到自身发展模式的局限与弊端，并开启了多种尝试性的改革，中国实施的改革开放只是当时世界改革浪潮中的一部分①；与中国改革开放不断取得新成就，社会主义现代化不断开创新境界形成鲜明对比，不少社会主义国家在改革浪潮中迷失了方向，改旗易帜而跌入西方预设的陷阱，其根本原因在于中国始终葆有守正的品格和风范。制度的竞争、文明的竞争、道路的竞争终归是创新能力的竞争；守正为前提的制度创新、理论创新、实践创新，形成和汇聚社会主义现代化与中华民族伟大复兴的强大动力。

四、中国社会主义现代化的理论创新

实践是理论的源泉。中国特色社会主义现代化实践，是现代化理论发展的源头活水。习近平总书记强调指出，“当代中国的伟大社会变革，不是简单延续我国历史文化的母版，不是简单套用马克思主义经典作家设想的模板，不是其他国家社会主义实践的再版，也不是国外现代化发展的翻版”②。中国特色社会主义现代化提出了许多资本主义现代化难以滋生孕育的理论主张和实践诉求，新时代的现代化建设实践经验总结，丰富和发展了社会主义现代化理论。中国特色社会主义现代化始终坚持以人民利益为本，为最终实现人的解放创造和积累条件，在不断丰富繁荣物质世界的同时不断提高人自身的现代文明素质。

（一）社会主义现代化的本质和核心是人的现代化

人的现代化是社会发展进步的关键因素。生产力是历史发展进步的根本动力，人是最有活力的生产力要素，人的现代化对社会发展进步至关重要。人的现代化是围绕人的思想观念、素质能力、行为方式、社会关系等方面的发展，推进人从传统向现代的转型的过程及成果的统一。人的现代化是逐步消除物质匮乏、精神空虚，根除贫富分化，规避社会撕裂、社会动荡的过程。适应和推

① 本刊记者．中国奇迹“奇”在哪里？——访浙江大学马克思主义学院院长刘同舫教授［J］．马克思主义研究，2020（4）：17-26.

② 习近平．习近平谈治国理政：第三卷［M］．北京：外文出版社，2020：76.

动生产力快速发展的现代化运动的主体是现实的人，现代化主体并非能在推动现代化进程中自发实现自身人的现代化。资本主义现代化能够创造出高度发达的生产力，但由于生产资料私有制在生产资料所有者和劳动者之间挖掘了一道鸿沟，二者在分享生产力发展成果，利用生产力发展成果实现人自身的发展等方面存在显著的差距；资本主义现代化不可避免地形成财富占有的两极分化，最多仅能实现生产资料所有者人的现代化，不能实现全体现实的人的现代化。社会主义生产资料公有制使现实的人同时具有生产资料所有者和劳动者的身份，现实的人既能充分参与生产力发展，又能公平利用生产力发展成果实现自身的发展，社会主义现代化具有实现人的现代化的制度保障。

我国社会主义人的现代化取得丰硕的成就。社会主义“解放生产力、发展生产力、消灭剥削、消除两极分化、最终达到共同富裕”① 的本质规定，内在契合人的现代化的要求。我国社会现代化进程中，尽管不同的现实具体人之间也存在现代化的能力和水平的差异，但国家实施系统的弱势群体特别关注政策，使发展能力和水平相对较低的弱势群体能够有更快的发展速度，有效避免了资本主义现代化进程中强者更强、弱者更弱的悲剧。把人的现代化作为社会主义现代化的本质和核心，以不断推进的改革开放化解人的现代化面临的现实制约，使现代化实践主体和现代化成果的分享主体实现融合统一，形成现代化成果公平共享和现代化实践主体能力提升协同联动的机制。一方面，现代化实践主体的主体性彰显为现代成果创造和积累奠定基础；另一方面，现代化成果的公平分享激发现代化实践主体的主观能动性和创造性。顺应社会主要矛盾转换的客观现实，新时代以满足人民美好生活需要为中心，全力解决发展中的不平衡不充分问题，不断推动人的现代化水平再上新台阶。

（二）生态现代化是社会主义现代化的内容和要求

现代化是快速发展的生产力引发社会生产生活方式变革。从这个角度看，生态现代化就是生态系统持续改善，生态产品产出能力持续增加，为社会生产方式改进，社会生活方式改善注入持续动力。德国学者胡伯在 20 世纪 80 年代就提出了生态现代化的概念，用以表达和阐释发挥生态优势推进现代化进程，实现经济发展和环境保护双赢的主张和诉求。除了强调和重视现代化进程中的生态环境问题这一广泛共识外，学界对生态现代化的内涵、生态现代化的研究内容依然是意见纷呈。资本主义现代化秉承“先污染、后治理”的实践逻辑，资本驱动的现代化，使先发者得以利用市场机制转嫁现代化进程中的资源和环

① 邓小平．邓小平文选：第 3 卷［M］．北京：人民出版社，1993：373.

境成本，以全球资源环境整体状况恶化为代价保持了先发者自身良好生态环境；资本主义现代化最多能实现先发者、霸权者的生态现代化，不可能在全球范围内实现生态现代化。

中国是生态现代化的理论贡献者。中国是世界上最早接受可持续发展战略的国家之一，一直把生态环境治理作为现代化的重要任务，提出和积极践行绿色发展理念，将生态文明建设纳入社会主义建设总体布局；不断丰富的生态文明理论研究成果，为生态现代化理论研究注入不竭的动力。党的十九大强调，“牢固树立社会主义生态文明观，推动形成人与自然和谐发展现代化建设新格局”①；不断深入推进的生态文明作为国家战略，为生态现代化理论研究积累了丰富的实践素材。习近平总书记明确提出“两山”理论，把对人类自身的关爱移情于对自然环境整体的关怀，力图通过人与人之间的关系调整、社会的系统改革化解人与自然之间的矛盾冲突，以发挥生态优势推进现代化进程，实现经济发展和环境保护的双赢。党的二十大把“推动绿色发展，促进人与自然和谐共生”② 的战略部署细化落实到发展方式绿色转型、环境污染防治、生态系统多样性稳定性持续性提升、碳达峰碳中和的具体安排中，开创了绿色发展实践推动生态现代化理论创新的新境界。

中国是生态现代化的实践成果贡献者。中国协同推进植树造林、防沙治沙、石漠化治理和脱贫攻坚，为世界贡献了生态现代化和人的现代化同步发展的经验。中国沙区和石漠化地区分布着全国近 2/3 的贫困县、近 80%的贫困人口，既是生态建设的重点区域，也是脱贫攻坚的主战场。我国建立“政府政策性支持、企业产业化投资、农牧民市场化参与、科技持续化创新”的合作机制，走出了一条投资有收益、农民有收入、生态环境有保障的可持续发展道路。③ 中国坚持不懈推进防沙治沙事业，率先实现荒漠化土地面积零增长，为实现联合国提出的到 2030 年全球退化土地零增长目标做出重要贡献。联合国粮农组织发布的 2020 年《全球森林资源评估报告》显示，过去 10 年间，亚洲森林面积净增最高，其中中国森林面积年均净增加最多；中国目前森林面积达到 2.2 亿公顷，

---

① 习近平．决胜全面建成小康社会　夺取新时代中国特色社会主义伟大胜利——在中国共产党第十九次全国代表大会上的报告［M］．北京：人民出版社，2017：52.

② 习近平．高举中国特色社会主义伟大旗帜　为全面建设社会主义现代化国家而团结奋斗——在中国共产党第二十次全国代表大会上的报告［M］．北京：人民出版社，2022：49.

③ 王新萍，俞懿春，韩硕，等．库布其治沙，值得借鉴的成功经验［N］．人民日报，2020-08-11（3）.

占全球森林面积的5%。中国生态文明建设的卓越成就，验证和发展了生态现代化理论，为现代化理论发展做出了巨大的中国贡献。

（三）中国式现代化系统集成社会主义现代化的理论创新

现代化的理论话语中隐含西方国家控制后发国家的图谋。将现代化视为工业化引发的经济社会系统变革的学界共识，隐含西方利用工业化的先发优势制定现代化的评估标准，并用依据标准评估现代化实践成效的方式引诱后发国家步入其预设轨道的祸心；将现代化视为彰显现代性的具体实践，不仅具有明显的历史唯心主义色彩，而且因对现代性的莫衷一是引发现代化实践的混乱，还隐含西方发达国家凭借所谓的后现代性研究占据现代性的话语权，对后发国家现代化实践施加影响的偏执和傲慢。中国走出了一条不同于西方的现代化道路，仅用几十年时间就取得西方发达国家百年现代化的实践成就，具备依托现代化发展成就，建构现代化理论的实力和条件；无论是揭示中国社会主义现代化奇迹的成因，还是识别和揭批西方的现代化话语陷阱，都提出深入挖掘中国式现代化这一范畴的理论话语功能的现实要求。

彰显中国式现代化的理论贡献和实践伟力是新时代的重要使命。中国式现代化作为一个理论范畴，承载着对现代化的一般规律和现代化的中国特色的认识。中国式现代化既不能等同于，也不是简单从属于中国的现代化。在近代中国的大视野中，中国的现代化实践有被动和主动两个阶段、两种类型：前者是中国在遭受列强欺凌的条件下，为争取民族独立国家富强而被动做出的效法西方，自主独立性不强，缺乏系统设计和战略规划指引的求富求强历史运动；后者是新中国成立后，在中国共产党领导下，紧盯世界最先进水平，为缩小中国发展与世界先进水平之间的差距，赶超世界先进水平，遵循现代化规律，在系统的战略规划指引下，既自主独立又借鉴国外先进经验的社会革命。中国式现代化是在主动现代化进程中，凝聚着对现代化规律的深化认识并体现中华民族特色的社会革命。中国式现代化的内涵挖掘、经验总结、特色归纳，释放出强大的理论张力。党的二十大强调，中国式现代化是人口规模巨大、全体人民共同富裕、物质文明和精神文明相协调、人与自然和谐共生、走和平发展道路的现代化，这既是对现代化的中国特色的描述，也是中国社会主义现代化的理论创新。“中国式现代化的本质要求是：坚持中国共产党领导，坚持中国特色社会主义，实现高质量发展，发展全过程人民民主，丰富人民精神世界，实现全体人民共同富裕，促进人与自然和谐共生，推动构建人类命运共同体，创造人类文明新形态。"① 中国式现代化的本质要求，道出了中国现代化奇迹的秘密，对深入推进中国式现代化的实践进行经验总结和理论提炼，为丰富和繁荣世界现代化理论做出新的中国贡献，正是新时代的现代化理论张力的具体表现。

第三节 新时代推进国家治理现代化的重大贡献

国家治理现代化是国家治理体系和治理能力现代化的简称。党的十八届三中全会将推进国家治理现代化确定为全面深化改革总目标，我国国家治理体系和治理能力是中国特色社会主义制度及其执行力的集中体现。国家治理现代化水平主要取决于三个要素：一是国家治理的制度体系，二是制度执行能力，三是制度体系和制度执行能力耦合所形成的国家治理效能。党的十九届四中全会全面回答了我国现代化进程中在国家制度和国家治理体系上应该"坚持和巩固什么、完善和发展什么"的重大问题；系统规划设计了 13 个方面的制度安排，明确了推进国家治理现代化的时间表和路线图。新时代推进国家治理体系和治理能力现代化，把资本主义国家不能企及、不能奢望的国家治理效能持续改善纳入我国社会主义现代化的目标任务和内容体系，强调以国家治理效能改善促进经济社会发展各领域现代化水平提升；这是对把现代化等同于西化的错误观点的正面批驳，拓展和深化了现代化这一理论范畴的内涵，开创了认识和把握中国共产党执政规律、社会主义建设规律、人类社会发展规律的新境界。②

一、丰富社会主义现代化的内涵和要求

社会主义现代化的本质是人的现代化。把不断提高人民大众的全面发展水平作为现代化的出发点和归宿，是我国社会主义现代化区别于资本主义现代化的显著特征。资本主义现代化服务和服从于资本增殖、唯利是图的资本运动，演绎了资本扩张推动生产力快速发展的历史大剧，资本主义现代化的成果在物质文明领域有着丰富而炫目的表现。逐利资本使资本家异化为榨取剩余价值的机器，使工人沦为生产剩余价值的工具；优胜劣汰的市场竞争既导致资本集中、

---

① 习近平．高举中国特色社会主义伟大旗帜 为全面建设社会主义现代化国家而团结奋斗——在中国共产党第二十次全国代表大会上的报告［M］．北京：人民出版社，2022：23-24.

② 杜黎明．扬弃与开创：新时代推进国家治理现代化的三大贡献［J］．兰州学刊，2020（10）：14-23.

资本家集团内部在掌控资本规模和能力上的两极分化，更导致资本家和工人在社会财富占有上的两极分化。由此观之，两极分化和人的异化是资本主义现代化挥之不去的梦魇。社会主义现代化服务和服从于人的解放、人与自然的和解，与促进人的自由全面发展同频共振，现代化的成果自然体现在关涉人自由全面发展的各领域；发展无止境，发展诉求不断扩容提质是人的自由全面发展过程的典型特征，社会主义现代化内容必然是一个开放的体系，它的要求自然表现出与时俱进的发展性特征。新时代明确提出并深入推进国家治理现代化，深刻昭示了中国共产党领导社会主义现代化的历史担当。

（一）我国社会主义现代化是摆脱落后追求先进的伟大实践

社会主义现代化，是近代以来无数仁人志士变法图强、实现国家工业化的历史延续，是中国共产党顺应人民群众翻身做主人、过上好日子的美好愿望的战略选择。新中国紧随社会主义改造的动员令提出现代化战略，我国的现代化一开始就根植于社会主义制度的建立健全、巩固完善之中。

我国社会主义现代化是摆脱落后的伟大实践。按照马克思恩格斯曾经的理论设想，社会主义脱胎于资本主义的母腹，在继承资本主义高度发达生产力的基础上开启社会主义建设的新征程。与此大为不同的是，新中国脱胎于半殖民地半封建社会的母腹，没有发达的生产力可以继承，不得不面对生产力极度落后的现实，在旧中国留下的千疮百孔、一穷二白的社会基础上描绘新中国的历史画卷。实现现代化最初既是社会主义建设的重大战略、任务和目标，更是摆脱落后、追求先进，缩小与发达国家的差距的实践动员令。1953 年开启的社会主义改造，1954 年召开的第一届全国人民代表大会第一次会议就把“实现工业、农业、交通运输业和国防四个现代化”作为社会主义建设目标和任务，党的八大继而把这一目标和任务写进党章，社会主义现代化由此成为党和国家的目标和追求。1964 年，第三届全国人民代表大会第一次会议召开，周恩来总理代表中共中央提出，“在不太长的历史时期内，把我国建设成为一个具有现代农业、现代工业、现代国防和现代科学技术的社会主义强国”①；发出了加快推进社会主义现代化建设的号召动员令，把社会主义现代化战略和强国目标耦合成为中国人民创造历史的实践指引。

现代化建设奠定社会主义强国的物质基础。1949 年 3 月召开的党的七届二中全会指出了中国由农业国转变为工业国、由新民主主义社会转变为社会主义

---

① 中共中央党史研究室．中国共产党的九十年：社会主义革命和建设时期［M］．北京：中共党史出版社、党建读物出版社，2016：536.

社会的发展方向。新中国成立之初，党就明确提出实现“四个现代化”的战略，为凝聚社会主义建设共识提供了依据和准绳，实现“四个现代化”也就成为中国人民努力奋斗的方向指引。自此，实施现代化战略自然成为强国之路，现代化水平也就被视为衡量社会主义强国建设成效的标志。鉴于新中国是在全面落后于世界先进水平基础上，在与西方发达国家存在巨大发展差距的条件下开启社会主义建设，采用由果溯因的思维方式，我们有理由相信也有依据做出判断：实施“四个现代化”战略的最初任务是全面追赶，缩小与西方发达国家在这四个方面的发展差距。① 我国社会主义建设的历史雄辩地表明，只有坚持党的集中统一领导，社会主义制度才能焕发出统筹协调、全国一盘棋，调动各方面积极性，集中力量办大事等显著优势。也正是依靠这些优势，我们一是成功突破以美国为首的西方发达国家的刻意封锁，坚持独立自主，依靠艰苦创业，在近乎为零的基础上初步构建起完整的工业体系，奠定国民经济站稳行远、继而成就世所罕见的经济快速发展奇迹的基础和条件；二是推动国防科技事业快速发展，创造出“两弹一星”“人工合成牛胰岛素”等西方世界一度认为不可能实现的科学技术发展奇迹，不仅为新中国赢得了安全发展的机会，也奠定了最终建成社会主义现代化强国的物质基础。

中国特色社会主义现代化创造了赶超西方的发展奇迹。“文革”严重迟滞了“四个现代化”战略的实施，邓小平等老一辈无产阶级革命家始终着眼大局，把推进社会主义现代化建设作为拨乱反正的落脚点。在 1978 年 7 月至 9 月的国务院召开的务虚会上，“李先念提出：实现四个现代化是一场根本改变我国经济和技术落后面貌的伟大革命，既然要大幅度地改变目前落后的生产力，也就必然要多方面地改变生产关系和上层建筑”②。以实施“四个现代化”战略为抓手，全面改革和完善我国社会主义制度，逐渐成为党和国家的共识。1978 年 12 月 18 日到 22 日召开的党的十一届三中全会做出把全党工作重点转移到社会现代化建设上来的重大决定，拉开了改革开放的大幕，实现了新中国成立以来党的历史上具有深远意义的伟大转折。1982 年 9 月 1 日至 11 日召开的党的十二大明确提出“建设有中国特色的社会主义”的重大命题，邓小平在开幕词中指出：“我们的现代化建设，必须从中国实际出发。无论是革命还是建设，都要注意学习和

---

① 杜黎明．国家治理现代化的新时代意蕴［N］．中国社会科学报，2020-01-02.

② 中共中央党史研究室．中国共产党的九十年：社会主义革命和建设时期［M］．北京：中共党史出版社、党建读物出版社，2016：653.

借鉴外国经验。但是，照抄照搬别国经验、别国模式，从来不能得到成功。”①既坚持独立自主，又广泛借鉴国外先进经验，使中国特色社会主义现代化走出了一条迥异于西方的发展道路。改革开放的实践证明，“并联式”现代化充分激发和释放了我国拥有的世界上最完善的经济体系，特别是工业体系的生产力发展潜能，使我国成功摆脱了许多发展中国家因依附西方发达国家而面临的现代化陷阱，用不到40年的时间就跃居成为世界第二大经济体，取得了西方发达国家现代化上百年的成果，成功地走出了一条既自主独立又开放包容、既坚持自主创新又广泛借鉴他人智慧的赶超型、浓缩式现代化之路。

（二）新时代的现代化是引领和赶超并举的复合型现代化

落后就要受欺挨打，这是世界历史留下的深刻教训。直面与发达国家间的巨大发展差距，后发国家的现代化普遍被赋予追赶发达国家先进水平的历史使命。“四个现代化”战略一开始就承载着国人学习和赶超先进，尽快摆脱贫穷落后面貌的期冀。中国特色社会主义现代化极大改变了国家、民族和人民的面貌，“现在，我国是世界第二大经济体、制造业第一大国、货物贸易第一大国、商品消费第二大国、外资流入第二大国，我国外汇储备连续多年位居世界第一，中国人民在富起来、强起来的征程上迈出了决定性的步伐！”② 在实现由富起来到强起来伟大飞跃，日益走近世界舞台中央的新时代，无论是现代化建设的历史使命还是现代化战略的格局都发生重大而深刻的变化，新时代的现代化呈现出引领和赶超并举的复合型特征。

新时代现代化战略格局实现由主要是追赶向引领和赶超并举的飞跃。学习借鉴国外先进的技术和管理经验，追赶国际先进水平，缩小与国际先进水平之间的差距，一度曾是中国特色社会主义建设的头等大事。改革开放极大地改观了我国曾全面落后于西方发达国家的局面，改观了“四个现代化”战略实施之初的全面追赶世界先进水平的局面。尽管我国仍然是世界上最大的发展中国家，仍处于社会主义初级阶段，但在科学技术、经济社会发展的局部领域，我国正在由国际先进水平的“跟跑者”变为“同行者”，甚至是“领跑者”。工作生活在我国的国际人士将中国高铁、扫码支付、共享单车和网购誉为中国的“新四大发明”，这正是对我国在局部领域成为世界先进水平、成为现代化的国际潮流

① 中共中央党史研究室．中国共产党的九十年：社会主义革命和建设时期［M］．北京：中共党史出版社、党建读物出版社，2016：713.

② 习近平．在庆祝改革开放40周年大会上的讲话［M］．北京：人民出版社，2018：11-12.

引领者的肯定和证明。中华民族曾长时期引领人类文明发展，新时代我国要日益走近世界舞台中央，不断为人类做出更大贡献，实现引领人类文明发展的中国梦，对我国社会主义现代化战略提出了新的更高要求。和我国“四个现代化”战略实施之初的情景相似，目前大多数发展中国家现代化任务是全面追赶并着力缩小与国际最先进水平的差距，现代化类型是单纯的追赶型、适应型现代化。与此形成鲜明对比，新时代的现代化是引领、保持和追赶国际最先进水平交织并举、并驾齐驱的复合型现代化，是更多、更快、更好地实现由赶超型向引领型转变的现代化。具体而言，新时代的现代化，一是要发挥优势，让目前已居于国际领先地位的发展领域继续保持和强化引领优势；二是要挖掘潜力，使追赶领域尽快缩小与世界先进水平的差距，实现由追赶向同行甚至是领跑的飞跃；三是创造和培育新优势，使与国际先进水平并排跑的领域取得原创性的发展成就，实现由同行向领跑的飞跃；四是积累、巩固和集成创新驱动的发展成就，全面迸发创新动力和发展活力，使更多的追赶领域变为达到国际最先进水平，更多的已达到国际最先进水平的领域变为引领国际发展。

新时代现代化肩负着建构中国国际话语权的神圣使命。西方发达国家一直利用后发国家对实现现代化的迫切愿望，刻意制造西方迷信，强势推销西方话语，野蛮兜售西方方案。中国特色社会主义现代化取得的举世瞩目的成就不会自动转化为国际话语，尽管我们党领导人民先后成功解决了“挨打”“挨饿”问题，正在实现从“富起来”到“强起来”的伟大飞跃，但我国依然未能成功解决“挨骂”问题。系统总结我国社会主义现代化取得的成就，深刻揭示现代化成就的成因，批驳西方中心主义者对我国社会主义现代化的曲解，是新时代建构国际话语的重要方式。西方中心主义者无法再刻意屏蔽中国成就，不能再对中国成就熟视无睹时，总是偏执地把中国成就归因于效法西方，傲慢地用西方理论“揭示”中国现代化的实践逻辑；当西方理论解释不了中国奇迹，西方理论被中国实践明显证伪时，不仅不去反思西方理论的缺陷，反而一味抨击责骂中国“离经叛道”。新时代的现代化肩负着以行示范，以言传道，以实践成就确证中国特色社会主义科学性，讲清讲好中国故事、建构中国国际话语权的历史使命，对现代化战略实施的组织安排、制度保障提出新的更高要求。优质高效的国家治理，是中国奇迹、中国成就最重要的成因。党的十九届四中全会系统总结了我国国家制度和国家治理体系的 13 个方面的显著优势，这些优势既为新时代现代化战略实施提供了全方位的保障，也昭示了我国社会主义现代化的远大前途，是对我国社会主义现代化奇迹和成就的深刻揭示。制度现代化是我国社会主义现代化的重要任务，国家治理体系和治理能力现代化是各领域现代化最核心的要求，最根本也是最基础的保障。我们党高度重视制度执行力，强调把制度优势、制度执行力转化为国家治理的效能，这是新时代续写社会主义现代化奇迹的重要保障，为总结现代化实践经验以生成中国话语，依托现代化成就传播中国话语奠定了坚实的基础。

二、破除西方迷信开创现代化新境界

现代化的西方迷信有着复杂的成因。利用现代化成就炮制西方神话，硬把西方言说成为国际潮流和国际趋势，强行把后发国家拉入西方预设的现代化的道路，是西方霸权主义者维护和主张霸权的惯用伎俩。受此影响，国内一些学者也曾一度错误地将现代化理解为西化，把中国的改革开放解读为融入“国际潮流”，解释为向西方看齐，更有一些别有用心者处心积虑，借国家实施现代化战略之机鼓吹全盘西化。究其原因，一是把历史事件的出场时间作为话语权获取的依据。社会存在和社会意识并非同步发展，尽管西方工业革命拉开现代化的历史大幕，西方发达国家开启现代化征程的时间早于中国，但这并不意味着西方就可以自动获取并长期把持现代化的国际话语权，中国现代化只能亦步亦趋跟随和效法西方。尽管现代化的确是个外来词，但仅仅凭借这一“客观事实”，依据中西开启现代化进程存在时间先后的差异，就认定西方发达国家为现代化的“教师爷”，这是混淆了表象和本质的区别，直接把事物的表象当成事物的本质，实质是崇洋媚外汉奸心态。二是思维惰性和自信缺乏作祟。近代中国积贫积弱，经济社会和科学技术发展的确全面落后于西方发达国家，无数变法图强的仁人志士最初也的确是试图效法西方以求中国之复兴，改变中国落后的面貌。这滋生了自信缺乏者面对现代化课题时的自卑感，在学习西方经验、探索现代化的出路时，习惯于站在形而上学静止孤立的立场审视现代化，把西方现代化的时间领先固化为“永恒”的优势，而不是去深刻总结现代化实践经验，比较不同国家现代化的实践成就，从中吸取完善现代化战略的启示。

破除现代化的西方迷信任重而道远。新中国现代化战略的最初任务的确也是缩短与西方发达国家的发展差距，善于学习借鉴西方先进经验也的确是我国社会主义现代化成就的重要成因。以美国为首的西方发达国家总是以现代化的“教师爷”自居，对他国发展评头品足，甚至是野蛮干涉，竭尽其能维护现代化“教师爷”的颜面，刻意制造现代化的认识迷雾，严重制约了现代化理论的发展。改革开放以来，我国走出了一条工业化、城镇化、农业现代化、信息化“四化协同”的“并联式”现代化道路，无论是现代化的组织方式、现代化发展的节奏，还是现代化的实践进程、现代化发展的效率，都与西方顺序经历工业化、城镇化、农业现代化、信息化的“串联式”现代化有着显著的差异。过去40多年来，无论是现代化水平的提升速度，还是现代化成就都堪称世界奇迹，令秉持客观公正立场，不抱认识偏见的世人刮目相看。我国社会主义现代化实践不仅为认识现代化提供了新视角新素材，也为克服和打破现代化的西方迷信奠定了坚实的物质基础。新时代的现代化战略之所以是破除西方迷信、全面彰显中国自信的大战略，一是明确提出国家治理现代化的范畴，并把国家治理效能的持续改善作为国家治理现代化的核心要求和基本特征；二是把推进国家治理现代化纳入现代化的内容体系，以全面从严治党，党的自我革命推进社会革命，把西方现代化难以企及的国家治理效能持续改善变为中国的现实；三是推动并实现现代化的实践格局从全面追赶西方发达水平向引领世界先进水平、保持世界先进水平和追赶世界先进水平并驾齐驱、交织协同的转变。

（一）西方现代化的内容体系容纳不了国家治理现代化

新时代推进的国家治理现代化，核心要素是制度完善程度、制度执行力和国家治理效能。国家治理效能是制度体系和制度执行能力的耦合与集成，不管是制度体系的丰富和完善，还是制度执行能力的提升，最终都要服务于并体现为国家治理效能的改进。无论是西方现代化的历史根源和实践历程，还是西方国家治理的目标，都难以与国家治理现代化相生相容。西方现代化历程，集中体现了经济基础对上层建筑的决定作用，资产阶级总是想方设法利用国家机器，为资本逐利增殖创造尽可能“自由”“公正”的条件和环境；西方现代化进程中的具体制度安排，本质上是资本家个体之间、资本家集团之间利益妥协的产物，现代化进程中的国家治理，始终围绕发展好、实现好生产资料私有者的集体利益，并实现不同利益集团之间的政治权力和经济利益分配均衡展开。整体由部分构成，但整体不是各部分的简单相加，只有组织整体才具有任何组织成员个体都无法企及的发展能力，是一个组织最为重要的组织力；西方理论中的个体理性与集体理性的悖论，其实也是对整体和部分关系的迷思。西方国家治理不可能以执政党的自我革命、自我牺牲成就国家整体利益，个体利益、利益集团的局部利益与国家和社会整体利益的冲突，始终是西方国家治理面临的难题，也是西方国家治理效能提升无法克服的制约。

西方现代化是巩固和发展生产资料私有者利益的社会变革。封建社会末期，新兴资产阶级拉开了世界历史上的现代化运动的大幕。从现代化是一场广泛而深刻的社会变革的视角来看，首先，西方现代化是一场科技革命、工业革命引发的生产力革命和经济革命。生产力决定生产关系，正是科技革命、工业革命大大激发社会生产力的发展活力，才使资本主义生产关系得以滋生萌芽并快速蔓延。马克思恩格斯在《共产党宣言》中对资产阶级推动的生产力革命予以高度的评价，“资产阶级在它的不到一百年的阶级统治中所创造的生产力，比过去一切世代创造的全部生产力还要多，还要大”①。其次，西方现代化也是资产阶级发起和推动的政治革命。新事物最初总是被包裹在旧事物之中，旧事物也总是遏制新事物的发展壮大以期延缓自身灭亡的进程；封建地主阶级不甘心自动退出历史舞台，竭力遏制新兴资产阶级的发展；旧的封建制度严重制约着资本主义生产方式的推广，最终引爆了资产阶级推翻封建地主阶级的政治革命。西方现代化历程是生产力决定生产关系的直观体现，总体态势是经济革命在先，政治革命在后；经济革命是因，政治革命是果。第三，西方现代化还是一场劳动者被利用被欺骗的“利益革命”。在资产阶级革命的初期，为了扩大革命声势，壮大革命力量，新兴的资产阶级极力鼓动并吸纳广大劳动者参与政治革命；在实现推翻封建旧制度的革命目标，彻底打破封建生产关系对生产力发展、对资本主义生产关系快速蔓延的束缚之后，追求个体私利的资本家又围绕两大主题汇聚革命成果分配共识，一是把资产阶级革命的同盟者，充当革命主力军的广大劳动者排除在革命成果分享之外，二是资产阶级内部的不同个体、不同利益集团“公平”分配革命成果。资产阶级为鼓动革命而提出的“自由”“平等”等口号，转而成为其掩盖自己剥削和压榨昔日革命同盟者的遮羞布。生产决定分配，没有生产资料占有的平等，绝不可能有社会财富分配和占有的平等，没有生产资料和社会财富支撑的劳动者的自由，终归只有受雇佣被剥削的“自由”。恩格斯以18世纪的英国状况为例，深刻地剖析了私有制条件下的社会交往和利益分配的本质，“只要外在化的主要形式即私有制仍然存在，利益就必然是单个利益，利益的统治必然表现为财产的统治。封建奴役制的废除使现金支付成为人们之间唯一的纽带”②。无论是马克思主义的理论分析，还是西方现代化的历史都深刻昭示，空有自由的权利，没有生产资料、缺乏现金支付能力的劳动者被排斥在革命成果分享之外，被贴上“失败者”甚至是“懒惰者”的标签自然也就“入情入理”了。

西方国家治理无法回避和克服抽象原则现实具体化的困扰。国家是阶级矛

① 中共中央马克思恩格斯列宁斯大林著作编译局．马克思恩格斯文集：第2卷［M］．北京：人民出版社，2009：36.

② 中共中央马克思恩格斯列宁斯大林著作编译局．马克思恩格斯文集：第1卷［M］．北京：人民出版社，2009：94.

盾不可调和的产物，“国家是统治阶级的各个人借以实现其共同利益的形式”①，西方资本主义“国家不外是资产者为了在国内外相互保障各自的财产和利益所必然要采取的一种组织形式”②。推翻封建地主阶级的革命胜利之后，资产阶级依据革命成果分配共识，制定和形成国家治理的宪法框架。资本家个体之间，资产阶级内部不同利益集团之间必然因经济实力和政治实力变化不断提出利益再分配、利益再平衡的诉求；西方国家治理的本质是资本代理人在宪法框架下，为回应这种诉求而设计具体制度安排，完成资本逐利成果在资产阶级内部的“公正”“合理”分配。资本主义国家治理看似恪守法制，披上了“遵守契约”的外衣，但它始终疲于抽象理念、抽象原则适应和运用于快速变化的社会现实的具体落实和具体操作。优胜劣汰的市场竞争不断调整资产阶级内部的实力对比关系，利益分配上的锱铢必较不断考验资产阶级的初始共识。随着资本主义的发展，国家治理越来越难以弥合成果再分配、利益再平衡上的分歧。利益集团操控的多党竞争总是围绕利益分配展开，资本主义政党政治异化为否决政治，沦落为政客之间赤裸裸的人身攻击，进而引发社会撕裂、破坏社会稳定，也就不难理解。就算没有无产阶级对剥削和压迫的反抗，光是资本主义的社会撕裂、否决政治对制度执行的遏制，西方国家治理效能也不可能实现持续改进。令人困惑的“特朗普现象”和英国脱欧乱象，实质是对西方国家治理效能提升的“死刑”宣判。只要生产资料私有制还“健在”，无论资本主义制度做出了多么显著的改进，不管资本主义政党政治的历史有多么悠长，也不管资本主义国家治理经历了多么丰富的实践历练，资本主义国家没有持续改善国家治理的条件，资产阶级政客没有能力也绝无可能持续提升国家治理效能；资本主义制度对国家治理现代化这一理论范畴存在与生俱来的抗拒和排斥，国家治理现代化在资本主义现代化的内容体系中找不到“栖身之地”。

（二）推进国家治理现代化开创现代化的新境界

国家治理现代化与西方资本主义现代化的目标和任务不相容，与此形成鲜明对比，我们党不但从国家治理现代化实践的经验总结中丰富和拓展现代化理论，而且将推进国家治理现代化作为全面提高社会主义现代化水平的载体和抓手。推进国家治理现代化汇聚和集成党治国理政的智慧，不仅是要开创现代化

① 中共中央马克思恩格斯列宁斯大林著作编译局．马克思恩格斯文集：第1卷［M］．北京：人民出版社，2009：584.

② 中共中央马克思恩格斯列宁斯大林著作编译局．马克思恩格斯文集：第1卷［M］．北京：人民出版社，2009：584.

的新境界，更是要积累超越于资本主义制度的现实优势。

党的宗旨和自我革命的勇气成就国家治理现代化的根基。马克思恩格斯在《共产党宣言》中指出，“共产党人强调和坚持整个无产阶级共同的不分民族的利益”①，道出了无产阶级政党和资产阶级政党的重大区别。西方政党政治和国家治理中，政党是特定利益群体的代表，人民利益、国家利益仅仅是政客争取选票，实现和维护特定群体利益的借口和工具。我们党将全心全意为人民服务作为立党宗旨，除了维护和发展广大人民群众的整体利益、根本利益和长远利益外，没有一点自己的私利。我们党与时俱进地加强党的建设，深入推进自我革命，推进全面从严治党入细落实，在党的决策、党员干部的一言一行中体现立党宗旨，彰显党的先进性和纯洁性，这是我国国家治理可以追求现代化、实现现代化的根本原因。新时代续写资本主义现代化无法企及、不敢奢望的国家治理现代化的新篇章，以国家治理效能提升促进现代化事业的全面进步，既是要彻底破除西方中心主义的窠臼，也是要全面彰显中国特色社会主义的宽广情怀和坚定自信。

推进国家治理现代化焕发新时代的生机和活力。党领导人民不断深化对现代化的认识，不断丰富现代化的任务及目标体系，完善现代化的战略安排。我国社会主义现代化尽管起步晚，但历久弥新展现出勃勃生机和远大前途，与难逃否决政治、社会撕裂，甚至制度灭亡宿命的资本主义现代化形成了鲜明对比。我国不同于西方的三大差异，成就了社会主义现代化的生机和活力。一是现代化的总体态势及理论意蕴不同。西方现代化进程的总体态势是经济革命在先、政治革命在后，经济革命是因，政治革命是果，我国现代化是政治革命在先，经济革命在后，政治革命是因，经济革命是果；西方现代化进程是生产力对生产关系决定作用的体现，我国社会主义现代化是生产关系对生产力反作用的体现。二是处理抽象理念和具体实践的矛盾冲突的方式不同。西方制度实践是把抽象理念现实具体化，依据各自私利对抽象理念的功利性解读必然滋生和汇聚社会分裂的力量。中国共产党的制度实践不是拘泥和固守抽象的国家治理理念，简单地把抽象的国家治理理念现实具体化，而是在不断总结提炼实践探索经验中稳步前进；社会主义的具体制度安排在目标指引和问题倒逼的社会主义建设中不断走向完善。三是发展成果分配存在显著差异。西方分配发展成果的依据是私人占有的生产资料，社会主义制度实践超越了西方个体私利争夺和政治分

① 中共中央马克思恩格斯列宁斯大林著作编译局．马克思恩格斯文集：第2卷［M］．北京：人民出版社，2009：44.

肥，始终以发展好、实现好最广大多数的人民群众的全局利益、长远利益和根本利益为原则遵循。

国家治理效能提升是国家治理现代化的核心和关键。总结实践经验形成具体制度安排，又在制度实践中完善具体制度安排，虽然不能保证制度外在形式的完美，却能保证制度体现和符合国家长治久安、人民安居乐业的内在本质，能够使制度得以有效执行。“中国特色社会主义制度是党和人民在长期实践中探索形成的科学制度体系，我国国家治理一切工作和活动都依照中国特色社会主义制度展开，我国国家治理体系和治理能力是中国特色社会主义制度及其执行力的集中体现。”① 社会主义现代化进程中，我国制度体系的开放性不是简单地表现为对外来经验的借鉴和吸收，而是自身不断地在实践中丰富和完善，中国特色社会主义不仅具有强大的新制度供给能力，而且富有制度深化和自我完善的内在张力。我国社会主义制度实践中，具体制度安排和制度实施彼此协调、相互促进，制度执行能力与制度完善同频共振、协同发展，使社会主义的制度优势转化为实实在在的国家治理效能。新时代使国家治理现代化实现从十八届三中全会的目标诉求向十九届四中全会的行动路线、实践方案、具体措施的转变，新时代的国家治理现代化成就西方资本主义现代化不能企及的伟业，必将为坚定中国的社会主义自信再添底气，再铸根基。

三、为人类社会制度文明贡献中国智慧

现代化是科技革命、工业革命开启的深刻社会变革，是人类文明的重大进步。国家治理体系现代化成就于我们党对“如何建设中国特色社会主义”的思考和回答中，是人类社会制度文明的重大成果。国家治理能力现代化成就于我们党对“世界怎么了”“人类社会去向何处”等尖锐问题的思考和回答，对世界和平人类共同繁荣的出路探索中，是中华民族为人类文明发展做出的又一巨大贡献。新时代推进国家治理体系和治理能力现代化，使科学社会主义在21世纪的中国焕发出强大生机和活力，丰富和拓展了发展中国家走向现代化的方式与途径。新时代中国日益走近世界舞台中央，正是源于为人类文明贡献了丰富的中国智慧，为解决人类面临的普遍难题提供了中国方案。

（一）科学的制度发展逻辑彰显对制度文明的贡献

我国高效的国家治理源于特有的制度发展逻辑。先政治革命后经济革命的

① 本书编写组．党的十九届四中全会《决定》学习辅导百问［M］．北京：党建读物出版社、学习出版社，2019：1-2.

总体态势，使我国现代化的制度安排一开始就着眼于国家和人民的整体利益，有效避免个体和局部利益对整体发展的掣肘。实践经验总结提炼形成具体制度安排，又在实践中检验和完善制度安排的制度供给方式，既是制度执行力的保障，也是制度实施效果的保障。中国特色社会主义制度体系在外在形式完美性上也许有“逊色”于西方的地方，但因实施阻力小、实施效果好而表现出超越于西方的国家治理效能。

我国的制度特质耦合了提升国家治理效能的诉求。国家治理效能提升不仅需要不断丰富和完善制度体系，也需要不断提高制度执行能力。我国社会主义制度实践有效契合了这两大诉求，中国特色社会主义制度有着特殊的“强大制度供给能力、捕捉机遇能力、发现和化解风险能力、包容发展能力”①。首先，我国实践导向的制度发展逻辑，一是坚持抽象和具体的辩证统一，有效避免了制度空想和制度空谈；二是实现制度供给和制度实施的有机统一，为不断提高国家治理现代化水平奠定了坚实的基础。其次，我国社会主义制度供给始终坚持人民立场、体现人民主体地位；中国人民自强不息、敢于创新、勇于实践的民族特性风格不仅是对制度需求的激发，也是对制度供给的保障。最后，中国共产党高度重视自身建设，勇于承认并及时纠正在制度实践中的失误，思想开放又重视学习的品格，使党的自我革命、党的建设和丰富社会主义制度供给形成协同驱动的格局。

全球治理的中国方案是人类制度文明发展的重大成果。中国特色社会主义制度成就了中国之治，证伪了霸权主义者、强权主义者所习惯和偏好的制度输出，给想加快发展又希望保持自身独立的后发落后国家完善国家治理提供了中国方案。中国是和平共处五项原则的模范坚守者，始终致力于推动建设相互尊重、公平正义、合作共赢的新型国际关系。新时代积极参与全球治理，推动构建人类命运共同体必将扩大我国制度发展逻辑的国际影响。发起设立“亚投行”并推动其高效公平运行，深入推进“一带一路”国际合作，率先控制新冠疫情实现经济快速复苏增长并竭尽所能促成抗疫国际合作，既是新时代推动构建人类命运共同体的重大成果，也是我国实践导向的制度发展逻辑在国际舞台上的应用和验证。着眼建设更加美好的地球家园，针对国际关系和国际治理的乱象，习近平总书记提出，“坚持公正合理，破解治理赤字”“坚持互商互谅，破解信

---

① 辛向阳．中国特色社会主义制度的三个基本问题探析［J］．理论探讨，2012（2）：24-27.

任赤字”“坚持同舟共济，破解和平赤字”“坚持互利共赢，破解发展赤字”①，齐心协力推动人类社会奔向共同繁荣的美好未来。倡导破解四大“赤字”，精准提炼了全球治理所面临的问题，宣示了大国责任，为人类制度文明发展贡献了中国智慧。

（二）严谨的制度体系彰显对制度文明的贡献

中国在社会主义现代化进程中，始终坚持实践导向的制度发展逻辑，形成了由根本制度、基本制度、重要制度安排构成的既完备又开放的制度体系。在我国的制度体系中，根本制度是核心，是制度建设不可违背和僭越的红线，具有举旗定向的决定性意义；基本制度是底盘，是具体制度安排的基石，是根本制度彰显神圣严肃性的基本依托；重要制度安排是以根本制度为中心，以基本制度为基石，针对现代化进程中的具体问题、具体任务、具体目标而做出的规范性安排。现代化进程中，社会主义建设各领域最终都会形成包括根本制度、基本制度、重要制度安排的制度体系。各领域形成的根本制度中，根本政治制度是根本中的根本，是社会主义现代化发展的最核心的保障。根本制度、基本制度、重要制度安排耦合衔接而成的“中国特色社会主义制度体系具有强大的国家组织能力，这具体表现为组织和动员人民群众的能力，坚持群众路线、立足基层、进行民主决策的能力”②。国家治理效能提升有赖于制度体系严谨而完善的结构，这既是我国改革开放的历史经验总结，也是我国现代化对人类制度文明发展的重要启示。

制度体系的结构凝聚我们党治国理政的智慧。我国社会主义现代化进程中，形成和完善制度体系的实践呈现出两大显著特征。一是根本政治制度指引各方面、各领域具体制度实践，二是各领域具体制度实践经验总结提炼形成该领域的基本制度、根本制度，再以基本制度为基底，以根本制度为中心，丰富和完善各领域的具体制度安排。中国共产党始终把“为人民谋幸福、为民族谋复兴、为世界谋大同”作为自己的出发点和落脚点。新中国成立之初，我们党就全面深刻总结党领导新民主主义革命和社会主义革命的经验，总结党在新中国成立前局部执政、新中国成立初期全面执政经验，确立了人民代表大会制度这一根本政治制度。中华人民共和国 1949 年才宣告成立，1954 年就召开了第一届全国人民代表大会，开启完善根本政治制度的运行机制的实践探索，在根本政治制度的指引下开始不同领域、不同方面的具体制度实践探索，拉开了完善社会主

① 习近平．习近平谈治国理政：第三卷［M］．北京：外文出版社，2020：460-461.
② 胡鞍钢．中国的制度优势何在［J］．人民论坛，2011（7）：23-24.

义现代化制度保障体系的大幕。人民代表大会制度是我国的根本政治制度，它显现出两种属性，一是清楚地表明国家掌握在人民手中，国家机器运行的服务对象是广大人民，而不是特定群体的人；二是要求广大人民群众委托自己选举的人民代表管理国家事务，并借以实现自己的利益诉求。党的十九届四中全会系统总结新中国制度实践的经验，做出了完善中国特色社会主义制度体系的具体安排，明确了新时代推进国家治理现代化的时间表和路线图，为苦苦探寻国家治理现代化出路的国家提供了示范和借鉴。新时代推进国家治理体系和治理能力现代化，对世界发展、人类文明进步贡献了中国智慧，是联通中国梦和世界梦的桥梁和纽带。根本政治制度规定国家治理的发展方向，及时总结提炼实践经验，依据实践释放的制度诉求，合理确定制度体系的建构步骤，正是社会主义现代化为人类制度文明做出的重大贡献。

制度体系结构表征社会主义现代化建设成就。国家治理现代化，是中国共产党建构国际话语权的重大成果，也是对借言中国经济发展成就而屏蔽甚至是恶意歪曲政治发展成就的有力批驳。制度体系的结构完善性是比较和评价不同领域建设成就的重要依据。有人借言中国经济奇迹谬评政治发展，认为中国经济改革取得重大成就而政治改革缓慢。在新中国现代化进程中，政治建设取得的成就最为显著，我国政治制度体系已经形成“1+3+X”的完备结构①；谬评政治发展的观点不是偏见就是短视，甚至是别有用心的歪曲。毋庸置疑和不可否认，我国经济建设取得了举世瞩目的成就，但经济制度建设依然任重道远，经济制度体系的内容远未丰富、结构远未完善。党的十九届四中全会深刻总结我国经济制度实践的经验，使基本经济制度实现由所有制单项支撑，向所有制、分配制度和社会主义市场经济体制三元协同格局的转变，经济建设领域由此才形成“3+X”的制度格局。② 中华文化源远流长，社会主义现代化进程中也取得丰富的文化建设具体成就。党的十九届四中全会深刻总结文化建设制度实践的经验，才得以把坚持马克思主义在意识形态领域指导地位确立为社会主义文化

---

① “1+3+X”中的“1”，是指政治制度体系中的人民代表大会制这项根本政治制度；“3”是指中国共产党领导的多党合作和政治协商制度、民族区域自治制度和基层群众自治的三项基本政治制度；“X”是指政治运行机制层面的若干重要的具体制度安排。“1”“3”和“X”有机协调，不仅彰显了我国政治建设的伟大成就，也昭示了社会主义制度的无限生机。

② “3+X”中的“3”是经济制度体系中的三项基本经济制度，“X”是指经济体制机制运行层面的若干重要的具体制度安排。

建设的根本制度；文化建设领域也由此形成了“1+X”的制度格局①。政治、经济、文化以外的其他领域，依然是依靠具体的重要制度安排提供现代化建设的制度保障。中国特色社会主义制度沉淀了现代化建设的实践智慧，新时代推进国家治理体系和治理能力现代化，建设社会主义现代化强国的进程中，必将涌现新的制度建设成果，为建构我国现代化的国际话语权注入新的活力。现代化的实践成就支撑制度体系内容的丰富性和结构的完备性，方能获得言说自身发展成就的国际话语，也是我国社会主义现代化给予人类制度文明发展的启示和贡献。

新时代推进国家治理现代化的三大贡献是一个有机整体。把西方国家无法企及的国家治理现代化纳入社会主义现代化的内容体系，本身就是在以具体行动破除西方迷信，是对现代化的深化认识，对全面彰显中国自信的基础和前提的充实。国家治理现代化水平提升为工业、农业、国防和科学技术等其他领域的现代化提供日益完善的制度保障；新时代现代化实践的伟大成就，既奠定中国自信的物质基础，又释放中国特色社会主义制度的魅力和感召力，使新时代对人类制度文明的贡献得以更为广泛的认知和认同。

① “1+X”中的“1”是文化制度体系中的坚持马克思主义在意识形态领域指导地位的根本制度，“X”是指文化建设领域的若干重要的具体制度安排。

第六章

新时代建构国际话语权的理论张力

话语是制造和再造意义的社会化过程，话语权是以话语为工具和手段，促使他人的思想和行为做出改变的能力，包括话语权利、话语权力和话语权威内容。话语权力建立在话语权利的基础之上，话语权利是使用话语的资格，话语权力是支配话语的能力和支配话语的程度。话语权威表征话语主体要求话语受众接受和服从的影响力，这种权威可能源于话语者的霸权和强权，也可能源于话语者对话语受众的感召，话语受众对话语者的认同。国际话语权是主权国家权力的语言表达，是一个国家以语言为媒介传播其制度、理念、文化价值观的能力。“世界舞台上，国际话语权通常以一个国家、一个政党就国际事务和国际问题提出议题、设置议程，表达意见和观点，提出解决问题的主张等方式表现出来。”① 倡导国际关系民主，最终是要使国家不分大小，不分强弱，都能在国际事务中自由地阐发主张。至于这种主张是否被接纳，是否对国际事务真正产生实质性的影响，则取决于话语者的权力。新时代中国日益走近世界舞台中央，继成功解决挨打、挨饿问题从根本上解决挨骂问题，为人类文明发展、世界繁荣贡献中国智慧，都亟待创新和完善国际话语权建构的思路和方式。

第一节　新中国建构国际话语权的实践与贡献

主权国家的“国际话语权指以国家利益为核心，就社会发展事务和国家事务等发表意见的权利，而这些事务是与国际环境密切相连的，并体现了知情、表达和参与权利的综合运用”②。话语权实现是指话语被听取，话语表达的意见

---

① 杜黎明．构建中国国际话语权的多重维度［J］．人民论坛，2019（10）：27-29.

② 梁凯音．论国际话语权与中国拓展国际话语权的新思路［J］．当代世界与社会主义，2009（3）：110-113.

和主张被采纳，话语主体如愿以偿。“国际话语权的实现有三个要素：作为话语权基础的国家硬实力，表达话语的工具、渠道和方式，以及独特并被广泛理解和接受的话语体系。”① 中国改革开放取得举世瞩目的成就，却未能获得与成就相匹配的国际话语权，一个重要的原因就是讲不清成就的原因，用于讲述中国故事的话语在世界范围内缺乏广泛的认同。文学、传播学、马克思主义理论等学科的研究者都对国际话语权研究抱有浓厚的兴趣，从形成各学科研究合力的角度，马克思主义理论学科的研究重在为实现国际话语权生成国际话语、提供话语体系。

一、国际话语权建构的条件与因素

政党、国家的国际话语权体现和反映其在世界上的影响力和号召力。国家的硬实力不会自动转化为话语权的软实力，国际话语权是主动争取、积极构建的结果。“国家的发展成就及其对世界的贡献，对自身发展成就的阐释，发展道路、发展模式的国际认同及其对他国发展的示范和引领等，都是国际话语权的重要影响因素。建构国际话语权，既要努力放大各单一因素的作用，也要着力提高各因素综合作用的效果。”② 新时代中国日益走近世界舞台中央，既需要广为认同、广为接受的国际话语阐释自身的发展成就和发展主张，更需要与发展实力相匹配的国际话语权推动发展主张转变为发展现实。

（一）国家综合实力和发展成就是建构国际话语权的基础

社会存在和社会意识发展的非同步性，引出话语生产和话语权建构的问题。话语作为一种社会意识表现形式，必然反映和体现一定的社会存在。话语表达的是思维对存在的反映，话语不会凭空产生，其背后总有物质力量的支撑。没有物质条件支撑的话语欺骗，终有被实践揭穿画皮走向破产灭亡的时候。

国家综合实力和发展成就孕育国际话语。国际话语言说的总是国家利益，国际话语权本质上是国家间的利益关系，需要得到国家发展成就，国家的政治、经济、军事实力，国家的综合国力的支撑。世界交往中，新的国际话语被认同和接受，国际话语权的实现，其实是国与国利益关系发生的调整。正如弱国无外交，没有经济实力、军事实力的支撑，一味指望以理服人，指望强权者的良心发现，指望话语对象的理性思维，难以实现国际话语权建构。世界历史一再昭示，国际交流和世界舞台上，缺乏实力支撑，没有充足的物质条件保障的话

---

① 刘笑盈．关于构建中国话语体系的思考［J］．对外传播，2013（6）：33-35.

② 杜黎明．构建中国国际话语权的多重维度［J］．人民论坛，2019（10）：27-29.

语往往沦为自说自话、自我意淫。国际话语权并非国家实力增强后水到渠成、自然而然地获取，而是依托实力主动建构的结果。

国际话语权是国家实力的象征。国际话语权是一种软实力，既彰显一国的整体实力及国际影响力，也是提升一国国际实力和国际影响力的载体和工具。围绕国际话语权的大国博弈，实质是依托国家发展成就、国家综合国力的国际竞争。二战后美苏争霸的底气和根基，既有各自抵抗、消灭法西斯势力的成就，更有美国几乎没有受到战争破坏的完整工业体系，被战争进一步激发的工业能力，以及苏联战后迅速恢复、快速增长的经济实力。先进的科技、发达的经济和强大的军事，正是以美国为首的西方发达国家在冷战结束后长时期把持国际话语，对他国颐指气使、指手画脚的底气和根基。当今世界正处于百年未有之大变局，国际力量对比发生深刻的变化，正在引发国际格局的广泛调整，国际话语体系的重构。中美贸易摩擦源于中国快速进步的科技，日益强大的经济实力、国际感召力和影响力引发其过度焦虑，担心国际话语权被削弱，甚至是旁落。新时代全面建设社会主义现代化国家，推动现代化经济体系建设不断迈上新台阶，为建构国际话语权奠定坚实的物质基础；新时代必须着力建构国际话语，彻底改观困扰我国的有理说不出、说出传不开的尴尬局面。

（二）发展成就阐释是建构国际话语权的核心

一个国家的发展成就不会自发为其衍生国际话语权。巨大的发展成就是实现国际话语权的基础，是建构国际话语权的必要条件而不是充分条件。巨大的发展成就可以收获存在感，让他者不得不正视你的存在，但并不一定赢得他者的尊重和认同。充分阐释发展成就，让国际社会理解和信服发展成就，是赢得国际尊重，获得国际话语权的重要前提。资本主义发展之初，新兴资产阶级在与封建地主阶级的斗争中，利用自由、平等、科学、民主等话语凝聚反封建的革命力量，取得了巨大的历史成就。资产阶级取得统治地位之后，也就把这些话语作为主流意识形态话语。社会主义和资本主义并存格局形成之后，西方世界用科学、自由、民主等术语阐释资本主义的兴盛，建构西方话语体系，并据此获得了一度近乎垄断的国际话语权力。我国改革开放虽然取得了举世瞩目的成就，但既没有因此自动获得国际话语权，也未能据此有效解决“挨骂”问题。究其原因，对发展成就的成因阐释不准确、不全面、不深刻，不仅给别有用心者谬评谬断中国特色社会主义带来可乘之机，也对我国争取和建构国际话语权形成制约。

话语能否正确揭示历史规律，是决定话语生命力的根本原因。历史发展有其内在的不以人的主观意志为转移的客观规律，具有广泛认同，持久生命力的话语往往是揭示和表达历史规律的话语。昙花一现的流行话语，往往源于其仅仅揭示历史的表象，揭示特定历史阶段、历史场景下的发展成就，时过境迁自然带来话语的湮灭。世界历史上，英国在19世纪末“维多利亚史观，把欧洲的繁荣与进步看成‘自由’的成长与发展史。这种史观到20世纪初得到广泛的传播”①。不可否认，“自由”理念的形成和传播对欧洲繁荣与进步有着重要的作用，但它是否揭示了欧洲繁荣与进步的主要原因，是否揭示了现代社会的发展规律，却是一个需要深思，值得深入研究的问题。尽管“自由”理念借助西方资本主义的强权和霸权在世界范围内野蛮传播，以“自由”为核心所衍生的话语体系不是对人类社会发展规律的正确反映，不是对历史规律的正确揭示。阐释发展成就，建构国际话语权，需要有一双慧眼，需要练就火眼金睛，既不要被一时的流行话语所左右，更不能跌入人家精心设计的话语陷阱。

（三）发展主张的国际认同是建构国际话语权的关键

权威和认同是生成话语权的两种不同方式。生成话语的动力由权威转化为认同，对话语的接受从被动接受转向主动接受，既是话语者和话语对象之间建构良好关系的标志，也是关系话语是否具有持久生命力的重要条件。建设社会主义现代化国家强调依法治国和以德治国的结合，把法治的强制性的硬约束转化为内在认同的软约束，是使国家持续强大的重要保障。西方话语在阐释国际事务、化解国际争端中变得日益艰难，其实是西方依托霸权、缺乏认同参与的话语权建构和话语权实现遭遇的信任危机。与霸权国家凭借实力强迫他国服从和接受不同，中国通过发展成就、发展主张的国际认同获得国际话语权，把中华优秀传统文化的德治思想有效融入国际话语权建构的实践中。面对后发大国的和平崛起，霸权国家逐渐失去用虚伪面纱包装霸凌主张的耐心，扰乱国际秩序、欺凌他国的手段和方式越发显得粗暴和赤裸裸，这一方面暴露出霸权国家的歇斯底里，另一方面暴露出霸权国家的心虚和自信丧失。霸权国家对他国的欺凌和控制催人反思，随着众多国家和民族的觉醒，世界舞台上反对霸权主义的力量正在加速积累。认同彰显感召和情感寄托，是软实力的重要表现，依托国际认同获得国际话语权弥足珍贵。准确全面地揭示自己的发展成就，深刻阐释对国际事务的主张，以己之行示范引领国际潮流，让越来越多的国家和人民真正从自己的主张中获取利益，多维展示自己对人类发展、世界繁荣做出的贡献，最广范围、最大程度地获得国际认同，是和平崛起大国建构国际话语权的现实选择。

---

① 罗荣渠．现代化新论［M］．上海：华东师范大学出版社，2013：332.

（四）与国际霸凌的斗争是建构国际话语权的手段

霸权者的傲慢和对他者的偏见滋生国际霸凌。傲慢与偏见同社会分化如影随形，破除傲慢与偏见既需要彼此深化交流、加强理解，更需要被欺凌者发展壮大自身实力，与霸凌者进行有理有利有节的斗争，让固守傲慢和偏见者蒙受损失、品尝苦果。西方政客所持的傲慢和偏见，是诸多国际纷争国际乱象的源头。霸权国家既不愿分享国际话语权，更担心和害怕国际话语权旁落，不仅对后发国家实施话语遏制、设置话语陷阱，刻意过滤和屏蔽甚至是歪曲污蔑后发国家、新兴经济体的发展成就，而且野蛮干涉他国内政，粗暴践踏国际秩序，挤压和平崛起大国的国际生存空间，制造迟滞遏制大国崛起的事端，以期固守和把持国际话语权。正如无法叫醒刻意装睡的人，单纯的说服、一味的妥协退让只能让国际霸凌者变本加厉，和平崛起大国建构国际话语权必须敢于斗争、善于斗争，及时亮剑，让国际霸凌者搬起石头砸自己的脚，迫使其接受后发大国崛起的现实，倾听和接受后发国家行之有效的主张，在国际话语转换中提高发展成就阐释、国际事务主张的国际认同。

建构国际话语权必然面临意识形态话语竞争。尽管国际力量对比正在发生深刻的变化，西强东弱依然是当今世界的客观现实，社会主义国家建构国际话语权不可能回避与资产阶级的意识形态话语竞争。意识形态和国际话语权在资本主义生产关系国际化、经济全球化过程中发挥了重要作用。世界历史上，新兴资产阶级一方面以商品的低廉价格为重炮，轰开自给自足的、保守的民族国家的大门，在民族国家内培植对其有自觉的利益依附的代理人群体；另一方面又用体现资本意志，极具迷惑性和诱惑欺骗性的“民主”“自由”等资产阶级意识形态话语去影响和控制民族国家，培植对其有不自觉的知识依附的代理人群体。“一些治理者往往借用民族主义去实现它所代理的西方发达国家利益，往往成功地让民族主义成为他所代理的西方发达国家利益实现的工具。当然，我们不能说一些发展中国家的治理者在主观上愿意这样做，而是因为他们为了自己的地位和利益而必须这样做。因为这可以获得来自西方国家的支持和保护，也可以得到知识界的呼应。”① 新时代建构国际话语权，亟待哲学社会科学工作者的责任和担当，期盼马克思主义理论学科研究在与西方意识形态话语竞争中不断取得新成绩。

---

① 张康之．为了人类的共生共在［M］．北京：人民出版社，2016：28.

二、新中国建构国际话语权的回顾与反思

近代历史上，饱受列强欺凌的中国人民发出了争取正义的呐喊，也曾寄希望于国际社会，期盼国际社会为中国人民主持公道，对侵略者欺凌中国人民的行径加以约束。正义的呐喊很快被淹没在侵略者的欢笑中，对国际社会寄予的希望也屡屡破灭。中国共产党领导中国人民进行了艰苦卓绝的新民主主义革命，以顽强的斗志、巨大的牺牲换回抗日战争的胜利，为取得世界反法西斯战争的最后胜利做出了巨大的贡献，中国人民也因此赢得世界的尊重。新中国成立宣告中华民族真正实现政治站起来，完成对农业、手工业、资本主义工商业的社会主义改造，初步构建起独立完整的国民经济体系，特别是构建起独立完整的工业体系，标志着中华民族实现经济站起来。中国共产党始终坚持“独立自主、自力更生”的大政方针，领导站起来的中华民族开启建构国际话语权的新征程，先后经历了社会主义道路探索时期自主独立建构，改革开放新时期借用西方话语建构，全面深化改革新时代创造性建构国际话语权的发展阶段。

（一）社会主义道路探索时期自主独立建构国际话语权

新中国百废待兴，建构国际话语权异常艰难；既面临以美国为首的资本主义世界的肆意遏制与刻意封锁，也遭受社会主义阵营内苏联称霸的严重挤压。党领导人民艰苦奋斗，迅速巩固了新生的人民政权，赢得了抗美援朝的伟大胜利，取得了社会主义革命和建设的伟大成就；尽管自己还很贫困，中国人民依然慷慨解囊对外援助，团结广大饱受帝国主义欺凌的国家和民族争取自己的合法权利和利益，竭尽所能地争取国际话语空间，开启自主独立建构国际话语权的伟大实践。先后取得了恢复联合国合法席位，对世界格局进行三个世界的划分，在国际舞台唱响和平共处五项原则正义之声等伟大成就。

社会主义革命和建设的伟大成就奠定自主独立建构国际话语权的根基。落后就要挨打，在强权者眼中，落后者只有默默无声地忍受欺凌、服从强权的本分，没有言说自己苦难的自由。旧中国任人宰割、饱受欺凌的屈辱，既留下刻骨铭心的记忆之痛，也深刻昭示贫穷无权话语、弱国无外交的深刻道理。新中国废除强加在中华民族头上的不平等条约，用实际行动言说不再忍受屈辱的权利。党领导人民毅然选择了社会主义制度，顺利完成社会主义三大改造，在旧中国遗留的“一穷二白”基础上建立起独立的比较完整的工业体系和国民经济体系，继政治上站起来之后，实现了经济上的站起来，初步奠定言说自己的主张、声张自己合法权利的物质基础。继取得抗美援朝伟大胜利，新中国取得应

对中印、中苏边境冲突的军事胜利，充实和坚定言说自己主张的底气；先后取得“两弹一星”“人工合成牛胰岛素”等震惊世界的科技成就，在国际话语前沿领域崭露了头角，彻底改观旧中国在世界舞台静无声息、被选择性忽视的国际无语的局面。

自主独立建构国际话语权困难重重步履艰难。社会主义革命和建设时期，自主独立建构国际话语权受到历史和现实的制约。首先，自身的实践挫败严重制约国际话语权建构。社会主义道路探索并非坦途，社会主义建设遭受的“三年困难时期”“文化大革命”等社会波动和历史曲折，不仅是对彰显社会主义制度优越性的严重遏制，也是建构国际话语权的严重障碍。社会主义道路的探索性特征，削弱了社会主义的国际感召力。其次，对实践的错误解读严重制约国际话语权建构。正确地言说自己是获得别人理解，进而获得话语权利的重要条件。社会主义道路探索时期，对社会主义本质、社会主义建设规律的认识局限，对社会主义建设成就进行的“毛泽东思想武装”“人民群众热情高涨”等简单、教条式的阐释和解读，未能让世界真正了解和理解新中国的发展成就，制约了国际话语权建构。最后，帝国主义的话语遏制严重制约国际话语权建构。以美国为首的帝国主义仇视社会主义，敌视新中国，不仅对社会主义建设实施封锁和遏制，刻意屏蔽、无视和歪曲社会主义建设成就，还刻意挤压新中国的国际空间，竭其所能阻碍新中国建构国际话语权。

自主独立建构国际话语权存在效率改进的难题。社会主义道路探索时期，党领导人民逐步冲破西方敌对势力对新中国的孤立、遏制、包围和威胁，有效地维护了民族独立、国家主权，赢得国际话语体系对红色中国、社会主义中国的承认和接纳。我们党坚持以行示范、睦邻友好，对亚非拉贫穷落后国家施以无私援助，对世界社会主义运动给予积极支持，努力促进人类进步事业发展，把国际平等、和平共处融入国际话语体系。自主独立建构国际话语权虽然取得明显成就，但终会因特立独行于国际话语时尚之外而牺牲建构效率。

（二）改革开放新时期借用西方话语建构国际话语权

改革开放是我们党对社会时空转化辩证法的创造性应用，开放带来的社会空间拓展，创造了压缩发展时间的机会和条件；我国仅用几十年时间就取得西方发达国家现代化上百年的成就，成功跻身世界第二大经济体，成为对世界经济增长贡献最大的国家。改革开放走出了一条中国特色社会主义道路，在国际舞台上高举中国特色社会主义的伟大旗帜；国际舞台越来越期望听到中国声音，世界和平稳定发展越来越离不开中国主张和中国贡献。改革开放不仅需要广泛吸取国外经验，而且需要广泛而深入的对外经济技术交流；运用西方话语表达和阐释自己的主张，借用西方话语建构国际话语权，自然成为克服自主构建国际话语权的效率改进难题，提高国际话语权建构效率的现实选择。

改革开放不断充实建构国际话语权的实践感召力。行动是无声的语言，发展成就是回击歪曲中伤的有力武器。实践是检验真理的唯一标准，事实胜于雄辩，拥抱世界、日益强大的中国加速构建以实践感召力为基础的国际话语权。改革开放咬定中华民族伟大复兴的目标不放松，顺应人民追求美好生活的诉求和愿望，着力化解经济社会发展的现实制约，目标指引和问题倒逼并重，不断开创中国特色社会主义建设的新局面。党领导改革开放，立足国情制定总体战略，各区域各部门分解落实战略；试点试验先行积累改革开放经验，经验推广扩大改革开放成效，为世界贡献了保持经济社会持续稳定发展的中国智慧。香港、澳门回归既提供了解决历史遗留问题的国际范例，也昭示了“一国两制”实现祖国完全统一的美好前景。2001 年，我国加入 WTO，标志着新时期的改革开放、融入世界加快发展进入了一个新的阶段。WTO 的平台拓展了我国优化经济资源配置的空间，提供了展示中国经验、阐述中国主张的机会。我国坚持以对外开放倒逼国内改革，一贯模范遵守国际规则，积极响应联合国号召；成功举办奥运会、世博会等大型国际活动，倡导并践行应对世界气候变化的承诺，不断展示依托实践感召建构国际话语的魅力。

单纯借用西方话语难以建构中国的国际话语权。改革开放的伟大成就，中国经济社会发展的世界奇迹吸引了广泛的关注，破解“中国之谜”成为国际政治交往、学术研究的重要话题。我们党领导的改革开放始终坚持以我为主，又广泛吸收人类文明成果，借鉴国际经验；中国奇迹根植于中国实践，“中国之谜”的答案只能从中国实践经验总结提炼中去寻找。西方中心主义的傲慢，对西方理论、西方话语的迷信和盲从，滋生和蔓延中国奇迹的西式阐释和解读；“华盛顿共识”说不清中国改革开放的奇迹，解释不了“中国之谜”，新自由主义的理论主张指导不了中国实践。西方话语凝聚了西方社会共识，虽然在一定程度上反映了人类社会发展的一般规律，但不能客观、真实、全面地反映和体现中国的社会存在；我们建构国际话语固然需要正视国际话语风尚，需要借鉴西方话语，但简单地采用拿来主义的方式，沿用和套用流行的西方术语建构不了中国的国际话语。

建构国际话语要警惕西方话语陷阱。主动制造话语、设置议题，是话语权力和话语能力的表现。霸权主义不仅恶意猜度中国成就，而且依据西方理性设置似是而非的话语陷阱。警惕西方话语陷阱，必须认清西方话语的本质，揭露霸权主义炮制话语、设置议题的目的和动机，批驳隐藏在西方话语和议题背后的虚假理性。

（三）全面深化改革新时代创造性建构国际话语权

深刻总结改革开放经验，呼唤根植于中国并体现人类社会发展一般规律、体现中西文化共性和文明共识的话语。规避西方话语陷阱，讲好中国故事，增强中国故事的国际传播，都需要创造性建构国际话语权。全面深化改革新时代，习近平总书记强调意识形态工作的极端重要性，高度重视马克思主义对哲学社会科学发展的指导，号召哲学社会科学研究者从中国实践中总结提炼理论范畴，重视繁荣发展中国特色社会主义政治经济学。新时代不仅开创了“亚投行”“一带一路”国际合作的伟大实践，而且创造出“经济新常态”“供给侧结构性改革”“人类命运共同体”“百年未有之大变局”等国际流行话语。

创造性建构国际话语是新时代的使命和要求。正确认识科学真理总需要借助一定的语言表达形式才能得以快速传播。面对资本主义的话语遏制，传播科学社会主义的真理亟需表达真理的话语创新。中国共产党是为人类进步事业而奋斗的政党，可总有人戴着有色眼镜对中国共产党为人类进步事业做出的贡献说三道四、妄加评论；创造性建构国际话语，让更多的人理解中国共产党的贡献，是新时代的使命和任务。新时代意味着科学社会主义在21世纪的中国焕发出强大的生机活力，创造性建构国际话语，准确表达、深刻阐释这一生机活力，是新时代的使命。新时代要给世界上那些既希望加快发展又希望保持自身独立性的国家和民族提供的全新选择，既需要新时代建设社会主义现代化国家的行动示范，也需要创新国际话语让愿意效仿中国的国家和民族理解隐藏在行动示范背后的发展机理、发展逻辑；新时代要为解决人类面临的共同问题贡献中国智慧和中国方案，更需要创造性建构国际话语以更好地讲好中国故事，让更多生活在不同文化背景下的人们理解中国智慧和方案。新时代中国日益走近世界舞台中央，总会招致猜忌误解曲解，甚至是恶意中伤与遏制，这也需要创造性建构国际话语，讲好讲清讲透中国故事，让世界各国理解和认识到——中国是凭借为人类做出更大的贡献，而不是恃强凌弱、更不是霸权走近世界舞台中央。新时代推动构建人类命运共同体，同样需要创新国际话语以凝聚构建人类命运共同体的全球共识、汇聚全球力量。

创造性建构国际话语权亟需加快发展中国特色哲学社会科学。生成国际话语，破除对西方的话语迷信和理论依赖，在世界舞台上发出中国声音，是新时代的哲学社会科学研究的艰巨任务和神圣使命。坚持马克思主义的指导，是中国特色哲学社会科学发展的基本原则。繁荣发展哲学社会科学，首先，要用马克思主义对西方理论、西方话语施加改造。哲学社会科学研究当然需要学习借鉴西方理论，但这不是要以拿来主义的方式和态度，照抄照搬西方，甚至唯西方是尊。运用马克思主义深化西方话语的内涵，指引西方理论的创造性转化和本土化实践，是创造性建构国际话语的重要方式。经济均衡、供给管理，是西方经济学的常用概念和理论，习近平总书记提出的经济新常态、供给侧结构性改革，将中国国情、中国经验总结注入这些西方概念和理论中，是马克思主义改造西方理论、西方话语的典范。其次，要坚持人民立场，运用马克思主义的方法，总结中国实践经验，提炼新的理论范畴，构建中国特色话语体系。新时代、中国梦、美丽中国，都是总结提炼中国实践经验，富含马克思主义理论意蕴，易于外人理解，最终成为国际话语时尚的范例。

创造性建构国际话语权必须增强社会主义意识形态的凝聚力和引领力。自尊自信才能赢得他尊他信，没有对自己建构的话语的自信，就难以获得话语的国际认同。当今世界正经历百年未有之大变局，这使资本主义和社会主义围绕国际话语权的竞争变得更加激烈；不建设起具有强大凝聚力和引领力的社会主义意识形态，就难以在两种制度的话语竞争中赢得优势和主动。西方话语在世界范围内的公信力正加速衰减，这既是新时代破除西方迷信、建构国际话语的机会，也是提出尽快弥补国际话语空白的现实要求。党的二十大对“建设具有强大凝聚力和引领力的社会主义意识形态”做出全面的规划和部署，强调要“深入实施马克思主义理论研究和建设工程，加快构建中国特色哲学社会科学学科体系、学术体系、话语体系，培育壮大哲学社会科学人才队伍”①；对克服学科体系、学术体系、话语体系建构中存在的西方迷信和西方依赖提出新的更高要求，对纠正人才选拔培养中存在的“西方背景”偏执提出更加紧迫的要求。新时代的学科建设者、学术研究者，既要自觉地紧扣新时代中国特色社会主义建设的现实需要，又要更加重视对中国实践经验的总结提炼；要善于和习惯于从中国实践、中国传统文化中提炼理论范畴，而不是惯于从西方话语中筛选理论范畴，演绎中国故事，揭示中国奇迹。

创造性建构国际话语权必须敢于对话语遏制亮剑。新事物的成长总是会遭受旧事物的阻碍，破旧方能立新；建构新秩序，必然要打破旧秩序；建构新话语，总会面临旧话语的遏制。新时代创造性建构国际话语权，一是要坚持以理服人，以言传道；深刻阐释新话语的内涵，积极拓展新话语的传播渠道，针对

① 习近平. 高举中国特色社会主义伟大旗帜　为全面建设社会主义现代化国家而团结奋斗——在中国共产党第二十次全国代表大会上的报告［M］. 北京：人民出版社，2022：43-44.

旧话语对新话语的具体质疑，做细做实阐释说服工作。二是要坚持以行示范，用具体实践阐释新话语，以实践成就强化新话语的认知认同与传播。三是言行协同，与肆意歪曲、刻意屏蔽、造谣中伤新话语做坚决的斗争。

三、新中国构建国际话语权对世界社会主义的伟大贡献

新中国建构国际话语权的重大实践，正面回答了社会主义的前途和命运问题，有力批驳了“历史终结论”，回应了对落后国家率先建设社会主义的质疑，总结出了社会主义国际话语权建构的基本经验。新时代建构国际话语权，既要坚持底线思维、居安思危，防范化解重大风险，以夯实国际话语权建构的根基；又要坚持以言传道和以行示范相互协同，以理相劝和尖锐斗争互为支撑，着力拓展国际话语权建构的渠道。

（一）提供社会主义国际话语权建构的基本经验

社会主义和资本主义两种社会制度并存，两种制度激烈竞争，资本主义总体上占优势并长期把持国际话语权的客观现实，提出了如何建构社会主义国际话语权的问题。国际话语权是主动争取积极建构的结果，新中国建构国际话语权的实践，宣扬和传播了社会主义的价值追求，为建构社会主义国际话语权提供了基本经验。

首先，建构国际话语权需要坚实的物质基础和物质保障。国际话语权是一个国家的软实力；没有强大的硬实力做基础和后盾，软实力就无从产生和发挥。缺乏硬实力支撑的哗众取宠、趋炎附势，或许也能获得一时的话语平台、说话机会，但绝无可能获得持续的国际话语权。资源条件、基础设施、经济、科技、军事实力等构成一个国家的硬实力，文化、意识形态、制度、外交影响力等体现一个国家的软实力。硬实力是软实力的有形载体、是软实力的物质化表达，而软实力是硬实力的无形延伸。坚持推动自身发展，不断增强综合国力，实现比资本主义更快更好的发展，是建构社会主义国际话语权的基础和前提。经过改革开放特别是党的十八大以来的发展，我国经济实力、科技实力、国防实力、综合国力显著增强，国际地位空前提升，越来越多的人开始期盼中国声音，新时代的国际话语权建构依然取得了显著的成就。

其次，建构国际话语权需要有高质量的国际话语。国际话语既要有深刻内涵，能够阐释社会现实、历史实践，揭示实践成就的成因，又要容易为国际社会所接受，为大众所理解。任何一个社会、一个时代都有其流行的话语，国际社会的流行话语不可避免地带有国际秩序主导者意志的烙印。当今的国际流行

话语一方面反映了人们的话语习惯、思维方式，另一方面隐含了霸权者的话语陷阱。建构国际话语权，既不能一味迎合国际流行话语，也不能完全无视流行国际话语，需要清楚辨识流行话语的陷阱，对流行话语进行创造性改造、创新性利用。借鉴国际流行话语，创造容易为国际社会理解的话语，深刻阐释自身成就，准确表达对国际事务、人类前途和命运的主张，是建构社会主义国际话语权的关键。

最后，国际话语权是国际交往的产物。国际话语是国际交往的工具，国际话语权也是在国际交往中逐渐积累和实现的，脱离国际交往无从建构和实现国际话语权。国际交往是经济利益、物质利益的互惠，也是思想的交流和文化的传播，更是传播交往者的价值追求，示范和引领他者的社会活动。新中国在国际交往中坚持尊重对方的主权，奉行独立自主、平等互利的原则，反对和抵制霸权主义和强权主义，与奉行实力政策、以大欺小、以强凌弱的霸道行为做坚决的斗争，在国际交往中赢得了良好的信誉。新中国构建国际话语权的实践表明，国际交往中坚持平等互利、合作共赢，敢于并善于与国际话语霸权斗争，积极主持公道，努力伸张正义，是建构社会主义国际话语权的重要条件。

（二）证明经济社会发展落后国家可以建成社会主义

生产力发展是历史进步，社会形态演进的根本动力。马克思主义创始人基于对西欧资本主义发展的研究，设想在继承资本主义高度发达的生产力条件下，在肯定资本主义发展成果的基础上开启社会主义建设。基于对中国、俄国、印度等东方国家的亚细亚生产方式的研究，马克思主义创始人又提出了“卡夫丁峡谷”跨越理论，认为东方生产力落后国家通过革命道路跨越资本主义，可以建立尚待吸取资本主义的一切肯定成果的社会主义。由此，考察社会主义建设的必然性，要区分建立在“资本主义的一切肯定成果”基础上的社会主义和有待“吸取资本主义的一切肯定成果”的社会主义①，前者是资本主义基本矛盾尖锐对立的必然产物，后者是资本主义不平衡发展，帝国主义国家间的尖锐冲突的历史条件下，发挥无产阶级革命主观能动性的必然产物。阐释和论证经济社会发展落后国家可以建成社会主义的必然性，也就成为建构社会主义国际话语权的重要任务。

世界上第一个社会主义国家苏联成立之后，经济社会发展落后国家能否建成社会主义的争议就一直存在。新中国成立，虽然增添了经济社会发展落后国家走向社会主义的范例，丰富了跨越“卡夫丁峡谷”的实践论证，但并未停息

① 张凌云．马克思的社会形态理论与当代社会主义［M］．武汉：武汉出版社，1999：200.

这一争议。一些人依然质疑新中国能否建成社会主义，还有一些人在“认真”讨论新中国是否需要补上资本主义的课；苏联解体东欧剧变之后，不仅使这类质疑和讨论一度被放大和强化，而且随着福山提出历史终结论，这些质疑和讨论似乎已有明确的答案。中国特色社会主义取得的巨大成就，依托这种成就建构国际话语权的实践生动展示、深刻论证了后发国家的跨越式发展的实践逻辑，确证了经济社会发展落后国家建成社会主义、发展社会主义的现实可能性和实践可行性，检验了马克思主义创始人关于共产主义实现方式的设想和预言。

（三）凝聚21世纪科学社会主义发展的共识

科学社会主义揭示了人类社会发展规律，认为从资本主义发展到社会主义、共产主义是一个由资本主义基本矛盾运动驱使的客观历史进程。马克思主义创始人提出了科学社会主义原则，强调共产主义的细节由后世人根据具体情况去设计和完善。在马克思主义创始人看来，无产阶级政党领导、劳动人民掌握政权、生产力高度发展是实现社会主义、共产主义的条件；在生产资料公有制基础上组织生产并对社会生产进行有计划的调节，是社会主义建设的基本要求；人的解放和自由全面发展是建设社会主义、共产主义的目标。社会主义的多国实践，由一种模式发展到多种模式，虽然丰富了科学社会主义原则的实践论证，却也引发凝聚科学社会主义发展的时代共识的现实难题。

中国特色社会主义取得了巨大成功，宣告了“历史终结论”的终结，使社会主义和资本主义的力量对比发生了有利于社会主义的深刻变化，为科学社会主义注入新的生机和活力。中国特色社会主义建设的实践表明，社会主义建设既要借鉴汲取一切人类优秀文明成果，又必须立足国情选择发展道路，始终保持自己的发展定力。新中国构建国际话语权的伟大实践，特别是新时代创造新话语、引领国际话语风尚，凝聚国际共识，激发和汇聚构建人类命运共同体的伟大力量，增强了世界对共产主义的信心，凝聚了社会主义国家对科学社会主义在21世纪的时代共识。新时代中国的创新实践，是发展21世纪马克思主义的丰厚土壤，也是彰显社会主义的制度优势，昭示科学社会主义远大前景的社会运动。

第二节　新时代建构揭示中国奇迹的国际话语权

经济社会发展成就，是一个国家获得国际认同，建构国际话语权的基础和前提。改革开放以来，我国经济社会发展取得举世瞩目的成就，却并未因此获得与发展成就相匹配的国际话语权，我们最引以为豪的制度优势竟然屡屡成为西方话语遏制和话语进攻的焦点。究其原因，总结中国实践经验的话语供给不足，沿用套用甚至是滥用西方话语，讲不清中国奇迹的成因和机理，尤其值得我们重视和反思。新时代建构国际话语权，需要创建能得到广泛认同的国际话语体系，用其讲清楚、讲明白中国故事，发出中国声音，并创造和利用国际平台，传播好中国故事。

一、党领导人民创造世所罕见的两大奇迹

历史合力论昭示我们，只有把人民群众分散的实践动力汇聚成为推动历史发展的磅礴动力，才可能创造出辉煌的历史奇迹。近代中国积贫积弱，饱受欺凌，重要的原因就在于社会一盘散沙、缺乏凝聚力，没有历史英雄人物和先进政治组织将人民群众分散力量汇聚成为历史发展动力。中国共产党成立之后，“中国人民谋求民族独立、人民解放和国家富强、人民幸福的斗争就有了主心骨，中国人民就从精神上由被动转为主动”①，近代中国历史发展才展现出强大的生机和活力。中国共产党领导中国人民进行长达28年艰苦卓绝的斗争，终结了帝国主义同封建统治阶级联合剥削压迫中国人民的历史，开启了中国人民独立自主、奋发图强的历史新篇。“新中国成立70年来，我们党领导人民创造了世所罕见的经济快速发展奇迹和社会长期稳定奇迹，中华民族迎来了从站起来、富起来到强起来的伟大飞跃”②，新中国发展成为闪耀世界历史舞台的新星。没有社会长期稳定，就不可能有经济快速发展；正因为有经济快速发展奠定的物质基础，才有能力、有条件化解社会风险，保持社会长期稳定；经济快速发展和社会长期稳定互为因果，是不断开创中国特色社会主义事业新局面的两大保障，是建设社会主义现代化强国的两股动力。“两大奇迹”是当代中国建构国际话语权的底气和根基，揭示“两大奇迹”的成因，从中提炼讲述中国故事且能得到广泛国际认同的理论范畴，是建构国际话语权的重要方式。

（一）经济快速发展奇迹

新中国在改革开放前后两个历史时期都取得了举世瞩目的经济发展成就。继宣告新中国成立，废除西方列强强加给中华民族的一切不平等条约，实现政

---

① 习近平．决胜全面建成小康社会 夺取新时代中国特色社会主义伟大胜利——在中国共产党第十九次全国代表大会上的报告［M］．北京：人民出版社，2017：13.

② 本书编写组．党的十九届四中全会《决定》学习辅导百问［M］．北京：党建读物出版社、学习出版社，2019：2.

治上站起来之后，党领导人民进行社会主义建设，迅速构建起比较完整的工业体系，既充实经济上站起来的物质保障，也为改革开放后能用几十年时间取得西方国家百年现代化取得的成就奠定了坚实的物质基础。

他者之眼间接证实中国经济快速发展的奇迹。我国改革开放创造了经济连续保持40多年高速增长的世界奇迹，这从国际社会针对中国的论断中可见一斑。改革开放初期，国际社会流行“中国担忧论”。担忧中国养活不了庞大的国民人口，担心中国的饥饿难民冲击国际社会的正常秩序，担心中国改革克服不了计划机制和计划思维的“惰性”。改革开放成就证伪了“中国经济担忧论”，国际社会又泛起“中国经济崩溃论”。西方中心主义者不相信中国经济能够实现长期增长，视中国经济增长为“昙花一现”，企图运用西方经济理论和中国经济数据预测中国经济崩溃的时间节点。随着看似科学合理的预测一次次破产，“中国崩溃论”终究沦为笑谈，继之而来又泛起“中国经济威胁论”。随着中国成为世界上最大制造国，世界第二大经济体，别有用心者又拿资源环境说事，以中国经济发展的资源消耗和污染排放为借口，言说中国经济发展是对地球资源环境的威胁；也有霸权思维者妄言，随着中国经济实力的提升，中国必然谋求与其经济地位相称的国际政治地位，中国经济发展必然对其他国家形成威胁。中国推动可持续发展，实现经济绿色增长的努力和成就并未得到应有的国际尊重，一些“环保主义者”变“中国经济威胁论”为“中国经济责任论”，妄称中国要为人类面临的资源环境形势恶化负责任。2008年，国际金融危机爆发后，中国率先走出危机的阴霾，继续保持和实现了经济高速增长；欧洲国家爆发主权债务危机之后，中国及时施以力所能及的援手，捧杀中国者据此又宣称另一类“中国责任论”，要中国承担起“拯救欧洲”“拯救世界经济”的大国责任。凡此种种针对中国的论断，虽然其内容和形式有着显著的不同，但其立论的动因、立论的依据都是中国经济持续高速发展的事实。

改革开放带来的自身变化直接证实经济快速发展的奇迹。我国抢眼的经济发展数据是世所罕见的经济发展奇迹的有力证据。第一，我国经济保持连续40多年的高速增长。改革开放为经济发展不断注入动力，党领导全国人民先后成功应对1997年亚洲金融危机、2008年国际金融危机，2020年又率先走出新冠疫情全球大暴发的阴霾，成为唯一实现经济正增长的世界主要经济体。第二，中国在世界经济格局中迅速实现位次赶超，“现在，我国是世界第二大经济体、制造业第一大国、货物贸易第一大国、商品消费第二大国、外资流入第二大国，我国外汇储备连续多年位居世界第一”①。第三，中国经济占世界经济的份额大幅提高。习近平总书记在庆祝改革开放40周年大会上的讲话中揭示和比较了我国在世界经济格局中的地位变化，“我国国内生产总值占世界生产总值的比重由改革开放之初的1.8%上升到15.2%，多年来对世界经济增长贡献率超过30%”②。第四，中国减贫成就“史无前例”。1978年，中国的贫困人口多达2.5亿，占当时全国人口的1/3；1978年到2003年，我国贫困人口从2.5亿减到2900万，贫困发生率从30%降至3%；2007年年底，我国农村绝对贫困人口已减少到1479万，仅占农村居民总人口的1.6%。2020年，决胜全面建成小康社会，实现现行标准下农村贫困人口全部脱贫、贫困县全部摘帽。习近平总书记“代表党和人民庄严宣告，经过全党全国各族人民持续奋斗，我们实现了第一个百年奋斗目标，在中华大地上全面建成了小康社会，历史性地解决了绝对贫困问题”③。新时代“是全国各族人民团结奋斗、不断创造美好生活、逐步实现全体人民共同富裕的时代”④；不断完善推动全体人民共同富裕的社会政策体系，全体人民共同富裕取得了实质性的进展。决战脱贫攻坚、决胜全面建成小康社会，推动全体人民共同富裕，正是我国经济发展和社会稳定互为因果、互促互进、协同推进的生动范例。

（二）社会长期稳定奇迹

社会稳定是人民安居乐业的前提和保障，是普通民众的期盼。中国历史上，封建王朝的更替，演绎了社会由乱到治、再由治到乱的稳定与动乱的交替轮回。近代中国饱受列强入侵，人民生活在水深火热之中，社会稳定更是民众的热切期盼。新中国成立70年，特别是改革开放新时期和进入新时代以来，尽管经济社会发生了重大而深刻的变化，旧的社会秩序不断被打破，但社会并未因此而变得动荡，人民生活的幸福感、获得感不断增强，社会保持了长期的稳定。

新中国持续攀升的人口平均预期寿命印证了社会的长期稳定。社会动荡必然带来人口非正常死亡，特别是自我保护能力不强的低龄人口和承担社会中坚责任的青壮年人口的非正常死亡，对提高人口平均预期寿命形成严重的节制。

---

① 习近平．在庆祝改革开放40周年大会上的讲话［M］．北京：人民出版社，2018：11-12.

② 习近平．在庆祝改革开放40周年大会上的讲话［M］．北京：人民出版社，2018：11.

③ 习近平．在庆祝中国共产党成立100周年大会上的讲话［M］．北京：人民出版社，2021：2.

④ 中共中央关于党的百年奋斗重大成就和历史经验的决议［M］．北京：人民出版社，2021：23.

人口平均预期寿命不仅是衡量一个社会的经济发展水平及医疗卫生服务水平的指标，也是衡量社会稳定程度的重要指标。新中国成立之初，人均预期寿命只有35岁；新中国成立之后，人均预期寿命节节攀升。历史和现实一再昭示，一个分裂动荡的社会，不可能有稳定增长的人口预期寿命；一个以资本逐利为中心而不是以人民为中心的社会，尽管披着民主、自由的外衣，绝不可能保持长时期的社会稳定。节节攀升的人口预期寿命，是我国社会长期稳定的生动写照。

成功化解社会风险妥善应对重大挑战彰显了社会的稳定性特征。矛盾是事物存在的方式，事物内部的矛盾运动是事物变化发展的根本原因。人类社会基本矛盾运动推动人类社会形态变迁，社会矛盾运动既可能成为社会进步的动力，也可能成为社会分裂、社会动荡的原因。能否成功化解社会风险，妥善应对重大挑战，是社会保持稳定的关键。中国共产党成立之后，在领导革命、建设、改革的峥嵘历程中经历了重重考验；新中国成立之前，先后经历了大革命失败、第五次“反围剿”失败、抗日战争、解放战争等面临生死存亡的重大考验；新中国成立之初，以美国为首的“联合国军”发动朝鲜战争，新生的中华人民共和国面临帝国主义的严重威胁，党领导人民经受了抗美援朝的重大考验，取得了抗美援朝战争的伟大胜利，巩固了中国新生的人民政权，为国内经济建设和社会改革赢得了相对稳定的和平环境。社会主义道路探索进程中，先是经历“三年困难时期”的重大考验，认识到尊重客观经济规律、尊重科学的重要性，明确生产关系必须与生产力发展水平相适应；然后经历了“文化大革命”的重大考验，认识到坚持以经济建设为中心、坚持民主与法治建设的极端重要性，进入到建设有中国特色社会主义的伟大历史时期。① 我们党始终坚持马克思主义的理论批判、实践批判和自我批判，持续深入推进党的建设，依靠人民群众的伟大力量，成功化解了一次又一次的风险和挑战，维护和保持了社会的稳定。

审慎处置改革开放带来的不确定性和外来风险彰显社会的稳定性。改革开放意味着打破熟悉的现状，意味着输入风险。在计划经济向市场经济转轨、建立和完善社会主义市场经济体制的过程中，党领导人民先后成功应对1997年亚洲金融危机和2008国际金融危机，无论是政府的宏观经济调控与管理，还是普通群众的生产生活方式转变都经受住了剧烈的冲击和严峻的考验。1998年长江特大洪灾、2008年四川汶川特大地震等极易引发社会动荡的自然灾害，2003年“非典”重大疫情都一一被我们党妥善化解，成功处置。中国社会长期保持稳

① 人民论坛文件调查中心．中国共产党历经的九个重大考验［J］．人民论坛，2018（9）：12-14.

定，绝非易事；中国社会持续稳定发展，也绝非一路坦途；中国社会长期稳定，与国际舞台上屡屡上演的政权更迭、社会撕裂、民族矛盾等引发的社会动荡形成了鲜明对比，实属世所罕见的奇迹。

二、建构揭示经济快速发展奇迹的国际话语权

不管是立足中国自身发展的角度，还是基于国际社会以他者之眼看中国的角度，中国改革开放40多年来发生了翻天覆地的变化，经济社会发展取得了举世瞩目的成就。中国经济快速发展的奇迹未能有效转换为中国话语，这与中国经济研究中存在的运用西方理论阐释中国实践的惯性和偏好，对中国经济发展的经验总结和理论提炼不够等因素相关。从依托经济快速发展奇迹建构国际话语权的角度，新时代要注意从中国经济快速发展奇迹的以下成因中生成国际话语，提炼理论范畴，繁荣发展中国特色社会主义政治经济学。

（一）中国道路及制度的“理论—实践”螺旋发展特征

理论源于实践，理论指导实践，“理论—实践”螺旋发展是哲学认识论的主张；经济社会发展中的“理论—实践”螺旋发展不是抽象的哲学辩题，而是实践主体理论自信和理论自觉的体现。实践主体缺乏理论自信，没有坚定的理论信仰，势必会不断变换指导实践的理论，从而使实践历程变得起伏动荡，甚至是事与愿违，走上一条不归邪路。导致苏联解体的众多原因中，执政者缺乏理论自信和理论自觉，盲目迷信西方尤为值得深刻总结和反思。习近平总书记指出，“中国是一个大国，决不能在根本性问题上出现颠覆性错误”①，这也是对坚定马克思主义理论自觉、中国特色社会主义理论自信的强调。“理论—实践”螺旋发展描述的现实场景是，实践主体坚持用科学理论指导实践，从而避免了实践的盲目性，实践又对理论创新提出新要求；理论指导下的实践取得丰硕的成果，完成对理论的科学性、真理性检验，实践主体又及时把实践经验上升为理论，用不断丰富和发展的理论指导新的实践。

中国特色社会主义道路及制度是改革开放的实践成就。与西方国家由利益集团的代表、由倡议者提出具体方案、具体措施，再通过法定程序使方案变成国家意志不同，中国特色社会主义道路和制度不是主观设计的产物，不是一成不变僵化的教条，而是坚持马克思主义指导和问题导向的改革开放所形成的“理论—实践”螺旋发展的成果。中国的改革开放、经济社会发展所体现出的理论与实践辩证统一、螺旋上升的特征，最根本的原因在于改革开放实践决策的

① 习近平．习近平谈治国理政：第一卷［M］．北京：外文出版社，2014：348.

及时性、科学性、实践纠偏性的有机统一有着多重保障。首先，执政的中国共产党始终坚持人民大众立场，改革开放始终围绕人民群众长远利益和现实利益辩证统一的中心线索展开；人民群众直接从改革开放实践决策中受益，这最大限度地减少了决策实施的社会阻力。其次，中国共产党领导的多党合作制集成了一党制和多党制的优势，以及中国特有的领导人的选拔和培养相结合的制度优势，成为改革开放实践决策科学性、有效性的重要保障。最后，票决选举和协商民主有机协调，予民主于协商之中，予民主于决策过程之中，奠定改革开放实践决策的实践纠偏性的基石；新时代我们党大力发展全过程人民民主，充实和完善全过程人民民主的制度体系，进一步增强了民主发展对决策科学性、实践纠偏性的保障。

（二）中国改革开放始终坚持政府和市场协调的主线

政府和市场的关系，是现代经济发展绕不开的话题，也是决定经济发展效率的重要因素。我国改革开放自觉、不自觉地追求有作为的政府和有活力的市场彼此协调，有效率的政府和有效率的市场有机统一，走出了一条不同于西方资本主义市场经济的经济现代化发展道路。

资本主义市场经济蕴含政府和市场对立的潜意识。资本主义市场经济体制是资产阶级革命为生产资料私有制扫清障碍之后，在市场主体发育、市场主体活动范围扩张的过程中逐渐形成并不断得以完善的；是市场牵动的结果，一开始就存在政府和市场对立的潜意识。资本主义市场经济理论和实践发展过程中，政府和市场的作用及关系演变总体遵循“非此即彼、此长彼消”的逻辑和线索：亚当·斯密万能市场的无形之手的理论及实践“重市场、轻政府”，凯恩斯有效需求不足、政府干预经济的理论及实践“重政府、轻市场”，新自由主义的理论及实践再次回到放松政府管制的“重市场、轻政府”立场，2008年国际金融危机宣告新自由主义破产之后的国家干预又回到“重政府、轻市场”立场。西方市场经济发展就是资产阶级玩弄的政府和市场“跷跷板”游戏，西方社会也就成为经济理论的流行秀。按照“政府弥补市场失灵，市场弥补政府失灵”的西方经济学共识，政府和市场除了弥补对方缺陷外无法通过主动合作实现二者的优势叠加和效能集成。

政府和市场协调充实我国经济快速发展的根基。无论是中国特色社会主义市场经济的发展起点和基础，还是市场经济发展进程中处理政府和市场关系的思路和方法，都与西方国家存在本质差异。我国市场经济是政府主动选择的结果，是经济体制改革适应经济发展需求、化解经济发展面临实现问题的结果，政府和市场关系协调根植于对市场经济体制的选择和发展之中。与西方市场经济发展不同，中国经济体制改革、市场经济体制建立和健全始终坚持问题导向，体现了马克思主义唯物辩证法的要求，处理政府和市场的关系不是运用“非此即彼、此长彼消”的对立思维，而是坚持政府和市场各展所长、有效结合的辩证思维。尽管在经济体制改革的不同历史时期、不同阶段，在经济发展的不同现实背景中，政府和市场各展所长、有效结合的具体要求和现实表现存在差异，但我国经济体制改革一直是力图实现对有为的政府和有效的市场的同时追求。计划经济条件下的经济体制改革以放松中央控制、释放地方活力，放松政府控制、释放民间活力为中心；党的十四大提出的建构中国特色社会主义市场经济体制的最初要求是，市场在政府宏观调控指导下在资源配置中发挥基础性作用，党的十八届三中全会提出的完善中国特色社会主义市场经济体制的最新要求是，市场在资源配置中发挥决定性作用和更好地发挥政府的作用；从提出最初要求到提出最新要求的20余年时间里，政府和市场关系协调一直是经济体制改革坚持的基本原则。

（三）先行先试典型示范由点及面的战略实践模式

中国特有的战略实践模式，是经济保持高速增长的重要原因。中国的改革开放、重大战略有着规范严谨的实践模式，都是采用特殊区域、特定领域先行先试、积累经验，再典型示范、由点及面全面展开。理论分析和实践经验表明，这种战略实践模式内在的积极效应主要表现三个方面。

第一，避免改革的盲目性，保证战略实施的有效性。战略措施大致分为两类：一是依据战略目标及战略要求主观设计的措施，二是先行先试实践经验的总结和提炼。先行先试实践不仅使事先主观设计的战略措施得以检验、修正和完善，而且在战略展开前，为事先考虑和纠正战略展开过程中可能存在的失误和偏差奠定了基础。改革开放的实践证明，敢于先行、善于先试的地区，往往是引领经济社会发展潮流的模范区域。新时代以来，浙江省在自贸试验区、浙江高质量发展建设共同富裕示范区、新时代的“枫桥经验”示范区等领域的现行先试及其取得的发展成就，进一步证实了我国战略实践模式的科学有效性，丰富了敢为天下先的区域才能引领发展潮流的范例。

第二，迅速推进战略实施，获取改革开放和战略实施的规模效应。先行先试经验的展开往往借助于行政管理体系，采用政治动员的方式，上级政府的督察、政绩考核确保了战略举措面上展开的及时性和迅速性，先行先试的战略措施一旦在广阔的国土空间内大规模展开，就会很快获取战略实施的规模效应。新时代全党动员，坚持精准扶贫、精准脱贫，奋力打赢脱贫攻坚战，谱写了获取战略实施规模效应的绚丽篇章，从战略组织实施的角度，再次验证了我国战略实践模式的科学有效性。

第三，激发经济主体竞争，释放发展动力与活力。先行先试的区域（领域）往往也是享受优惠政策支持的区域（领域），在改革措施、重大战略全面展开的过程中，没有争取到先行先试机会的经济主体期望能够创造性地实施战略，争当战略实施、战略目标落实环节的典型，以期获得后继的先行先试机会，这大大激发和释放了经济主体的发展活力。

完善战略实践模式必须着力克服和弥补其在运行中可能存在的缺陷。实践表明，我国特有的战略实践模式一是容易养成对先行先试的过度迷信和过度依赖，导致各级各类试验区漫天飞；二是先行先试机会毕竟有限，这不仅可能诱发机会获取中的设租和腐败，而且可能使其他区域因跟风效仿先行先试区而挫伤区域创新力；三是战略的全面快速铺开存在放大政策失误的后果的风险。如何通过全面从严治党，战略规划创新以弥补这些缺陷，进一步激发和释放战略实践模式的积极效应，不仅是新时代的理论生长点，也是新时代的实践创新触发器。

（四）丰富的经济实践模式强化中国经济发展的韧性

正如生物多样性是生态系统稳定性的基础，经济成分的多样性、经济实践模式的多样性是经济系统的稳定性、经济发展韧性的基础。中国是一个地域辽阔、内部发展分异明显的大国，具有良好的经济发展多样化实践的条件，为中国经济发展的韧性奠定了坚实基础。改革开放以来，具有全局性影响的经济实践模式主要表现在以下 6 个方面。

一是民众创新经验总结提炼推广型。以家庭联产承包为代表的农村改革，是这种模式的典型代表。中国共产党始终坚持人民大众立场，相信人民群众的智慧，坚持从群众中来，又到群众中去的群众路线，始终推进以人民为主体的发展，鼓励各区域探寻特色差异化发展道路，是这种实践模式能够得以不断丰富和发展的根本原因。

二是政治动员型（行政干预型）。集中力量办大事办要事，是这种模式的重要特征；汶川地震灾区灾后经济重建、扶贫开发是这种实践模式的典型代表。美国对中国实施的科技封锁不仅宣告“以市场换技术”走到尽头，也充分暴露了核心技术受制于人的危害，党的十九届五中全会提出“坚持创新在我国现代化建设全局中的核心地位，把科技自立自强作为国家发展的战略支撑”“制定科技强国行动纲领，健全社会主义市场经济条件下新型举国体制，打好关键核心技术攻坚战，提高创新链整体效能”，这是政治动员型（行政干预型）实践模式在新时代的现实表现和具体应用。政治动员坚持目标导向性，经济活动讲求成本收益核算，如何通过全面从严治党，全面深化改革更好地完善这种实践模式，是中国特色社会主义建设的重要任务。

三是经济理论演绎指导型。改革开放后，我们广泛引进、借鉴西方经济学理论，并运用这些理论指导经济实践。国企产权改革、市场换技术、市场化改革、需求管理导向的宏观调控、人民币国际化实践等，都是这种模式的典型代表。如何结合中国现实国情，对西方经济理论加以本土化改造和创造性地运用，如何运用总结提炼中国经济实践经验的理论指导经济实践，既是一个严肃的理论问题，更是一个重大的现实问题。新时代推进的供给侧结构性改革，正是对西方经济学供给学派的理论和实践主张的超越和扬弃；习近平总书记做出的经济新常态重大判断，适应经济新常态的政策，就是回答这一重大现实问题的生动范例。

四是现实问题倒逼型。针对我国经济发展的资源环境成本过大的现实问题，我国提出的建构资源节约型环境友好型产业体系；针对经济社会发展的空间失衡问题，我国实施的主体功能区战略，是这种模式的典型代表。我们党总是正视而不是回避、掩盖现实问题，总是全面深刻地揭示问题成因，并因地制宜、因时制宜寻求问题的化解之策，是这种模式成功运作的根本原因。面对我国经济供需失衡的现实问题，新时代推进供给侧结构性改革；面对百年变局，特别是美国的贸易霸凌，沉渣泛起的逆全球化潮流对我国经济发展的影响，新时代加快构建以国内大循环为主体、国内国际双循环相互促进的“双循环”发展格局，充分彰显了我国现实问题倒逼的经济实践模式的实践威力。

五是国外实践经验借鉴型。生态工业园建设、自由贸易区、循环经济发展是这种模式的典型代表。国外实践经验借鉴与全面深化改革的耦合，国外经验与中国人民创新精神的集成，赋予这些国外实践模式新的中国内涵，使其焕发出新的生机和动力，是这种模式成功运行的重要经验。那种借言弄清国外实践模式的实质和真谛，妄评中国实践是背离本质的变异，实则是西方中心主义思维在作祟，是典型的“削足适履”。

六是家庭（家族）经济决策型。家庭是社会的基本细胞，家庭的前途命运同国家和民族的前途命运紧密相连。家国一体，是中国的文化传统。家庭作为经济社会活动的基本单元，以家庭稳定筑牢社会稳定的基石，家庭经济发展激活国民经济发展活力，是根植于中国传统文化的经济实践模式，不了解中国的文化，就根本不可能理解这种经济实践。“啃老族”买房、家庭养老、血脉亲情为纽带的经济往来等为西方人所不理解的现象，是这种模式的典型代表。新时代以来，习近平总书记多次对家庭家风建设做出重要指示，我国家庭家教家风建设法规政策不断建立健全，这既是为加强家庭家教家风建设提供坚实保障，也是为续写两大奇迹提供坚实的保障。

三、建构揭示社会长期稳定奇迹的国际话语权

中国人民对中国社会长期稳定有着强烈的直观体验。西方世界对中国话语遏制事实存在的条件下，这种强烈的直观体验并未能赢得世界范围内的广泛认同。国外许多人仍想当然地认为中国人民还处于忍饥挨饿、水深火热之中。建构揭示中国社会长期稳定奇迹的国际话语权，必须打破运用西方理论阐释中国实践的思维惯性和思维惰性，立足中国实践，总结、生成能深刻揭示中国社会长期稳定奇迹成因的范畴和理论。这些范畴和理论要生动易懂、易于传播，要能直观揭示中国之治与西方之乱的对比和反差。中国社会稳定性是内生内源性的稳定，不是社会内部利益集团妥协折中，更不是左右和影响社会发展的内部势力和外部势力的平衡。

（一）社会主义制度的实践性和结构性特征内生社会发展稳定性

总结实践经验的制度安排内生社会稳定的功能。与西方由利益集团代言人提出制度倡议，再通过法定程序使倡议变为制度不同，我国制度源于实践经验的总结提炼，制度实施时往往采用先试点，总结试点经验后再全面铺开。我国社会主义具体制度安排不是抽象理念的规范化条理化表达，不是简单地把抽象理念具体化为行为准则，而是把坚守共产主义理想信念和社会主义价值追求的实践经验凝练为制度安排，把经过实践检验的，有利于促进经济社会发展、维护社会安定团结的行为准则和行为方式上升为具体制度安排。对照反思理想和现实的差距，是具体制度安排的基础环节；能实现预期目标，在实践中行得通，实施阻力小，是具体制度安排的基本遵循。在西方中心主义者看来并不具有形式美感，或许从任何一个角度看都不是最优选择的制度安排成就了我国经济快速发展和社会长期稳定的世界奇迹，其奥秘正在于此。

社会主义制度体系的结构内生社会稳定的功能。社会主义制度体系由根本制度、基本制度、重要制度安排、临时性的条例规则构成。中国特色社会主义制度体系生成的历史逻辑表现为两条线索，一是先总结提炼革命和建设经验形成根本政治制度，用根本政治制度指引社会主义建设实践，指引社会主义建设各领域具体制度实践。二是社会主义建设各领域具体制度实践经验总结提炼形成该领域的基本制度、根本制度；再以基本制度为基底，根本制度为中心，丰富和完善各领域的具体制度安排。我国社会主义制度体系特有的生成逻辑具有

很强的现实适应性，有效避免了新制度供给引发的社会不适。就具体制度安排内生的社会稳定性而言，我国根本政治制度、基本政治制度的有效实施，避免了国家走向分裂；我国选拔和培养相结合的选贤任能制度造就高素质的干部队伍，使社会主义建设具有强有力的组织保障；予民主协商于决策过程之中，兼得形式民主和实质民主的成效，真正体现人民当家作主，有效避免社会撕裂确保社会稳定。

（二）改革开放坚持改与不改的辩证统一内生社会稳定性

社会长期稳定绝非偶然，必然有内源于社会的力量支撑和维护社会稳定。在马克思主义理论视域中，社会稳定是社会多种矛盾的辩证统一，绝非强势力量对弱势力量的征服和压制，更不是弱势力量对强势力量的臣服。与西方理论习惯用均衡表达稳定不同，马克思主义唯物辩证法追求的辩证统一是矛盾双方在相互借鉴、相互促进、共同发展的过程中实现的平衡和稳定，而不是对立冲突关系中的强势方力量消减，弱势方力量增加到一定程度形成的均衡。

改革开放坚持改与不改的辩证统一内生社会稳定性。改革意味着打破现状，开放意味着接受外来冲击，这不可避免地滋生社会不稳定的因素。世界上一些国家，政府推动的改革却引发社会混乱，甚至是社会动荡，不仅没能实现预期的目标，反而使国家和人民遭受巨大损失；政府力推的开放不仅未能如愿以偿实现经济发展，反而导致经济主权的侵蚀。与此形成鲜明对比，我国的改革开放虽然并非一帆风顺，改革进程中也遇到社会阻力，引发一定范围一定幅度的社会波动，但改革开放始终成为经济社会发展的驱动力，改革开放取得的成就不断充实社会稳定的根基。我国改革开放是社会主义制度的自我完善，是社会主义制度的肯定因素和否定因素相互作用的结果，始终坚持改与不改的统一。习近平总书记强调，“改什么、怎么改必须以是否符合完善和发展中国特色社会主义制度、推进国家治理体系和治理能力现代化的总目标为根本尺幅，该改的、能改的我们坚决改，不该改的、不能改的坚决不改”①。改革开放始终坚持马克思主义的指导，坚持社会主义的价值取向，始终坚持党的领导不动摇，改革改的是不合时宜、制约社会主义优越性发挥、制约人民群众生活改善发展水平提升的惯例和规章。改革开放是破与立的辩证统一，改革开放之破是为了释放和增强发展动力之立，破不是目的而只是立的基础和前提；发展的本质是对既有现实的超越，从而使应对和化解社会不稳定性的风险的能力增强。中国共产党领导改革开放，始终重视正确处理改革、发展同稳定的关系，把改革的力度、

① 习近平．在庆祝改革开放40周年大会上的讲话［M］．北京：人民出版社，2018：25.

发展的速度和社会可承受的程度统一起来，社会政治稳定中推进改革、发展，在改革、发展中实现社会稳定。

（三）渐进式改革向全面深化改革的演进内生社会发展的稳定性

摸着石头过河的渐进式改革，以点的突破带动面的发展；全面深化改革，以改革的系统思考和总体谋划引导各不同领域的改革协同推进。渐进式改革既为全面深化改革积累了实践经验，有效避免了全面深化改革的盲目性，也为全面深化改革奠定坚实的物质基础。改革模式由渐进式改革适时转变为全面深化改革，把改革可能引发的社会不稳定始终控制在化解社会不稳定风险的能力范围之内，形成了维护社会稳定的长效机制。

渐进式改革满足和激发社会需要内生社会发展的稳定性。渐进式改革维护当下的社会稳定，当下的社会稳定取决于社会需要的现实满足程度，满足社会成员普遍存在的需要的覆盖面越广，满足程度越充分，社会越稳定。改革开放促进经济社会发展和人民生活改善，改革由点及面在地理空间的横向拓展，同时也是社会需要满足覆盖面的扩张；单项改革由浅入深的纵向拓展，同时也是特定社会需要满足程度的提高。社会稳定的延续取决于不断提高的社会需要满足程度。人的欲望无止境，既有需要的满足总会诱发新的社会需要，社会需要满足的未来预期程度既关联当下的社会稳定，又对社会稳定发展的态势施加影响。摸着石头过河的渐进式改革，引导社会需要预期有节制地理性增长，防止和避免社会需要爆发式增长，形成社会需求满足和社会需求激发螺旋式上升机制。

全面深化改革化解满足社会需要能力的结构性失衡。社会需要的形式和类型多样，社会不稳定因素的来源和表现形式也是多样；满足社会需要的能力既有单项能力的考量，也有各种单项能力的协同，形成良好的能力结构的要求。渐进式改革积累的发展成就虽然大大增强我国化解社会风险，维护社会稳定的总体能力，但由于满足不同社会需要的能力并非同时同步提升，满足社会需要的能力存在的结构性失衡成为维护社会稳定的隐患。全面深化改革强调改革的系统性、整体性、协同性，力图以顶层设计的方式，化解满足社会需要的能力存在的结构性失衡问题，全面提升维护社会稳定的能力。

经济快速发展和社会长期稳定的两大奇迹是党领导人民不懈奋斗的结果，是中华民族的历史传统、优秀文化滋养的成果。建构揭示中国奇迹的国际话语权，既需要有深入的实践剖析，也需要深入的理论阐释；既需要全面的现实分析，也需要深刻的历史文化剖析。习近平总书记强调，“宣传阐释中国特色，要讲清楚每个国家和民族的历史传统、文化积淀、基本国情不同，其发展道路必然有着自己的特色；讲清楚中华文化积淀着中华民族最深沉的精神追求，是中华民族生生不息、发展壮大的丰厚滋养；讲清楚中华优秀传统文化是中华民族的突出优势，是我们最深厚的文化软实力；讲清楚中国特色社会主义根植于中华文化沃土、反映中国人民意愿、适应中国和时代发展进步要求，有着深厚的历史渊源和广泛现实基础"①。新时代建构揭示中国奇迹的国际话语，必须严格遵循这"四个讲清楚"的重大原则，既要把马克思主义中国化时代化成果中的基本原理要素、中国化的要素、时代化的要素分门别类地梳理总结出来，提炼形成理论范畴，又要把不同要素结合的方式、结合的机理阐释论证清楚，形成中国话语。

第三节　新时代建构引领发展潮流的国际话语权

社会是个万花筒。一些社会现象虽然客观存在，甚至在当今社会具有很强的影响力，但它并非一定是这个社会应该存在的。透过社会发展现象看本质，展望未来，正是要在对经济社会发展的实然状态和应然状态之间的比较中把握社会发展趋势，发现隐藏在现象背后的社会发展规律。新中国成立以来，我们党领导全国人民奋勇前进，从被排挤在世界舞台边缘到日益走近世界舞台中央，党的国际话语权得以显著提高，中国对社会主义在世界范围内的发展做出了重大贡献。新时代建构国际话语权，既要深刻揭示和反映当今世界的现实，又要着眼未来，凝聚人类社会发展规律和世界大势的国际共识，引领人类社会的发展趋势和发展潮流。

一、设置全球议题建构引领发展潮流的国际话语权

国际话语权主要有两种表现形式：一是国际机制安排所赋予的制度性话语权，二是引导国际舆论风向，推动国际舆论潮流的舆论性话语权。② 建构国际话语权，既要积极参与全球治理，在国际机制安排中谋求与自身实力相当，与自身对世界贡献相匹配的制度性话语权，又要妥善设置全球议题，积极主动发声，努力争取舆论性话语权。

---

① 习近平．习近平谈治国理政：第一卷［M］．北京：外文出版社，2014：155-156.

② 左风荣．全球治理中的国际话语权［N］．学习时报，2019-11-22.

（一）依托发展成就设置全球议题

设置的全球议题能否得到广泛的回应和反响，是检验和衡量国际话语权的重要指标。议题往往由话题转变而来，话题变迁的速度又影响和制约话题向议题的转变。发展成就昭示、发展行动示范，用发展成就制造和生成国际话题，从国际话题中凝练国际议题，是依托发展成就设置全球议题的重要内容。

新时代亟需取得舆论性话语权建构的突破。话题是谈话言说的主题，具有广泛性和分散性等特征。新奇事物、新鲜事件总会在第一时间成为人们言说话题，成为社会生活中交流讨论的主题。话题热度的持续时长，不仅取决于话题本身，也取决于话题能否及时转变为政治决策、发展决策的议题。国际话语权强大的国家，不仅能够主动制造话题，而且能够及时将其感兴趣的话题转变为国际议题。新闻舆论在话题发现、话题传播中有着至关重要的作用，全球议题设置是主权国家建构舆论性话语权的核心和关键。主权国家的“舆论性话语权，是就话语内容的吸引力、影响力和感召力而言的，主权国家通过外交、媒体传播、民间交流等渠道，将蕴含一定文化理念、价值观念等因素的话语传播到国际社会，并得到其他国家和民众的接受和认同”①。制度性话语权和舆论性话语权紧密关联，以美国为首的西方发达国家总是利用其强大的制度性话语权巩固和强化舆论性话语权；中国干得好却挨骂，除了西方国家凭借其制度性话语权对中国实施话语遏制外，一个重要原因就在于我国的舆论性话语权建构亟待加强和改善。相对于制度性话语权，舆论性话语权建构和提升要更为容易；建构新时代的国际话语权，必须加大舆论性话语权建构力度，率先取得突破，努力实现大作为。

应对变局的实践成就滋生孕育国际话题。身处变局、面对未知，不由得使人产生恐惧，应对变局的实践成就自然也就成为关注的焦点、谈论的话题。党领导人民取得了经济快速发展和社会长期稳定的“两大奇迹”，中国的发展成就被误解甚至是恶意曲解，干得好还挨骂，没能获得与发展成就相匹配的国际话语权，一个过去不为人重视的原因是中国成就。“两大奇迹”是在人类社会发展受难以预知的风险的困扰较小，世界格局总体处于稳定的背景中取得的；在世界各国都在发展的背景下，中国的发展成就被认为仅仅是相对他者更显著的成绩，因而中国的成就不仅被人不以为然，而且被别有用心者肆意曲解。人类社会正迎来百年未有之大变局，应对变局的实践成就容易引发关注，并成为话题。中国特色社会主义新时代，我们在应对技术领域的“卡脖子”、沉渣泛起的逆全

---

① 左风荣．全球治理中的国际话语权［N］．学习时报，2019-11-22.

球化、肆意妄为的单边主义、抗击新冠疫情等引发世界格局大变化大调整的重大事件中的抢眼表现，使傲慢的西方中心主义者不得不抑制狂傲而正视中国发展成就，中国的实践及成就也因此而容易成为国际话题。在变局中育新局，就得在应对变局的过程中及时生成和制造话题，及时把话题转变为有利于育新局的国际议题。

（二）推动世界关注话题向全球议题的转变

议题是得到广泛关注的话题，是讨论交流、行为决策的主题。应对人类社会面临的共同挑战，需要世界各国共同的努力和行动。设置全球议题，是世界各国采取共同行动的前提和关键。世界关注的热门话题并非自动就成为国际组织、世界各国政治决策的议题，是把世界关注的话题上升为全球议题，对议题设置者的综合国力、全球号召力和引领力进行考验。中国日益走近世界舞台中央，一个重要标志就是越来越多的中国倡议得到越来越广泛的国际响应，越来越多的国际热门话题经由中国的努力而成为国际议题。尽管遭遇美国等西方国家的刻意污蔑和阻挠，习近平总书记首发倡议的“一带一路”国际合作不断迈出坚实的步伐，“人类命运共同体”理念也被写入联合国文件，这昭示了依托中国实践成就设置全球议题的强大生命力和远大前景。

合理筛选适宜成为全球议题的话题。人的时间和精力是有限的，人际间又存在兴趣和爱好的差异，再加上囿于资源的有限性，不是所有的话题都能成为议题，也不是所有的话题都适宜成为议题。成为议题的往往是关涉面广，牵涉的主体多，关注度高，影响和意义深远的话题。当今世界，虽然反全球化、单边主义、贸易保护主义、全球气候变化、核安全、反恐等已经成为世界的热门话题，但并不是每一个热门话题都适宜单独成为全球议题。二战后，作为设置全球议题最多的国家，美国曾长期以是否有利于主张和实现霸权，是否有利于领导和控制世界为全球议题设置的依据；美国政府屡屡以是否有利于实现当下经济利益最大化为全球议题的设置依据，在引发国际秩序骚乱的同时，也对国际交往和全球治理进程中的全球议题设置带来新的不确定性，这凸显出话题筛选在全球议题设置中的重要性。

依托中国的发展成就设置全球议题。我国改革开放取得举世瞩目的成就，党的十八大以来，我国发起设立亚投行，稳步推进“一带一路”国际合作，特别是在抗击新冠疫情中的抢眼表现，在 2020 年全球经济普遍低迷背景下成为唯一实现经济正增长的世界主要经济体，使中国成就、中国经验正越来越广泛地成为全球热议的话题。中国一贯奉行和平共处、平等互利的国际交往准则，一贯恪守维护世界、促进共同发展的外交政策宗旨，一贯致力于推动建设相互尊重、公平正义、合作共赢的国际关系。无论是以言传道，还是以行示范，都已经取得了一系列的重大成就。顺应世界各国人民对美好明天的期待，依托中国的发展成就，揭秘发展成就的成因，并据以昭示人类社会的美好前景，贡献解决全球问题的中国方案和中国智慧，推动全球话题向全球议题的转变，必将是新时代建构国际话语权的重要内容。

二、学术创新建构引领发展潮流的国际话语权

世界交往主体总会用一套话语表达、阐释其行为和主张。话语的背后是思想、是理论。建构国际话语权，必然需要有世界交往主体广为认同的理论做支撑。当今世界正经历百年未有之大变局，既有的国际流行话语既难以揭示变局的成因，也难以为应对变局提供理论指导。中国的和平崛起，既是大变局的重要组成，也是大变局的重要成因。新时代建构国际话语权，亟需加大学术繁荣和理论创新的力度，阐释和揭秘中国的发展成就，分析和预测世界的发展大势。

（一）学术创新揭秘中国发展成就

中国的经济社会发展成就，无疑是 20 世纪中后期以来最为抢眼的国际大事。以世界减贫为例，“改革开放 40 多年来，中国的人均收入增长超过 25 倍，8.5 亿人摆脱了贫困，对世界减贫贡献率超过 70%，成为全球最早实现联合国千年发展目标中减贫目标的发展中国家”①；如果除去中国减贫的成就，世界减贫事业顿时黯然失色，不再光鲜亮丽。不客观公正地了解中国的成就，就不可能全面而深刻地认识百年未有之大变局；不能深刻揭示中国成就的成因，也就不能真正理解百年未有之大变局的形成和发展。广泛借鉴西方发达国家的经验，是中国成就的重要原因，但沉迷于发端和发展于西方社会土壤的西方理论，必然解释不了中国成就。破除西方迷信，揭批西方中心主义，是学术创新揭秘中国发展成就，推进新时代国际话语权建构的重要任务。

学术创新必须破除西方迷信。沉迷于西方理论的学者总是对中国经济社会发展做出错误判断，当西方理论解释不了中国成就，他们不是去反思质疑西方理论，反而提出“削足适履”的实践主张和政策建议，企图“修正”中国的实践以适应西方理论。不可否认，西方理论有其积极和先进的一面，同样不可否认，西方理论存在极大缺陷；无视西方理论缺陷的学术创新，不可避免地会陷入西方迷信的泥潭。马克思早就对西方理论的缺陷有着深刻的认识，他认为西方“国民经济学从私有财产的事实出发，它没有给我们说明这个事实。它把私

---

① 和音．中国减贫成就具有世界意义［N］．人民日报，2020-09-02.

有财产在现实中所经历的物质过程，放进一般的、抽象的公式，然后把这些公式当作规律。它不理解这些规律，就是说，它没有指明这些规律是怎样从私有财产的本质中产生出来的。国民经济学没有向我们说明劳动和资本分离以及资本和土地分离的原因"①。西方国民经济学从现象的归纳抽象中得出的公式，反映和体现现象之间的联系，这些公式其实是把社会现实中的实然现象看作这个社会必然应该有的现象，没有去考虑这些现象是否应该在社会中存在，把这些公式视为规律，其实是坚持"存在就是合理的、就是正当的"。这些公式（规律）没有对社会发展的应然与实然状态进行反思和区分，以现实的实然为基础，以趋势外推的方式对未来的预测总是背离未来的现实自然也在情理之中。这些公式（规律）事实上承认现实就是最好的，如果说它们在现象的描述和解释上的成就是西方中心主义的生命力所在，那么它们在预测未来，改造社会，推动社会发展上难有作为自然也应该成为破除西方迷信的理由。

阐释发展成就谋取中国发展的国际共识。中国的发展成就打脸了西方中心主义对中国的预测，21 世纪的世界交往既见证了肆意歪曲中伤中国的别有用心者的小人之谬，也见证了中国为人类社会共同发展所做出的巨大努力。中国顶着别有用心者的中伤和非议为人类社会谋发展，为解决人类共同面临的现实难题做出的实实在在的贡献正赢得越来越多的尊重。在此背景下，习近平总书记在 2021 年世界经济论坛"达沃斯议程"对话会上郑重宣誓："中国将继续积极参与国际抗疫合作"，"中国将继续实施互利共赢的开放战略""中国将继续促进可持续发展""中国将继续推进科技创新""中国将继续推动构建新型国际关系"②，为深陷忧思的国际社会带来光明、注入希望和动力。中国的发展成就中蕴含着对人类社会发展一般规律的尊重和运用，深刻阐释中国成就的成因，既是对人类社会发展规律的认识深化，也是对人类社会发展共识的凝聚。

（二）学术创新揭示世界发展大势

国际话语权源于其对现实的阐释，对未来的预测，及其对未来的预测最终被验证的程度。在因面对未来的未知和风险而陷于迷茫之际，人们迫切希望有能阐释变局、论证应对未知和风险的话语。当今世界正处于百年未有之大变局，需要阐释变局成因和应对变局对策的话语。建构新时代的国际话语权，亟待学术创新揭示世界发展大势，供给能揭示变局、引领发展潮流的国际话语。

---

① 马克思．1844 年经济哲学手稿［M］．中共中央马克思恩格斯列宁斯大林著作编译局，译．北京：人民出版社，2018：46.

② 习近平．让多边主义的火炬照亮人类前行之路——在世界经济论坛"达沃斯议程"对话会上的特别致辞［M］．北京：人民出版社，2021：9-11.

学术创新为人类社会的精神发展做出原创性贡献。人是有思想的高等生物，人在生存发展所需的物质条件得以满足之后，对精神产品、精神生活的需求会急剧膨胀。物质文明和精神文明是人类社会发展不可或缺的双轮，人的物质享受、物质需要有明显的天花板制约，人的精神享受、精神需要却无止境。人工智能的发展和广泛运用，更是凸显人的精神发展和人类社会精神需要的重要性和紧迫性。诚如恩格斯所言，“一个民族要想站在科学的最高峰，就一刻也不能没有理论思维”①；中华民族要日益走近世界舞台中央向走近世界舞台中央的转变，离不开学术创新释放的思想理论。工业革命以来，西方学术逐步确立并不断强化其在人类社会精神发展中的主导地位，不断为西方主要媒体左右世界舆论做出理论阐释和理论贡献。没有自己的哲学社会科学体系，就不可能获得国际话语权。习近平总书记强调，“要按照立足中国、借鉴国外，挖掘历史、把握当代，关怀人类、面向未来的思路，着力构建中国特色哲学社会科学，在指导思想、学科体系、学术体系、话语体系等方面充分体现中国特色、中国风格、中国气派”②。新时代建构国际话语权，必然需要通过学术创新为改观西强我弱的国际舆论格局贡献力量，生成和供给与我国综合国力和国际地位相匹配的学术思想、学术话语。

深化对人类社会发展规律的认识中揭示世界发展大势。马克思主义致力于揭示人类社会发展的一般规律，着力于推动人类解放。波诡云谲的国际局势仍然只是人类社会发展一般规律在特定时空条件下的具体表现，剧烈变化的世界格局并没有背离马克思主义所揭示的人类社会发展规律，马克思主义依然是应对当今的国际变局，探索人类文明进步出路的理论指导和思想武器。建构新时代的国际话语权，必须结合世情国情的变化不断深化对人类社会发展规律的认识，加快构建以马克思主义为指导的话语体系。面对“世界怎么了，我们怎么办”，新时代的学术研究必须围绕我国和世界发展面临的重大问题，着力提出能够体现中国立场、中国智慧、中国价值的理念、主张和方案，让世界知道“为人类文明做贡献的中国”。

三、凝聚国际共识建构引领发展潮流的国际话语权

建构国际话语权，也是世界交往主体传播其源自实践的认识，使这些认识

---

① 中共中央马克思恩格斯列宁斯大林著作编译局．马克思恩格斯文集：第 9 卷［M］. 北京：人民出版社，2009：437.

② 习近平．在哲学社会科学工作座谈会上的讲话［M］. 北京：人民出版社，2016：15.

成为国际共识的过程。世界交往主体的活动范围越广泛，世界交往的实践成就越丰硕，建构国际话语权的基础和条件就越优越。实践决定认识，实践是认识最终来源，正是世界交往的实践成就孕育了国际话语权。世界交往需要遵守国际治理规则，遵循国际治理规范，国际治理规则和规范并非一成不变，完善国际治理的本质是改善国际治理规则，改进国际治理规范。规则是利益关系的条理化表达，国际治理规则和规范的完善是国际正义斗争的成果。无论是遵循规则的国际治理，还是推动规则改进的正义斗争，都孕育和生成国际话语权。

（一）世界交往实践凝聚引领发展潮流的国际共识

现实成就孕育发展方向，预示未来的发展潮流。成果丰硕的世界交往，既预示世界的未来，也是国家民族之间摒弃当前分歧，求得国际共识的基础和条件。党的十八大以来，我国发起倡议并积极推动的“一带一路”国际合作、构建“人类命运共同体”等世界交往不断走向深入，合作共赢的世界交往成果使越来越多的国家和民族认同和追随中国倡议，国际话语权建构不断取得新成就。

推动“一带一路”国际合作蕴含引领发展潮流的国际话语。实践成就不能自动生成话语，文化环境总会对实践成就向话语的转化施加影响。中国的和平崛起被西方解读为对世界秩序的威胁，中国的平等互利、合作共赢的世界交往活动被西方解读为势力扩张。中国发起“一带一路”国际合作倡议并身体力行，把共商共建共享的原则体现落实到具体的国际交往之中，用实实在在的合作成就回应相关的质疑屏蔽和曲解。稳步推进的“一带一路”国际合作实践及其成果使中国的倡议逐渐成为引领未来世界交往的国际共识。“一带一路”从中国倡议到世界共识，成为世界经济助推器，为新时代建构国际话语权做出了重大贡献。

推动构建“人类命运共同体”蕴含引领发展潮流的国际话语。构建人类命运共同体的理念是中国对人类文明发展的原创性贡献。这一理念不仅被写进党章、载入宪法，成为引领中国对外工作的核心理念与行动指南，而且被写入联合国决议，成为全球共识，在完善全球治理、构建新型国际关系中发挥越来越大的作用。构建人类命运共同体的理念和实践，已经具有较为广泛的国际知名度和影响力，成为建构国际话语权的重要依据。新时代构建引领发展的潮流的国际话语权，既要积极参与全球经济治理和公共产品供给，提高我国在全球经济治理中的制度性话语权，以人类共生共在为纽带，构建广泛的利益共同体；也要加强以人类命运共同体为研究主题、研究对象的学术创新，以国际学术交流为载体和媒介，扩大中国学术研究的国际影响力；还要深刻总结提炼推进构建人类命运共同体实践经验，从中提炼国际热词，为国际话语权建构注入源源不断的动力。

（二）求同存异扩大引领发展潮流的国际共识

应对人类面临的共同挑战需要全世界采取共同行动。共同行动既有基于共识的主动作为，也有迫于形势的不得已而为之。霸权横行的时代，弱小者往往不得不屈从于霸权而与霸权者保持行为的一致。贩卖“西方中心论”“文明冲突论”“文明优越论”，实质是要让非中心的非西方和“劣势文明”放弃自己的坚守，屈从于“中心”和“优势文明”的霸权。世界多极化发展，国际力量对比的变化，一方面大大压缩形势所迫不得已而为之的共同行动的空间，另一方面也催生和呼吁基于共识的共同行动。依据马克思主义的“历史合力论”，人类社会的未来取决于世界各国当下的共同行动，国际共识是世界交往主体采取共同行动、形成最大历史合力的核心和关键；形成和凝聚引领发展潮流的国际共识，就是在创造人类的历史，铸就人类社会的美好未来。

凝聚共识是求同存异的成果。霸权主义总是利用威胁和制裁，压制异于霸权意识的主张，使他者或是不敢不能表达异，或是不得不屈从于霸权者的同，化己之异为霸权者之同。异有认识内容、认识本身的分异，也有本质相同的认识在表达方式上的分异。对世界交往实践的认识，以及对认识的表达方式，都会对国际共识的形成施加作用和影响。国际共识的规范化、大众化、通俗化表达，有助于快速促成共同行动，及时将国际共识的精神力量转变为人类社会发展的物质条件。凝聚共识，需要有标识性概念、标识性范畴表达思想，引领认识发展。共识在交往中逐渐形成，在实践中逐渐深化和完善内容，拓展覆盖面。凝聚共识，既需要深入地交流，也需要旗帜鲜明地反对不合时宜的意识；既需要先进意识倡导者扎实稳步地实践，把先进意识的精神力量转化为实实在在的物质力量，也需要不懈地同不合时宜意识的顽固坚持者做有理有利有节的斗争。

中国是引领发展潮流的国际共识先导者。国际话语权的建构过程，也是话语原创者、话语倡导者的话语得到广泛的传播和赞同，成为国际共识的过程。针对国际力量对比深刻变化，霸权主义越来越不得人心引发的国际话语混乱，以习近平同志为核心的中国共产党提出一系列标识性范畴，提出了促进人类文明进步，世界各国共同发展的观点和主张。我们党明确倡导正确义利观，旗帜鲜明地反对丛林法则和零和博弈；倡导全球治理观，反对一方主导、几方共治；倡导新发展观，反对梯度发展逻辑；倡导新安全观，反对结盟对抗、排他性安全观；倡导新文明观，反对文明优越、文明冲突；倡导义利兼顾的信任观，反对肆意退群、肆意废约；倡导“自主选择”的制度观，反对制度输出、颜色革命；倡导全人类共同价值，反对“普世价值”、西方中心主义；倡导新型国际关系，反对干涉内政、强权政治；倡导新型大国关系，反对国强必霸、修昔底德陷阱；倡导构建人类命运共同体，反对依附体系、中心—边缘结构，为凝聚国际共识、对重构全球话语体系做出了原创性贡献。中国不仅提出话语，坚持以言传道，更为重要的是坚定践行自己的话语，坚持以行示范；尽管遭受严重的西方话语遏制，中国用自己的行动，以丰硕的实践成就证实话语的真理性、可行性；言行并举、言行互促，以实践感召，用真情和行动会聚朋友，拓展和深化国际共识，展现了世界和平建设者、全球发展贡献者和国际秩序维护者的襟怀和担当。

研究结论：新时代理论张力研究凝聚马克思主义理论学科范式共识

新时代孕育新思想新理论，促进理论发展的动力和能力有着丰富的表现，绝非仅仅只是局限于社会形态理论、历史规律、现代化理论和国际话语权建构理论这几个方面。就既有成果的总结提炼而言，本研究得出以下结论。

一、坚定马克思主义理论学科自信需要凝聚马克思主义理论研究范式共识

形成范式共识，是学科成熟的标志。马克思主义学科的许多研究者都有学科转型的经历，从其他具有较大研究范式共识的相关学科转入马克思主义学科研究，凝聚学科范式共识是大家共同的期望。

理论范畴的共识是学术共识的基础和前提。范畴是对研究对象的现实具体运动的理论抽象。一旦思维正确地反映了存在，范畴运动体现了物质运动的规律，范畴运动的逻辑延伸就使思想超越现实成为可能。范畴运动的辩证法，体现在从现实运动提炼理论范畴，现实运动规定范畴运动，范畴运动揭示和再现现实运动的张力之中。学术共识是思想认识的共识，是对客观存在有着一致的反映。无论是理论的解释功能、预言功能，还是理论自身的逻辑自洽，都需要借助理论范畴才能得以实现。理论范畴运动是思维预测和把握未来的重要方式，认识和把握社会规律实质是理论思维借助于理论范畴揭示社会存在，运用形成共识的理论范畴进行学术争鸣方能形成学术共识。借助理论范畴运动，对经济社会发展的现实具体进行抽象和归纳，形成研究范式，并据此对经济社会发展进行预测，以理论范畴之间的逻辑联系反映和揭示社会历史规律，是马克思主义理论学科研究的基本要求和重要特色。时代发展不仅催生新的理论范畴，也给既有范畴注入新的内涵，马克思主义的发展逻辑体现在基本理论范畴的生成和运用中；对理论范畴的共识促进范式功能从认知向规范、认同的转变，研究范式本身成为讨论交流的对象。

凝聚学科范式共识需要深刻理解政治判断和学术论断的关系。马克思主义

的科学性，是党的政治决策和政治判断学理性的根基，党的政治判断往往同时也是多重学术论断的集成。在学术研究和理论宣讲中，直接将党的政治判断作为学术论断，不免会产生说理不透的遗憾，甚至会给别有用心者留下“强词夺理”“不讲道理”的口实。阐释和揭示党的政治判断蕴含的学术论断，是哲学社会科学研究的使命和任务。遵照学术范式，把党的政治判断中蕴含的学术论断条分缕析地表达出来，是坚定马克思主义理论学科自信的重要方式。

理论思考和学术探究是马克思主义学科发展中的两种思维方式。理论思考和学术探究，是两种有着紧密联系，但又存在明显区别的理论出场方式。理论思考直接关切、关注社会现实，回应实践诉求、针对实践需要；学术探究是遵循范式要求的理论思考，是意识相对独立性在理论发展中的体现。理论思考和学术探究的区分，主要在于二者关注现实的思想深度的差异。理论思考直接回应实践诉求，重在从现实中总结实践规律；学术探究在贯通历史、现实、未来的大视野中，在审视人类整体解放，在观照全球发展的大格局中，透过实践规律审视历史发展的规律。理论思考是包括非马克思主义理论专业的学习研究者在内，具有一定的马克思主义理论基础，关注中国革命、建设和改革的思考者都能进行的思维运动，而学术探究则是马克思主义理论专业的学习研究者才有的思维运动。

阐释论证党的政治判断和战略决策需要借助于理论范畴运动。党的代表大会、中央全会审议通过的报告和决定，以及中央政府颁布的政策性文件的字里行间中隐含着马克思主义基本原理的精神和要求；政治用语的说事性、工作布置性特征，政策文件惯用祈使句的风格，增添了社会公众理解这种精神和要求的难度。哲学社会科学研究者承担着阐释论证党的政治论断、党的重大战略决策的任务，如果不以理论范畴为工具，以理论范畴辩证运动的方式去揭示政治判断的学理，去剖析重大战略的理论依据，仅仅停留于用一个政治判断去阐释论证另一个政治判断，止步于对党的政治判断、重大战略进行口号式、表决心式的阐释和论证，虽然对加强意识形态工作有着至关重要的作用，但不可避免地也会因阐释性研究代替和遏制对理论范畴辩证运动的研究，最终导致学术研究落后于现实实践。

对学科元命题的学理论证有助于形成和强化范式共识。元命题是一门学科最为基本最为原初的研究主旨，它提供学术交流的平台，是形成学科规范的基础。研究者常常把元命题当成是不证自明的结论。如果对元命题存在质疑，自然会扩展到对以元命题为逻辑起点的理论体系的质疑。耳熟能详的党的政治要求和政治判断，比如“坚持党的领导”“中国特色社会主义进入新时代”，就是马克思主义理论学科的元命题、学科研究的理论前提。对这些元命题、理论前提的学理阐释和理论论证，不仅有助于增强党的创新理论的说服力和影响力，也有助于形成和强化学科范式共识。党的创新理论研究，可以采用“三位一体”范式：一是要揭示该创新理论所蕴含的马克思主义基本原理内核，二是要剖析该理论所切中的具体党情、国情、世情，三是剖析该理论对化解现实矛盾，解决具体问题的现实启示和行动指引。

二、实践诉求和范畴运动共同汇聚新时代巨大的理论张力

理论张力是增生繁荣理论的活力，同时也是推动实践发展、社会进步的动力。新时代的伟大实践激发和孕育新理论，马克思主义学科发展开创理论范畴运动的新境界，实践诉求汇聚和理论范畴演绎形成新时代强大的理论张力。

“批判—建构”既是理论生成方式也是实践优化方式。马克思主义的理论批判、实践批判、自我批判这“三大批判”，是成就马克思主义科学性的根本原因。中国共产党的“三大批判”，实质是以不懈的自我革命持续深入地推动社会革命。作为一种理论生成方式，“批判—建构”要求依据实践、依据现实的历史发展，运用理论逻辑的力量，去发现既有理论的合理之处和缺陷之所在，并结合新的实践需要，建构弥补旧理论的缺陷、适应新的实践要求的理论。作为一种实践优化方式，“批判—建构”是在实践中发现现实生活、社会实践存在的问题和缺陷，然后又在新的实践中解决这些问题、弥补这些缺陷，进而建构一个新的世界，呈现一种新的现实。

理论“供给—需求”是对实践与认识的关系的规范表达。需求主体的多元性和需求内容的多样性凸显需求的复杂性，问题导向、目标指引和任务驱动，浇铸新时代强大的理论需求。历史文化启示与借鉴、马克思主义基本原理的创新性发展、实践经验的理论总结与提炼、国际经验及理论的本土化改造和本土化创新发展，集成新时代强大的理论供给能力，为保障意识形态安全、回应实践需求和繁荣学术研究奠定坚实的基础。理论治理有效对接理论供给和理论需求，形成我们党强大的理论创新能力。党的创新理论以其强大的信服力使历史创造者激情焕发，保持饱满的精神，以其强大的实践指引力将历史创造者的精神动力转化为丰硕的实践成果，以其对人类命运和未来发展的昭示力鼓舞历史创造者坚定发展信心，始终保持昂扬奋进的态势。

新时代的实践激发巨大的理论张力。实践范畴是理解马克思主义理论的枢纽，科学实践观的创立是人类思想史上的一场伟大革命。实践生成理论有静态和动态两种方式，前者指事后的实践经验的理论总结，即从已经发生的实践中

抽象和提炼理论；后者指实践进程发现理论需要并及时提供理论供给，即实践催生新理论，从正在进行的实践中提炼理论。就实践生成理论的条件变化而言，新时代韬光养晦的实践空间受到严重挤压，实践面临的复杂性和不确定性大大增加，中国实践影响世界的方式发生变化；新时代以实践为中心的理论扩张呈现出“理论—实践”时空压缩、协同发展的特征。

新时代为核心范畴的理论演绎揭示社会发展规律和趋势。新时代是表征中国特色社会主义历史方位的理论范畴，新时代为核心范畴的理论建构，是力图以范畴运动的方式，表达新时代实践经验的理论总结与提炼，理解和把握新时代的建设规律。新时代为核心范畴的理论建构，是思维的系统性和连续性对社会实践的系统性和连续性的揭示，是人脑对社会历史发展进程进行的虚拟仿真，是历史总结、现实运动、未来展望在思维中的再现、推演和集成，其目的是以理论思维反映社会现实，以思维的逻辑揭示社会发展规律，以范畴的演绎展望和预期未来，以便更好地发挥思想指引行动的功能。具体而言，新时代为核心范畴的理论建构承载着两重使命。一是对新时代实践经验的理论总结进行再检验、再加工、再提炼；二是要运用马克思主义的理论范式，审视政治判断和学术论断的区别和联系，避免把政治判断直接等同于学术论断。

三、新时代是人类社会总体从资本主义向共产主义过渡的社会样态

新时代是人类社会历史长河中的一个小片段，是人类社会总体处于从资本主义向共产主义过渡时期的一种社会样态；新时代的社会样态特征证实马克思主义社会形态理论的真理性，新时代的伟大实践为丰富发展马克思主义社会形态理论注入强劲的动力。

马克思主义社会形态学说是论证“两个必然”的工具。社会形态是人类社会的形态，社会形态理论揭示和反映对人类社会整体特征的认识。马克思主义社会形态学说描述人类社会发展的自然历史过程，阐释和论证人类社会从低级阶段走向高级阶段的内在机理，直观体现历史唯物主义的立场和方法。“两个必然”是社会形态学说理论演绎的结论，广泛深入地开展马克思主义社会形态学说研究，是深化对人类社会发展规律的认识，坚定共产主义理想，坚定中国特色社会主义事业必胜信心的重要途径和方式。

社会形态学说的纷争背后有着坚实的理论共识。关于社会形态和社会经济形态是否为同一范畴，“三形态说”和“五形态说”的关系等争论，反映和体现研究者的范畴界定、研究角度和研究方法的分异，以及描述和揭示社会总体特征的方法和结果的差异，这些纷争背后隐藏着坚实的共识。社会形态理论揭

示和描述人类社会从低级向高级阶段演变的类似自然的过程，不同的社会形态理论学说，从不同的维度，以不同的方式解释人类社会演变、人类历史发展内在的动力；社会形态理论是从整体上揭示社会演变，并不完全适用于人类社会某一特定结构单元，某一特定国家和民族。坚持一般和特殊、抽象和具体的辩证统一，从人类社会特定结构单元的历史变迁中抽象并验证社会形态理论的一般结论，推动抽象的社会形态理论在特定地理空间、人类社会特定结构单元的现实具体化，是社会形态理论研究的重要使命。

社会形态学说是对马克思主义唯物辩证法的生动应用。人类社会形态的"五形态说"和"三形态说"及其二者的关系，一度曾引发学界激烈的争鸣。"五形态说"和"三形态说"是从不同角度，运用不同方法审视人类社会总体变迁的思维成果，二者都有丰富的马克思主义唯物辩证法意蕴。"五形态说"反映人类社会发展过程中存在的人们相互间的经济地位和社会平等问题，揭示人类社会从分化走向联合进程中的分化原因、分化依据的变迁，是运用唯物辩证法质量互变规律阐释论证人类社会发展的连续性和间断性相统一的理论成果。"三形态说"将个体在社会中的自由程度作为区分社会形态的依据和标志，是唯物辩证法否定之否定规律在考察人类社会整体发展进程中的具体应用。

社会形态跨越实质是区域性的小社会的发展阶段跃迁。人类社会发展同样是社会量变引发质变的过程，社会形态演进有人类社会整体（大社会、全域性社会）的形态演进和人类社会部分（小社会、区域性社会）形态演进两重维度，全域性社会形态演进的连续性，往往是以区域性小社会形态演进的间断性为条件，社会形态跨越突出强调了区域性小社会形态演进的间断性特征。全域性的大社会发展不平衡是区域性小社会实现形态跨越的条件，社会形态跨越打破社会渐次发展规律，对历史创造者发挥主观能动性提出了更高的要求。新中国成立之后，一些民族地区实现一步跨千年的社会形态跃迁，从奴隶社会直接步入社会主义社会，本质是封闭孤立的小社会、区域性社会融入全域社会，分享大社会发展成果。新时代牢固树立中华民族共同体意识，着力构筑中华民族共同体，是人类社会形态变迁间断性和连续性辩证统一特征在中华大地的具体彰显。

小康社会是社会主义在实现共同富裕前的社会样态。跨越"卡夫丁峡谷"之后，我国在社会主义初级阶段先后呈现出小康社会和共同富裕社会两种社会样态。小康社会是我国在努力推进社会主义现代化进程中呈现的社会样态，共同富裕社会是我国建成社会主义现代化强国呈现出的社会样态，是告别社会主义初级阶段，向社会主义中级、高级阶段跃迁过程中的社会样态。从社会主义与资本主义两种制度并存的角度，小康社会是我国生产力落后于发达资本主义国家生产力水平时的社会样态特征，共同富裕则是我国生产力与发达资本主义国家生产力并驾齐驱、难分伯仲，社会主义生产力发展表现出明显超越于资本主义的强劲势头，社会主义的制度优势无可辩驳地展现在世界面前的社会样态特征。把小康社会、共同富裕社会作为表征社会形态的理论范畴，是把握社会形态演进的普遍性与特殊性、渐进性与跳跃性、统一性与多样性的辩证统一的现实要求；全面建成小康社会、扎实推进共同富裕的伟大实践，孕育着人类社会的特定单元实现社会形态跨越的一般机理。自我封闭发展，单纯依靠社会自身社会形态量变促成社会形态质变的社会单元难以实现社会形态的跨越。历史创造者通过充分发挥主观能动性促成社会形态跨越的前提条件是，有着眼全局利益而不是追求个体、局部利益的领导者集成社会成员分散的意志、利益和动力，实现不同社会单元推动历史发展分力的聚合。

人类命运共同体是人类社会整体处于从资本主义向社会主义过渡阶段的社会样态。共同体是多极多样、多主体的共生共在，是共同体的构成单元相互联系的结果；基于对自己赖以栖身、自身从属于的人类社会的前途和命运的担忧、反思所结成共同体，必然会成为应对人类生存发展面临的不确定性、风险和威胁的现实选择，命运共同体正逐渐成为人类社会的总体样态。构建人类命运共同体，以共生共在、共同的命运作为世界大变局中各行为主体求取最大公约数的准则和基点，是应对大变局、适应大变局、推动大变局的平稳过渡的现实选择。当今世界，社会主义和资本主义两种制度并存，社会主义的制度优势不断显现强化；资本主义尽管对此不乐见，但出于规避发展风险，扭转加速衰败的颓势，不得不在一定时空范围内效法社会主义，发展壮大社会主义的因素以克服和应对自身的危机。社会主义的制度优势引领和示范人类命运共同体发展，也就成为人类社会整体从资本主义向共产主义过渡时期的基本样态。

中国创造了区域性小社会形态跨越联动人类社会形态变迁的典范。社会形态跨越和社会蜕变是区域性小社会变化发展的两种质态，区分二者的基本依据是历史发展规律；社会形态跨越是沿着历史规律指引的方向超常发展，而社会蜕变是与历史规律指引方向背道而驰的逆动。苏联、中国以小社会形态跨越的方式进入社会主义社会，开启了社会主义制度实践；人类社会由此出现社会主义和资本主义两种制度、两种形态并存的格局，整体进入资本主义向社会主义的过渡阶段；资本主义对社会主义的遏制与竞争，使生产力落后条件下实现社会形态跨越的国家和地区存在发生社会形态蜕变的风险。中国共产党把经济工作作为中心工作，又强调意识形态工作的极端重要性，实现生产力发展“补课”和防范社会蜕变风险的有机结合；既如期全面建成小康社会，并不断巩固和发展小康社会建设成果，稳步推进共同富裕社会建设，又着力推进构建人类命运共同体，集成社会形态跨越和人类社会形态变迁的成就，创造了人类社会整体进步和部分发展有机融合的典范。

四、新时代创造性地应用历史规律彰显三大规律协同的魅力

社会历史规律是社会规律、历史规律的合称，揭示人的活动的时空必然性。人既是承载社会历史规律的主体，也是社会历史规律的认识主体和认识客体。新时代创造性地运用历史规律开创中国特色社会主义的新伟业，新时代的伟大实践中蕴含着丰富的社会规律，新时代是“生成”历史规律的大舞台。

社会规律历史规律和实践规律从不同维度揭示隐藏在人的活动中的必然性。社会实践是人的主观能动性融入社会历史规律生成的中介，比较和反思实践结果的预期和实践结果的现实，是认识社会历史规律的基本方式。实践规律揭示隐藏在社会实践主体的具体活动中的必然性，社会规律揭示隐藏在从事特定类型的社会实践的群体人行为中的必然性，历史规律揭示隐藏在人类社会整体作为抽象的历史主体中的必然性。社会规律反映当代人的社会活动中的必然联系，本质是当代人的实践规律，是人的发展规律的共时态表现。历史规律是人类社会作为具体物质形态的运动规律，反映人类社会发展进程中的内在的必然联系，是历史运动的内部必然性，是隐藏在历史当事人的行为选择背后的必然性，是人的发展规律的历时态表现。历史规律揭示社会实践结构变迁；社会规律随时间变迁抽象升华为历史规律，抽象的历史规律和具体现实条件相结合，就表现为现实的社会规律。

社会历史规律的原生与次生分异本质上是人的主观能动性在形成和认识规律中的差异。原生规律是排除了偶然性和人的主观能动性的影响，隐藏在历史参与者难以影响、难以动摇的社会历史大势和社会历史趋势中的必然性，是当事人难以对规律生成及其效能发挥施加直接影响的规律；次生规律是偶然性和人的主观能动性在场的具体社会历史事件中的必然性，是当事人能够有效融入规律生成及其效能发挥的规律。对原生规律在具体条件下发挥作用，以及特定背景和条件的原生规律所带有的具体特征再次进行抽象，进而对规律性的发展趋势形成新的认识，就属于次生规律的范畴。原生规律生成次生规律，实质是人对客观存在的规律的认识深化，是认识论层面的规律的扩容；次生规律往往借助于抽象规律具体化、一般规律特殊化、关于规律的知识扩张等方式生成。

认识和把握社会历史规律必须借助实践批判和历史反思。历史规律存在于社会实践外蕴含在社会实践之中，客观存在的社会历史规律是人的社会实践求

解的认识极限；实践中的趋利避害以认识和把握社会历史规律为基础和前提，社会历史规律通过实践规律得以验证和彰显；历史挫折是历史规律以实践纠偏的形式出场，历史主体最终会经历从盲目、被动接受规律的安排向自觉、主动适应规律转变。中国共产党历来注重实践批判、实践反思，注重历史思维，强调从历史中吸取经验和教训；作为历史当事人，中国共产党有条件有能力将历史活动与历史必然性、历史规律的偏差减少到和控制在可以忽略不计的幅度，这是党领导人民创造经济快速发展和社会长期稳定两大奇迹的重要原因。

以对三大规律的最新认识指导实践是续写中国奇迹的重要方式。中国共产党执政规律、社会主义建设规律、人类社会发展规律是不可分割的有机整体。共产党执政规律是从党这个执政主体的特殊地位、作用和活动的角度，分析揭示政党实践的规律；社会主义建设规律是从世界社会主义运动，特别是中国特色社会主义发展实践的独特视角，揭示一种特定社会形态活动的规律；人类社会发展规律则是以人类从古至今及未来发展的宏阔视野，揭示社会发展的普遍规律。党治国理政内化对执政规律的新认识，这既促使对社会主义建设的认识走向深化，也推动对人类社会发展规律的认识走向深化，还为续写中国奇迹提供了坚实的保障。

五、新时代开创现代化理论发展和社会主义现代化实践的新境界

现代化是追赶先进，缩小与最先进、最发达水平之间的差距，努力保持国际领先地位的过程和结果的统一。资本驱动的西方现代化创造了物质生产现代化的神话，却不可避免地带来精神生产的贫瘠，激化两极分化和社会撕裂，无可奈何地敲响资本主义制度的丧钟。

现代化是富有实践指向的理论范畴。现代化是基于事物发展的变动性与连续性，揭示和反映经济社会快速变化的理论范畴，泛指人类社会由传统的、落后的农业社会向现代的、发达的工业社会转变历史进程。现代化意在表征人们积极追求进步的过程及结果，只有快速发展、快速进步的物质文明，才能孕育出现代化的理论范畴。现代化被赋予摆脱落后、追赶先进的历史使命，也用于表征落后国家适应现代社会要求，学习世界先进技术，效仿追随甚至赶超发达国家的实践历程；实现现代化，自然也就成为追求发展，大展宏图的社会动员令。现代化是积极追求进步的过程和结果的有机统一，现代化历史运动的领头雁，人类文明发展引领者的现代化，就是要持续保持和巩固在历史运动、文明发展中的领先地位。

现代化具有不容忽视的制度属性。现代化的历史运动发端于西方，言说现

代化也长期成为西方资本主义力图控制世界，甚至是为后发国家设置发展陷阱的理论工具。资本主义制度背景中，现代化围绕追求利润最大化的私人资本运动展开，社会财富占有的两极分化，物质财富的丰富与人的异化导致的精神贫乏形成强大的反差，不断强化的社会撕裂，是资本主义现代化难以避免的宿命。资本主义现代化进程中，虽然有社会保障、社会救助等旨在帮助贫困者摆脱困境的制度安排，但资本主义制度无法洗脱贫困劳动者的失败者社会身份，消除贫困实现共同富裕是资本主义现代化的“天方夜谭”。生产资料公有制使每个社会成员同时具有生产资料所有者和劳动者的双重身份，社会主义现代化的本质和核心是人的现代化，围绕消除贫困实现共同富裕提供系统的制度供给是社会主义现代化的题中之义；物质文明、精神文明、制度文明等相得益彰，物的丰富与人的发展交相辉映，全体成员共享现代化成果，是社会主义现代化的目标和归宿。

建构新时代的现代化话语方能彻底破除对西方的现代化迷信。现代化是快速发展的生产力引发社会生产生活方式发生广泛而深刻的变化，世界现代化实践中心自然占有把控现代化话语权的先机。西方的话语遏制，不时沉渣泛起的将现代化等同于西化的错误主张，使已经成为世界现代化实践中心的中国依然面临现代化话语权获取与建构的障碍。新时代建构现代化的话语，要高度重视现代化的制度属性，阐释和揭示生产资料所有制引发现代化结果的差异，强有力的组织和领导对现代化动力增长持续性的重大作用；区分内源性现代化与外源性现代化、引领型现代化与跟随型现代化、串联式现代化与并联式现代化，用中国的实践成就、实践经验丰富人的现代化、生态现代化等范畴的内涵，全面而深刻地揭示现代化道路的中国特色。

新时代推进国家治理现代化扬弃和超越西方现代化理论与实践。国家治理现代化水平主要取决于三个要素：一是国家治理的制度体系，二是制度执行能力，三是制度体系和制度执行能力耦合所形成的国家治理效能。资本主义国家治理虽然可以不断完善制度体系，但社会财富占有的两极分化，利益集团的分化和社会撕裂使国家治理效能不可能得以持续改善。国家治理体系和治理能力现代化，深化和丰富了现代化的理论内涵，是资本主义现代化无法兼容的内容和要求。新时代坚持和完善中国特色社会主义制度，推进国家治理体系和治理能力现代化的贡献在于，一是提出我国社会主义现代化的新要求，实现从赶超型现代化向引领与赶超同频共振协同发展的现代化的转变和跨越；二是成就西方资本主义现代化之不可想不可为，破除西方迷信全面彰显中国自信；三是遵循实践导向的制度发展逻辑，完善由根本制度、基本制度和具体制度安排耦合的制度体系，为人类社会制度文明贡献中国智慧。

六、新时代孕育和创生揭示中国奇迹昭示人类未来的国际话语

党领导人民创造了世所罕见的经济快速发展奇迹和社会长期稳定奇迹，中国却未能获得与发展成就相匹配的国际话语权。除了西方的话语遏制，对两大奇迹的成因揭示不够深入，对中国主张中国方案所蕴含的社会历史规律阐释不够详尽，是导致国际话语权与发展成就不相匹配的重要原因。新时代中国日益走近世界舞台中央，继成功解决挨打、挨饿问题，从根本上解决挨骂问题，为人类文明发展、世界繁荣贡献中国智慧，都亟待创新和完善国际话语权建构的思路和方式。

建构国际话语权是一项复杂的系统工程。政党、国家的国际话语权体现和反映其在世界上的影响力和号召力。国家的硬实力不会自动转化为话语权的软实力，国际话语权是主动争取、积极构建的结果。国家的发展成就及其对世界的贡献，对自身发展成就的阐释，发展道路、发展模式的国际认同及其对他国发展的示范和引领等，都是国际话语权的重要影响因素。建构国际话语权，既要努力放大各单一因素的作用，也要着力提高各因素综合作用的效果。揭示新时代的时代特征，不单是要深刻认识发展现状和发展条件，更重要的是从中深化对历史规律的认识；无论是探究新时代的社会形态理论张力、现代化理论张力，还是社会历史规律理论张力，都是为了探寻建构新时代国际话语权的更好方式。

新时代建构国际话语权亟需深刻揭示两大奇迹的成因。两大奇迹互为因果，经济快速发展铸就社会长期稳定的根基，社会长期稳定又为经济快速发展营造了良好的条件。中国经济是产业体系完整的大国经济，党领导经济发展为经济快速发展提供了双重保障：一是充分发挥中央和地方两个积极性，滋生和孕育出丰富的经济实践模式，不但充分激发了经济发展的多元活力，而且也以经济系统的复杂性充实经济发展的稳定性；二是使改革开放始终围绕政府和市场协调的主线展开，形成并不断完善先行先试典型示范由点及面的战略实践模式。中国社会长期稳定有三重保障：一是社会主义制度的实践性和结构性特征内生的社会发展稳定性，二是改革开放坚持改与不改的辩证统一内生的社会稳定性，三是渐进式改革向全面深化改革的演进内生社会发展的稳定性。

日益走近世界舞台中央亟需引领发展潮流的国际话语。新时代建构国际话语权，既要深刻揭示和反映当今世界的现实，又要着眼未来，凝聚人类社会发展规律和世界大势的国际共识，引领人类社会的发展。建构引领发展潮流的国

际话语权，需要设置全球议题、学术创新和凝聚国际共识三管齐下。依托发展成就设置全球议题，推动世界关注话题向全球议题的转变，是新时代设置全球议题的重要方式。推动新时代的学术话语转变为国际话语，既需要学术创新揭秘中国发展成就，也需要学术创新揭示世界发展大势。新时代既要以世界交往实践凝聚引领发展潮流的国际共识，也要以发展诉求发展举措的求同存异扩大引领发展潮流的国际共识。

参考文献

（一）专著

[1] 中共中央马克思恩格斯列宁斯大林著作编译局．马克思恩格斯文集：第1-10卷［M］. 北京：人民出版社，2009.

[2] 中共中央马克思恩格斯列宁斯大林著作编译局．马克思恩格斯全集：第1卷［M］. 北京：人民出版社，2006.

[3] 马克思．1844年经济哲学手稿［M］. 中共中央马克思恩格斯列宁斯大林著作编译局，译．北京：人民出版社，2018.

[4] 恩格斯．自然辩证法［M］. 中共中央马克思恩格斯列宁斯大林著作编译局，译．北京：人民出版社，2018.

[5] 恩格斯．社会主义从空想到科学的发展［M］. 中共中央马克思恩格斯列宁斯大林著作编译局，译．北京：人民出版社，2018.

[6] 中共中央马克思恩格斯列宁斯大林著作编译局．列宁专题文集：共5册［M］. 北京：人民出版社，2009.

[7] 中共中央马克思恩格斯列宁斯大林著作编译局．列宁全集：第6卷［M］. 北京：人民出版社，2013.

[8] 中共中央马克思恩格斯列宁斯大林著作编译局．列宁全集：第38卷［M］. 北京：人民出版社，1959.

[9] 中共中央马克思恩格斯列宁斯大林著作编译局．列宁全集：第55卷［M］. 北京：人民出版社，2017.

[10] 中共中央马克思恩格斯列宁斯大林著作编译局．列宁选集：第2卷［M］. 北京：人民出版社，2012.

[11] 毛泽东．毛泽东选集：第1-4卷［M］. 北京：人民出版社，1991.

[12] 邓小平．邓小平文选：第1-2卷［M］. 北京：人民出版社，1994.

[13] 邓小平．邓小平文选：第3卷［M］. 北京：人民出版社，1993.

[14] 习近平．习近平谈治国理政：第一卷［M］. 北京：外文出版

社，2014.

［15］习近平．习近平谈治国理政：第二卷［M］．北京：外文出版社，2017.

［16］习近平．习近平谈治国理政：第三卷［M］．北京：外文出版社，2020.

［17］习近平．习近平谈治国理政：第四卷［M］．北京：外文出版社，2022.

［18］习近平．论中国共产党历史［M］．北京：中央文献出版社，2021.

［19］习近平．决胜全面建成小康社会 夺取新时代中国特色社会主义伟大胜利——在中国共产党第十九次全国代表大会上的报告［M］．北京：人民出版社，2017.

［20］习近平．高举中国特色社会主义伟大旗帜 为全面建设社会主义现代化国家而团结奋斗——在中国共产党第二十次全国代表大会上的报告［M］．北京：人民出版社，2022.

［21］习近平．在哲学社会科学工作座谈会上的讲话［M］．北京：人民出版社，2016.

［22］习近平．在庆祝中国共产党成立95周年大会上的讲话［M］．北京：人民出版社，2016.

［23］习近平．在庆祝中国共产党成立100周年大会上的讲话［M］．北京：人民出版社，2021.

［24］习近平．在庆祝改革开放40周年大会上的讲话［M］．北京：人民出版社，2018.

［25］习近平．在纪念马克思诞辰200周年大会上的讲话［M］．北京：人民出版社，2018.

［26］习近平．在"不忘初心、牢记使命"主题教育总结大会上的讲话［M］．北京：人民出版社，2020.

［27］习近平．让多边主义的火炬照亮人类前行之路——在世界经济论坛"达沃斯议程"对话会上的特别致辞［M］．北京：人民出版社，2021.

［28］中共中央关于党的百年奋斗重大成就和历史经验的决议［M］．北京：人民出版社，2021.

［29］中共中央宣传部．习近平新时代中国特色社会主义思想学习纲要［M］．北京：学习出版社、人民出版社，2019.

［30］中共中央宣传部，国家发展和改革委员会．习近平经济思想学习纲要［M］．北京：学习出版社、人民出版社，2022.

［31］中共中央党史研究室．中国共产党的九十年 共3册［M］．北京：中共党史出版社、党建读物出版社，2016.

［32］中共中央党史研究室．习近平关于科技创新论述摘编［M］．北京：中央文献出版社，2016.

［33］中共中央党史研究室．习近平关于实现中华民族伟大复兴的中国梦论述摘编［M］．北京：中央文献出版社，2013.

［34］中共中央党史和文献研究院．习近平扶贫论述摘编［M］．北京：中央文献出版社，2018.

［35］中央纪律检查委员会，中央文献研究室编．习近平关于严明党的纪律和规矩论述摘编［M］．北京：中央文献出版社、中国方正出版社，2016.

［36］中共中央宣传部．习近平总书记系列重要讲话读本［M］．北京：学习出版社、人民出版社，2016.

［37］中共中央宣传部．中国共产党的历史使命与行动价值［M］．北京：人民出版社，2021.

［38］中共中央宣传部．习近平新时代中国特色社会主义思想三十讲［M］．北京：学习出版社，2018.

［39］中共中央宣传部，中央国家安全委员会办公室．总体国家安全观学习纲要［M］．北京：学习出版社、人民出版社，2022.

［40］中共中央文献研究室．十六大以来重要文献选编：上［M］．北京：中央文献出版社，2005.

［41］本书编写组．党的十九大报告辅导读本［M］．北京：人民出版社，2017.

［42］本书编写组．党的十九届四中全会《决定》学习辅导百问［M］．北京：党建读物出版社、学习出版社，2019.

［43］本书编写组．马克思主义基本原理概论［M］．北京：高等教育出版社，2018.

［44］中国社会科学院语言研究所典编辑室．现代汉语词典：第6版［M］．北京：商务印书馆，2016.

［45］何毅亭．以习近平同志为核心的党中央治国理政新理念新思想新战略［M］．北京：人民出版社，2017.

［46］曲青山．共产党执政规律研究［M］．北京：人民出版社，2020.

［47］曲青山．新时代在党史新中国史上的重要地位和意义［M］．北京：人民出版社，2019.

［48］慎海雄．习近平改革开放思想研究［M］．北京：人民出版社，2018.

［49］孙正聿．马克思主义辩证法研究［M］．北京：北京师范大学出版

社，2017.

［50］张一兵．马克思历史辩证法的主体向度：似自然性、物役性批判理论研究［M］．北京：北京师范大学出版集团，2017.

［51］刘华初．历史规律探究［M］．北京：人民出版社，2013.

［52］殷杰．当代社会科学哲学：理论建构与多元维度［M］．北京：北京师范大学出版集团，2017.

［53］张康之．为了人类的共生共在［M］．北京：人民出版社，2016.

［54］罗荣渠．现代化新论［M］．上海：华东师范大学出版社，2013.

［55］杜黎明．教学科研互动的“马克思主义基本原理”概论课程实践探索［M］．成都：四川大学出版社，2018.

［56］杜黎明．中国特色社会主义新时代生产力安全发展研究［M］．成都：四川大学出版社，2019.

［57］杜黎明．新时代的理论意蕴研究［M］．成都：四川大学出版社，2022.

［58］白刚．回到《资本论》：21 世纪的“政治经济学批判”［M］．北京：人民出版社，2018.

［59］林聚任，刘玉安．社会科学研究方法［M］．济南：山东人民出版社，2008.

［60］欧阳康．新时代国家治理现代化［M］．北京：中国社会科学出版社，2019.

［61］张凌云．马克思的社会形态理论与当代社会主义［M］．武汉：武汉出版社，1999.

［62］丰子义．马克思主义社会发展理论研究［M］．北京：北京师范大学出版社，2017.

［63］马俊峰．马克思主义价值理论研究［M］．北京：北京师范大学出版社，2017.

［64］杨耕．马克思主义历史观研究［M］．北京：北京师范大学出版社，2017.

［65］俞良早．经典作家东方学说的当代发展［M］．北京：人民出版社，2013.

［66］侯才，何建华．新时代中国共产党治国理政思想方法论研究［M］．北京：人民出版社，2019.

［67］龚培河．马克思主义关于历史规律及其实现方式研究［M］．北京：

中国社会科学出版社，2014.

［68］李国泉．马克思历史规律理论的当代诠释［M］．北京：中央编译出版社，2019.

［69］商逾．历史规律的作用机制［M］．济南：山东人民出版社，2008.

（二）译著

［1］托马斯·库恩．科学革命的结构［M］．金吾伦，胡新和，译．北京：北京大学出版社，2012.

［2］马克斯·韦伯．社会科学方法论［M］．韩水法，莫茜，译．北京：商务印书馆，2013.

［3］波德莱尔．1846 年的沙龙［M］．郭宏安，译．桂林：广西师范大学出版社，2003.

［4］胡克．理性、社会神话和民主［M］．金克，徐崇温，译．上海：上海人民出版社，2006.

［5］杰弗里·巴勒克拉夫．当代史学主要趋势［M］．杨豫，译．上海：上海译文出版社，1987.

（三）期刊

［1］习近平．一个国家、一个民族不能没有灵魂［J］．求是，2019（8）.

［2］陶文昭．中国特色社会主义新时代的逻辑要点［J］．马克思主义研究，2019（9）.

［3］孙正聿．三组基本范畴与三种研究范式——当代中国马克思主义哲学研究的历史与逻辑［J］．社会科学战线，2011（3）.

［4］杜黎明．扬弃与开创：新时代推进国家治理现代化的三大贡献［J］．兰州学刊，2020（10）.

［5］杜黎明．耦合与流变：我国基本经济制度的发展进路［J］．兰州学刊，2021（2）.

［6］杜黎明．新时代超越于西方的经济理性研究［J］．党政研究，2020（5）.

［7］杜黎明．以大历史观深入学习党的历史［J］．人民论坛，2021（33）.

［8］杜黎明．规范与建构：毛泽东对马克思主义社会矛盾学说的贡献［J］．三明学院学报，2020（5）.

［9］杜黎明．人类命运共同体理念的人民性特质［J］．人民论坛，2020

(24).

[10] 杜黎明. 保持战略定力，应对百年未有之大变局——深入学习贯彻《习近平谈治国理政》第三卷 [J]. 人民论坛，2020 (32).

[11] 杜黎明. 构建中国国际话语权的多重维度 [J]. 人民论坛，2019 (30).

[12] 辛向阳. 中国特色社会主义制度的三个基本问题探析 [J]. 理论探讨，2012 (2).

[13] 本刊记者. 研读马克思主义经典著作要把握五个“对话”——访中国社会科学院近代史研究所金民卿研究员 [J]. 马克思主义研究，2019 (12).

[14] 张宇. 概括形成开放融通的新概念新范畴新表述 积极推动“术语的革命”[J]. 理论导报，2015 (8).

[15] 张明仓. 虚拟实践与马克思主义哲学的当代形态 [J]. 学术研究，2003 (2).

[16] 董斌，赵家祥. “信息社会”与社会形态研究述评 [J]. 学术交流，1986 (6).

[17] 俞良早. 十月革命后列宁创新马克思主义的重要话语和重要思想 [J]. 马克思主义研究，2020 (3).

[18] 张新平，刘栋. 论人类共同体的发展逻辑——对马克思“三大社会形态”理论的新探讨 [J]. 科学社会主义，2019 (1).

[19] 张月梅，刘海涛. 马克思关于社会形态的四次论说 [J]. 佳木斯大学社会科学学报，2019 (4).

[20] 王和. 再论历史规律——兼谈唯物史观的发展问题 [J]. 清华大学学报（哲学社会科学版），2008 (1).

[21] 卢静. “逆全球化”凸显全球治理赤字 [J]. 人民论坛，2018 (19).

[22] 王寿林. 论文明的内涵及其特性 [J]. 北京行政学院学报，2003 (6).

[23] 王长江，郭强. 论社会主义与现代化的关系——基于新中国成立以来中国现代化实践历程的研究 [J]. 社会主义研究，2020 (1).

[24] 杜艳华. 现代性内涵与现代化问题 [J]. 求索，2015 (5).

[25] 刘笑盈. 关于构建中国话语体系的思考 [J]. 对外传播，2013 (6).

[26] 人民论坛问卷调查中心. 中国共产党历经的九个重大考验 [J]. 人民论坛，2018 (25).

[27] 梁凯音. 论国际话语权与中国拓展国际话语权的新思路 [J]. 当代世

界与社会主义，2009（3）.

[28] 储著源．从理论需求、理论供给到理论治理——以马克思主义中国化为分析视角 [J]．学术探索，2019（8）.

[29] 郝立忠．人民根本利益是评价实践的最高标准 [J]．马克思主义研究，2019（10）.

[30] 刘建武，李卓琦．总结人民群众实践经验，推动改革开放事业不断发展 [J]．党的文献，2018（6）.

[31] 韩庆祥．深化研究习近平新时代中国特色社会主义思想的十个重要学理性问题 [J]．中共中央党校（国家行政学院）学报，2020（1）.

[32] 韩庆祥．习近平新时代中国特色社会主义思想的原创性贡献和历史地位 [J]．中共中央党校（国家行政学院）学报，2022（2）.

[33] 周群．马克思社会形态理论的回溯及其当代应用 [J]．东南学术，2017（5）.

[34] 王峰明．马克思社会形态理论的方法论意蕴——兼评"中国古代历史分期问题"的讨论 [J]．马克思主义研究，2020（8）.

[35] 秦龙．中国特色国家治理的根本遵循、制度优势与价值取向 [J]．马克思主义研究，2020（10）.

[36] 王建刚．前资本主义社会三种历史形式的文本考察 [J]．马克思主义研究，2020（1）.

[37] 邹诗鹏．试论马克思主义研究的学术性 [J]．教学与研究，2013（12）.

[38] 本刊记者．中国奇迹"奇"在哪里？——访浙江大学马克思主义学院院长刘同舫教授 [J]．马克思主义研究，2020（4）.

[39] 贾立政．新时代主题、总目标、总任务及其关系的理论思考 [J]．人民论坛，2020（34）.

[40] 齐卫平．论改革开放与党领导的伟大社会革命 [J]．思想理论教育，2018（7）.

[41] 陈锡喜．论中国共产党作为革命党、领导党、执政党的统一及其与社会革命的关系 [J]．思想理论教育，2018（12）.

[42] 马良灿．新经济社会学的理论张力及其范式反思 [J]．贵州社会科学，2013（6）.

[43] 赵智奎．马克思的范畴学说与辩证逻辑方法——邓小平理论范畴体系构建的学理分析 [J]．马克思主义研究，2002（2）.

[44] 赵智奎. 马克思主义范畴体系的构建及其发展——从马克思到邓小平理论范畴的历史分析和考察 [J]. 中国社会科学院研究生院学报，2004 (4).

[45] 王苗，张志建. 论马克思主体结构思想与人类命运共同体的构建 [J]. 中共福建省委党校（福建行政学院）学报，2020 (4).

[46] 贺来. 何谓哲学意义的"批判" [J]. 探索与争鸣，2016 (6).

[47] 贺来，武姗姗. 论马克思社会形态理论的"哲学维度" [J]. 学习与探索，2022 (4).

[48] 刘同舫. 21 世纪马克思主义研究的多重张力及其进路 [J]. 江海学刊，2022 (2).

[49] 刘同舫. 理解中国式现代化新道路需要把握的几对重要关系 [J]. 学习月刊，2021 (9).

[50] 刘同舫. 人类命运共同体对全球治理体系的历史性重构 [J]. 四川大学学报（哲学社会科学版），2020 (5).

[51] 陈金龙. 中国式现代化的规律叙事 [J]. 中国高校社会科学，2022 (3).

[52] 陈金龙. 全面建成小康社会的政治认同功能 [J]. 思想教育研究，2020，316 (10).

[53] 陈金龙，杨亮. 21 世纪中国马克思主义新时代观的理论逻辑 [J]. 思想战线，2020 (5).

[54] 燕连福. 改革开放 40 年中国国家治理的实践经验、面临问题与改革着力点 [J]. 西安交通大学学报（社会科学版），2018 (6).

[55] 张海鹏. 如何理解马克思主义社会形态理论？[J]. 历史评论，2021，9 (5)：55-63.

[56] 王伟光. 立足中国社会形态演变 坚持五种社会形态理论 [J]. 史学理论研究，2021 (4).

[57] 唐爱军. 马克思社会形态理论视域中的中国道路 [J]. 社会主义研究，2021 (2).

[58] 郭广平. 论马克思历史规律观在唯物史观中的基础性地位 [J]. 学习论坛，2020 (5).

[59] 陈新夏. 历史规律和趋势的主体性阐释 [J]. 天津社会科学，2020 (2).

[60] 庞卓恒. 马克思发现的历史规律的生命力永远和历史本身同在 [J]. 史学理论研究，2018 (1).

[61] 唐正东．历史规律的辩证性质——马克思文本的呈现方式［J］．中国社会科学，2021（10）．

[62] 宋才发．党引领中国全面建设社会主义现代化［J］．党政研究，2022（1）．

[63] 段妍，刘冲．中国共产党推进国家治理现代化的试点实践研究［J］．东南学术，2022（5）．

[64] 谢华育，孙小雁．共同富裕、相对贫困攻坚与国家治理现代化［J］．上海经济研究，2021（11）．

[65] 臧秀玲．中国新型政党制度国际话语权的基本内涵与提升路径［J］．马克思主义研究，2022（4）．

[66] 张一，李静．中国国际话语权的影响因素与提升路径研究［J］．思想教育研究，2021（11）．

[67] 毕京京．新时代马克思主义实践观的新境界［J］．毛泽东研究，2019（3）．

[68] 彭萍萍．马克思恩格斯的世界交往理论及其当代价值［J］．当代世界与社会主义，2007（2）．

[69] 马援．马克思主义世界交往理论及实践与当代人类命运共同体的建构［J］．世界社会主义研究，2019（4）．

[70] 肖贵清．论中国模式研究的马克思主义话语体系［J］．南京大学学报（哲学、人文科学、社会科学版），2011（1）．

[71] 刘国光．是“国富优先”转向“民富优先”还是“一部分人先富起来”转向“共同富裕”？［J］．探索，2011（4）．

（四）报纸

[1] 习近平．把改善供给侧结构作为主攻方向 推动经济朝着更高质量方向发展［N］．人民日报，2017-01-23（1）．

[2] 中华人民共和国宪法［N］．人民日报，2018-03-22（1）．

[3] 杜黎明．国家治理现代化的新时代意蕴［N］．中国社会科学报，2020-01-02．

[4] 何毅亭．习近平新时代中国特色社会主义思想是21世纪马克思主义［N］．学习时报，2018-05-18（1）．

[5] 段虹．人类命运共同体思想的原创性贡献［N］．光明日报，2019-04-04．

［6］国纪平．构建人类命运共同体的伟大实践——写在习近平主席提出“一带一路”倡议5周年［N］．人民日报，2018-10-04.

［7］左凤荣．全球治理中的国际话语权［N］．学习时报，2019-11-22.

［8］马虎成．不断增强“五个认同”，铸牢中华民族共同体意识［N］．中国民族报，2018-04-08.

［9］王新萍，俞懿春，韩硕，等．库布其治沙，值得借鉴的成功经验［N］．人民日报，2020-08-11（3）.

［10］和音．中国减贫成就具有世界意义［N］．人民日报，2020-09-02.

［11］贾立政．在坚持问题导向中开创事业发展新局面［N］．人民日报，2017-09-14（7）.